U0920727

དགེ་རྒྱས་ལོ་རིམ་མེ་ལོང་།

革吉年鉴

Geji Yearbook

2018

（总第3卷）

革　吉　县　人　民　政　府　主办
中共革吉县委员会党史办公室　编

方志出版社
Publishing House of Local Records

图书在版编目（C I P）数据

革吉年鉴. 2018 / 中共革吉县委员会党史办公室编.
-- 北京 : 方志出版社，2019.1
ISBN 978-7-5144-3561-0

Ⅰ. ①革… Ⅱ. ①中… Ⅲ. ①革吉县 - 2018 - 年鉴
Ⅳ. ①Z527.54

中国版本图书馆CIP数据核字(2019)第013409号

革吉年鉴（2018）

编　　者：中共革吉县委员会党史办公室
责任编辑：王　娜

出 版 人：冀祥德
出 版 者：方志出版社
地址　北京市朝阳区潘家园东里9号（国家方志馆 4 层）
邮编　100021
网址　http://www.fzph.org
发　　行：方志出版社图书经销中心
电话（010）67110500
经　　销：各地新华书店
印　　刷：河南金雅昌文化传媒有限公司

开　　本：889 × 1194　1/16
印　　张：21.25
字　　数：361千字
版　　次：2019年1月第1版　2019年1月第1次印刷
印　　数：001 ~ 500册

ISBN 978-7-5144-3561-0　定价：350.00元

数字革吉2017

辖区面积：46104.28平方千米

年末常住人口：18164人

地区生产总值：40608万元

第一产业：11683万元

第二产业：10871万元

第三产业：18054万元

全社会固定资产投资总额：59886万元

全社会消费品零售总额：7816.6万元

地方公共财政预算收入：2191万元

工业增加值：1839万元

农牧民人均可支配收入：9684元

2017年8月30日，西藏自治区党委副书记、自治区人大常委会主任洛桑江村（前排右二）在革吉县牦牛养殖基地调研考察

2017年11月7日，西藏自治区人大常委会党组副书记、副主任多拖（右一）在革吉县那普牦牛产业基地调研产业发展及规划

2017年3月13日，西藏自治区人大常委会副主任丹增朗杰（左四）在革吉县牦牛养殖基地调研

2017年8月21日，西藏自治区科技厅厅长赤列旺杰（前排右一）在革吉县调研科技工作

2017年7月20日，阿里地委书记朱中奎（中）在革吉镇检查工作，阿里地区行署副专员、革吉县县委书记索朗次仁（右一）陪同检查，革吉镇党委书记牛群（左一）介绍革吉镇各项工作开展情况

2017年8月18日，阿里地区政协主席吕新明（右一）在革吉县开展调研工作

2017年7月7日至9日，国家农业部草原监理中心副主任宋中山（左二）一行督察组在革吉县检查草补奖政策贯彻落实情况

2017年4月20日，自治区教育督导委员会常务副主任旺堆在革吉县调研义务教育均衡工作。图为旺堆在完全小学教导学生练藏文

2017年8月1日，西藏自治区水利厅副厅长扎西平措（左五）一行督导组在革吉县检查惠农、强农政策贯彻落实情况

2017年12月16日，西藏自治区食药局副局长宇飞在革吉县考评食品安全工作。图为宇飞在政府二楼会议室听取食品安全工作汇报

2017年8月22日，西藏自治区政协提案委员会副巡视员、自治区村级组织换届第七指导组副组长宋兴来（居中）在革吉县检查指导换届选举前期工作。图为宋兴来在县委组织部会议室听取汇报

2017年10月20日，自治区民宗委副巡视员张文庆（右四）在雄巴乡检查指导工作

2017年11月17日，西藏人民广播电台副总编辑甲措平措（左一）率自治区宣讲团阿里分团革吉组在革吉县进行党的十九大精神宣讲

2017年5月23日，西藏电信公司副总经理尼玛顿珠（居中）、网络发展部主任赵毅（左二）检查指导及了解普遍服务项目

2017年5月19日，阿里地区地委副书记张会明（左四）在革吉县完小党支部调研基层党建工作

2017年6月17日，阿里地委委员、政法委书记、公安处党委书记沈照山（左二）在革吉县公安局检查指导工作

2017年6月2日，阿里地区行署副专员巴桑罗布（左五）率调研组在盐湖乡实地调研章仓三湖自然盐粗加工及“盐羊古道”旅游开发项目发展情况

2017年7月1日，阿里地区行署副专员、革吉县委书记索朗次仁慰问革狮一级检查站民警

2017年12月22日，阿里地区行署副专员、革吉县委书记索朗次仁主持召开党风廉政建设述责述廉会

2017年7月18日，地区环保局党组成员、调研员欧珠多吉（右一）带队的地区环保第三督查组一行，在革吉县及各乡镇，检查迎接中央环境保护督查工作进展情况

2017年7月15日，国网阿里公司书记次仁（右一）在欧果水电站检查防汛工作

2017年5月6日，革吉县委副书记、县长王明杰（左一）指导牧区改革工作。图为王明杰在牧区与工作人员交谈

2017年9月15日，革吉县委副书记、县长王明杰考察雄巴乡民族手工艺加工厂

2017年3月28日，革吉县庆祝“3·28”西藏百万农奴解放纪念日设立8周年文艺会演

2017年6月8日，革吉县召开创建“藏西先锋·红色阿里”党建品牌动员大会

2017年7月31日，西藏自治区发改委稽察工作组在革吉县检查市政基础设施建设情况

2017年8月12日，阿里地区宣讲团组织革吉县所有在岗县级干部20余人进行政治理论及业务知识测试

2017年9月14日，西藏自治区抓党建促脱贫工作组参观雄巴乡民族手工业加工厂

革吉牧区吾尔朵（藏族投石器）

六弦琴

民族服饰（男）

民族服饰（女）

雨后革吉

盐湖风光

野鹤

鸳鸯

革吉牦牛

革吉牦牛简介

革吉牦牛生存于西藏自治区阿里地区的革吉县的高山草场。革吉牦牛体躯较大，结构紧凑，躯长腿短，皮松而厚，群体毛色较杂，体黑、头或面部白，还有灰色、褐色，胸部、腹部、体侧和股侧长有长毛，被毛柔软、厚密。在藏民族的衣、食、住、行当中处处都离不开牦牛，革吉牦牛的牛乳、牛肉、牛毛，为在世界屋脊上勇敢而顽强地生存下来、历经艰难困苦的藏民族革吉县人民提供着生活、生产必需的资料来源，成为代代在青藏高原上繁衍生息、发展成长起来的革吉县人民生命与力量的源泉。

革吉县第十一届人大第五次会议上，革吉县县长王明杰在大会上作了2015年政府工作报告提出，革吉县将大力发展特色畜牧业，坚持“草业先行，草畜平衡”的原则，在加大草原建设力度的前提下，不断调整优化结构，按照市场需求，扩大革吉牦牛养殖基地规模，试行“公司＋基地＋农户”的经营模式，扶持牧民经济能人建立畜产品加工企业，稳定生产，增强群众收入，帮助农牧民提高商品意识和风险意识。坚持立草为业的工作思路，积极实施一批水利灌溉项目，在文布当桑乡大力开展饲草饲料和粮食种植基地建设，缓解我县草畜矛盾，减轻草地压力，推进畜牧业产业化进程。从2015年革吉县经济发展情况来看，革吉县的特色优势产业发展活力明显增强，目前全县投入资金125万元，修建了革吉牦牛养殖基地贮草库和奶产品存储室，相关配套设施建设也正逐步跟进，革吉牦牛的发展前景亦是十分明亮。

《革吉年鉴》编纂委员会

《革吉年鉴》编辑部

编辑说明

一、《革吉年鉴》2016年开始编纂，2018年卷为第3卷。

二、《革吉年鉴》以马克思列宁主义、毛泽东思想、邓小平理论、“三个代表”重要思想、科学发展观、习近平新时代中国特色社会主义思想为指导，坚持辩证唯物主义和历史唯物主义的立场、观点、方法，始终坚持“实事求是、质量第一、存史资政、服务大众”的办鉴宗旨，全面、系统、翔实地记述革吉县上一年度政治、经济、文化、社会等各项事业的基本情况，为社会各界与国内外人士了解和研究当今革吉县提供翔实资料。

三、《革吉年鉴》分为正文与彩页两部分。正文采取分类编辑法，以类目、分目、条目为主要框架结构，个别包含多方面资料的条目，则在段落间加插楷体标题提示，方便读者查阅全书。

四、《革吉年鉴（2018）》载录革吉县2017年经济社会发展的基本资料，设有特载、综述、大事记、政治、军事、法治、经济管理、社会事业、城市建设·环保、交通·通信、金融、乡镇概况、人物、附录等内容，共14个类目，63个分目，718个条目，卷首彩页插图38张，随文图照187张。

五、《革吉年鉴》的编辑宗旨，在于求真务实，力求真实生动地反映革吉县在改革开放和现代化建设中取得的崭新成就。

六、《革吉年鉴》所提供的内容和数据，分别来自于革吉县各有关部门和乡（镇）人民政府，经各级领导审核，但由于口径与统计方法不同，恐有不一致之处，使用时应以县统计局提供的数据为准，本书图片由各单位提供，农田土地面积的计量单位使用“亩”。

目 录

特 载

综 述

大事记

政 治

中共革吉县委员会

中共革吉县委办公室

革吉县人民代表大会常务委员会

革吉县人民代表大会常务委员会办公室

革吉县人民政府

革吉县人民政府办公室

中国人民政治协商会议革吉县委员会

中国人民政治协商会议革吉县委员会办公室

中共革吉县纪律检查委员会(监察局)

中共革吉县委组织部

中共革吉县委宣传部

中共革吉县委统战部

革吉县创先争优强基础惠民生活动领导小组办公室

革吉县党的建设领导小组办公室

革吉县总工会

共青团革吉县委员会

革吉县妇女联合会

革吉县信访局

军　事

革吉县人民武装部

革吉县公安消防大队

武警革吉县中队

法 治

中共革吉县委政法委员会

革吉县公安局

革吉县人民检察院

革吉县人民法院

革吉县司法局

经济管理

革吉县发展和改革委员会

革吉县财政局

革吉县国土资源局

革吉县统计局

革吉县商务局

革吉县安全生产监督管理局

革吉县食品药品监督管理局

革吉县民族宗教事务局

革吉县卫生和计划生育委员会

革吉县文化广播电影电视局

革吉县农牧局

革吉县完全小学

革吉县幼儿园

革吉县气象局

革吉县供电有限公司

城市建设·环保

革吉县住房和城乡建设局

革吉县环境保护局

革吉县重点建设工程项目管理中心

雄巴乡

亚热乡

盐湖乡

文布当桑乡

人　物

附　录

特 

在县经济工作会议上的讲话

阿里地区行署副专员、革吉县委书记　索朗次仁

（2018 年 1 月 15 日）

在全县上下高举习近平新时代中国特色社会主义伟大旗帜，深入学习贯彻中共十九大精神，坚决打赢脱贫攻坚战、决胜全面建成小康社会、加快全面建设社会主义现代化革吉的关键之际，今天，我们召开革吉县经济工作会议。主要任务是：坚持以习近平新时代中国特色社会主义思想为指引，深入学习贯彻中共十九大和中央经济工作会议精神，深入学习贯彻自治区第九次党代会、区党委九届三次全会精神和自治区经济工作会议精神，深入学习贯彻地委（扩大）会议精神和地区经济工作会议精神，全面回顾总结过去五年特别是去年的经济工作，深入分析当前面临的形势，安排部署今年全县经济工作，动员全县各级党组织和广大干部群众，树牢新思想、适应新要求、抢抓新机遇，坚定信心、迎难而上、狠抓落实，确保圆满完成今年目标任务，努力开创革吉经济社会长足发展和长治久安的新局面。

关于今年的经济工作，王明杰县长还要作具体安排，希望大家认真抓好落实。下面，我重点就贯彻习近平新时代中国特色社会主义经济思想，推动我县经济高质量发展，讲几点意见。

一、攻坚克难，砥砺奋进，全县经济社会发展迈上新台阶

中共十八大以来，在以习近平总书记为核心的党中央的亲切关怀下，在区党委和地委的坚强领导下，在历届班子打下的良好工作基础上，县委、县政府高举中国特色社会主义伟大旗帜，深入贯彻落实中共十八大、十八届历届全会、十九大、中央第六次西藏工作座谈会精神和自治区第九次党代会精神，坚决贯彻习近平总书记“治国必治边、治边先稳藏”重要战略思想和“加强民族团结，建设美丽西藏”的重要指示精神，不断增强“四个意识”，全面加强党对经济工作的领导，牢牢把握稳中求进、进中求好、补齐短板的工作总基调，主动适应经济发展新常态，坚持以人民为中心的发展思想，正确处理好“十三对关系”，统筹推进“五位一体”总体布局，协调推进“四个全面”战略布局，坚持五大发展理念，系统谋划、主动作为，锐意进取、扎实工作，全县持续保持经济发展速度快、整体效益比较好、重点工作有突破、城乡居民收入增幅大的良好态势，社会局势实现了“三稳定”。

*一是经济实力明显增强。*坚持以经济建设为中心，进一步优化经济结构，综合实力显著增强。2017 年全县生产总值完成 40608 万元，增长 14.3%；财政收入达 2191 万元，增长 58.5%；社会销售品零售总额达 7816.6 万元，增长 17%，是 2012 年的 1.5 倍；城镇失业率控制在 2.5% 以内，居民消费价格涨幅控制在 3.5% 以内，经济运行出现快速、高效发展势头，全县步入了发展最好最快的时期。

*二是项目建设推进有力。*大力实施项目投资拉动战略，“产业强县”实现新突破。2017 年，全县重点建设项目 90 项，投资完成 5.36 亿元，增长 23.2%，是 2012 年的 2.12 倍。一大批能源、交通、水利等重大项目相继开工建成，解决了许多长期想解决而没有解决的难题，办成了许多过去想办而没有办成的大事。

*三是产业结构调整效果显著。*牧区改革有序推进，“草场有偿流转、联户联组经营、试点培育养畜大户”三项改革成效明显。2017 年培育养畜大户 84 户，实施联户放牧 223 户、草场有偿流转 856 户，牧业发展水平得到提升。积极推进“五个基地”建设，成功申请那布牦牛养殖基地、革吉县野生动物观赏园项目列入自治区重点产业扶持项目。2017 年接待国内外游客人数 4.63 万人次，实现旅游收入 122.94 万元，分别是 2012 年的 5.6 倍和 18.56 倍。三次产业结构调整为 27 ∶ 25 ∶ 48。

*四是民生福祉持续改善。*切实解决好各族群众最关心、最直接、最现实的利益问题，全县 1.8 万干部群众受益，使之切身感受到党和政府的温暖。2017 年民生支出 13869 万元，“两个低保、七个救助、一个供养、四个补助”等惠民政策全面落实，惠民资金足额兑现，各项社会保障征缴率达到 96% 以上。牧民转移就业 8074 人，发放创业基金 284.5 万元，受益群众 120 户 218 人。去年完成劳务输出 3286 人次，车辆参与输出 280 台，实现创收 1733.87 万元。加快发展教育事业，义务教育均衡发展全面推进，教育教学质量显著提升，对城乡困难学生进行资助和奖励，2017 年革吉籍高三毕业生大学考录 78 人，考取其他省市初中班 18 人，为历年最高。积极发展卫生事业，全力推进乡镇卫生院规范化建设和村卫生室标准化建设，深入推进组团式医疗人才援藏工作，加大对地方病、传染病防治，及时有效控制全县麻疹疫情，包虫病防治工作成效明显。“十项民生工程”基本完成既定目标，棚户区改造进展顺利，投资 4.2 亿元实施集中供暖、给排水及综合管廊工程，目前已实现局部供暖，干部群众的工作生活环境得到改善。全面落实文化惠民政策，加强精神文明建设。加强临时救助，全面落实各项利民惠民政策，坚持办好民生实事，人民群众获得感、幸福感显著提升。

*五是脱贫攻坚扎实推进。*按照“八个精准”“四个切实”“九个一批”的工作要求，紧紧围绕“三不愁”“三保障”“三有”目标，结合深度贫困县实际，制定“十项脱贫攻坚措施”，坚持抓重点、重点抓，抓住关键、精准发力，抓住难点、集中攻坚，全面落实“九个一批”脱贫措施，深入开展移风易俗教育，完善村规民约，加强户口清理、黑车整顿、高利贷整治，在精准施策上出实招，在精准推进上下实功，在精准落地上见实效，两年完成 339 户、1268 人精准脱贫和 345 户、1410 人的易地扶贫搬迁任务，实现 1 个贫困村退出，贫困发生率从 2016 年的 24.9%

下降到16.6%,"两率一度"分别为99.2%、99.3%、96%,完成了我县2017年各项脱贫攻坚工作任务。

六是生态建设持续向好。牢固树立"绿水青山就是金山银山、冰天雪地也是金山银山"的理念,严守生态红线底线,严格落实产业准入负面清单、水资源管理和基本草场保护制度,全面落实国家水、大气、土壤污染防治三大行动计划,深入推进水生态保护和水资源管理,抓好矿山治理,狠抓县乡村三级环境卫生整治工作,大力实施人工种草、植树造林、防沙治沙工程,全县新增植树造林270亩,种植各类树木59100株,树木成活率达90%以上。强化党政同责、一岗双责,全面落实河长制,狠抓中央、自治区、地区环保督导组反馈意见的整改,努力构建国家生态安全屏障。

七是社会大局和谐稳定。坚持谋长久之策、行固本之举,坚持把维护国家安全和社会政治稳定作为首要任务,认真贯彻落实中央、区党委和地委关于做好维稳工作的各项决策部署,以打赢中共十九大维稳安保攻坚战为主线,突出反分裂反暴恐反自焚反蚕食斗争这个重点,立足抓早抓小抓快抓好,强化防自焚、防暴恐、宗教领域管理、重点人员管控、边界防控、公共安全管理、矛盾纠纷排查调处、网络舆情管控、情报信息搜集研判和维稳实战演练,深入开展"四讲四爱""五讲五看五做"主题教育实践活动和民族团结进步示范创建活动,以深入开展严打整治斗争为抓手,以群防群治为基础,以"先进双联户"创建评选活动、"网格化"服务管理工作为依托,强化组织领导,狠抓督导落实,层层压实责任,夺取了全国、全区"两会"、三月敏感期、中共十九大等重要敏感节点维稳工作的全面胜利,实现了"四无""三不出"的目标,保持了社会大局持续长期全面和谐稳定。

八是党的建设全面加强。深入开展党的群众路线和"三严三实"教育活动,扎实推进"两学一做"学习教育常态化制度化,深入开展"四讲四爱""五讲五看五做"主题教育实践活动,严格落实"三会一课"制度,积极推进村居活动场所标准化建设,圆满完成村居组织换届选举工作,基层党组织凝聚力战斗力进一步提升;大力实施"藏西先锋·红色阿里"党建品牌创建活动,形成了以"狮泉源头党旗红·扬善之乡展新颜"为总品牌的"1+X"系列党建品牌;牢固树立正确选人用人导向,不断加强干部队伍建设,一批忠诚、干净、担当的基层干部提拔到了领导岗位;党风廉政建设"两个责任"全面落实,推进区党委巡视十三组反馈意见整改工作和区党委巡视第四督查组反馈意见整改工作,党的纪律建设明显增强;民主政治建设全面加强,法治政府建设有序推进、人大依法监督、政协参政议政权利得到有效保障。加强党员干部队伍的思想政治教育,突出习近平新时代中国特色社会主义思想和反分裂斗争学习宣传,"四个意识"进一步增强、干部的思想理论水平进一步提高、理想信念进一步坚定,党员干部队伍整体素质进一步提升。

中共十八大以来的五年,是我县经济发展速度最快,质量最优,效益最好,城乡变化最大的五年;是我县牧区深化改革效果最明显的五年;是各族群众感受党和政府温暖最多,得到实惠最多,收入增加最快,生产生活条件改善最大的五年;是主动治理效果最明显,争取人心最深入,强基固本最突出,长效机制更健全,社会局势持续稳定的五年;是党的建设不断加强,干部队伍能力提高最快、锻炼最多、付出最多、奉献精神最强,基层组织不断夯实,战斗堡垒作用和先锋模范作用发挥最明显的五年。这些成绩的取得,得益于习近平总书记和党中央的亲切关怀,得益于区党委、政府和地委、行署的坚强领导,得益于联通公司和社会各界无私援助与支持,得益于我们坚持以发展为要、以民生为重的正确科学决策,得益于全县党政军警民团结一致、齐心协力,各级各部门狠抓落实的结果。在此,我代表县委、县政府向在座各位并通过你们向奋战在全县各条战线上的同志们和关心、支持革吉各项事业发展的各界朋友表示最诚挚的谢意并致以崇高的敬意!

成绩固然令人振奋,但我们也应清醒地认识到,当前乃至今后工作中,还存在不少的短板和问题,具体表现在以下几个方面:一是经济总量不够大,引领、支撑县域经济发展的项目较少。二是发展结构性问题一直比较突出,第三产业产值几乎与第一、二产业产值总和相当,具备当地特色优势的产业对国民经济的贡献率不高，第二产业比重偏小的局面短期内难以改变。三是保障改善民生任务重，贫困人口多、贫困面大、贫困程度深、发生率高的问题仍然突出，脱贫攻坚、全面建成小康社会任务艰巨。四是集体经济十分薄弱，组织化、规模化程度低，产品生产加工基本属于粗加工、低端型产品生产，发展的质量和效益还不够高，发展后劲不足。五是部分群众陈旧思想根深蒂固，群众增收步伐缓慢。六是县财政实力依然薄弱，财政收支矛盾依旧突出。七是软硬基础设施不完善，特别是公共服务水平与群众需求差距较大等突出问题。八是发展环境有待进一步优化，干部思想不解放，奉献意识不足，大局意识不强，部分干部作风浮飘，工作不深入、不善于解决发展中的难点问题，遇到矛盾绕着走，碰到难题往上交，工作效能低下。这些客观存在的问题，既是压力、也是动力，我们必须正确面对、全力克服，用发展的办法和改革的精神加以解决，积极回应并努力满足人民群众的新期盼和新要求。

二、坚持以中央精神、区党委和地委部署为指引，坚定正确政治方向

贯彻落实好中央精神和区党委、地委安排部署，是我们做好一切工作的前提和基础。做好革吉的经济工作，最紧要的就是要认真学习贯彻中央、自治区和地区经济工作会议精神。前不久召开的中央经济工作会议，是以习近平同志为核心的党中央在中国特色社会主义进入新时代、中国经济发展也进入新时代召开的一次非常重要的会议。会议准确把握国际国内经济发展大势，全面贯彻“十三五”规划，科学制定国家宏观经济政策，就打赢脱贫攻坚战、决胜全面建成小康社会进行了战略部署。习近平总书记的重要讲话深刻论述了习近平新时代中国特色社会主义经济思想，全面总结了中共十八大以来中国经济发展取得的历史性成就、发生的历史性变革，深入分析了当前和今后的一个时期国际经济形势，科学作出了中国经济已由高速增长阶段转向高质量发展阶段的重大判断，深刻阐明了今年经济工作的总体要求、政策导向、重点任务，强调坚持和加强党对经济工作的领导，通篇贯穿了辩证唯物主义和历史唯物主义立场观点方法，是习近平新时代中国特色社会主义经济思想的经典力作，既管当前也管长远，既管方向也管方法，是我们做好经济工作的总指引和总遵循。1月2日，自治区经济工作会议在拉萨召开，自治区经济工作会议深入贯彻落实了中央经济工作会议精神，对今年全区的经济工作进行了战略性、全局性、系统性部署。吴英杰书记的重要讲话贯穿了习近平新时代中国特色社会主义经济思想，立足西藏发展稳定生态大局，牢牢把握西藏发展阶段性特征，顺应群众期盼，深刻阐释了走出一条具有中国特色、西藏特点高质量发展路子的科学内涵，精辟论述了在全国决胜全面建成小康社会的大背景下，如何实现西藏的小康、如何补上小康的“短板”、如何让小康更加惠及西藏广大农牧民群众等重大现实和实践问题，是对习近平新时代中国特色社会主义经济思想、中央经济工作会议精神特别是习近平总书记重要讲话精神的深刻解读，具有极强的思想性、指导性、针对性和可操作性。1月10日，地区召开经济工作会议，根据中央和自治区经济工作会议精神，结合阿里地区实际，分析研判形势，理思路、明措施、定目标，为阿里的高质量发展规划了宏伟蓝图。朱中奎书记在会上发表的重要讲话，通篇贯彻了中央精神和区党委部署，科学制定了当前和今后一个时期推进阿里经济高质量发展的目标、任务、举措，为全地区决胜全面建成小康社会，全面推进长足发展和长治久安指明了方向，提供了遵循。全县各级各部门要牢固树立“四个意识”，真正在学懂弄通做实上下功夫，深刻领会习近平总书记重要讲话、吴英杰书记重要讲话和朱中奎书记重要讲话精神，把学习贯彻中央、自治区和地区经济工作会议精神与学习贯彻习近平新时代中国特色社会主义思想结合起来，与学习贯彻中共十九大精神结合起来，带着问题学、融会贯通学、结合实际学、推动工作学，切实把思想行动统一到习近平新时代中国特色社会主义经济思想上来，统一到党中央对今年经济工作的战略决策上来，统一到自治区和地区经济工作会议精神上来，深刻领会习近平新时代中国特色社会主义经济思想，深刻领会高质量发展这个根本要求，深刻领会决胜全面建成小康社会的三大攻坚战，深刻领会稳中求进、进中求好、补齐短板工作总基调，深刻领会今年经济工作的各项重点任务，以强烈的责任意识和担当精神，推动中央、自治区和地区对今年经济工作的决策部署在革吉落地生根、开花结果。

三、以十九大精神为指引，科学研判形势，坚定加快高质量发展的信心和决心

当前，革吉的发展面临难得的历史机遇，后发优势十分明显。有中央精神和区党委、地委部署为指引的政治优势；有中央的关心、区党委和地委的坚强领导、帮助支持革吉县的一系列特殊优惠政策优势；我县被确定为深度贫困县，区党委、地委明确提出“加大对深度贫困县乡的扶持力度，在资金和项目上向深度贫困县乡倾斜”，也有中国联通对口援藏优势；有历届四大班子多年积累和打下的基础优势；有丰富的光热、草地、矿产、特色农畜产品等资源优势；有社会大局持续和谐稳定，生态环境持续良好的发展环境优势；有全县各族群众听党话、跟党走，求稳定、想发展、盼富裕，积极向上、团结奋斗的群众优势等等。只要我们沿着习近平新时代中国特色社会主义经济思想指引的方向、确定的目标，怀着对历史、对人民高度负责的态度，坚持目标导向和问题导向，统筹兼顾、突出重点、蹄疾步稳推动高质量发展，纠正围绕速度判断经济形势的惯性思维，推动质量变革、效率变革、动力变革，就一定能够打赢脱贫攻坚战，与全国、全区、全地区一道决胜全面建成小康社会。

四、明确思路目标，加快推动经济高质量发展

2018 年是贯彻中共十九大精神的开局之年，是改革开放 40 周年，是决胜全面建成小康社会、实施“十三五”规划承上启下的关键一年。2018 年工作总体思路是：高举习近平新时代中国特色社会主义思想伟大旗帜，以习近平新时代中国特色社会主义思想为指导，全面贯彻中共十九大精神、中央经济工作会议和中央第六次西藏工作座谈会精神，贯彻落实习近平总书记系列重要讲话精神和治国理政新理念新思想新战略，贯彻落实自治区九次党代会和区党委九届三次全会精神，贯彻落实自治区和地区经济工作会议精神，牢固树立“四个意识”，统筹推进“五位一体”总体布局和“四个全面”战略布局，坚持依法治藏、富民兴藏、长期建藏、凝聚人心、夯实基础的重要原则，坚持创新、绿色、协调、开放、共享的新发展理念，坚持“稳中求进、进中求好、补齐短板”的经济发展总要求，以正确处理好“十三对关系”为根本方法，围绕县委九届三次全会确定的“12345”总体思路和开创 6 个新局面总体目标，以创新驱动谋全局、加快脱贫促大局、围绕项目抓布局、建设基地创新局为重点，统筹推进稳增长、促改革、调结构、惠民生、防风险各项工作，打好精准脱贫、防范化解重大风险、污染防治三大攻坚战，不忘初心，牢记使命，主动作为，实干担当，走出一条具有中国特色、西藏特点高质量发展路子，全力推动革吉经济社会长足发展和长治久安。

按照这个要求，2018 年重点经济指标预期目标是：全县生产总值 4.61 亿元，增长 15%；社会固定资产投资完成 6.43 亿元，增长 20%；本级财政收入完成 1658.4 万元，增长 12%；社会消费品零售总额达到 8832 万元，增长 13%；牧民人均可支配收入达到 11866 元，增长 14%；城镇调查失业率和城镇登记失业率分别控制在 5.5%、2.4% 以内。

五、全力推动经济高质量发展，为决胜全面建成小康社会奠定坚实基础

（一）全力实施投资拉动战略，着力推进项目建设。牢固树立抓项目就是抓经济、保增长，打基础、促发展，惠民生、管长远的意识，强化调度，责任到人，向上多争项目、争大项目、争好项目，以项目建设的大突破促进全县投资稳步增加、经济高质量发展。要精心谋划抓前期，各级各部门要积极适应新时代国家政策调整和市场变化，提高争项目、抓发展的责任感和主动性，研究新政策、吃透新政策，特别是深度贫困县乡村扶持政策，科学论证、精准对接，跟踪协调上报项目，做好项目储备，力争有更多的项目进入国家、自治区、地区规划范畴，切实增强发展后劲；要优化服务抓进度，完善项目推进机制，严格落实目标管理责任制，坚持和完善专班负责、按月推进、季度督查、通报问责制度，实行责任包干，严格责任追究，做到冬季准备项目、夏季实施项目、年末收尾项目，做到定时间、定要求、排进度，对重大工程、重点项目，落实主抓领导、承办单位，实行一个项目一套实施办法、一个考核标准，一个项目一个项目地抓落实，确保今年确定的总投资 12.59 亿元、70 个项目大部分在 3 月底完成招投标，4 月份开工建设；要规范操作抓管理，从严执行项目法人责任制、工程监理制和招投标制等相关要求，严格项目审批和建设程序，强化质量监督，确保项目优质规范、资金安全；要着眼制约发展的瓶颈问题和群众生产生活难题，统筹推进全县基础条件和人居环境改善，积极与上级交通部门沟通协调，加大通村油路建设力度，力争在“十三五”期间，全县的行政村都实现通柏油路，加快作业组转场路建设步伐，有效改善牧民群众出行条件和生产运输条件；要加快推进牧区安全饮水工程建设，大力实施草场水利灌溉、水生态保护等工程；积极推进县、乡、村电网联网建设，切实解决全县用电问题；积极推进乡村通讯、网络建设，构建通讯网络体系；加快县城供暖、供氧、给排水和综合管廊建设，统筹推进乡镇供暖、供氧、给排水工程；加快城镇市政基础设施建设，实施美化亮化绿化工程，切实推进特色新型小城镇建设。同时，营造良好的投资建设环境，坚持凡闹必究、造事必惩、凡和力扶的原则，确定今年为环境综合整治年，在全县开展环境综合治理专项行动，大力整治漫天要价、投机钻营、不讲诚信、强买强卖、阻挠干扰工程项目建设等问题，大力营造以资源开发为中心的投资环境，以工程项目建设为中心的发展环境，以经济建设为中心的工作环境，使人人都成为招商引资者、市场服务者、环境净化者、环境创造者。对长期不稳定、经常闹事的村组和少部分群众，依法依规按政策，坚决打击各种违法犯罪活动；对和谐稳定的乡村，落实优先扶持政策，从政策、资金、项目、民生改善等方面给予大力扶持。通过综合整治发展环境，切实优化投资和发展环境。

（二）切实推动特色优势产业，着力增强自我发展能力。一要大力发展特色畜牧业。创新思路，立足实际，依托革吉特有的资源优势，加快推进“五个产业基地”建设，按照“公司＋基地＋牧户”的经营模式，扩大规模，特别是那布牦牛养殖基地，要积极争取自治区、地区扶持力度，不断探索在规模养殖、精深加工、市场化运作上的操作规程，尽快形成从牦牛养殖到产品的生产、加工、销售一条龙的发展格局。要优化畜种结构，扩大白绒山羊选育推广体系，增加白绒山羊种群数量，培育绒山羊高产品系，提高绒山羊个体生产性能。抓好藏西绵羊、牦牛良种推广工作，做好放牧饲养管理，提高绒毛、酥油、肉奶等特色产品的产量，切实提高畜产品产量。要牢固树立“立草为业、草业先行”的畜牧业发展理念，加大人工种草推广力度，总结去年成功经验，研究论证种草方式、经营管理模式以及群众投劳形式，在气候适宜、水资源丰富、土地较好的革吉镇、文布乡和盐湖乡广泛推广、建立人工种草基地，形成规模化种植。要切实加强对人工种草的服务与管理，成立革吉县发展草业工作领导小组，制定专项工作方案，真正把种草当做我县发展畜牧业的一个基础产业来推进，形成规模，提升效益，见到成效。切实抓好县城和文布乡、盐湖乡蔬菜种植工作，全力建设革吉县牛羊肉标准化、规范化养殖基地。二要大力发展特色旅游业。围绕建设冈底斯国际旅游合作区，大力发展旅游业，合理开发利用我县独特性、稀有性景观资源和野生动物资源，积极与上级部门汇报沟通，积极争取革吉县野生动物观赏园项目建设，打造“两廊三点”旅游区。开发盐湖乡盐羊古道旅游景点，建设雄巴乡、亚热乡旅游综合体。切实抓好“厕所革命”推进工作。三要大力发展绿色矿业。加大优势盐湖资源的勘查勘探力度，加强开矿企业协调，积极引进技术、资金和人才，继续抓好盐湖乡硼镁矿开采，提高硼镁矿产量，加大销售力度，增加群众和财政收入。四要做强做精国有企业。深化县城投国有资产经营公司、旅游开发投资公司、扶贫开发投资公司改革，加大扶持力度，做大企业规模，提升融资能力，吸引社会资金发展混合所有制经济，激发各类要素活力，发挥国有企业作用。要以国有企业为平台，积极争取扶贫开发贷款，撬动金融资本，发展壮大我县国有企业经济实体，使其真正成为支撑国民经济发展的生力军、引领特色产业发展的排头兵。要积极推动“企业＋基地＋牧户”“企业＋专合组织＋牧户”发展模式，带动更多牧民群众转移就业、增加收入。五要壮大非公有制经济规模。全面落实“五放”“六支持”

政策，建立民间投资市场准入负面清单，鼓励社会资本以独资、控股和参股等方式，建立经济实体，壮大实体经济规模，扩大实体经济总量。同时，要建立革吉物流园区，构建城乡物流网络体系，大力发展物流运输和电子商务。六要加大劳务创收力度。全面落实创业就业各项政策，加快推进“草场有偿经营、联户联组放牧、培育养畜大户”等工作，转变传统的牧业生产方式，解放更多剩余劳动力转移就业创业，增加群众收入。

（三）大力实施乡村振兴和区域协调发展战略，着力在城乡协调发展上取得突破。坚持农牧业农牧区优先发展，按照产业兴旺、生态宜居、乡风文明、治理有效、生活富裕的总要求，大力实施乡村振兴战略，科学制定乡村振兴战略规划，建立健全城乡融合发展体制机制和政策体系，加快推进农牧业农牧区现代化。一要加快推进各项改革。要承接好中央各项改革的总体设计，坚持越改越好、越改越符合实际，越改越对群众有利益。深化供给侧结构性改革，把握推进供给侧结构性改革的基本原则和基本路径，从生产端入手，从供给侧发力，着力推进强创新、降成本、补短板，推动产业层次向中高端迈进，供需平衡向高水平跃升；深化牧区改革，加强教育引导，冲破陈旧思想观念的束缚，将劳务输出、转变群众观念和牧区改革紧密结合起来，深入开展“推进草场有偿流转、推进联户联组经营、推进培养养畜大户、培养新型牧业主体、推进劳务输出”五项改革，使牧区改革和劳务输出同步推进，促进富余劳动力向第三产业转移就业。要加强对牧区改革的组织领导，调整充实革吉县牧区改革领导小组，成立工作专班，充实完善改革方案，加强宣传报道，形成人人参与改革的良好格局，使改革横向到边、纵向到底，增强牧区改革成效；深化牧区商贸流通体系改革，抓好电子商务、县乡农贸市场、物流藏储批发零售工作；深化行政体制改革，深入推行“放管服”改革，建立政府和市场、社会之间职能清晰、优势互补的和谐关系；深化投资体制改革，制定更多优惠措施，引入中小企业和重点行业到革吉投资入驻，重点发展矿产业、旅游业、加工业、养殖业，让其能进来、留得住、有赢利。二要率先发展革吉县城。按照文化、商贸、旅游、交通等优势定位，加快推进县城供暖、供氧、给水、排水、污水处理、垃圾填埋和综合管廊建设，打通城市运行的“血管”和神经，扩大规模，完善功能，提高品位，提升承载能力，把县城建成经济发展、生态良好、设施先进、环境优美的宜居县城。三要加快发展小城镇。以国省道沿线、旅游景区（点）为重点，加快建设盐湖等四乡特色小城镇，加快推进小康村建设，强化基础设施建设、产业发展“两个支撑”，深化户籍制度和农村土地“两个改革”，建设宜居宜业宜游的特色乡村。大力开展城乡文明卫生创建活动，建设城乡体系，统筹推进城乡和区域协调发展。

（四）坚定不移推进精准扶贫精准脱贫，坚决打赢脱贫攻坚战。按照习近平总书记加大力度扶持革命老区、民族地区、边疆地区、贫困地区加快发展的重要指示，增强信心，下大决心，撸起袖子加油干，坚决打赢脱贫攻坚战，确保到2020年与全国全区全地区一道全面建成小康社会。强化党政一把手负总责的责任制，严格执行乡镇党委书记、乡镇长不脱贫、不摘帽不调离的制度，建立乡镇干部、驻村工作队、村居干部脱贫攻坚考核评价体系，形成推动脱贫攻坚激励与约束相结合的长效机制。坚持以人民为中心的发展思想，采取更加集中的支持、更加有力的举措、更加精细的工作，瞄准2018年，690户2053人，10个贫困村（居）退出的年度目标，倒排工期、挂图作战、压茬推进，明确时间表、路线图、任务书，强化各项措施，强化节点任务，强化责任落实，做到脱真贫、真脱贫。要坚持扶志扶智不放松，正确处理好中央关心、外力支持和艰苦奋斗、自力更生的关系，加强思想教育，成立弘扬时代新风行动工作领导小组，针对群众思想观念陈旧，制定宣传方案，开展移风易俗，树立勤劳致富榜样，发挥典型引领作用，充分调动贫困群众的积极性、主动性，加强牧民群众市场意识、竞争意识，使群众从“要我脱贫”向“我要脱贫”转变，彻底解决扶贫工作中群众主力军作用发挥不明显的问题。要抓住产业脱贫这个根本出路，主动破解产业发展融资难问题，加快推进扶贫产业项目建设。要强力推进2个易地扶贫搬迁安置点建设，确保如期搬迁入住。切实抓好高海拔生态搬迁群众宣传教育和组织引导工作，全面做好高海拔生态搬迁前期工作。要大力实施技能培训转移就业，广泛开展以需定培、以培供需、定岗就业的订单培训，积极申报生态补偿岗位，解决就业难的问题。要用好产业发展基金贷款，加大扶贫贴息贷款投放力度，把建档立卡贫困户全部纳入扶贫信用贷款范畴。要抓住区、地两级项目、资金等扶贫优惠政策向深度贫困县乡倾斜的有利时机，科学制定深度贫困县脱贫攻坚方案，加大申报深度贫困县基础设施项目，推动深度贫困县乡脱贫攻坚规划方案实施，统筹推进政策、产业、搬迁、教育、卫生、生态、金融、就业、科技、援藏、社保等重点工作。

（五）切实保障和改善民生，着力提高人民幸福指数。坚持以人民为中心的发展思想，把改善民生、凝聚人心作为经济社会发展的出发点和落脚点，抓住重点，突破难点，推进“民生十件实事”实施，着力在解决教育、就业、医疗、住房、收入等方面做文章、下功夫，制定方案，落实责任，分解任务，切实解决群众最关心、最直接、最现实的利益问题，不断提升人民群众的获得感和幸福感。一要优先发展教育。以提高教育教学质量为核心，强化教育教学管理，加强师资队伍建设，改善教育教学条件，推进义务教育均衡发展，确保今年国家评估验收顺利通过。积极推进学前教育，深入推进教育人才组团式援藏工作，全面实施素质教育，办好人民满意的教育。加强学生爱国主义教育、德育教育，推进校园文化工程和教育信息化建设，抓好学校安全保卫，确保教育领域和谐稳定。二要加快发展卫生事业。加强县卫生服务中心软硬件建设，按照创建“一甲”卫生服务中心要求，认真组织、精心安排、扎实工作、有效推进，确保今年通过“一甲”评估验收。大力实施健康革吉工程，加强基层医疗服务体系和全科医生队伍建设，深化开展医疗组团式援藏工作，全力抓好乡镇卫生院规范化建设和村级卫生室标准化建设，努力实现小病不出村、不出乡，中病不出县。加强地方病、传染病疫苗注射，防止传播、扩散。巩固提高包虫病筛查成果，巩固发展新型农牧区合作医疗和城镇职工基本医疗保险制度，健全城乡医疗救助体系，切实解决好群众看病难、就医难问题。三要健全社会保障体系。进一步完善覆盖城乡居民的社会保险体系、社会救助体系和城乡居民基本养老保险制度，扩大失业保险、工伤保险、生育保险制度覆盖范围，全面落实社保各项惠民政策，筑牢社会保障“安全网”，让群众更多更公平地享受发展成果。四要努力扩大就业。大力开展技术培训和牧民技能提升工程，提高群众就业率；提高外出务工人员组织化程度，组建乡村劳务输出专班，促进牧区劳动力转移就业，增加现金收入；抓好应届大学毕业生就业创业政策落实工作，积极发挥就业创业专项扶持基金作用，鼓励想创业、能创业群众自主创业，为牧民群众营造良好的创业环境，拓宽增收渠道，推动大众创业、万众创新。

（六）突出抓好生态文明建设，着力推进人与自然和谐共生。要牢固树立社会主义生态文明观，坚持尊重自然、顺应自然、保护自然，坚持节约资源和保护环境的基本国策，严守生态底线、红线、高压线，实行最严格的生态环境制度，确保革吉青山常在、绿水长流、空气常新。要加强羌塘自然保护区建设，推进“水、气、土”三大行动计划，保护原生态的地质地貌、珍稀野生动植物资源，建设好生态安全屏障。要把生态作为产业来打造，全面落实生态补偿机制，积极争取更多普惠性生态补偿机制，最大限度开发就业岗位，让贫困群众吃上“生态饭”，在保护生态中实现增收致富。要加大人工种草和植树绿化力度，在县城周边、乡镇政府周围和317国道沿线及干部群众房前屋后大力种植适合高原气候生长的树木，营造良好的工作生活环境。要抓好城镇扬尘综合控制，抓好矿山治理。要大力开展“建设美丽革吉”和“美丽乡村”建设，加强城乡环境保护与整治，切实解决好城镇、乡村、寺庙脏乱差的问题，优化城乡人居环境。严格落实生态责任，坚持党政同责、一岗双责，高度重视中央第六环境保护督察组反馈意见问题的全面整改，严格落实环境准入制、生态环境保护考核办法、环境保护一票否决制、生态环境损害终身追究制，推动绿色发展，坚定走生产发展、生活富裕、生态良好的文明发展道路。

（七）坚持全面从严治党，加强新时代党的建设。根据新时代党的建设总要求，把全面加强党的建设作为一项基础性工程抓紧抓实抓好。一要把党的政治建设摆在首位。广大党员要坚定执行党的政治路线,严格遵守政治纪律和政治规矩,在政治立场、政治方向、政治原则、政治道路上同党中央保持高度一致。全县党员干部特别是领导干部要加强党性锻炼,不断提高政治觉悟和政治能力,把对党忠诚、为党分忧、为党尽职、为民造福作为根本政治担当,永葆共产党人政治本色。二要用新时代中国特色社会主义思想武装全党。思想建设是党的基础性建设,要把坚定理想信念作为党的思想建设的首要任务,教育引导全体党员牢记党的宗旨,推进“两学一做”学习教育常态化制度化,深入开展“不忘初心、牢记使命”主题教育,用党的创新理论武装头脑,为新时代党的历史使命不懈奋斗。三要建设高素质专业化干部队伍。要继续实施“党员干部素质提升工程”,进一步完善党员干部学习、考核机制,注重对干部业务素质和专业能力的培养,注重在基层一线和困难艰苦的地方培养锻炼年轻干部,增强干部队伍适应新时代中国特色社会主义发展要求的能力;坚持党管干部原则,坚持正确选人用人导向,突出政治标准,提拔重用牢固树立“四个意识”和“四个自信”、忠诚干净担当的干部,选优配强各级领导班子。坚持严管和厚爱结合、激励和约束并重,完善干部考核评价机制,建立激励机制和容错纠错机制,旗帜鲜明为那些敢于担当、踏实做事、不谋私利的干部撑腰鼓劲。四要加强基层组织建设。要以提升组织力为重点,突出政治功能,要严格落实基层党建工作责任制,强化党组织书记抓党建主业意识,落实好党内述职述廉、“三会一课”、民主评议党员、民主生活会等基本党内制度,切实规范和健全各级党组织工作程序。加强“双联户”单元、作业组、非公有制经济组织等领域党组织的设立,抓好“支部+专合组织+牧户”等新型党建工作模式,不断扩大党的组织和工作覆盖面。大力实施“党员素质提升”工程,深入开展“互联网+党建”和“党员小书包”活动,不断发展壮大党员队伍,各党支部要发挥好战斗堡垒作用,引导广大党员发挥先锋模范作用。按照“十大功能区、十有配置”标准,积极推进村居活动场所标准化建设,打造基层党建示范点。深化开展“藏西先锋·红色阿里”党建品牌创建活动,充分发挥新一届村(居)“两委”班子成员的作用,夯实基层基础。切实抓好干部驻村工作,聚焦干部驻村“八项任务”落实。抓好全县团建、妇建、工建工作。五要加强作风建设。广大党员干部要深入贯彻落实中央、区党委和地委关于作风建设的一系列决策部署,大力弘扬党的优良作风,坚持不懈改作风转作风,形成求真务实、真抓实干的良好工作格局。县委班子成员要带头扑下身子、沉到一线,迈开步子、走出办公室,到牧区、寺庙、学校,紧扣各族群众的生产生活、紧扣发展稳定生态三件大事、紧扣全面从严治党面临的现实问题、紧扣贯彻落实中共十九大精神需要解决的问题,多到困难较多、情况复杂、矛盾尖锐、工作做得差的地方去研究问题、解决问题,每年至少到乡镇调研2—3次,与干部群众同吃同住,听实话、察实情、见实效。全体党员干部要始终怀着对党无限忠诚、对祖国无限热爱、对事业高度负责的态度,积极投身于决胜全面建成小康革吉和建设富裕民主文明和谐美丽的社会主义新革吉伟大实践中,把自身工作与全县发展稳定结合起来,切实把责任扛在肩上,特别是在上项目、抓经济、惠民生、保稳定上,真正做到敢担当、能担当、善担当。要大力弘扬“功成不必在我”的境界,铆足“建功立业舍我其谁”的工作劲头,积极主动、不等不靠,以真抓实干的务实作风谋工作、抓重点、解难事、干实事,坚决纠正不思作为、得过且过,推诿扯皮、消极懈怠,怕犯错误束手束脚、占着位置不履职等问题,坚决杜绝工作中执行力不够,落实意识不强,不作为、慢作为、乱作为等问题,对不敢担当、不愿担当、不能担当、屡教不改的干部坚决调整。六要深入推进廉政建设和反腐败斗争。各级党组织要严格落实管党治党责任和党风廉政建设“两个责任”,强化党性党规党纪教育和廉洁从政教育,紧盯“四风”的新形式、新动向,坚决防止“四风”反弹,重整行装再出发,以“零容忍”的态度坚决惩治腐败。切实抓好县委巡察工作和县监察体制改革试点工作。县乡纪委要加强自身建设,强化“监督、执纪、问责”,全面落实监督责任,推行责任清单、权力清单、负面清单制度,加强重点领域、重点环节、重点部位的监督，严厉查处党员干部存在的不作为、慢作为、乱作为、工作推动不力和作风漂浮等问题，积极营造风清气正的政治生态。

（八）坚决维护社会和谐稳定，促进革吉长治久安。按照习近平总书记坚持国家利益至上，以人民安全为宗旨，以政治安全为根本的重要指示，把治边稳藏作为最大使命，把维护社会稳定作为首要政治任务，坚持中央对达赖集团的斗争方针，贯彻落实自治区维稳十项措施，依法管理宗教事务，不断巩固发展民族团结，创新完善社会治理，推动社会治理由“要我稳定”向“我要稳定”转变，保持持续稳定、长期稳定、全面稳定。一要强化维稳意识。深入贯彻落实习近平总书记“治国必治边、治边先稳藏”的重要战略思想，学习贯彻总书记给隆子县玉麦乡群众回信精神，切实增强政治意识、大局意识、忧患意识、风险意识、责任意识。二要巩固发展民族团结。全面贯彻习近平总书记“加强民族团结、建设美丽西藏”重要指示和党的民族政策，广泛开展民族团结宣传教育，全力抓好民族团结示范乡镇创建活动，加强各民族的交往交流交融，铸牢中华民族共同体意识，形成民族团结、互学互助、互敬互爱、携手共进的和谐社会民族关系。

六、加强党对经济工作领导，确保各项工作任务有效落实、圆满完成

全县各级党委（党组）要牢牢把握经济工作的主动权，增强“四个意识”，自觉维护党中央权威和集中统一领导，坚决反对不作为、乱作为、慢作为，绝不允许搞上有政策、下有对策，坚决防止不切实际地定目标，更不能搞选择性执行。各级党委（党组）要深刻领会贯彻落实吴英杰书记“要坚持党委领导下的行政负责制，党委（党组）书记要把腰杆硬起来，在履行好第一责任人的同时，大力支持行政主要负责人做好经济工作，行政主要负责同志首先是党的干部，是党委（党组）的副书记，要自觉接受党委（党组）的领导，积极主动承担专抓经济工作职责，心往一处想、劲往一处使，形成团结共事的良好氛围”的重要指示，始终坚持谋全局、把方向、管大事，充分汇聚各方智慧和力量，形成推动长足发展的强大合力。一要提高总揽全局的能力。县乡党委（党组）要在把方向、定战略、作决策、抓大事、促落实上发挥总揽全局的作用，善于运用系统、辩证、战略思维看待和思考问题，正确处理局部和全局、当前和长远的关系，协调各方，科学配置各种资源，调动一切积极因素推动长足发展。二要提高引领发展的能力。要加强经济形势研判，准确把握经济发展的方向和走势，不断研究新情况、新问题，提出新思路、新要求、新举措，切实增强工作的前瞻性和科学性，及时应对和化解经济运行中出现的突出矛盾和问题，要深入开展调查研究，广泛倾听各方面意见，不断提高科学决策、民主决策、依法决策水平。县委书记要跑遍所有村（居），乡（镇）党委书记要跑遍所有作业组，听实话、察实情、见实效，推动工作落实。贯彻落实区党委、地委部署，县委书记带领乡（镇）党委书记每年围绕一至两项重点工作、兼顾综合，一个乡（镇）一个乡（镇）开展现场考评，交流经验、相互学习，对标先进、查漏补缺，确保中央精神、区党委和地委部署落到实处。三要提高推动落实的能力。说一千、道一万，最终还是看谁的手脚动得快。我们各级党组织和广大党员干部必须进一步统一思想，提振信心，鼓足干劲，狠抓落实。围绕总体发展思路，紧扣全年经济工作目标任务，要坚持县委常委带头、县级领导带头、乡科级党政一把手带头，以自己的率先垂范推动各项工作落实。同时，要把任务落实到部门、分解到人头、量化到时间，确保各项工作落实不落空。要进一步强化责任、压实责任、传导压力，实行一级对一级负责，特别是在重点工作推进上，必须做到抓落实有责、抓落实明责、抓落实尽责，以踏石留印、抓铁有痕的过硬作风抓落实。各级领导干部要加强督促推动，要切实加强对经济工作的调度，敢抓敢管、善抓善管，确保每项工作、每个环节不落空；要以身作则、率先垂范、亲临一线，既当指挥员、又当战斗员，对于工作推进过程中的问题和困难要亲自过问、亲自协调、亲自处理。县乡村党组织和广大党员干部要把精力集中到经济建设主战场上来，一心一意搞建设、心无旁骛抓发展，切实把经济工作抓实抓好，真正做到为官一任、兴业一方、造福一方。

不忘初心　牢记使命
紧跟新时代历史步伐　决胜全面建成小康革吉

——在革吉县十二届人民代表大会第四次会上的报告

革吉县委副书记、县长　王明杰

（2018 年 4 月 30 日）

一、2017 年工作回顾

2017 年是全县上下迎难而上、合力攻坚的一年，是革吉经济社会发展势头较好、全面深化改革成效最明显的一年，是群众得到实惠最多的一年。一年来，在地委、行署和县委的坚强领导下，县人民政府高举中国特色社会主义伟大旗帜，以邓小平理论、“三个代表”重要思想、科学发展观和习近平新时代中国特色社会主义思想为指导，深入贯彻中共十八大、十八届历次全会、十九大精神和中央第六次西藏工作座谈会精神，贯彻落实习近平总书记系列重要讲话精神和治国理政新理念新思想新战略，贯彻落实全国“两会”、自治区第九次党代会和区地两级经济工作会议精神，牢固树立“四个意识”，坚持“五位一体”总体布局和“四个全面”战略布局，坚持依法治藏、富民兴藏、长期建藏、凝聚人心、夯实基础的重要原则，坚持创新、绿色、协调、开放、共享的发展理念，围绕革吉县第九次党代会的决策部署和县经济工作会议、扶贫会议精神，坚持稳中求进、进中求好、补齐短板的工作总基调，牢固树立新理念、适应新常态、引领新发展，团结带领全县各族干部群众奋力拼搏，实现了经济发展、民生保障、社会稳定、生态文明各领域的新突破。县域经济实现了有速度、有质效的稳定增长，社会事业取得了促均衡、利长远的全面进步。

一年来，我们自我加压，重创新、增动能，发展态势持续向好。2017 年，全县生产总值达 40608 万元，同比增长 14.3%；社会固定资产投资达 5.99 亿元；财政收入完成2191万元，同比增长58.5%；社会消费品零售总额达7816.6万元，同比增长17%。各项指标涨幅呈现出快速、平稳的特点，经济发展质量进一步提升。

一年来，我们深挖潜力，稳增长、强质效，三次产业提档升级。通过大力发展特色畜牧业、绿色矿产业、提高旅游接待能力和服务水平等措施，经济增长重心逐渐转移到了第二、三产业，打破了依靠传统畜牧业支撑的局面。2017年一、二、三产分别实现产值10620万元、10113万元和19308万元，第二、三产业在GDP中的比重分别提高到25.26%和48.22%，第一产业的比重则下降到26.52%。

一年来，我们持续发力，强基础、重就业，群众收入逐年增加。我们始终把群众增收作为"三农"工作的重心，通过大力扶持专合组织、加大技能培训力度、健全和完善劳务输出联络机构、精心组织牧民群众参加"物交会"、设立创业资金，鼓励和发动群众自主创业等有效途径来推进牧民增收并取得较好成绩。全年组织群众参与劳务输出3286人次，实现创收1733.87万元。2017年我县农村居民人均可支配收入达到10409.88元，同比增长21.5%。

一年来，我们精准发力，想办法、出实招，脱贫攻坚扎实有效。准确认识和把握"五位一体"总体布局，深刻认识脱贫攻坚对协调推进"四个全面"战略布局的重大现实意义，苦干实干，切实解决了思想认识不到位、体制机制不健全、工作措施不落实等突出问题，脱贫攻坚工作取得显著成效。全年完成378户1357人精准脱贫和207户896人的易地扶贫搬迁任务，实现1个贫困村退出。

一年来，我们同心协力，补短板、惠民生，发展成果全民共享。优先发展教育事业，教育项目投资达6825万元，实施了村级幼儿园、学校教学辅助用房及运动场、学校维修改造等一批教育基础设施。专项安排义务教育均衡补助资金600万元，加大城乡困难学生上学资助力度和奖励政策投入力度，发放助学金80余万元。革吉籍高三毕业生大学考录78人，考取其他省市初中班18人，为历年最高。积极发展卫生事业，全力推进乡镇卫生院规范化建设和村卫生室标准化建设，加大对地方病、传染病防治，及时有效控制全县麻疹疫情，包虫病防治工作成效明显。各项惠民资金足额兑现。大力实施"十项民生工程"，棚户区改造进展顺利，投资4.2亿元实施集中供暖、给排水及综合管廊工程。全面落实文化惠民政策，加强精神文明建设。加强临时救助，全面落实各项利民惠民政策，坚持办好民生实事，全县牧民群众获得感、幸福感显著提升。

一年来，我们勇破阻力，抓改革、求突破，牧区改革成效显著。紧紧围绕"构建新型牧业经营体系，加快转变牧业发展方式"这一主题和"进一步解放和发展牧区生产力"这条主线，积极探索牧业发展、牧区建设、牧民增收新机制，试点开展培养养畜大户、草场有偿流转、联组联户放牧，引导富余劳动力从事其他工作，努力实现牧业发展水平整体提高和牧业增效、牧民增收、牧区稳定的目的。全年共培育养畜大户84户、联户放牧225户、草场有偿流转856户。

一年来，我们狠下气力，控源头、保长效，生态环境持续改善。以中央环保督察为契机，提高政治站位，牢固树立"绿水青山就是金山银山、冰天雪地也是金山银山"的理念，紧紧围绕"生态立县"的发展思路，以"努力争做保护生态、发展产业的模范县"为发展方向，坚持把生态文明建设和环境保护列入重要议事日程，努力做到环境保护与经济发展相协调。县政府以做好中央环保督查反馈问题整改为契机，重点从城乡环境整治、"美丽革吉"建设、完善制度措施、加大执法监管等方面综合施策，为全面建设美丽和谐革吉打下了坚实的基础，确保了全县生态环境质量持续向好。全年植树造林59100株，完成300亩防沙治沙工程，累计完成人工种草7085亩，实施休牧围栏40万亩。

一年来，我们竭尽全力，保稳定、促和谐，社会局势持续平稳。认真贯彻习近平总书记"治国必治边、治边先稳藏"的指示要求，牢固树立"安全无小事"思想，严格按照"党政同责、一岗双责、齐抓共管、失责追责"原则抓安全生产，县财政预算40万元用于安全生产专项经费。深入开展爱国、团结、守法主题教育活动，大力加强社会点、线、面及重点人群、重点物品、重点部位、重点情报的管控,积极开展“双联户”创建及城镇网格化管理工作,强化工程建设领域突出问题专项整治,深入排查、多方协调、积极化解农民工工资拖欠问题,完善矛盾纠纷排查调处工作流程和工作制度,持续深入开展安全生产、消防安全隐患排查治理和“打非治违”专项行动,确保了重要时段和敏感节点的安全稳定,全县范围内未出现任何一件影响维稳局势的刑事、治安及安全生产事件,确保了“四无”、“三不出”、“三稳定”。

一年来,我们提振效力,转作风、优服务,自身建设持续加强。依法行政更加透明高效。依法接受县人大及其常委会的监督,自觉接受县政协的民主监督,主动接受社会和舆论监督,认真听取社会各界的意见建议,办理人大议案和代表建议65件、政协委员提案41件,办复率100%。认真落实重大决策专家咨询、社会公示和听证制度,推进重大事项合法性审查机制全覆盖。政务环境更加廉洁高效。认真履行党风廉政建设“一岗双责”。扎实开展专题警示教育,推进“两学一做”学习教育常态化、制度化,政治文化建设进一步加强。深入推进综合行政执法体制改革,推进跨部门跨领域执法,全面推行“双随机、一公开”监管,政府监管水平进一步提升。

各位代表,过去的一年,全县经济社会发展取得全新突破,这是地委、行署坚强领导的结果,是县委总揽全局、科学决策的结果,是县人大、政协高效监督、鼎力支持的结果,是社会各界关心支持的结果,凝聚着全县各族干部群众的汗水和心血。在此,我代表县政府,向全县各族群众、向各人民团体、向无私援助的中国联通公司、向驻革人民解放军和武警官兵、公安政法干警和长期以来关心支持革吉各项社会事业发展的各界人士,表示衷心的感谢和崇高的敬意!

成绩值得肯定,问题不容回避。我们最突出的问题就是发展不平衡、不充分的问题,这已经成为满足人民日益增长的美好生活需要的主要制约因素。不充分主要表现在:经济总量小,产业结构不合理,一二三产融合不充分。现代农牧业经营体系不健全,缺少龙头企业,品牌创建意识不强。传统产业生产方式粗放,生产性物流、仓储、电商等配套体系不完善,服务业发展水平不高。招商引资力度不够,经济增长还缺乏大项目支撑和强有力的人才支撑。政府债务化解压力大,收支矛盾突出。实体经济发展缓慢的问题依然存在。不平衡主要表现在:牧区发展基础设施欠账多,脱贫攻坚任务艰巨。公共服务水平低,城市管理水平有待提高。生态环境保护任重道远,资源环境约束日益凸显,全民环保意识和机制没有真正形成,安全生产还有不少隐患。部分牧民群众思想观念仍然落后,惜杀惜售,缺乏靠自力更生脱贫致富意识,等靠要思想依然严重。同时,政府工作还有很多不足,一些干部为企业、群众主动服务意识不强、落实不力,为群众解决问题效率不高、作风不实,“办事难”现象还在一定程度上存在。对此,我们将高度重视,始终坚持问题导向,坚决克服弊端,加快补齐短板,尽心竭力做好政府工作,决不辜负人民群众的信任和期望。

二、2018年工作安排

2018年是贯彻落实中共十九大精神的开局之年,是改革开放40周年,是决胜全面建成小康社会、实施“十三五”规划承上启下的关键一年。中国特色社会主义进入新时代,国家经济发展步入质量变革、效率变革、动力变革的全新阶段,自治区重点推进持续促进有效投资、坚决打好脱贫攻坚战、着力发展特色优势产业、大力实施乡村振兴战略和区域协调发展战略、提高保障和改善民生水平、加快推进美丽西藏建设、进一步增强发展活力等7个方面的工作,地委、行署坚持实施“打造两点、贯通一线、统筹东西、全域发展”的空间发展战略。革吉将迎来创新优势加速集聚、多重改革红利加速释放、区域协调联动加速推进的重大发展机遇期,我们要抓住历史机遇,担当历史使命,积极打好主动仗、奋力推动新发展,加快建设富裕、文明、生态、和谐、美丽的革吉。

根据县委总体部署,今年政府工作的总体要求是:高举中国特色社会主义伟大旗帜,全面贯彻中共十九大和十九大二中、三中全会精神以及中央第六次西藏工作座谈会精神，以习近平新时代中国特色社会主义思想为指导，贯彻落实习近平总书记系列重要讲话精神和治国理政新理念新思想新战略，贯彻落实区党委九届三次全会、地委扩大会议精神，贯彻落实中央、全区和地区经济工作会议精神，牢固树立“四个意识”，坚持“五位一体”总体布局和“四个全面”战略布局，坚持依法治藏、富民兴藏、长期建藏、凝聚人心、夯实基础的重要原则，坚持创新、绿色、协调、开放、共享的新发展理念，认真实施“稳中求进、进中求好、补齐短板”的经济发展思路，围绕县委九届三次全会确定的“12345”总体思路和开创6个新局面总体目标，统筹推进稳增长、促改革、调结构、惠民生、防风险各项工作，不忘初心，牢记使命，主动作为，实干担当，全力推动全县经济社会长足发展和长治久安。

今年经济社会发展主要预期目标是：全县社会固定资产投资完成6.43亿元，增长20%；本级财政收入完成1880万元，同比增长13%；社会消费品零售总额达到8832万元，增长13%；农牧民人均可支配收入达到11440元，增长14%；城镇登记失业率控制在2.5%以内。

为实现上述目标，我们将重点抓好以下工作。

（一）全力决战脱贫攻坚，谱写小康革吉新篇章

坚持“精准扶贫、精准脱贫”的基本方略和“准、实、严”的总要求，力求资源整合再优化、资金利用最大化、管理水平再升华、牧户收益最多化，确保实现10个村（居）退出，693户1943人脱贫的目标任务。

*一要加快易地扶贫搬迁进度。*坚持“挪穷窝、扶穷业”，聚焦搬迁对象，严格守住搬迁对象精准的界线，住房面积的标线，群众不背债的底线，项目资金管理的红线，保持政策执行不走偏，加大建设缺口资金筹措力度，积极争取援藏扶贫资金支持，确保510户1761人的搬迁对象全部搬迁入住。

*二要强化“自强式”脱贫。*注重扶贫与扶志、培训相结合，着力消除“思想贫困”障碍，引导贫困群众树立主体意识，发扬自力更生的精神，激发改变贫困面貌的干劲和信心。切实抓好贫困群众的技能培训工作，提升贫困群众自我发展、自我创业能力。力争全年举办农牧民技能培训班14期，培训500人以上。

*三要加大扶贫产业发展力度。*以盐湖乡盐巴粗加工厂建设、县城畜产品加工厂建设、牦牛产业基地建设和四乡一镇鲜肉直营店建设等产业项目为重点，加快推进扶贫产业项目建设步伐，确保尽快发挥效益。今年争取开工建设革吉县牦牛养殖基地第一期工程、盐湖乡羌麦村、革吉镇那布居委会、文布当桑乡夏玛村人工种草及灌溉设施建设项目、革吉县建筑建材供销基地建设项目、亚热乡游客综合服务站建设等11个产业扶贫项目，投资达17785万元。在做好项目建设的同时，我们将引导和扶持以贫困人口为主的当地群众进入产业链条，通过参与经营或入股分红等方式，实现贫困人口稳定脱贫，区域整体增收致富。

*四要抓好十项提升工程。*坚持以基础设施建设为重点，突出抓好“水电路讯网，教科文卫保”为重点的十项提升工程，打通脱贫攻坚政策落实“最后一公里”。围绕加强农村饮水安全为重点的民生水利工程，加强重点水源工程和草场节水灌溉工程建设，加强重点区域生态修复治理与保护，提升贫困地区增产增收能力。提高交通运输保障能力。推动通信信号全覆盖，消除交通沿线通信盲区。通过健全公共服务、建设基础设施，为贫困人口脱贫提供有利的发展环境，补齐影响全县如期脱贫的瓶颈制约和突出短板。

（二）加快调整产业结构，培育经济发展新支柱

根据县城及各乡镇的区位优势、资源禀赋、产业基础等合理规划产业发展路径，整合优势资源，加快产业结构调整，以产业的转型升级促进效益提升。

*一是优化经济运行环境。*最大限度让利企业，最大诚意帮助企业，不断创优营商环境，持续增强实体企业发展活力。全面降税减费。严格落实结构性减税和普遍性降费政策，做到应享尽享、应减尽减。完善涉企收费管理，实现清单之外无收费，收费标准按下限执行。优化资源配置。建立健全帮扶常态化工作机制，实现企业、经合组织精准帮扶全覆盖、重点要素保障全覆盖。探索推行整体转让、租赁合作等方式，盘活经合组织，提高经济效益。加快诚信建设。健全金融、安监、环保等重点

行业和重点领域信用信息库，推动信用信息征集共享，完善信用制度和标准体系。加强信用评价结果运用，设立企业诚信“红黑榜”，在信贷审批、政府招标、行政许可、政策扶持等方面，强化守信激励和失信惩戒，优化经济运行环境。

二是大力实施乡村振兴战略。按照产业兴旺、生态宜居、乡风文明、治理有效、生活富裕的总要求，加快推进牧业现代化。做强第一产业。要以“五大产业基地”为依托，以培育新型牧业生产业态为中心，以品牌建设为重点，开展“增品种、提品质、创品牌”活动，扩大生产规模，优化配套协作，全面实施“补链、延链、强链”工程，推动畜产品加工业“量变”提升和“质变”突破。大力实施乡与乡、村与村之间种畜交换，优化畜群结构，提升牲畜生产性能。完善畜产品营销机制，充分利用电视网络、畜产品展销会等虚拟、实体平台来扩大我县畜产品的市场竞争力。以“恢复生态、发展生产、创新产业”为目标，进一步扩大人工种草规模。围绕把种草当成产业来推进的要求研究制定切合实际、操作性强的工作方案，切实把种草当做我县发展的一个基础产业来推进。加快推进革吉县蔬菜基地建设，努力打造现代特色农业生态观光园，确保蔬菜基地产生效益。做优第二产业。认真开展矿业权年检、变更工作，全力推进盐湖资源开发整合相关工作，提高矿产资源开发利用管理水平。探索发展以太阳能、风能发电和小水电为代表的能源产业项目，增强发展动能。以章仓三湖圣盐为拳头，以浴盐加工为切入点，打造一张具有革吉特色的产业名片。做活第三产业。紧紧围绕“扬善之地·辽阔牧场”这一主题，利用国道317贯穿我县境内的区位优势，以“三点两廊道”旅游布局为蓝本，以革吉县野生动物观赏园区建设、黑帐篷营地建设、亚热乡旅游综合服务体建设为重点，充分发挥我县野生动物、人文景观、高原地貌丰富的资源优势，整合项目、资金，组织开展摄影、文艺汇演、户外探险等活动，逐步形成具有浓郁民族特色的旅游品牌。力争全年接待旅游人数达5万人次，旅游收入实现3114.9万元。加快发展电子商务和物流服务，建立健全县、乡物流配送体系，规范畅通网货下乡和农畜产品进城双向通道，进一步方便干部群众生活。

（三）坚持推动改革创新，增添经济发展新活力

大力发扬敢闯敢试、先行先试精神，全面深化改革，持续扩大开放，为经济社会发展提供不竭动力。

一是深入推进“放管服”改革。继续加大简政放权力度，全面推行清单管理制度，清理取消涉及群众办事的不合法、不合理证明和手续。全面完善公共服务和行政权力中介服务清单，持续推进行政服务标准化、规范化。加快推进“互联网＋政务服务”，建成县、乡一体化网上政务服务平台，让企业和群众办事更方便、更快捷、更有效率。进一步放宽准入限制，完善事中事后监管制度，力争实现“双随机、一公开”监管全覆盖，持续增强市场主体活力。加快推进跨部门联合检查，实行联合惩戒，提高监管效能。建立健全问责机制，对破坏营商环境的行为进行严肃处理，努力打造优越的经济发展软环境。

二是全面推进牧区改革。把握好新时代赋予的改革机遇，紧扣革吉自然资源、地理交通、市场配置、群众意愿等先天优势和人为因素，坚持实事求是、结合实际的原则，制定符合群众利益、群众认可的牧区改革思路、措施、办法，让群众收获改革红利，激发群众参与牧区改革的主观能动性。以作业组为单位，全面实行联组联户放牧，达到规模化、集体化、市场化、产业化的效果，探索并逐步建立草场统一建设管理使用、利益统一分配、财产统一经营的运作模式。综合草场面积、牲畜数量、家庭成员结构等多方面因素，充分考虑牧户个体差异，建立完善草场入股、牲畜入股、劳力入股相关细则规定以及分红制度。提高生产畜存栏比例，优化牲畜存栏结构，提升补饲育肥能力，加大出栏力度。成立县、乡、村三级群众就业工作领导小组，培养一批有意愿、有能力带领群众参与项目建设并实现创收的建筑施工队领头人，扶持施工队逐步成为有经验、有资质的建筑施工企业，切实提高群众转移就业组织化程度和施工水平。

（四）坚持项目拉动，全面增强区域发展新动能

注重发挥重点项目完善城市功能、发展城市经济、保障改善民生的拉动作用，努力以项目大投入，推动革吉大发展。

一是加强项目策划。围绕国家经济发展政策和自治区、地区产业发展政策，逐条分析，逐项研究，挨个梳理，从政策里找机遇、找抓手、找突破口，找准自身可建、需建项目和上级扶持方向的结合点，进一步增强重大项目谋划储备。尽最大可能放大革吉区位优势、产业优势、空间优势，加大对上争取、对内整合、对外开放力度，积极策划承接更多重大项目落户革吉。

二是加快项目落地。坚持以开工建设为目标导向，以协调帮办为问题导向，以压实任务为责任导向，以投产达标为结果导向，重点抓好总投资6.43亿元的革吉县城集中供氧工程、市政基础设施工程、节水灌溉试点项目、农村转场公路、生态功能区保护工程、牦牛产业基地建设、人工种草项目等67个建设项目。深入推行“情况在一线掌握、政策在一线宣传、问题在一线解决、工作在一线推进”的一线工作法，加强对重点项目的建设运行情况和绩效评价的监督管理，建立健全勘察、设计、施工、监理等参建单位信誉管理体系，实行严格的准入、清退制度。全面落实法人责任、招投标、工程监理、合同管理和财务管理“五制”，科学组织施工，严格质量监管，确保施工安全。

三是发挥项目效益。通过邀请项目所在地群众共同参与管理等方式，逐步探索适合当地实际、群众接受、行之有效的管理模式，做好工程建成后管理工作，破解工程“重建轻管”难题，确保工程效益。积极探索政府购买服务、建立政府性投资基金等方式，实现政府出资与社会资本同股同权、风险共担、收益共享。

（五）持续办好民生实事，提升公共服务新能力

坚持以人民为中心，积极回应群众关切，扎实办好民生实事，使全县群众物质更富足、精神更富有、生活更幸福。

一是把教育放在优先发展的战略地位。重点开展义务教育均衡发展和素质教育双推进工作，加大投入力度，加快建设速度，优化资源配置，加强师资队伍建设，提升教育质量，确保今年顺利通过义务教育均衡发展自治区评估验收和国家认定，为素质教育夯实基础。全面推进教育改革和教育现代化建设，努力达到“五个100%”教育工作目标，实现县城学校三通两平台建设。实施学前教育提升行动，加快村级幼儿园建设，力争9月底前11所村级幼儿园全部建成投入使用。

二是加快发展文化事业。大力推进牧区广播电视村村通、文化信息资源共享、县新华书店、乡镇综合文化站、寺庙书屋、牧家书屋建设，积极争取县文化广场提升改造项目，加快建成牧区公共文化服务体系。推进城乡体育设施建设，提升居民健身水平。大力实施文化惠民工程，结合“党的恩情照边疆·阿里人民心向党”基层宣传思想文化阵地建设，开展形式多样、内容丰富、群众喜闻乐见的精神文明创建活动，倡导文明新风，培育爱国守法、维护稳定，崇尚科学、积极向上的新型群众，努力营造诚信友爱、乐于助人，勤俭节约、艰苦奋斗，尊老爱幼、平等和谐的良好社会风尚。

三是深入推进医疗体制改革。大力促进医疗卫生事业发展，实施健康革吉工程，巩固和完善新型农村牧区合作医疗制度，健全牧区三级医疗卫生服务网络，加强乡镇卫生院和村卫生室建设，深化医疗卫生“组团式”援藏成果，完成县人民医院创一甲任务。继续落实国家基本药物制度，逐步提高基本公共卫生服务保障标准；深入开展卫生惠民工程，扩大农牧区合作医疗覆盖面，落实好城乡居民和寺庙僧尼免费健康体检，巩固提高包虫病筛查成果；持续开展医疗卫生、公共场所、学校卫生、食品药品等专项监督检查工作。

四是不断增强社会保障能力。深入实施就业优先战略，积极开展技能培训、创业培训，推动创业带动就业，新增城镇就业157人。落实全民参保登记计划，确保应保尽保。继续提高居民基础养老金、居民医疗保险政府补助和城乡居民最低生活保障标准。提高作业组组长待遇，地县财政按照6:4的比例，在现行作业组组长每人每月200元的基础上，再提高100元。加强对五保集中供养中心的运营管理，提升集中供养保障水平；全面落实各项惠民政策，进一步织密织牢社会保障网络，让群众更多更公平地享受改革发展成果；全面推进民生救助体系建设，加大民生救助力度。以城乡环境整治、棚户区改造、生态村创建、保障性住房建设为中心，以道路硬化、村庄绿化、环境净化、村镇亮化为重点，推动城镇化建设和牧区人居环境的改善。进一步推进县城集中供暖供氧工程、革吉县给水排水工程建设，实施安全饮水工程，新建农村转场公路300公里，续建革吉县五保集中供养中心附属工程和社会福利院活动场所建设项目，不断提升公共服务能力。

（六）加强生态文明建设，开创绿色发展新局面

按照“重点工作求突破、整体工作创特色”的要求，积极谋划、重点推进，不断开创生态文明建设新局面。

一是筑牢生态安全屏障。坚持把生态文明建设和环境质量安全作为底线、红线、高压线，建立部门联动审批机制，严格执行环境影响评价和“三同时”制度，做好环评备案和分类整理以及重点行业企业监管。严格落实国家重点生态功能区产业准入负面清单制度，严把建设项目准入关，拒绝“三高”企业、项目落户革吉。加强对环境执法监察以及环保工作人员的教育培训，提高环保队伍业务水平和整体素质。

二是严格加强城市管理。积极落实自治区、地区关于环境监测网格化的决策部署，切实规范城镇建设开发秩序，以创建卫生城市为抓手，全面推行“环境执法网格化、打非控违责任化、城市创建文明化”，大力开展“城市建设管理提质行动、商店经营整治行动、乱搭乱建拆违行动、车辆停放序化行动”，确保城市管理规范化、常态化。深入推进“厕所革命”，健全管理体制，确保发挥效益。精心修编革吉县生态区建设规划，积极推进生态乡（镇）、村建设试点工作，今年争取完成11个生态村的申报工作。

三是切实加强环境治理。扎实推进大气污染防治工作，强化空气污染源头治理，实施建设工程扬尘治理精准监管，整治工地扬尘、渣土污染，严格落实防尘、控尘、降尘和减排各项措施，坚决打赢蓝天保卫战，确保空气良好。深入实施水污染防治工作，规划建设污水处理厂；强化“河长制”管理，持续推进狮泉河河道长治久清生态修复，让革吉境内的河更清、水更澈。抓好辐射环境管理，确保全县涉源单位持证率达100%。抓好固体废物污染环境防治工作，加快固体废物管理机构建设，配备必要的技术设备，确保生活垃圾无害化处理率达到100%。加大城乡环境卫生综合整治和牧区小康示范村建设力度。按照“以绿增彩、以绿增收”的发展理念，大力开展“美丽革吉”建设，推进全民种草植树绿化行动，重点抓好县城及周边、乡镇、学校、317国道沿线及干部群众房前屋后的绿化造林工作，力争全年完成植树6万株以上，在条件允许的区域试点消除“无树户”。加强对林业系统生态保护员、草原监督员、水生态保护和村级水管理员、农村公路养护员、旅游厕所保洁员、城镇保洁员和村级环境监督员、地质灾害群防群测员等“七大生态岗位”的建设和管理，规范岗位人员行为，探索建立工作成效与奖惩相结合的激励约束机制，对不能胜任管护工作的人员，视情况扣除相应工资；对认真履责尽责，工作成效突出的，将在年底给予奖励。

四要加强宣传教育。充分发挥广播、电视、网络等新闻媒体的作用，将环保法律法规纳入普法工作重点，开展多层次、多形式的舆论宣传和科普教育，进一步增强社会各界的环境保护知识和环境法制观念。

五要做好中央环保督查整改。以中央环保督察工作的新要求、新标准为切入点，定期对县域范围所有涉及生态文明建设和环境保护的领域进行再次自查自纠，制定科学合理的整改方案和切实可行的整改措施，确保“回头看”工作取得实效，巩固督察成果。以整改工作为抓手，建立环境保护工作常态长效机制并狠抓贯彻执行，鼓励、引导社会各界人士走向环境保护前沿阵地，督促其履行社会责任和公益担当，使之成为常态。

（七）深入开展“法治革吉”建设，维护社会公平正义

深入贯彻落实依法治国基本方略，进一步加强我县依法治县工作，巩固深化民主法治创建成果，以依法行政、公正司法和法制宣传为重点，着力破解公民法律意识淡薄、社会秩序混乱等制约经济发展的瓶颈，提升社会法治化管理水平。

一要营造浓厚法治氛围。积极支持执法部门严格执法，把加强执法队伍建设作为推进依法行政、建设法治政府的一项基础性工作来抓，按照“政治合格、纪律严明、业务精通、作风过硬”的要求，加强对行政执法人员的职业道德教育和法律业务培训，不断提高依法行政、依法办事的能力。广泛深入地开展法制宣传教育，继续做好“七五”普法各项工作，深入开展“法律七进”活动，采取丰富多彩、生动活泼的形式开展全民法制宣传教育，增强全社会尊重法律、遵纪守法的观念和意识，引导干部群众依法规范自身行为，维护自身权益，营造全社会学法、用法、守法的良好氛围。

二要加强思想道德建设。扎实开展社会主义核心监制关的实践和培育活动，深入开展道德模范评选表彰、先进典型学习宣传活动和文明创建活动，进一步抓好移风易俗工作，引导干部群众增强道德判断力和道德荣誉感，自觉履行法定义务、社会责任、家庭责任。坚持法治与德治互相支持、协力推进，顺应发展需要和人民需求，用“老西藏精神”“阿里精神”激励斗志，用道德力量规范行为，不断提高全县人民信法学法、用法守法的自觉性。

三要坚决维护社会稳定。全面贯彻落实习近平总书记“治国必治边、治边先稳藏”的重要战略思想，坚定不移落实自治区维稳十项措施，确保全县继续保持“四无”、“三不出”、“三稳定”的良好态势。加强和创新社会管理。以网格化管理、社会化服务、“双联户”工作为方向，不断健全基层综合服务管理平台。积极推进重大事项社会稳定风险评估机制，努力降低社会稳定风险。充分发挥便民警务站、公安检查站和“双联户”的作用，形成党政军警民联勤联动、联防联控的长效机制，切实加强社会面管控，确保落实好“六个严防”和“六个不发生”。加大执法监管力度，对人员密集场所、交通要道、重点人员严防死守，牢牢掌握反分裂斗争的主动权。加强和创新寺庙管理。全面落实党的宗教工作基本方针，坚持对宗教事务的依法管理、民主管理、社会管理相结合，坚持管理与服务并重，维护正常宗教秩序。认真贯彻落实利寺惠僧政策，不断改善寺庙公共服务能力。深化民族团结教育、寺庙爱国主义教育和法制教育，认真开展和谐模范寺庙和爱国守法先进僧尼创建评选活动，提高广大僧尼爱国热情和法律意识。健全并落实寺庙财务管理、寺庙治安管理、僧尼请销假等各项制度。加强僧尼、寺庙暂住人口和佛事活动的管理，确保寺庙安全稳定。加强矛盾隐患排查调处。按照“属地管理、分级负责”的原则，健全矛盾纠纷调解体系，畅通反映社情民意渠道。健全预防和解决拖欠农民工工资问题长效机制，构建和谐劳动关系。健全信访工作调度机制，及时督促、强化推动责任单位工作开展，跟进矛盾调处工作进度。进一步落实稳控责任、引发责任与监管责任，重点加大对引发信访问题的责任单位和责任人的追责力度，强化责任监督，督促责任单位切实落实好主体责任。扎实做好安全生产工作。建立健全重大安全隐患责任制度，强化安全生产责任意识。大力宣传安全生产法律、法规和规章制度，贯彻落实安全生产的方针、政策和措施。在事故多发段、学校周围设立交通警示标志，保证人民群众的生命财产安全。

四要深入开展“扫黑除恶、打非治乱”专项斗争。在全国开展为期三年的扫黑除恶打非治乱专项斗争，是以习近平同志为核心的党中央作出的重大决策部署。我们将切实提高政治站位，增强“四个意识”，将扫黑除恶专项斗争作为一项重大政治任务，科学谋划、精心组织、周密实施，坚决打赢扫黑除恶专项斗争这场攻坚战。坚持情报优先。全方位开展集中排查、滚动排查，切实加强对重点领域涉黑涉恶情况明察暗访，切实增强扫黑除恶专项斗争的针对性、实效性。坚持除恶务尽。聚焦规范市场经济秩序，优化投资和发展环境，大力整治漫天要价、投机钻营、不讲诚信、强买强卖、阻挠干扰工程项目建设等问题。对长期不稳定、经常闹事的村组和少部分群众，依法依规按政策，坚决打击各种违法犯罪活动；对和谐稳定的乡村，落实优先扶持政策，从政策、资金、项目、民生改善等方面给予大力扶持。通过坚持形成打击合力。把扫黑除恶与反腐败斗争、基层“拍蝇”结合起来，做到“两个一律”：对涉黑涉恶犯罪案件，一律深挖其背后的腐败问题；对黑恶势力“关系网”、“保护伞”，一律一查到底、绝不姑息。同时，对扫黑除恶斗争中的失职、渎职等行为盯住不放，一查到底，绝不姑息。

三、努力建设人民满意政府

面对新形势、新任务，政府必须要有新作为、新业绩。我们将牢固树立“四个意识”，持之以恒转作风、提效能，全面加强政府自身建设，全面增强狠抓落实和改革创新本领，努力建设为民、务实、清廉的人民政府。

（一）不忘初心，砥砺前行，始终做到勤政为民

深入开展十九大精神宣讲教育，在学懂弄通做实上下功夫，切实把中共十九大精神转化为指导实践推动工作的强大动力。认真落实以人民为中心的发展思想，增强宗旨意识，坚持执政为民，以务实举措服务于民、以实际业绩取信于民、以发展成果造福于民。加强基层调研、一线走访，畅通政民互通渠道，真诚倾听群众呼声，真实反映群众愿望，真情关心群众疾苦，竭尽全力为群众办好事、办实事，做人民群众的贴心人，不断厚植执政基础。

（二）尊崇法治，讲求诚信，始终坚持依法行政

坚持法定职责必须为、法无授权不可为，切实加强法治政府建设。严格落实“三重一大”制度，健全“公众参与、专家论证、风险评估、合法性审查、集体讨论决定”决策机制，做到依法、民主、科学决策。全力提高政府公信力，言必行、行必果，以政府诚信引领社会诚信。主动接受人大及其常委会的法律监督、工作监督和县政协的民主监督，认真办理人大议案、代表建议和政协提案。大力推进政务公开，保障广大群众的知情权、参与权、监督权，广泛接受公众监督和社会舆论监督。

（三）担当有为，真抓实干，始终秉承严实作风

持续加强作风建设，强化责任担当，把“人民对美好生活的向往”烙在心上、扛在肩上、抓在手上。坚持说实话、谋实事、出实招、求实效，对定下的目标、出台的政策、下达的任务，要马上就办，立即就干，以钉钉子精神做实、做细、做好各项工作。坚持“严”字当头、“效”字为要，严厉查处推诿扯皮、敷衍塞责等不作为、慢作为和乱作为行为，确保政令畅通、令行禁止。

（四）持廉守正，从严执政，始终保持廉洁本色

坚持“一岗双责”，严格落实党风廉政建设责任制，深化监察体制改革，持之以恒抓好党风廉政建设和反腐败工作。加强行政监督和审计监督，强化对环境保护、工程招投标、政府采购等重点领域的监管，严惩扶贫领域贪污挪用、截留私分、虚报冒领、优亲厚友等违法违纪行为，为打赢脱贫攻坚战提供纪律保障。把严守政治纪律和政治规矩摆在首要位置，从严执行中央“八项规定”、区党委“约法十章”“九项要求”，强化“三公”经费监管和公示，巩固“四风”问题整治成果，防止问题反弹。严格执行《党政机关厉行节约反对铺张浪费条例》规定，严查吃拿卡要等侵害群众利益的不正之风和腐败问题，大力营造风清气正的政治生态。始终保持惩治腐败高压态势，切实做到政治清明、政府清廉、干部清正。

各位代表、同志们，新时代的号角已经吹响，美好的蓝图催人奋进，让我们紧密团结在以习近平总书记为核心的党中央周围，坚持以习近平新时代中国特色社会主义思想为指导，在区党委政府、地委行署和县委的坚强领导下，不忘初心、牢记使命，在“两个一百年”奋斗目标的历史交汇期，顺应时代潮流，担负时代使命，紧跟历史步伐，不断开创各项工作新局面，为全面建成小康革吉而努力奋斗！

综 述

【历史沿革】 革吉，曾译为革杰、改吉，藏语译为"扬善之地"，远古时期即有人居住。西藏民主改革前，境内曾驻有革吉、帮巴、雄巴、亚热、塞利浦、却藏、结克（直吉）七个部落，与藏北其他部落一道被称作藏北十八区，为阿里噶本辖区。1960 年合并七个部落设立革吉县，归阿里地区管辖。1962 年正式定名革吉县。

【地理位置】 革吉县位于阿里地区东部，南与普兰、仲巴县为邻，西北与日土县相连，东与改则县相连，西与噶尔县接壤，全县平均海拔 4700 米以上，6000 米以上的山峰 21 座，其中最高峰无名峰海拔 6434 米。

【气候特征】 革吉县属高原内陆亚寒带干旱季风气候区。革吉地处北半球中纬度地带，太阳辐射角度大，能接受较多的阳光照射，从而获得丰富的光能和热量，同时它又处在西风环流控制影响下，是冬季控制革吉的主要气候系统，因此冬季节气候干燥，降水稀少，温差极大，大陆性强。具有日照充足、无霜期短、风大风频、雨雪量小、昼夜温差大等特点，属典型的高原内陆亚寒带干旱季风气候区。年日照时数 3110.2—3545.5 小时，年降水量 70.0—100.0 毫米，年雨雪日 19 天。革吉县同时又是一个自然灾害多发县，自然灾害主要有旱灾、风灾、雪灾等。

【水资源】 革吉县域内水资源较为丰富，水域面积为 96.71 万亩，占全县土地总面积的 1.4%，境内有大小湖泊 30 多个，著名的外流水系森格藏布汉语称"狮泉河"，是革吉县境内最大的河流。发源于冈底斯山脉主峰冈仁波齐峰以北革吉县亚热乡罗玛村境内。因源头流自似雄狮张开大口的山崖而得名，是以融雪水补给为主的融水加降水型河流。森格藏布河全长 430 公里，流域面积 27450 平方公里，革吉境内长 200 余公里。森格藏布流域地处干燥地区，水分流失严重，地表径流浅，单位面积产水量不高，水系发育不全。

【自然资源】 革吉县矿产资源丰富，主要有砂金矿、硼镁矿、硼晶、硼砂、盐矿、铜矿、铅矿、锌矿、铁矿等矿种。革吉县盐湖乡的硼镁矿储量居全国第二、西藏第一。县域北部属羌塘自然保护区，拥有广袤神秘的自然风光。革吉县境内有藏羚羊、黄羊、藏野驴、野牦牛、黑头角雉、黑颈鹤、天鹅、金丝野牦牛、翘麻鸭等几十种国家一、二级野生保护动物。

【人文资源】 乐器方面。革吉地区民间常用乐器有笛子和"古斯"。笛子，用老鹰腿或竹筒凿上 5 个孔制成。"古斯"，用黄铜制成，吹法与笛子类似，旧时由古努等周边地区传入革吉。曲艺方面。革吉地区的曲艺主要为民间说唱艺术，民间说唱体英雄史诗《格萨尔王传》在革吉广为传唱。史诗塑造以格萨尔王为首的一群英雄人物同人民一道勇敢机智地与恶势力进行斗争的形象。民主改革以前，《格萨尔王传》主要以艺人口头说唱的方式流传。格萨尔王说唱艺人多居住在牧区,有其非凡的记忆,能熟记《格萨尔王传》中数以千计的兵器、古代地名、动植物、宝石等名称,在说唱前还要举行特殊仪式。美术方面。革吉的传统美术有:壁画、塑像、唐卡、雕刻、面具艺术,作品大量保存在寺院和民间。这些美术作品既有显著的民族地域特色,又融合汉族及尼泊尔、印度等地的技法,构成独特的美术系列,并建立起较完善的美术理论。

【行政区划】 全县辖4乡1镇(亚热乡、盐湖乡、文布当桑乡、雄巴乡、革吉镇),18个行政村和2个居委会,52个村民小组,全县总人口18208人。

【特色产业】 推进产业建设,全力打造"五大产业基地"。建设革吉镇牦牛养殖基地。按照市场需求,扩大革吉镇牦牛养殖基地规模,试行"公司+基地+农户"的经营模式,拓展市场空间,走规模养殖、精深加工、市场化运作之路,形成从牦牛的养殖到产品的生产、加工、销售一条龙发展格局;建设雄巴乡特色手工艺品加工基地。进一步扩大雄巴乡手工艺品加工厂生产规模,从"低、小、散"状态向特色化、规模化、集聚化方向转变,积极发展民族服饰、民族生活用品的生产,满足消费者多层次需求及旅游业发展需要。要积极实现常态化生产经营,要积极拓展销售渠道;建设盐湖乡多种产业发展基地。进一步探索绿色矿业发展的新途径和新办法,依托硼镁矿和盐矿资源,在盐湖乡大力实施多种产业发展基地建设,提高矿业、盐巴等产品效益,带动周边产业发展,帮助群众开辟更多致富门路。加强农牧民转移就业,提高农牧民参与服务业创收。利用特色小城镇建设契机,修建农牧民经济合作经营场所,为农牧民转移就业提供产业支撑;建设文布当桑乡饲草饲料和粮食种植基地。依托文布当桑乡光热资源丰富、土质较好,积极推进文布当桑乡饲草饲料和粮食种植基地建设,缓解革吉县草畜矛盾,减轻草地压力,推进畜牧业产业化进程,鼓励和支持群众建设革吉县饲草料加工厂;建设亚热乡绵羊育肥养殖基地。因地制宜调整畜牧业结构,推进亚热乡绵羊育肥养殖基地建设,开展人工种草,做好育肥销售,促进农牧区经济持续发展、农牧民收入持续增长。

【经济现状】 2017年全县生产总值达40041万元,增长12.7%;社会固定资产投资达5.36亿元,增长23.2%;财政收入完成2020万元,增长46.2%;社会消费品零售总额达7816.6万元,增长17%;城镇登记失业率控制在2.5%以内;居民消费价格涨幅控制在3.5%以内。

(索朗旺堆)

大事记

1 月

9 日 革吉县政协召开“学习贯彻十八届六中全会精神、自治区第九次党代会精神”为主题的民主生活会，革吉县委组织部、革吉县纪委领导、政协委员及群众代表参加会议。

10 日 阿里地区人大常委会副主任段晓勇一行到革吉县革吉镇开展节日慰问活动。

同日 阿里地委委员、组织部部长何兴茂到革吉县，走访慰问优秀共产党员、“三老”人员和驻村工作队。

22 日 革吉县举行喜迎 2017 年春节、藏历新年群众性文艺会演。

26 日 革吉县召开 2017 年第一次基本建设领导小组会议。

2 月

7 日 革吉县脱贫攻坚指挥部组织召开各专项组工作衔接会议。

13 日 革吉县召开迎接中央环保督察工作部署会议。

15 日 革吉县召开 2017 年经济工作会议，全面总结 2016 年经济工作，深入分析当前经济形势，安排部署 2017 年经济工作。

16 日 革吉县召开 2017 年重点工作安排会议。

18 日 阿里地委宣传部驻革吉县盐湖乡羌麦村驻村工作队国吉针对该村小学生底子差、基础知识薄弱、学习较为吃力的现状，专门在羌麦村举办寒假文化基础知识补习班，共有 22 人成为第一批寒假补习班的学生。

20 日 国家开发银行西藏分行党委委员、副行长崔晓峰在阿里地区行署副专员强巴次仁陪同下赴革吉县调研，并与革吉县党政领导座谈。

3 月

8 日 革吉县委理论学习中心组组织召开 2017 年第三次学习会。

10 日 阿里地区民政局党组书记索南次仁到革吉县检查指导各项工作。

13 日 自治区强基惠民督导组到革吉县四乡一镇督导检查工作。

18 日 教育部民族教育司巡视员、自治区教育厅党组成员、副厅长次仁多布杰一行检查组到革吉县检查 2017 年春季学期开学工作。

21 日 阿里地区国土资源局党组副书记、局长刘存瑞到革吉县国土资源局检查指导工作。

28 日 革吉县在政府广场举行庆祝“3·28”西藏百万农奴解放纪念日活动。

4 月

4—8 日　革吉县委常委、宣传部部长史小亚一行督导组深入四个乡、九个行政村(居)、四所小学,以“四讲四爱”主题教育实践活动为主进行督导检查。

8 日　共青团革吉县委组织开展“凝聚社会爱心 助推精准扶贫”爱心募捐活动。

9 日　在革吉县政协会议室召开政协第二届革吉县委员会第二次会议预备会。

10 日　革吉县召开第十二届人民代表大会第二次预备会议。

同日　中国人民政治协商会议第二届西藏革吉县委员会第二次全委会议在革吉县政协会议室开幕。

11 日　革吉县在人民会堂召开第十二届人民代表大会第二次会议。

14 日　革吉县平安加油站长谢春剑代表平安加油站总经理易祖银向革吉县教育系统捐资 5 万元。

20 日　革吉县在灯光篮球场举行革吉县第三届“团结杯”篮球、足球开幕式。

26 日　阿里地区农发科长达瓦罗布、地区脱贫攻坚指挥部调研员次仁斯曲等一行验收组在革吉县雄巴乡巴措村、文布当桑乡夏玛村二组勘察人工种草基地、基础设施建设情况。

27 日　由西安市三中副校长、西安尊德中学校长、拉萨阿里地区高级中学常务副校长卫小军带领的援藏教育专家组在革吉县中学指导教学工作。

同日　阿里地区工商行政管理局副局长任磊一行工作组在革吉县工商局督导调研工作。

5 月

5 日　地区扶贫办党组副书记、主任达娃平措带队一行工作组深入革吉县亚热乡却藏村驻村点看望慰问驻村工作队员以及结对帮扶对象,并详细了解该村贫困人口数量、分布情况、致贫原因情况。

17—18 日　地区民宗局调研员、地区佛协会长西绕桑布带队“四讲四爱”宣讲组深入革吉镇那普居委会、扎西曲林寺开展“四讲四爱”主题教育实践活动。

6 月

5 日　自治区教育厅规划处副处长南木加一行工作组到革吉县检查指导各学校规划及“五个100%”工作落实情况。

8 日　革吉县召开创建“藏西先锋 · 红色阿里”党建品牌动员会

同日　革吉县召开 2017 年第二季度基层党建专题会议

13 日　地区工会办事处党组书记、主任多尔琼在革师一级公安检查站负责人格桑朗杰、县工会主席仓巴陪同下,深入革狮一级公安检查站看望慰问一线民(辅)警。为坚守在工作岗位上的民(辅)警送上慰问金,并传递地区领导对全体公安民(辅)警的关怀和温暖。

15 日　地区人力资源和社会保障局局长才旺卓玛一行工作组深入革吉县人力资源和社会保障局检查指导工作。

16 日　地区人力资源和社会保障局局长到革吉县雄巴乡民族手工业加工基地调研。主要了解,民族手工业加工基地的在职人员、职工人员是否当地贫困户,以及销售产品情况(藏袍、藏帽、藏靴、特色的衬衣、羊绒外套、羊绒藏袍等民族服装)、就业人员、员工工资、每年的收入资金、市场销售是否能够满足市场需求、工作开展当中存在问题及困难等方面。

同日　阿里地区藏语委办党组书记巴桑多吉一行在革吉县编译局全面检查指导工作落实情况、藏语文工作开展情况。

17 日　自治区草奖办组织区气象局、林芝市农牧局的交叉验收组到革吉县检查验收 2016—2017 年度的草补工作,

20日 自治区档案局（馆）驻雄巴乡多仁村工作队结合"四讲四爱"主题教育实践活动第二阶段"讲团结爱祖国"一题，与多仁村第一书记联合开展上门"结对子、认亲戚、交朋友"活动。

同日 自治区卫生计生综合监督应急和流动人口与家庭发展工作综合督导组对革吉县卫生计生工作进行专项督导。

同日 地区环保工作组到革吉县检查指导饮用水源地保护工作，对革吉县两个水源点进行检查指导。

21—22日 由地区农牧局纪检组组长汪发珍带队党建品牌创建工作第二督导组到革吉县检查指导工作。

29日 阿里地区噶尔县教师一行10人来到革吉县完小参观学习素质教育。

同日 革吉县在县人民大会堂隆重举行"共庆'七一'喜迎中共十九大'四讲四爱'"红歌比赛。

7月

3—5日 地区民政局党组书记索南仁青一行工作组在县、局有关领导的陪同下，利用3天时间对革吉县四乡一镇、福利院全面考察各项工作开展情况进行检查，还看望慰问"五保"老人及工作人员。

10日 阿里地区行署副专员、革吉县委书记索朗次仁实地查看乡村"四讲四爱"主题教育实践活动开展情况，与基层干部、农牧民群众、学校师生等进行深入交谈，并广泛听取各方的意见和建议。

13日 阿里地区行署副专员巴桑罗布、国家开发银行西藏分行行长崔晓峰一行工作组到革吉县对牦牛产业基地建设项目产业贷款的前期工作进行全面的调研工作。

14日 县委常委、常务副县长确巴带队、县农牧局副局长次仁顿珠、农技推广站副站长罗布旦增组成的验收组赴革吉县文不当桑乡罗玛村噶荣米荣点验收革吉县2017年科技绿麦草试新品种引进栽培试验示范，验收采取按照与地区科技局签订的项目合同（任务）书进行检查验收。

16日 革吉县委理论学习中心组组织召开2017年第六次学习会。

20—21日 地委书记朱中奎带七县县委书记、地直有关单位负责人组成的自查考评组来到革吉县，深入牧区改革示范点、牦牛产业基地、易地扶贫搬迁点、党政机关单位、防沙治沙工程等重点工作进行自查考评，与革吉县各族干部群众共商发展稳定大计，朱中奎强调，革吉县要根据自查考评组提出的意见建议，结合县情，查漏补缺、改进不足，在以查促改中体现更大担当、展现更大作为，促进革吉经济社会更好发展，以优异的成绩喜迎中共十九大胜利召开。

22日 革吉县工商局牵头联合公安、邮政、农行等部门开展"打击非法集资 共创和谐社会"为主题宣传活动。

24日 革吉县委常委、副县长、脱贫攻坚指挥部办公室主任张树强，主持召开生态补偿岗位工作推进落实会议。

26日 人大阿里地区工作委员会副秘书长巴桑一行工作组，深入革吉县雄巴乡多仁村和革吉镇康巴列村2名结对帮扶扶贫户，受西藏自治区人大代表鲁涛和达次2人的委托进行慰问。

30日 革吉县组织民间那布艺术团在革吉县武警中队开展"八一"中国人民解放军建军慰问暨文艺演出活动。革吉县委副书记、县长王明杰等部分县级领导和武警、中队、消防官兵19人参加演出活动。

8月

1日 自治区党委宣传部副部长丁勇工作组一行到革吉县督导检查"四讲四爱"主题教育实践活动开展情况。

6—10日 革吉县委常委、常务副县长确巴带队，县食药局、县安监局、公安局、县商务局、县住建局、县项目管理中心、质监站、县国土局、县电视台等相关单位联合，深入四乡开展对餐饮服务单位、食品流通经营单位、药品经营单位进行食品药品安全大检查。

8,革吉县召开2017年第四次信访工作联席会议。

9日　革吉县召开深度贫困脱贫攻坚推进会。阿里行署副专员、革吉县委书记、革吉县脱贫攻坚指挥部总指挥长索朗次仁出席并作出重要讲话,革吉县委副书记、县长、县脱贫攻坚指挥部副总指挥长王明杰主持会议。

14日　革吉县环保局组织人员陪同自治区环境监测中心站刘冰等3人对革吉县的两个土壤监测背景点位进行实地采样。

16日　在革吉县会议中心召开革吉县2017年民族团结进步表彰大会。

30—31日　阿里地委组织部部务委员、政研室主任谭主峰一行工作组到革吉县调研督查抓党建促脱贫攻坚督导工作。

9月

7日　革吉县圆满完成2017年贫困学生资助金发放工作

同日　革吉县纪委联合组织部对全县党员干部进行党风廉政建设知识测试,提高廉政文化知晓率,确保党内法规制度落地生根,进一步纯洁党风政风,扎实推进党风廉政建设和反腐败工作向纵深发展。

8日　革吉县召开“四讲四爱”主题教育实践活动第四节点总结暨第五次工作推进会议。

13日　革吉县脱贫攻坚指挥部组织召开革吉县“十三五”扶贫项目规划部署会议。

14日　革吉县总工会开展“喜迎十九大 工会服务在基层”活动。

同日　革吉镇那普居委会经济合作召集砂场负责人和入股农牧民群众在村委会举行经济合作组织收益分红工作。

14—15日　自治区党委组织部(编办)机构编制综合处处长侯典雷一行工作组,到革吉县调研督查抓党建促脱贫攻坚工作。

15日　革吉县政协组织开展安全大检查活动。

同日　革吉县完全小学根据各班年龄特点开展以“讲党恩爱核心、讲团结爱祖国、讲贡献爱家园、讲文明爱生活”喜迎中共十九大主题教育板报评比活动。

同日　革吉县雄巴乡宣讲团同巴措村驻村工作队赴巴措村宣讲“讲党恩爱核心”。

16日　阿里地区科技局局长米玛带队的一行工作组到革吉县,检查革吉县科技科研项目中期工作。

同日　革吉县综治办牵头组织开展“9·16”平安西藏宣传日集中宣传活动。

17日　革吉县完小学组织全体师生举行一场爬山大比拼。

18日　革吉县那布艺术团到四乡一镇开展“四讲四爱”主题教育活动文艺演出。

同日　革吉县国土党支部组织学习怎样做一名合格的共产党员,支部各单位全体在岗干部职工参会、支部书记郝永福主持会议。

同日　革吉县环保局局长姜勇带领2名干部职工深入到盐湖乡羌麦村二组开展结对帮扶工作。

同日　革吉县便民服务中心门口开展“创新驱动发展、科学破除愚昧”为主题的全国科普日活动,由县农牧局副局长、科技局局长次多、县兽医站站长桑米等4人参加此次宣传活动。

同日　革吉县芝热寺驻寺机构以“四讲四爱”主题教育实践活动为契机,开展“爱祖国、护绿化、保清洁、爱家园”为主题的环保治理行动。

19日　人大阿里地区工作委员会副主任扎西旺堆一行工作组,深入革吉县四乡,执法检查“一法一办法”贯彻实施情况

同日　革吉县中学组织开展以“民族团结”和“校园安全”为主题的板报评比活动。

同日　革吉县国土局组织集中在岗干部职工,认真学习贯彻落实《革吉县关于国务院安委会大检查第十二督导组督查反馈问题整改方案》文件精神。

20日　革吉县农牧区家庭医疗账户本缴费和更换账户本工作正在进行中

同日 革吉县团委书记扎西罗布等单位人员深入雄巴乡巴措村一组走访了解结对2户帮扶对象家庭情况。

同日 革吉县编译局深入布贡村结对帮扶对象进行走访慰问工作，编译局局长洛生和扎旺代表局所有干部职工带着日常生活用品，看望并慰问布贡村的4户帮扶对象。

同日 革吉县脱贫攻坚指挥部“十三五”脱贫攻坚基础设施项目申报讨论会在扶贫办会议室召开。县委副书记、县长、县脱贫攻坚指挥部副总指挥长王明杰出席会议并作重要讲话，县委常委、常务副县长、县脱贫攻坚指挥部产业组长确巴、副县长郝永福、罗布及各相关部门负责人参加会议。

同日 乡党委书记白玛旺久、夏玛村党支部书记努桑等领导到夏玛村三组土地平整、天然草场和人工种草区别、青稞种植选址、员工工资发放情况等工作进行检查指导。

20—22日 由副县长桑杰巴珠带队的县教育局、食药局、安监局、政法委、公安局、消防等相关单位组成的联合工作组深入四乡一镇开展学校内部及周边的安全生产专项检查工作。

21日 革吉县那布艺术团的演员们在四乡一镇开展“四讲四爱”主题教育实践活动文艺演出。

22日 革吉县委统战部、县民宗局组织开展“民族团结月”27周年和“八进”宣讲活动。

23日 革吉县委常委、组织部部长束志勇带领33名专招生来到阿里烈士陵园，表达对先烈们的无限崇敬和深切哀思，接受爱国主义和革命传统教育。

同日 革吉县完全小学在德教处的安排下在校食堂组织全校学生观看“品德养成、遵纪守法、生命安全”教育动画短片。

24日 盐湖乡党委副书记、乡长贡觉次仁带宣讲团成员深入羌堆村宣讲“四讲四爱”主题教育内容“回头讲”工作。

25日 革吉县脱贫攻坚指挥部办公室副主任、扶贫（农发）办主任扎南主持召开迎接地区2017年脱贫攻坚考核验收工作会议。

同日 雄巴乡多仁村开展“四讲四爱”主题教育实践活动“回头讲”宣讲活动。

同日 革吉县建立流动党员服务中心。

10月

9—14日 县安委会组织安监局、质监站、住建局、项目管理中心、农牧局、人力资源和社会保障局、消防大队、工商局、商务局、食药局、公安局等多家部门，进行安全生产大检查联合执法行动。

19日 革吉县召开县委理论学习中心组第十一次学习（扩大）会议，行署副专员、县委书记索朗次仁主持会议。

20日 县委副书记、县长、县脱贫攻坚指挥部常务副总指挥长王明杰主持召开“革吉县2017年脱贫攻坚交叉考核验收工作的反馈会”。

同日 革吉县委常委、副县长李树成在县工会主席达瓦仓巴的陪同下，深入革狮公安一级检查站、平安加油站、中石油加油站等维稳重点工作站亲切看望十九大期间默默坚守在一线维稳岗位的工作人员。

21日 地区行署副专员、革吉县地级包县领导强巴次仁主持召开革吉县教育系统“双推进”工作座谈会，落实革吉县义务教育均衡发展，全面推进素质教育。

同日 革吉县在便民服务中心举行不动产登记证书首发仪式。

22日 革吉县人大常委会副主任、县强基惠民负责人旦增带队的工作组，深入革吉县四乡一镇十九个行政村和居委会开展强基惠民第三巡回检查工作。

23日 自治区工商联党委委员、副主席巴桑多吉一行工作组到革吉县督导检查县工商联工作，同时到那布藏香厂进行实地调研。

24日 县委常委、宣传部部长史小亚组织革吉县委宣传部在“四讲四爱”活动办办公室开展日常学习，专题学习中共十九大精神。会上，领学中共十九大报告第一部分。

27日 革吉县委常委、统战部部长多吉欧珠一行督导组到加吾拉康督导检查中共十九大期间的各项安保工作落实情况。

29—30 日　文布当桑乡夏玛村、罗玛村先后举行 2017 年度农牧民劳务创收资金发放仪式，共发放 120.75 万元的人工种草基地土地平整资金，乡党委书记白玛旺久参加资金发放仪式并讲话。

11月

2 日　行署副秘书长、革吉县委常委、副县长（援藏）李树成，县委常委、副县长张树强一行调研组到文布当桑乡实地调研考察小康示范村建设。

同日　第二届校园十大歌手决赛在校活动中心举行，该次活动由校长石曲拉姆主持，索南任青和尼玛央宗担任比赛的主持人。

同日　革吉县委常委、常务副县长确巴主持召开革吉县基本草原划定验收工作安排部署会，县农牧局全体干部职工参加会议。

3 日　革吉县人大常委会副主任旦增到革吉县雄巴乡结克村结对帮扶户了解情况并慰问。

4 日　革吉县食品药品监督管理局召开协商革吉县食品、保健食品欺诈和虚假宣传整治工作会议。

同日　噶尔县艺术团同革吉县那布民间艺术团开展“县县人民心连心、文化艺术共繁荣”为主题的交流演出活动。

同日　革吉县卫生局组织开展的 2017 年藏医藏药“服务百姓健康行”大型义诊活动之进福利院。

7 日　阿里地委委员、地委宣传部部长索南才旦一行宣讲组赴盐湖乡宣讲中共十九大精神。

7—13 日　县委常委、纪委书记冯展强带队的督导检查组深入四乡一镇对 2017 年脱贫攻坚各项工作全面细致的监督检查。

9 日　普兰县人大常委会副主任西绕群培一行到革吉县进行考察学习，革吉县人大常委会主任白玛加布陪同考察。

12 日　县人大常委会副主任洛桑次仁主持召开革吉县革吉镇村规民约完善及后续工作安排部署会议，各村（居）党支部书、村委会主任及镇文化综合服务中心主任阿旺贡布参加会议。

14 日　革吉县召开 2017 年下半年和谐模范寺庙暨爱国守法先进僧尼表彰大会。县委副书记、县长王明杰主持会议，行署副专员、县委书记索朗次仁作重要讲话。

17 日　革吉县广播电视台揭牌仪式在革吉县文广局举行。行署副专员、县委书记索朗次仁，县委副书记、县长王明杰，县政协主席洛桑遵珠，县武装部部长芦仲田，县人大常委会副主任旦增及县直各部门负责人参加揭牌仪式。揭牌仪式由县委副书记、县长王明杰主持。

18 日　县委副书记、县长王明杰主持召开全面推行河长制工作推进会议，并作重要讲话。

同日　革吉县完小举办以“舞动青春”为主题的师生舞蹈大赛。

18—19 日　自治区宣讲团阿里分团革吉组到雄巴乡各村组开展中共十九大精神宣讲报告会。

20 日　革吉县商人买买提·艾塞孜、买买提·吾守尔、努尔麦麦提江·阿布拉、玉素普·亚素普主动联系县扶贫办，在扶贫办主任扎南陪同下到福康小区易地搬迁点给 70 户 238 名贫困户带去煤炭、茶叶、食用油、面粉等物资，总价值 9800 元。

22 日　自治区宣讲团成员、西藏人民广播电台副总编辑甲措平措在盐湖乡羌麦村宣讲中共十九大精神。

23 日　革吉县人大常委会主任白玛加布在人大代表之家主持召开安全生产会议。

25 日　革吉县总工会开展“寒冬腊月送温暖 工会心系职工情”冬季送温暖活动。

同日　革吉县宣讲团成员、县人大常委会副主任多吉平拉、县政协办公室主任仁增多杰在盐湖乡羌堆村宣讲中共十九大精神。

同日　革吉县召开 2017 年脱贫攻坚工作整改落实推进会，县委副书记、县长王明杰出席并作重要讲话。县委常委、副县长、县脱贫攻坚指挥部办公室主任张树强主持会议。

26—27 日　由阿里地区水利局农水科科长罗布吉律带队，地区水利质安中心、建管科、七县水利主要负责人一行到革吉县验收2015年小型牧区水利重点县项目。

27日 革吉县党校对新任村（居）“两委”班子培训班进行开班仪式。

同日 革吉县雄巴乡在乡政府二楼召开2018年农牧区改革工作动员部署会议，乡党委副书记、乡长多吉洛珠主持会议。全乡干部职工、各村驻村工作队、村两委班子参加会议。

28日 亚热乡召开2018年度牲畜清点工作动员部署会议，会议由乡党委书记国吉次仁主持。

28日至12月1日 革吉县宣讲团成员、县人大常委会副主任多吉平拉、县政协办公室主任仁增多杰在芝热寺和革吉镇芒拉村宣讲中共十九大精神，县人大常委会副主任多吉平拉主持宣讲会。

12月

1日 革吉县召开2017年度“四讲四爱”主题教育实践活动总结表彰大会，行署副专员、县委书记索朗次仁出席会议并作讲话，县委副书记、县长王明杰主持会议。

同日 革吉县气象局组织开展气象信息员培训工作，副县长罗布出席培训班并讲话，县气象局局长旦增旺堆主持培训会。

3日 革吉县雄巴乡组织召开农牧区改革的前期准备工作会

4日 革吉县举行以“学习贯彻中共十九大精神，弘扬宪法精神，共建法治革吉”为主题的“12·4”国家宪法日暨首届革吉县法治文化宣传周活动，行署副专员、县委书记索朗次仁出席活动，县委副书记、县长王明杰作讲话，县委副书记、政法委书记、公安局局长、法制宣传教育工作领导小组组长阿旺朗杰主持。

5日 革吉县集中供暖工程热源厂的点火仪式。

同日 为期五天的阿里地区第三届农畜产品展销会在狮泉河镇隆重闭幕。

5—6日 革吉县旅游局联合县公安、安监、消防、食药监、卫生等部门在全县范围内深入开展安全生产大检查。

6日 革吉县卫生局在卫生服务中心门口举行主题为“安全用药，守护健康”的宣传活动。

同日 人大阿里地工委秘书长次仁杰阿一行工作组深入革吉县人大检查指导革吉县第十二届人民代表大会第三次会议筹备工作情况。

7日 革吉县商务局组织消防、公安、安监、卫生、食药等部门，对革吉县的商贸流通领域、成品油经营企业、特种设备等进行拉网式排查。

12日 革吉县委副书记、县长王明杰在县委政府二楼会议室召开革吉镇农牧区改革工作会议。

14日 自治区人大常委会党组副书记、副主任多托带队的督导组一行到革吉镇检查脱贫攻坚工作。行署副专员、县委书记、县脱贫攻坚指挥部总指挥长索朗次仁，县委副书记、县长、县脱贫攻坚指挥部副总指挥长王明杰陪同检查。

16日 县委常委、副县长张树强主持召开革吉县指挥部2017年第三次推进会议，行署副专员、县委书记、县脱贫攻坚指挥部总指挥长索朗次仁出席并作重要讲话。

21日 由拉萨市总工会党组成员、副主席冉龙平带队的全区工会目标责任考核组一行到革吉县考核验收2017年工会工作，阿里地区工会办事处党组成员、副主任江措，县委常委、常务副县长确巴，县总工会主席达瓦仓巴等全程陪同。

22日 革吉县召开创先争优强基础惠民生活动第六批驻村工作总结表彰暨第七批驻村工作动员大会。行署副专员、县委书记索朗次仁出席大会并讲话，县委副书记、县长王明杰主持大会。

同日 革吉县扶贫（农发）办主任、脱贫攻坚指挥部办公室副主任扎南受县委、县政府主要领导委托，到阿里地区康乐新居看望慰问革吉县68户易地搬迁贫困户。

同日 革吉县召开2017年党风廉政建设第四季度专题会议暨述责述廉会议，行署副专员、县委书记索朗次仁出席会议并讲话，县委常委、纪委书记冯展强主持会议，在岗的县委常委、各乡（镇）党委书记、党组书记、县直各单位负责人参加会议。

24日 革吉县召开脱贫攻坚大干30天动员大会，革吉县包乡工作组、亚热乡包村工作组深入亚热乡却藏村开展脱贫攻坚大干30天工作。

同日 革吉县委统战部、县民宗局、县宗教办组织在家干部职工召开学习会，学习自治区领导与宗教界代表人士在拉萨召开的座谈会精神。学习会由县委常委、统战部部长多吉欧珠主持会议。

25日 革吉县人大常委会及其办公室召开全体党员会议，就贯彻落实全县“两学一做”学习教育工作会议精神作出部署。革吉县人大常委会主任白玛加布主任参加此会。

同日 革吉县人大常委会在“人大代表之家”组织机关干部认真学习宣传贯彻落实区党委九届三次全委会议精神。县委常委、副县长张树强参加此会。

26日 由革吉县委常委、常务副县长确巴主持，安委会成员全体参加，召开革吉县安委办关于进一步加强和规范安全生产监督执法工作安排部署会。

27—29日 革吉县精准扶贫第三督查小组利用3天时间，深入亚热乡夏玛村、羌玛村、罗玛村、塞利普村、确藏村等对精准脱贫工作入户调查反馈问题整改及“大干三十天”工作开展情况进行详细的督查。

27日 革吉县召开2017年项目建设工作总结暨2018年项目建设工作计划安排部署会。革吉县委副书记、县长王明杰主持，县委常委、常务副县长、县基本建设领导小组副组长确巴，县(中)直各单位负责人参加会议。

同日 县人大常委会党组书记、主任白玛加布、县检察院党组书记检察院检查长次仁尼玛、革吉镇副镇长、脱贫攻坚办公室负责人多吉欧珠前往革吉镇康巴列村，对康巴列村贫困户进行精准扶贫及督导各项政策资金落实情况。

28日 革吉县雄巴乡举行“德勒康桑”困难群众易地搬迁入住仪式。革吉县人大常委会副主任旦增、副县长郭立龙、县扶贫办副主任曲旦出席搬迁仪式，雄巴乡党委副书记、乡长多吉洛珠主持搬迁仪式。

29日 革吉县扶贫办工作人员、盐湖乡相关领导以及搬迁入户的群众共同参加在盐湖乡易地搬迁点举行盐湖乡“盐羊古道安居苑”易地搬迁入住仪式，仪式现场充满喜悦之情，18户79名贫困户拿到新家的钥匙。

同日 国家开发银行西藏分行副行长李懋一行工作组到雄巴乡民族手工业加工厂，革吉县委副书记、县长王明杰，县人大常委会副主任旦增，副县长郭立龙，县委组织部副部长贡觉扎西，雄巴乡党委书记周桢垒，乡党委副书记、乡长多吉洛珠，乡党委委员、副乡长扎西罗布等陪同。

31日 革吉县举行2017年福康小区易地扶贫搬迁户入住仪式，来自革吉县各个乡镇的18户困难群众高高兴兴地分到自己的房子。革吉县委副书记、县长王明杰、县委常委、常务副县长确巴及革吉镇相关领导参加入住仪式。

同日 革吉县委常委、常务副县长确巴带队，组织安监、商务、工商、食药、宣传、卫生等部门开展“三大节日”专项检查行动。重点对革吉县餐馆、茶馆、超市、蔬菜水果商店等行业进行检查。

政治

中共革吉县委员会

【概况】 2017年，中共革吉县委员会（以下简称革吉县委）高举中国特色社会伟大旗帜，以习近平新时代社会主义思想为指导，深入贯彻落实中共十八大，十八届三中、四中、五中、六中、七中全会，中共十九大，中央第六次西藏工作座谈会精神，贯彻落实习近平总书记系列重要讲话精神，贯彻落实自治区第九次党代会精神，紧紧围绕社会稳定和长治久安总目标，坚持“五位一体”总体布局和“四个全面”战略布局，坚持“依法治藏、富民兴藏、长期建藏、凝聚人心、夯实基础”的重要原则，坚持创新、协调、绿色、开放、共享的发展理念，认真落实中央、自治区和地区重要决策部署，大力实施“项目强县”战略、加快基础设施建设，大力发展特色产业、培育新的经济增长点，大力实施脱贫攻坚工程、千方百计增加群众收入，全力以赴维护社会稳定、确保社会持续和谐稳定，加强党的建设、提升基层党组织战斗力和党员干部队伍素质，锐意进取、苦干实干，各项工作取得较好的成绩，开创经济社会发展新局面。

【维护稳定】 2017年，革吉县委全面贯彻落实习近平总书记“治国必治边、治边先稳藏”的重要战略思想，以维护国家安全和社会稳定为首要任务。定期召开维稳专题会议听取各部门维稳工作开展情况，分析研判维稳形势，研究解决存在问题，安排部署工作，特别是在中共十九大召开期间，全面系统安排部署，确保全县社会局势和谐稳定。以“两学一做”学习教育常态化制度化和“四讲四爱”主题教育实践活动为载体，组织召开“感党恩、听党话、跟党走”座谈会、“团结稳定是福、分裂动乱是祸”讲座等活动，强化党员干部群众的爱国意识，增强维护稳定的自觉性和主动性。建立健全维稳工作管理责任，明确责任主体，将责任细化分解落实到

2017年11月12日，阿里地区行署副专员，革吉县委书记索朗次仁参加党办宣传群团支部日活动，重温入党誓词

人。成立3个维稳督导小组，加强对全县各重点部门维稳督查，推动反分裂斗争和维护稳定各项措施不折不扣地落到实处，做到全县维稳工作有部署、有督导、有落实，形成一级抓一级、一级督一级、一级对一级负责的责任机制。

【经济发展】 2017年，革吉县委紧紧围绕全面建成小康社会的总目标，细化分解发展目标任务，全力抓督查、抓协调、抓进度，全县经济社会呈现出良好发展态势。到年底，全县生产总值达40608万元，同比增长14.3%；社会固定资产投资达5.99亿元；财政收入完成2191万元，同比增长58.5%；社会消费品零售总额达7816.6万元，同比增长17%；城镇登记失业率控制在2.5%以内；居民消费价格涨幅控制在3.5%以内；农牧民人均可支配收入达9684元，同比增长13%。

【优化产业结构】 推进产业建设，全力打造“五大产业基地”。2017年，革吉镇牦牛产业基地牦牛总数达276头，年创收34.87万元。亚热乡绵羊育肥基地全年出栏绵羊1001只，年创收858500元。逐步扩大雄巴乡民族手工艺品加工厂生产规模，开展手工艺技能培训，增加民族手工艺品的品种、提高产品质量，年创收24万元。盐湖乡多种产业发展基地建设不断推进，群众通过出租房屋、开办小型超市、茶馆等方式，年创收达150万元。推进文布当桑乡人工种草和饲草料基地建设。文布当桑乡可实施种草面积6700亩，创收220.13万元。不断发展壮大白绒山羊特色产业，全县白绒山羊规模达到25.26万只。全县牲畜存栏总数38.27万绵羊单位，完成人工种草7058万亩。

坚持“生态立县、绿色发展”战略，围绕“扬善之地·辽阔牧场”旅游主题，以打造冈底斯国际旅游合作区域为中心为契机，以羌塘高原独特地理环境为生态依托，合理开发利用革吉县独特性、稀有性景观资源和野生动物资源。2017年，在自治区林业厅的支持下，委托国家林业局昆明勘察设计院、自治区林业调查规划院编制《西藏阿里革吉县野生动物游览路线控制性详细规划》，项目总投资估算为10485.13万元。

【牧区改革】 2017年，革吉县委紧紧围绕“构建新型牧业经营体系，加快转变牧业发展方式”这一主题，制定出台《革吉县牧区改革总体方案》，研究制定“创新工作思路、完善方式方法，有偿使用资源、搞活牧区经济，增加群众收入、确保按时脱贫，稳妥有序推进、维护社会稳定”的牧区改革工作方法，深入开展“推进草场有偿流转、推进联户联组经营、试点培育养畜大户”三项改革，先后制定完善《革吉县关于草场有偿流转的工作办法》《革吉县关于推进联户联组经营的工作方案》和《革吉县关于培育养畜大户的工作方案》，多次召开专题会议研究流转价格（每亩价格为0.4—0.6元），确定补助内容、标准、对象和资金，依法保护牧户合法权益，探索推行“基地＋牧户”和草场有偿经营、联户联组放牧、培育养殖大户等发展模式，稳定牧民承包权，放活草场经营权，确保牧区改革工作正常有序推进。

【脱贫攻坚】 2017年，革吉县委按照“八个精准”“四个切实”“九个一批”的工作要求，紧紧围绕“三不愁”“三保障”“三有”目标，强化领导，精心组织，科学谋划，统筹安排，合力攻坚，不断开创革吉县精准扶贫、精准脱贫工作新局面。5个搬迁安置点全部开工建设，完成搬迁207户896人，实现脱贫175户683人，实现革吉镇布贡村整村脱贫目标。依托“五大产业基地”建设、生态补偿岗位和转移就业培训，实现就业脱贫。农牧民转移就业8074人次（其中生态岗位4788人、劳务输出3286人次）。继续设立500万元农牧民创业基金，发放创业基金284.5万元，受益群众120户218人。将200万元以下的22个项目交给有资质有能力的农牧民施工队，涉及投资4483.83万元，创收达1200余万元。全县完成劳务输出3286人次，车辆参与输出280台，实现创收1733.87万元。

【安全生产】 2017年，革吉县委按照“党政同责、一岗双责、齐抓共管、失职追责”原则，牢固树立“安全无小事”思想和隐患就是事故的忧患意识，切实加强组织领导，与经济社会发展同部署、同落实、同检查、同验收，先后与各单位、各乡(镇)、村(居)签订《安全生产目标责任书》59份,与各矿产开发企业、建筑施工企业、危险化学品经营销售单位直接负责人签订安全责任书65份,制定《事故查处挂牌督办制度》《革吉县执法检查制度》等11项制度和安全生产应急预案,利用“3·15”安全生产月等特殊时节,广泛开展各种安全宣传教育活动,每月开展一次专项检查,每季度进行一次大检查,半年开展一次综合大检,在春节、藏历年、五一、国庆等重要节日开展专项排查整治活动,从源头消除各种安全隐患,有效遏制各类事故发生。

【项目建设】 牢固树立“抓项目就是抓发展”的意识,通过国家投资、援藏投资、县级配套等多种方式,着力改善基础设施条件。积极推进新建项目开工,复工项目竣工。2017年革吉县新建项目开工87项,复工项目13项,完成投资3163.4万元。易地扶贫搬迁工程、11个村级幼儿园建设项目、2017—2020年县直周转房及附属建设项目、2016年退牧还草工程等项目进展顺利。制定下发《革吉县政府投资建设项目资金拨付管理办法》,实行统一的“资金拨付请批单”,规范程序、提高效率、保障安全。为确保项目建设顺利推进,县政府专门预算200万元项目前期经费。且200万元以下的22个项目交给有资质有能力的农牧民施工队。

【教育发展】 2017年,革吉县委高度重视义务教育均衡发展,将县级财政收入的28%用于教育事业,专项安排义务教育均衡补助资金600万元,援藏投资180万元,加强学校教育信息化建设,打造革吉“互联网教育”模式,确保县域义务教育在师资水平、生源分布、教育质量等方面实现基本均衡。

【卫生发展】 2017年,革吉县委将县财政收入的10%用于发展卫生事业,研究制定《健康革吉实施意见》和《加强革吉县医疗卫生的指导意见》,投资240万元改扩建县疾病预防控制中心和购置设备,进一步加强县卫生服务中心软、硬件建设,并对照创建“一甲”卫生服务中心“六大”指标,积极筹备完善,确保通过“一甲”评审。拨付50万元用于地方病、传染病疫苗注射,研究制定《革吉县关于切实加强麻疹疫情防控工作的实施方案》《革吉县包虫病综合防治工作方案》和《革吉县犬只管理办法》。截至年底,在西藏边防医院、西藏阜康医院,河北、陕西B超专家协助下,对18个行政村和1个居委会包15180名牧民群众进行筛查,确诊159人、疑似44人,已通过手术治疗61人、药物治疗98人。投资138万元推进乡镇卫生院规范化建设,改善乡镇卫生院医疗环境,整合创先争优强基础惠民生项目和办实事经费,修建7个村级卫生室,有效推进村级村卫生室标准化建设。深入推进组团式医疗人才援藏工作,安排3名医护人员到自治区第二人民医院进行为期半年培训,同时,与北京医院沟通协调,争取1万元用于医院远程建设,并邀请1名医疗专家到革吉县指导工作。开展城市医院帮扶高海拔乡镇医院工作,全年邀请自治区第二人民医院6名医护人员入驻雄巴乡和亚热乡卫生院,开展对口帮扶工作。

【民生工作】 2017年,革吉县实施“十项民生工程”,棚户区改造任务为184户,总投资为1196万元,已完成评审报告、可研批复和概算批复。投资590万元新建县党政综合便民服务中心、四乡便民服务中心,打通联系服务群众“最后一公里”。投资4.2亿元实施集中供暖、给排水及综合管廊工程,经县委、县政府两次专题会议研究和积极筹备,7月底开工建设,热源厂锅炉房、变配电室、生物质库等基础设施已全部完成,综合管廊已完成70%,暖气片、供回水管道、二次沟管开挖等供热工程已完成60%,12月已实现部分区域集中供暖。投资811万元实施农村饮水巩固提升工程。投资2448万元实施嘎尔嘎灌区工程,已完成总工程量的97%。1个村级油路和2个村转场公路、县乡农牧业防抗灾物资储备库、干部职工周转房建设项目等全部开工建设。认真贯彻落实残疾人“两项”补贴政策和作业组组长待遇,残疾生活补贴全部兑现,深入开展大病救助和慢性病分类治疗工作,全面更新型合作医疗册,建立健全电子档案,住院分娩、1岁以下儿童、白内障手术全额报销100%,全年大病统筹资金中已报账5425330元。同时，加强临时生活救助，研究制定《革吉县临时救助实施细则》，共救助临时困难群众18人，兑现资金2.8万元。开展低保户大核查和低保户定向精准专项核查，做到有进有出、应保尽保、动态管理。清理出不符合城镇低保标准8户21人。全县有城镇低保户47户100人，兑现城镇低保户资金613838元。年初安排283万元用于防抗灾专项经费，向四乡一镇下拨87万元的自然灾害补助金和冬春需口粮、衣被、燃料等物资。

【生态环境建设】 2017年，革吉县委全面贯彻落实习近平总书记“建设美丽西藏”的重要指示精神，牢固树立“绿水青山就是金山银山、冰天雪地也是金山银山”的理念，紧紧围绕“生态立县”的发展思路，以“努力争做保护生态、发展产业的模范县”为发展方向，坚持把生态文明建设和环境保护列入重要议事日程，把环境保护与经济发展综合决策，为全面构建美丽和谐革吉打下坚实的基础。完善重点生态功能区生态补偿机制、生态补偿性转移支付制度，先后制定《革吉县城乡环境卫生综合治理专项行动方案》《革吉县环境网格化实施方案》《革吉县创建“绿色生态革吉城镇”实施方案》《革吉县关于全面推行河长制的实施方案》等文件，修订完善《革吉县环境保护举报制度》《革吉县环境保护考核实施办法》等相关制度。全面落实国家水、大气、土壤污染防治三大行动计划和《阿里地区关于水、大气、土三十条的实施方案》，完善城乡环卫设备和基础设施建设，系统推进水污染防治、水生态保护和水资源管理，抓好狮泉河源头流域良好水体保护，抓好城镇扬尘综合控制，抓好矿山治理和草场保护，抓好退牧还草、人工种草、植树造林、防沙治沙项目，加快黄标车和老旧车辆淘汰。2017年，革吉县新增植树造林270亩，种植各类树木59100株，全县森林面积覆盖率增加0.03%。全面开展城乡环境卫生综合整治和“美丽乡村”建设，采取以奖代补方式为乡（镇）解决环境卫生综合整治经费，签订《城乡环境综合整治工作责任书》，加强宣传教育引导，强化督促检查落实，在全县形成干部职工主导、群众参与、商户支持，“我参与、我共享”的良好氛围，为革吉县创建生态村、打造生态县奠定良好基础。

2017年5月6日，县档案馆馆长卓玛次仁在整理档案资料

【党建工作】 2017年，革吉县委牢牢把握“全面加强党的执政能力建设”这一主线，突出抓好党的思想建设、干部队伍建设、组织建设和作风建设，为全县经济社会发展提供坚强的组织保证。推进“两学一做”学习教育常态化制度化，抓好“学”“做”“改”三个重要环节。“学”，四大班子党组织书记带头讲专题党课4场次，印发“口袋书”850余册，组织干部职工集中考试800余人次，举办培训班5场次，全县讲党课31场次，集中学习研讨4次，专题讨论56场次。“做”，与“四讲四爱”“五讲五看五做”“藏西先锋·红色阿里”品牌创建相结合，实现“强组织、强队伍、强基层”的目标；与脱贫攻坚相结合，全面推进党建扶贫“双推进”。“改”，对县委梳理出各级党组织存在的五个方面的问题和党员存在的七个方面的问题开展专项整治。先后开展集中督查4次，印发通报4期，提出

问题清单12项，转化升级后进党组织2个。开展“藏西先锋·红色阿里”党建品牌创建工作。按照“支部一个不少、党员一个不落”和“一乡镇一特色、一支部一品牌”的要求，结合自身特色提出符合实际的党建品牌项目，全县党建品牌已申报25个，形成以“狮泉源头党旗红·扬善之乡展新颜”为总品牌的“1+X”系列党建品牌。配齐基层党组织，在全县“双联户”单元新建立党小组。对党员人数较多的党支部进行分设，取消党支部3个，新建党支部9个，并在县直机关党支部中实行县级领导干部担任党支部书记，把每周一晚定为“支部日”。加强对党员的教育和管理，严格落实“三会一课”、民主评议党员等党内制度，深入开展做“忠诚老实、务实创新、实干担当、勤勉奉献”的革吉人、“强管理、提素质、转作风”等活动，规范党员行为，提高党员素质。坚持党管干部原则，认真落实“信念坚定、为民服务、勤政务实、敢于担当、清正廉洁”的好干部标准，把最优秀的干部提拔进领导班子，打造忠诚、干净、担当的骨干执政力量，全年共调整提拔干部74名。采取挂职锻炼、学历提升、党校培训等方式，围绕提高领导干部依法办事、群众工作、公共服务、社会管理、维护稳定等工作能力，加大党员干部培训力度，提高党员干部的综合能力和业务水平。截至年底，共选派252人参加培训，县委党校举办专题培训7期，共计172余人/次。切实注重干部特别是乡镇干部的身体、心理健康，帮助他们解决工作生活中的实际困难，调动其工作积极性。2017年，对全县干部未按标准落实“干部职工因工作原因未休假或休假未满的一次性补助”进行清理，对174名未休假或休假未满干部兑现补助资金260万余元。全面做好村居组织换届选举工作，专题研究、制定方案、下发通知，积极宣传，全面调查摸底，精心研究“两委”班子结构，加强村“两委”后备干部的教育培养和推荐，强化离任审计和班子考核，对重点村、难点村和软弱涣散村（居）集中进行整顿。

【党风廉政建设】 2017年，革吉县委深入贯彻落实自治区、地区党风廉政建设和反腐败工作会议等重要会议精神，牢固树立“四个意识”，层层压紧压实主体责任和监督责任，强化监督执纪、教育引导、问题导向，加大监督执纪问责工作力度，时刻保持惩治腐败高压态势，扎实推进全面从严治党工作向纵深发展。结合“两学一做”学习教育，对中央“八项规定”、区党委“约法十章”“九项要求”和“两准则、三条例”深入学习，并开展示范教育、警示教育、岗位廉政教育，不断增强党员干部廉洁从政意识。严格执行发文、办会制度，严格控制会议数量、规模和时间，注重会议质量，有效改变以往以会议落实会议的现象。严格落实公务接待、车辆管理等相关规定，实行公务接待登记制和公务车统一辆管理制，杜绝铺张浪费和公车私用现象。年初召开九届二次县纪委会议，每季度定期召开专题会议，安排部署党风廉政工作，层层签订责任书69份，研究制定《党风廉政建设和反腐败工作要点》《落实党风廉政建设“两个责任”的具体措施》和《落实党风廉政建设责任制县委主体责任、县委书记第一责任人责任和县委班子其他成员“一岗双责”

2017年7月31日，革吉县委办公室召开党风廉政专题学习会议

任务分解方案》,夯实各级党组织第一责任人职责,督促班子成员履行好“一岗双责”。2017年,共召开党风廉政专题会议3次,专题学习会议3次,开展集体讨论2次,组织党员集中学习136场,县委主要领导、纪委书记讲廉政党课3次,召开主体责任集体廉政约谈工作会议2次,对乡镇主要领导和重点部门负责人集体廉政谈话2次。在全县开展党员干部参与赌博或带有赌博性质娱乐活动的专项检查整治,制定《精准扶贫专项监督检查实施方案》《惠民政策监督检查实施方案》等19个专项督查方案,定期对各乡(镇)、各单位(部门)落实党风廉政建设责任制情况全面督导检查,并在12家重点部门重新聘请12名廉政督导员,建立县委巡察办和2个巡察组,定期对全县党风廉政工作开展情况进行巡察。2017年,县委专项督查17次。严格落实中央“八项规定”精神和执行廉洁自律各项规定,以改进工作作风、会场纪律和生活作风为着力点,加强对全县干部队伍的教育管理,引导党员干部讲政治、守规矩,坚守廉洁底线,自觉远离低级趣味,自觉抵制歪风邪气,增强政治责任感,强化责任担当。全力支持纪委“三转”工作,配齐配强纪检干部,投入资金10万元建立谈话室、购买执法记录仪,设立15万元专项资金用于开展纪检工作。年内,先后派出93人次对“四风”问题进行督导检查,专项督查17次,下发通报2份,涉及人员16人,提醒谈话3人、诫勉谈话3人。受理各类问题线索25件,立案6件,党纪处分3人,行政处分1人,开除党籍、开除公职1人。针对区党委巡视十三组和区党委巡视第四督查组反馈意见,成立县委整改领导小组和七个专项整改落实工作专班,制定《中共革吉县委员会关于区党委巡视十三组反馈意见的整改落实方案》和《区党委巡视第四督查组反馈意见整改落实方案》,细化任务、明确时限,强化措施,全面整改落实。

【中共十九大精神宣讲】 2017年,革吉县委高度重视,统筹协调,着力在“学懂、弄通、做实”上下功夫,推动中共十九大精神进机关、进学校、进乡镇、进牧区、进村居、进寺庙、进军营、进道班、进网站。县委宣传部先后于10月13日、14日、17日印发转发通知,明确牵头单位,对收听收看事宜作出具体安排。分别于10月19日、10月28日、11月5日召开第11次、第12次县委理论学习中心组学习(扩大)会议和全县领导干部大会,传达学习十九大精神;县委办、县委宣传部制定印发《中共十九大精神学习资料汇编》,为全县干部职工学习十九大精神提供较为全面的学习资料;县委理论学习中心组、各乡镇、各单位、各支部、各驻村驻寺工作队正确处理工学矛盾,纷纷以集体传达学习、组织交流研讨、撰写心得体会、做好学习笔记等方式,原汁原味学原文、深入思考悟原理,做到带着问题学、结合实际学。区、地、县、乡、村五级宣讲组深入开展中共十九大精神“十进”宣讲活动,共开展宣讲工作66场次。在政府网站、网信革吉和县电视台开设中共十九大精神学习专题专栏,制作“学习中共十九大、宣传中共十九大、贯彻中共十九大”电视片花,及时转载转播中共十九大精神、权威媒体解读、各乡镇各部门学习贯彻中共十九大精神工作动态等内容。在317国道沿线、县城、乡镇所在地新建、更新十九大户外广告牌21块,悬挂张贴横幅标语220余条,刷写墙面标语9处;各乡镇、各单位充分利用中宣部下发的4幅十九大挂图(电子版),在办公室、会议室、单位走廊、大院、宣传栏、橱窗等处悬挂张贴,做到中共十九大精神随处可见,抬头可学。

【援藏项目】 2017年,中国联通“十三五”期间第一批援革项目4个,分别为革吉县蔬菜基地建设项目、网络教育班班通项目、易地扶贫搬迁项目和劳动技能培训及就业扶贫项目。截至年底,已启动革吉县蔬菜园区建设项目前期工作;易地搬迁工作总体完成85%以上;教育信息建设项目的设备采购已完成,正在安装中;组织农牧民进行藏餐和民族手工艺培训共计56人次;援藏干部的积极协调河南省焦裕禄学院(红旗渠学院),于2017年6月30日至7月14日对革吉县乡科级25名干部进行党性培训。

(徐 瑶)

【领导名录】

行署副专员、县委书记

索朗次仁(藏族)

县委副书记、政府县长

王 明 杰

县委副书记、政法委书记、公安局局长

阿旺朗杰(藏族)

地委副秘书长、县委副书记

吴 月 轮(援藏干部)

县委常委、政府常务副县长

确 巴(藏族)

县委常委、政府副县长

李 树 成(援藏干部)

县委常委、统战部部长

多吉欧珠(藏族)

县委常委、组织部部长

束 志 勇

县委常委、纪委书记

冯 展 强

县委常委、宣传部部长

史 小 亚

县委常委、政府副县长

张 树 强

中共革吉县委办公室

【概况】 中共革吉县委办公室(以下简称县委办)以习近平新时代中国特色社会主义思想为指导,深入贯彻中共十九大全会和十八大历届全会精神,紧紧围绕县委中心工作,不断强化自身建设、改善工作环境、创新工作思路、提高服务水平,增强工作的主动性和创造性,发挥参谋助手和综合协调作用,实现办公室"三服务"水平的新突破,为全县经济社会发展做出积极贡献。中共革吉县委办公室同县委党史(方志)办公室、县委档案馆(局)合署办公,下设单位为县委机要局,2017年,机构编制内有主任1人,主任科员2人,副主任2名,科员9名。

【干部队伍建设】 2017年,根据县委办工作的特殊性以及对办公室工作人员的整体素质的要求,决定必须把强化学习作为办公室工作的首要工作。为此,县委办采用三种方式进行理论知识学习。将办公室人员外派到上级单位和培训机构进行学习,吸取业务知识和提高干部个人综合能力,提高办公室工作人员的政治理论水平和业务水平。以中心组学习为载体,以全县各种大中型会议以及各种活动为平台,全面提升办公室人员理论水平和学习实效。强化工作人员内部集中学习,坚持人员互动,集中学习,分散讨论等各种形式有机结合,并规定办公室工作人员每天必须保证1小时的自学时间,增强全体人员学习的紧迫性和自觉性。

【强化支撑保障】 2017年,县委办着力在创优工作环境,提高服务质量,深化服务理念、服务内涵和服务水平上下功夫。加强职业道德教育,倡导服务理念,要求工作人员对本职工作要尽职尽责,注重效率,按时保质保量完成;具体工作中相互支持,积极配合,不争功,不诿过;思想上要耐得住清贫,受得住辛苦,不讲价钱论报酬;待人接物要诚实守信,不卑不亢,文明礼貌;与人交谈时要严守国家机密和不宜公开的秘密,做到"涉密不泄密"。建立健全办公室工作职责制度,进一步明确办公室工作的程序、标准和具体要求,通过制度的完善和落实,使各项工作做到有章可循、有据可依,进一步提高工作效率。加强硬件建设,不断改善工作环境。县委先后为办公室新配、更换部分复印机、录音笔等先进办公设备,较大程度的满足电子政务和机关工作的需要。培养年轻干部,给他们派任务、压担子,提高其在工作中独当一面的能力,同时对办公室人员进行重新整合调配,努力实现人员的合理配置,做到人尽其才、才尽其用,办公室工作效能不断提高,办公室内部新的生机和活力正在逐步显现。

【综合服务】 2017年,县委办注重协调,综合服务工作实现新跨越。坚持原则性与灵活性相结合,及时向领导汇报情况,听取指示,统筹安排领导的活动,使各位领导之间的工作联结成一个有机整体。主动加强联系,及时就县级四大班子的重大决策部署和需要协调的问题进行沟通。以化解矛盾、加强协作、凝聚人心、形成合力为目的,经常与部门交流情况,协调处理好各部门间的关系,推动全县形成团结一致求发展、齐心协力抓落实的良好氛围。利用发文、电话、会议等各种形式,及时把县委各个阶段的重大决策和重要部署传达到基层,把基层的工作情况、意见建议反映给县委和上级,并就有关事项根据领导的意见认真给予答复,同时为县直部门和乡镇做好协调服务,确

2017年8月25日，县委机要局局长德吉央宗与工作人员开展机要应急通信演练

保县委各项工作的顺利开展。

【文秘资料】 2017年，县委办围绕全县总体工作部署和重点工作，文秘资料人员牢固树立“围绕中心搞调研，服务决策谋大事”的思想，创新思路，充分发挥“以文辅政”作用。增强参谋服务的主动性、超前性和实效性，力求决策的民主化、科学化。围绕促进全县经济社会发展和群众关注的热点和难点问题开展深入调研，年内，共开展调研活动10余次，撰写调研报告6篇。坚持在求深、求实、求精上下功夫，确保文稿质量，狠抓发文规范化运作，严把发文程序，建立健全“县委办发文核稿登记制度”，明确具体责任人，力求“零差错”，提高发文效率。由县委办公室起草的文件，做到认真拟稿，精益求精。对由部门代拟的文件，由专人负责进行认真审核，严格把关，力求准确规范，全面提高公文质量。全年共拟发县委和县委办各类公文151件。撰写汇报材料、领导讲话50余篇，总计30余万字，确保县委各项工作及时、准确地安排部署。

【信息工作】 2017年，县委办以拓宽信息源为基础，以提高信息质量为重点，以创新机制为手段，不断完善信息上报制度，强化信息的深度挖掘，探索信息的采编方式，突出重点信息的及时捕捉、编撰和报送，为上级提供大量精品信息。全年共上报地委办公室各类信息1230余篇，其中被采用200余篇。先后组织5次专题调研活动，为县委决策提供高质量的参谋服务起到积极的作用。同时，坚持实事求是、喜忧兼报的原则，杜绝紧急重大信息迟报、漏报、瞒报，实现信息工作由单纯反映情况向既反映情况又解决问题的跨越，进一步提升信息工作质量。

【督查工作】 2017年，县委办按照自治区、地区督查工作会议要求，不断创新工作方法，充分发挥督查作用，有效促进县委重大决策及重点工作部署的贯彻落实。围绕重大社情民意问题及群众关注的难点热点问题主动督查，及时维护群众利益。根据领导批示和交办事项进行专题督查。结合日常工作实际，开展常规督查。全年共开展落实县委工作会议精神、深化农牧区改革、党风廉政、“藏西先锋·红色阿里”党建品牌创建工作、义务教育均衡发展经费保障机制落实情况等重点工作专项督查10次，随机督查5次，对决策落实中带有普遍性、倾向性、政策性的问题及时反馈，为县委决策提供服务。采用现场督查、会议督查、跟踪督查、突击督查、专项督查、明察暗访等方式，提高督查的针对性和实效性，树立督查的权威和地位，起到良好的督查效果。坚持按照“批必查，查必果，果必报”的原则，共办理地、县领导批示31件次，做到件件有着落，事事有回音。同时，对其他经常性、随机性督查活动，就督查中发现的问题及时向县委领导反馈通报，主动协调，狠抓落实，确保县委重要决策落实到位，取得实效。进一步完善督查督办制度，出台督查督办工作人员纪律、督查督办台账管理办法等，进一步提高督查实效。

【会务承办工作】 2017年，县委办制定完善会务工作预案制度，建立健全重大会议请假制度、通报制度，严肃会风会纪；进一步提高办会质量，对会前筹备、通知、会中服务、会后落实严格把关，确保每次会议活动安排周密、安全、高效。全年共组织各类工作会议230余次，各种重要活动20余次，各种中小型会议60余次，随机性会议150余次，没有出现一次漏差，充分发挥办公室上传下达作用。

【机要保密工作】 2017年，县委机要局强化机要值班和密码安全管理，建立健全机要工作人员责任制及文件登记、传阅、呈批、归档、保密制度，确保密码安全和通信畅通。完善文件传阅制度，改进发文流程，实行批示件、密件及特急件分类阅示的阅文流程。全年保密、机要工作未发生一起错漏、迟办等事故，实现保密、机要工作零失误。

【党史（方志）工作】 2017年，县委党史（方志）按照《全国地方志工作条例》《全国地方志规划纲要》和区、地下发的相关文件要求，认真学习贯彻中共十九大精神，深刻认识地方志工作的重要性。成立革吉县编纂委员会，下发《革吉县志》《革吉年鉴》任务分解方案，2017卷《革吉年鉴》于10月出版发行，同时与上级部门沟通协调，县委党史（方志）办公室主任与科员2人分别到山南与拉萨参加地方志工作培训，增强业务知识，提升业务能力。

【扶贫工作】 2017年，县委办紧紧围绕县委既定的目标任务全力推进脱贫攻坚工作，先后组织办公室人员下乡10余次，通过实施“帮扶”工程，较好地完成了结对帮扶工作。2017年，积极沟通协调县人社局，为建档立卡的贫困户提供公益性岗位，关心公益性岗位人员，在年末陪同县委书记一同慰问公益性人员。

（徐 瑶）

【领导名录】

主 任

伍 开 树

主任科员

喻 春 梅（女，10月任）

卓玛次仁（女，藏族，10月任）

副主任

张 恒

普 琼（藏族）

县委党史（方志）办公室主任

喻 春 梅（10月免）

档案局（馆）长

卓玛次仁（女，藏族，10月免）

机要局局长

德吉央宗（女，藏族）

机要局副主任科员

袁 桢

革吉县人民代表大会常务委员会

【概况】 革吉县人民代表大会常务委员会（以下简称革吉县人大常委会）成立于1962年。常委会核定编制数为5人，领导职数5名；主任1名，副主任4名；平均年龄为47岁，学历大学1名，大专2名、中专2名。2017年，共召开常委会议4次，主任会议9次，组织代表考察2次，开展专题调研10次，开展执法检查3次，指导联系乡镇人大工作40余次，任免国家机关工作人员30名，办理代表意见建议60件，为促进全县经济发展、民生改善、社会和谐做出积极贡献。

【重大事项决定】 2017年，革吉县人大常委会严格法律程序，正确处理县委决策、人大决定和县

2018年1月16日，在革吉县十二届人民代表大会第三次全会上阿里地区行署副专员、县委书记索朗次仁，县委副书记、县长王明杰，人大常委会党组书记、主任白玛加布和代表们握手畅谈

政府执行的关系，县十二届人代三次会议以来共召开常委会会议4次，1月16日，经革吉县第十二届人民代表大会第三次会议，选举确定革吉县选区出席西藏自治区第十一届人民代表大会代表总名额为4名。自治区党委分配代表多托（藏族），党政领导郭立龙（汉族），专业技术人员代表原勇（汉族），农牧民代表卓玛（女，藏族）。开展专题调研和执法检查11项，任免国家机关工作人员30人次，办理代表建议批评意见60件。确实把党的主张转换为人民的意志，保证人大工作与县委的决策部署同心、同向、同步。

2018年1月16日，革吉县十二届人民代表大会第三次全体会议召开

【人事任免】 2017年，革吉县人大常委会始终坚持将党管干部和人大依法任免有机统一，严格按法定程序办事，认真行使人事任免权。任免前，严格审查拟提请任免人员的相关材料，认真听取县委人事安排的意见和对拟任干部德、能、勤、绩、廉考察情况的说明，在常委会上进行任免表决。全年共计任免国家机关工作人员30人（次），所有新任职人员均进行宪法宣誓，增强任命干部的宪法意识和公仆意识。

【监督工作】 2017年，革吉县人大常委会加强对经济工作的监督，推动县委重大决策部署落实，督促有关方面认真落实县委关于经济工作的部署，促进经济发展提质增效，提高财政资金使用绩效。加强对依法行政的监督，为经济社会发展营造良好法治环境。常委会听取旅游法、食品安全、教育法、交通法等贯彻落实情况的汇报，针对法律法规实施中薄弱环节，提出加大宣传力度、完善监管体制、健全责任体系、落实普遍服务等意见建议。县人大常委会还配合自治区人大和市人大开展归侨侨眷权益保护法和公益事业捐赠法、环境保护法、西藏自治区湿地保护条例等多项法律法规执法检查。加强对民生工作的监督，维护群众根本利益。为保障全县精准脱贫工作开展顺利，按时完成脱贫摘帽工作任务，12月，县人大常委会按照县委统一安排利用1个月的时间，深入四乡一镇开展“脱贫攻坚大干30天”各项工作，并形成调研报告3份，详细了解革吉县精准脱贫工作情况，针对调研中发现的问题提出加大宣传力度、进一步完善规划、加强能力培训力度和进一步创新方式等意见建议。同时，深入革吉镇及县城周围，开展革吉县“三房”建设和管理情况专题调研。加强对司法工作的监督，维护和促进司法公正。听取和审议县人民法院工作报告和县人民检察院工作报告，要求切实落实加强司法规范化建设的制度措施，深入推进阳光执法廉洁司法，为全县经济社会发展和长治久安提供有力司法保障。县人大常委会在行使监督职权过程中，始终坚持党的领导、坚持依法履职、坚持问题导向、坚持服务和监督有机结合；紧扣全县中心工作和群众关心的热点、难点问题，以集体监督的方式作为实际问题切入点，不断强化监督职责。通过听取审议报告、调研考察、执法检查等监督形式，较好促进“一府两院”工作的顺利开展，推动民生工程的实施进程，确保法律法规的贯彻执行。

【代表工作】 2017年，革吉县人大常委会充分发挥人大代表的主体地位，不断提升代表履职能力、

2017年6月17日，革吉县人大代表在普兰县现代农业示范基地进行考察学习

完善服务保障机制、创新服务载体，切实加强和改进代表工作，发挥代表的主体地位。县人大常委会坚持人大代表列席县人大常委会会议制度，邀请人大代表参加县人大常委会；组织各乡镇人大代表对易地搬迁、重大项目建设等各项惠民政策落实情况进行交叉考察学习、开展中华环保世纪行—西藏行执法检查等活动，全年共邀请10余名县人大代表列席常委会会议，30余名代表参加常委会组织开展的执法检查和专题调研等活动。县人大常委会坚持把办理代表建议、批评和意见作为支持和保障代表依法履职的重要环节，安排专人专班梳理代表议案，及时做好建议、批评和意见的整理和工作，并召开意见建议督办会1次，确保相关建议、批评和意见得到答复和落实。全年对十二届人代二次会上代表提出的60件建议办理中遇到的困难和问题，主动参与，积极协调解决。全面推进县、乡（镇）人大“代表之家”和村（居）“代表小组”规范化建设，于2016年10月实现全县4乡1镇和19个行政村全覆盖并投入使用。11月在人大阿里地工委的领导下，西四县与东三县人大常委会主任交叉验收人大“代表之家”及“代表小组”创建运行情况，验收成绩排七县前列，取得实实在在的效果。先后多批次选派县、乡两级人大代表参加全区人大、人大阿里地工委组织的培训，学习法律知识和人大知识，全年共选派培训15人次。扩宽代表视野，增强代表履职能力；组织新一届农牧民代表学习《中华人民共和国宪法》《中华人民共和国全国人民代表大会和地方各级人民代表大会代表法》《中华人民共和国各级人民代表大会常务委员会监督法》《中华人民共和国环境保护法》等相关法律知识；通过开展考察培训活动，进一步规范人大代表的工作程序，加强作风建设，提高代表的服务质量和办事能力。

【“人大代表之家”】 2017年，革吉县人大常委会以发挥人大代表作用为重点，增强代表活动的丰富性和经常性。为不断巩固和拓展“人大代表之家”功能作用，为人大代表履职、学习培训、联系群众等搭建平台，人大常委会深入贯彻落实全区“人大代表之家”现场会精神，不断巩固和拓展“人大代表之家”功能建设，为人大代表履行职责、学习培训、联系群众等搭建良好的平台。为不断巩固和拓展“人大代表之家”功能作用，为人大代表履职、学习培训、联系群众等搭建平台，办公室制定“人大代表之家”“人大代表小组”学习计划方案，充实“八薄一册”内容，有效地促使“人大代表之家”的作用发挥。有效地促使“人大代表之家”的作用发挥。革吉县“人大代表之家”和“代表小组”创建工作高质量、高标准地完成，得益于县委的高度重视，得益于政府的大力支持，得益于地区人大机关的精心指导，更得益于乡镇人大的全力创建、扎实推进。

【党建工作】 2017年，革吉县人大常委会全面落实党建工作责任制，把党建工作抓在手里，落到实处。开展“四讲四爱”专题学习教育，并针对每一环节都进行深刻研讨，写出自己的心得。

【党风廉政建设】 2017年，革吉县人大常委会开展理想信念和廉洁从政教育，明确廉政要求和相关纪律，组织干部填写个人情况报告表7份，党组成员相互监督，不断改进“四风”建设,不断提高干部职工抵御腐败作风的能力。

【联系指导乡镇人大工作】 2017年,中央、区党委、地委先后出台关于加强县乡人大工作的意见,该意见从充实县乡人大机构编制、优化县级人大常委会组成人员结构、规范县级人大及其常委会机构设置、加强和充实县级人大机关工作力量、加强乡镇人大建设、完善乡镇人大工作机构、提高代表活动经费标准、增强县乡人大履职能力等方面,作出若干具体而明确的新规定,许多过去长期困扰县、乡人大工作的困难和问题得到突破性的解决,为加强县乡人大建设,提供重要遵循,也必将推动县乡人大建设迈出历史性的步伐,对基层民主法制进程产生深远影响。常委会加大联系指导乡镇人大工作力度,促进人大工作交流,进一步规范乡镇人大工作。全年接待其他县区人大考察学习组1次,联系指导乡镇人大工作40余次。

【履行维稳职责】 2017年,革吉县人大常委会深入贯彻落实习近平总书记“治国必治边、治边先稳藏”的重要战略思想和地委、县委关于反对分裂、维护稳定的一系列重要指示精神,严格执行县委、县维稳指挥部统一安排部署,在敏感时期和重要时段,县人大常委会班子成员到联系乡镇、村居、寺庙、学校,督促指导维稳工作,及时排查和消除影响社会稳定的因素,维护基层和边境稳定;充分发挥代表贴近群众的优势,积极开展宣传教育,在群众中筑牢“团结稳定是福、分裂动乱是祸”的思想基础。

(李艳光)

2018年1月17日,革吉县人大班子召开2017年度专题民主生活会

【领导名录】

人大常委会主任、党组书记
白玛加布(藏族)
人大常委会副主任、党组副书记
洛桑次仁(藏族)
人大常委会副主任、党组成员
旦　增(藏族)
多吉平拉(藏族)
刘原华

革吉县人民代表大会常务委员会办公室

【概况】 革吉县人民代表大会常务委员会办公室(以下简称革吉县人大办)成立于1964年。编制人数为2人,实际人数3名,其中办公室主任1名,办公室副主任1名,科员2名,平均年龄为31岁。革吉县人大常委会“一室三委”机构成立于2017年,将下设“三个专门委员会”暨法制司法民族宗教委员会、财经农牧城建环保委员会、教育科学文化卫生委员会。三委编制人数为6人,实际人数为5名,其中三委主任各1名,副主任各1名,平均年龄为37岁。2017年,革吉县人大常委会办公室牢固建立政治意识和大局意识,自觉把办公室工作放到全县经济社会发展全局和县委重大决策部署去思考、去谋划,紧扣常委会年初确定的工作目标,充分发挥参谋助手作用。

【文秘工作】 2017年,革吉县人大办高度重视文字服务工作,认真把好文字服务的起草、审核关,努力提高文字的思想性、理论性、政策性和可操纵性,通过文字服务,发挥人大办公室的参谋助手作用。认真起草好常委会年度工作计划。力求使常委会的工作紧扣全县发展大局和全县中心工作，并按月份排好工作，推动常委会办公室有条不紊地实施，为常委会充分行使监督、决定、任免等各项职权提供服务。认真起草好常委会工作报告。全面客观正确反映常委会过去一年所做的工作及提出以后一年工作思路，为常委会总结工作经验和谋划全年工作提供有益参考。认真做好常委会举行的各项重要会议、重大活动的文稿起草。在起草进程中，重视早谋划、早安排、早落实，加强学习，深入研究，努力提升文稿起草质量，使文稿更加紧密结合地委和县委重大决策部署，更加符合常委会工作实际，充分发挥“以文辅政”的重要作用。

【会议服务】 2017年，革吉县人大办为人民代表大会、人大常委会会议和常委会主任会议服务(以下简称“三会”)是常委会办公室工作的重要职责。全年共筹备大型会议(人民代表大会)2次，人大常委会议4次，人大常委会党组会议8次，人大常委会主任会议9次。1月15日召开革吉县第十二届人民代表大会第三次会议，完成调研报告10篇和执法检查报告5篇。在工作中，明确分工、多方协调、主动与各有关单位沟通联系，及时完成各类文件和材料准备，提早做好会场布置，改进会务工作，重视抓早、抓实、抓快，对会议的每个环节进行仔细分析、认真安排，依照规定时间逐项抓好落实，认真做好会前预备、会中服务、会后总结等各项工作，进一步完善办会质量，确保各次会议顺利进行。

【督办代表建议】 2017年，革吉县人大办加强与代表的联系，深入代表建议重点承办单位，通过走访、座谈、实地查看、重点督办、邀请代表深入承办单位督办、电话催办等多种情势，加大对代表建议督办力度，着力增强代表建议的落实率。全年召开代表意见建议督办会1次，代表所提的60件建议、批评和意见已全部在规定的时限内办理答复代表，代表们对办理结果比较满意。

【内部管理】 2017年，革吉县人大办认真组织工作人员进行业务学习，狠抓公文处理，不断加强办文质量。坚持公文处理的规范化，明确公文制发各个环节的责任，保证公文印制的质量和运转效力。对所有来文来电都能及时正确地签收办理，未发生耽搁送阅、影响工作的现象。同时，坚持建立“优质服务、综合保障”理念，办公室的后勤保障功能不断增强，为常委会提供优质高效的后勤保障。

【理论学习】 2017年，革吉县人大办不断提升理论水平和工作能力，加强理论学习。认真学习党的十八届三中、四中、五中、六中全会、第六次西藏工作座谈会和习近平总书记一系列重要讲话精神、十九大精神和区党委九届三次全委会，学习自治区党委、地委和县委出台的相关文件精神实施办法，把思想和行动同一到中央的决策部署上来，切实转变工作作风，不断进步政治理论水平和工作本领。加大人大业务知识的学习。认真组织办公室干部职工学习《中华人民共和国宪法》《中华人民共和国地方各级人民代表大会和地方各级人民政府组织法》《中华人民共和国监察法》《中华人民共和国预算法》等法律法规，着力创新办公室干部职工开

2017年11月16日，县人大常委会办公室工作人员学习中共十九大精神

展人大工作的方式方法，提升履职能力和工作水平。

【“人大代表之家”】 2017年，革吉县人大办利用“人大代表之家”开展的活动。组织大家开展民主评议活动，充分发扬民主，确立扶贫户，确保真扶贫、扶真贫。通过集中群众与人大代表，共同学习和热议政策，确保扶贫政策宣传到位，保障脱贫工作顺利开展。利用“人大代表之家”开展人大换届知识培训，提升人大工作者的业务水平和组织能力。以“代表之家”和“代表小组”为活动平台，多次组织人大代表听取乡政府工作汇报，对小城镇建设、产业建设、重大项目建设等情况进行考察，通过活动的有序开展，进一步加强人大代表与群众的联系，更增强人大代表的责任感和使命感。为不断巩固和拓展“人大代表之家”功能作用，为人大代表履职、学习培训、联系群众等搭建平台，办公室制定“人大代表之家”“人大代表小组”学习计划方案，充实“八薄一册”内容，有效地促使“人大代表之家”的作用发挥。

【执法检查】 2017年，革吉县人大办全面协助地区人大对全县的调研、执法监督工作，全年共配合地区人大常委会开展执法检查3次，立法调研2次，为更好实施革吉县创建法制县打下良好的基础。在全力配合县乡两级人大工作过程中，县人大常委会办公室不断吸取上级部门的先进经验，增强自身工作能力。

【党风廉政教育】 2017年，革吉县人大办明确以党组书记为机关党风廉政建设第一责任人的责任。办公室全体干部职工在常委会的领导下坚决贯彻落实中央“八项规定”、区党委“约法十章”，明确廉政要求和相关纪律，自觉接受广大干部职工和社会各界监督。结合“认真学习领会习近平新时代中国特色社会主义思想，坚定维护以习近平总书记为核心的党中央权威和集中统一领导，全面贯彻落实中共十九大精神和区党委九届三次全委会以及地委各项决策部署要求”为主题的民主生活会，深入开展理想信念和廉洁从政教育，使干部职工明确廉政要求和相关纪律，党组成员相互监督，不断改进“四风”建设，不断提高干部职工抵御腐败作风的能力，不断增强党员干部“为民、务实、清廉”意识，自觉做到勤政廉政、务实为民。

【精神文明创建】 2017年，革吉县人大办制定完善办公室请假考勤制度、办公室值班制度、办公室卫生管理制度，尤其是严格办公室值班制度，做到24小时人不离岗，急事急办，无事报平安。从未出现脱岗、空岗现象。全年人大办紧紧围绕全县中心工作，突出社会主义核心价值体系建设这个主题，认真学习县经济工作会议精神，按照目标责任书要求，保质保量地完成目标任务。

【社会综合治理】 2017年，革吉县人大办做到重要节点维稳有部署、有计划、有总结，各项维稳工作有序推进。强化学习。全面传达学习中央、区党委、地委及县委关于维稳的系列方针政策，毫不放松地坚持开展“团结稳定是福、分裂动乱是祸”“治国先治边、治边先稳藏”“依法治藏，长期建藏”的思想教育，牢牢把握反分裂斗争的主动权。

（李艳光）

【领导名录】

主　任

加央扎西（藏族）

副主任

索朗平措（藏族，10月任）

主任科员

尼玛石珍（女，藏族，10月任）

革吉县人民政府

【概况】 2017年全县生产总值达40608万元，增长14.3%；社会固定资产投资达5.36亿元，增长23.2%；财政收入完成2191万元，增长58.5%；社会消费品零售总额达7816.6万元，增长17%；城镇登记失业率控制在2.5%以内；居民消费价格涨幅控制在3.5%以内。

【产业结构】 2017年，革吉县推进产业建设，全力打造“五大产业基地”。革吉镇牦牛产业基地牦牛总数达276头，年创收34.87万元。亚热乡绵羊育肥基地全年出栏绵羊1001只，年创收858500元。逐步扩大雄巴乡民族手工艺品加工厂生产规模，开展手工艺技能培训，增加民族手工艺品的品种、

2017年7月30日，县委副书记、县长王明杰在革吉县庆祝建军90周年慰问文艺演出上对广大官兵进行慰问并作讲话

提高产品质量，年创收24万元。盐湖乡多种产业发展基地建设不断推进，群众通过出租房屋、开办小型超市、茶馆等方式，年创收达150万元。大力推进文布当桑乡人工种草和饲草料基地建设，截至年底，文布当桑乡可实施种草面积6700亩，创收220.13万元。不断发展壮大白绒山羊特色产业，全县白绒山羊规模达到25.26万只。全县牲畜存栏总数38.27万绵羊单位，完成人工种草7058万亩。坚持“生态立县、绿色发展”战略，围绕“扬善之地·辽阔牧场”旅游主题，以打造冈底斯国际旅游合作区域为中心为契机，以羌塘高原独特地理环境为生态依托，合理开发利用革吉县独特性、稀有性景观资源和野生动物资源。2017年，在自治区林业厅的大力支持下，委托国家林业局昆明勘察设计院、自治区林业调查规划院编制《西藏阿里革吉县野生动物游览路线控制性详细规划》，项目总投资估算为10485.13万，此项目的实施将为阿里地区打造世界级野生动物保护观赏游目的地，开创高海拔生态体验和科学考察探险为主题的中高端旅游品牌，全面推进野牦牛、藏羚羊国家公园建设奠定坚实基础。全年接待游客46350人次，实现旅游收入12209405元。

【项目建设】 2017年，革吉县牢固树立“抓项目就是抓发展”的意识，通过国家投资、援藏投资、县级配套等多种方式，着力改善基础设施条件。积极推进新建项目开工，复工项目竣工。2017年革吉县新建项目开工87项，完成投资48593万元，复工项目13项，完成投资3163.4万元。易地扶贫搬迁工程、11个村级幼儿园建设项目、2017—2020年县直周转房及附属建设项目、2016年退牧还草工程等项目进展顺利。制定下发《革吉县政府投资建设项目资金拨付管理办法》，实行统一的“资金拨付请批单”，规范程序、提高效率、保障安全。为确保项目建设顺利推进，县政府专门预算200万元项目前期经费。将200万元以下的22个项目交给有资质有能力的农牧民施工队。

【城乡建设】 2017年，革吉县牢固树立“保护生态环境就是保护生产力，绿水青山就是金山银山”的理念，尊重自然、顺应自然、保护自然，执行最严格的生态红线制度，集中开展城乡环境综合整治，加强环境保护网格化管理，大力实施重点区域生态公益林、防沙治沙工程和生态安全屏障等项目建设，完成植树造林约270亩5.91万株，树木成活率达90%以上。继续推进巩固“万村千乡市场工程”和“畜产品流通体系建设工程”，配合统筹城乡建设实施乡镇商贸中心工程，依托农家店、牧区综合服务站、乡镇邮政点，发展牧区物流联系网点，不断健全牧区物流末端网络。

【发展改革】 2017年，革吉县紧紧围绕“构建新型牧业经营体系，加快转变牧业发展方式”这一主题，制定出台《革吉县牧区改革总体方案》，研究制定“创新工作思路、完善方式方法，有偿使用资源、搞活牧区经济，增加群众收入、确保按时脱贫，稳妥有序推进、维护社会稳定”的牧区改革工作方法，深入开展“草场有偿流转、联户联组经营、培育养畜大户”三项改革，先后制定完善《革吉县关于草场有偿流转的工作办法》《革吉县关于推进联户联组经营的工作方案》和《革吉县关于培育养畜大户的工作方案》，探索推行"基地+牧户"和草场有偿经营、联户联组放牧、培育养殖大户等发展模式，稳定牧民承包权，放活草场经营权，确保牧区改革工作正常有序推进。

【脱贫攻坚】 2017年，革吉县按照"八个精准""四个切实""九个一批"的工作要求，紧紧围绕"三不愁""三保障""三有"目标，强化领导，精心组织，科学谋划，统筹安排，合力攻坚，不断开创革吉县精准扶贫、精准脱贫工作新局面。5个搬迁安置点全部开工建设，完成搬迁345户1410人，实现脱贫339户1268人，实现革吉镇布贡村整村脱贫目标。依托"五大产业基地"建设、生态补偿岗位和转移就业培训，实现就业脱贫。农牧民转移就业8074人（其中生态岗位4788人、劳务输出3286人次）。继续设立500万元农牧民创业基金，发放创业基金284.5万元，受益群众120户218人；将200万元以下的22个项目交给有资质有能力的农牧民施工队，涉及投资4483.83万元，创收达1200余万元；全县完成劳务输出3286人次，车辆参与输出280台，实现创收1733.87万元。

【民生保障】 2017年，革吉县优先发展教育事业，教育项目投资达6825万元，实施村级幼儿园、教学辅助用房等一批教育基础设施。将县级财政收入由原来的23%提高到28%用于教育事业，专项安排义务教育均衡补助资金592万元，加大城乡困难学生上学资助力度和奖励政策投入力度，全面落实家庭经济困难学生资助政策，制定并实施《革吉县其他省市初中班、高中生和大学生资助实施方案》和《革吉县贫困学生临时救助政策》，2017年革吉籍高中毕业生达到本科、专科录取分数线78人，初中毕业生考入重点高中4人，小学毕业生考取其他省市初中班18人，为2017年考上大学、重点高中、考入其他省市西藏班的学生发放助学金80万余元。

2017年12月8日，县委副书记、县长王明杰向自治区调研组汇报革吉县义务教育均衡发展情况

深入推进组团式医疗人才援藏工作，医疗卫生各项优惠政策全面落实，群众看病难、看病贵的问题得到有效缓解。将县财政收入的10%（138万元）用于打造"健康革吉"，发展卫生事业。安排50万元专项经费用于麻疹疫情防控工作，投入40万元用于包虫病综合防治工作，研究制定《革吉县关于切实加强麻疹疫情防控工作的实施方案》《革吉县包虫病综合防治工作方案》和《革吉县犬只管理办法》，及时有效控制全县麻疹疫情，包虫病防治工作成效明显。投资240.1万改扩建县疾病预防控制中心和购置设备，进一步加强县卫生服务中心软、硬件建设，为创"一甲"卫生服务中心奠定坚实的基础。

加快发展文化事业，以深化文化遗产保护体制改革为契机，培养新一代非物质文化遗址的传承人及培训保护工作。将《民族服饰》《格萨尔王坐骑像传说》《盐矿交易习俗》申报自治区级非物质文化遗址。县综合文化活动中心、文化站、农家书屋、寺庙书屋等文化阵地开放政策有效落实，丰富广大干部职工和牧民群众文化生活水平。开展"百场文艺下乡"演出，全年县艺术团共演出40余场次，深受广大老百姓欢迎。

鼓励“革吉电视台”自办节目，通过藏汉双语新闻形式宣传报道，全年革吉电视台共制作播出新闻440余条，共放映电影996场次，观看人数30520人。

推进集中供暖工程，实现五保集中供养中心、县完小、县委大院供暖。发展社会福利事业，全年累计救助低保对象684人次，救助资金达99.53万元。救助临时困难群众18人，发放临时救助资金28000元。

【社会治理】 2017年，革吉县落实自治区维稳“十项措施”和“六个严防”的任务要求，强化社会面防控，强化反恐防暴工作，强化情报信息收集研判，强化重点部位，要害部门巡逻防范，强化“护城河”过滤作用，强化边界一线管控，强化寺庙管理，强化工程建设领域突出问题专项整治，深入排查、多方协调、化解农民工工资拖欠问题，完善矛盾纠纷排查调处工作流程和工作制度，安全生产实现“一无双下降”，依法治县步伐稳步推进，全年未发生一起影响维稳局势的刑事、治安及安全生产事件，实现“四无”“三不出”“三稳定”目标。

【党建工作】 2017年，革吉县人民政府党组以中共十九大为契机，立足实际，进一步落实从严治党责任，全面提高党的建设科学化水平，把基础党建工作与全县中心工作同谋划、同安排、同部署，确保革吉县基层党建工作进一步加强和提升。坚持基础在学，关键在做把党的思想建设放在首位，以尊崇党章、遵守党规为基本要求，以习近平新时代中国特色社会主义思想武装头脑，教育引导党员自觉按照党员标准规范言行，坚定理想信念，提高党性党悟，牢固树立“四个意识”，坚定“四个自信”，树立清风正气，严守政治纪律政治规矩，强化宗旨观念，勇于担当作为，自觉在思想上政治上行动上同以习近平总书记为核心的党中央保持高度一致。切实落实党组党建工作责任制，党组书记党建工作“第一责任人”，党组成员“一岗双责”制度，不断推进落实党建工作责任体系，层层传导压力，落实党建责任。

2017年12月22日，县委常委、常务副县长确巴在革吉县城管大队关爱环卫工送温暖慰问活动暨表彰大会上慰问环卫工

【党风廉政建设】 2017年，革吉县人民政府党组始终把党风廉政建设工作作为关系全局的大事来抓，坚持党风廉政建设融入改革发展稳定各项工作中，纳入政府领导班子、领导干部目标管理责任制，带头强化主体责任意识，全面落实党风廉政建设主体责任。严格执行主体责任双报告、主要负责人述职述廉、责任制督导检查和年终检查制度，进一步理清党组领导班子主体主体责任、主要负责人第一责任、领导班子成员“一岗双责”责任，形成认识到位、责任明晰履职尽责的落实体系。坚持统筹谋划部署。召开政府系统党风廉政建设工作部署会议，及时审定制发《关于进一步加强政府部门党风廉政建设工作的实施意见》《关于自觉接受人大监督提高工作水平的意见》《革吉县人民政府党组领导班子其他成员落实党风廉政建设“一岗双责”工作制度》《革吉县人民政府议事规则》《革吉县人民政府党组议事规则》《革吉县人民政府重大决策出台前向县人大常委会报告的制度》，明确重点任务、目标要求。坚持召开党组会议，常务会议、县长办公会议，针对工程、项目、资金等腐败问

题易发多发领域，专题听取意见建议，对从严治党和党风廉政建设工作逢会必讲、反复强调，做到党风廉政建设工作常研究、常部署。细化量化责任年初由政府党组书记与各副县长、各乡镇人民政府分别签订《革吉县人民政府班子成员落实党风廉政建设责任制“一岗双责”目标管理责任书》《各乡镇人民政府落实党风廉政建设责任制“一岗双责”》，班子成员与分管部门签订《革吉县人民政府系统落实党风廉政建设责任制“一岗双责”目标管理责任书》。各乡镇人民政府、各部门按照任务明确、目标具体、责任清楚、措施得力的要求，配强工作力量，明确工作职责，建立责任追究机制，形成层层有任务、人人有责任、一级抓一级、层层抓落实的良好工作格局。

革吉县人民政府办公室

【概况】 2017 年，革吉县人民政府办公室（以下简称革吉县政府办）以“服务领导、服务基层、服务群众”为宗旨，紧紧围绕全县中心工作，不断深化服务意识，改进服务方式方法，进一步发挥参谋助手、督促检查、协调综合、后勤保障作用，找准位置、突出重点、真抓实干、争创一流，全面履行职责，完成办公室各项工作任务。

【以文辅政】 2017 年，革吉县政府办以政府名义共印发文件 63 件，以政府办公室名义共印发文件 165 件。充分发挥办公室参谋助手的作用，协助各县长开展调研工作，及时了解各乡镇工作开展情况，调研中收集的信息，形成调研报告，为政府决策提供准确、全面、翔实、可靠的信息依据和富有针对性、操作性、可行性的意见和建议。准确领会领导意图，善于从服务领导的各个环节中把握指导工作思路、风格和文风，从会议决定中把握其主旨，做到各类文稿思路清、站位准、表达准、特点明。完成政府工作报告、经济运行分析材料、精准扶贫、政府工作总结和农牧区改革等各类大型会议材料 80 份。中央、自治区、地及县级有关下发的文件及时登记和传阅，已办理的文件按分类整理归档。高度重视政务信息报送。革吉县政府办向地区行署信息科报送有价值的信息，为领导掌握情况、指导工作、科学决策提供较好的信息服务。全年报送政务信息 415 条，撰写调研文章 20 篇。

2017年9月5日，县政府办公室副主任普扎西审改文件

【协调督察】 2017 年，革吉县政府办共组织县政府专题会议 41 次，县长办公会议 7 次，党组会议 11 次，常务会议 5 次，协调办理全县各种大小型会议 119 余次以及电视电话会议 105 余次。通过联合多部门组成督导检查组对各乡镇，各单位进行实地查看各项工作落实情况，并以书面形式及时反馈工作中存在的问题，督促各单位扎实抓好贯彻落实。

【政务信息公开】 2017 年，革吉县政府办加强政务公开制度建设，建立健全主动公开、依申请公开、社会评议和政务公开责任追究等制度，使政务公开工作步入制度化轨道。把政务公开作为党风廉政建设和政府目标管理考核的重要内容，推动政务公开工作的全面落实。进一步扩大政务公开渠道，充分利用政府网站、广播电视、微信平台、宣传资料、宣传栏等各种形式，将政府的重大决策、群众关心的公益事业、涉及群众利益的有关事项向社会全面公开，打造高效的政务公开平台。

【后勤保障】2017年，革吉县政府办严格按照《革吉县公务用车管理办法》和《革吉县接待管理办法》，接待工作组时，会同机关后勤服务管理中心，将用餐统一安排到革吉县干部职工食堂。以政府采购形式购买的设备及其他方面，会同相关单位进行采购招标，采购完后认真细致验收并签字。

【法治工作】2017年，革吉县政府办开展行政复议、行政应诉统计工作。在“六五”普法宣传日、综治宣传月、宣传周等各种宣传日开展法制宣传教育20次，给农牧民群众发放精简的藏汉双语宣传册，确保达到人人知晓的宣传效果。

【教育管理】2017年，革吉县政府办为切实有效提高工作效率，办事做到快、细、准，结合政府办公室工作实际个人能力和特点情况，对分工上进一步调整，明确工作人员各自工作职责，提高个人工作效率。结合办公室工作实际，制定完善《工作人员岗位职责》《人员管理制度》《督查督办工作细则》《督查督办工作职责》《督查督办办文办事流程事项》等工作制度，并逐一上墙，在办公室各项规章制度的约束下和领导班子的帮助、指导下，办公室干部职工把“守得住清贫、耐得住寂寞、受得住苦累”作为加强自身修养的必修课。坚持以制度管人、用情感管心。

【队伍建设】2017年，革吉县政府办始终把干部队伍建设放在突出位置，着力打造忠诚守纪、业务精专、协调高效、团结向上、充满活力的一流团队，办公室整体素质和工作能力进一步提高。2017年7月，选派办公室副主任到红旗渠进行党性知识培训。

2017年10月1日，县政府办公室工作人员节日期间检查线路安全隐患

【理论学习】2017年，革吉县政府办始终把学习作为提高素质、搞好服务的重要前提，采取有效措施，常抓不懈，以中共十九大报告学习和习近平新时代中国特色社会主义思想等方针政策，加强学习《革吉县干部管理办法》和党纪、党规知识，制定学习计划，完善学习制度，组织开展多种形式的学习活动，引导干部职工用理论武装头脑，理论联系实际，深入思考，深刻领会，使思想政治素质和工作水平不断提高。全年办公室组织开展学习26次。

【业务能力建设】2017年，革吉县政府办强化“四个意识”，提高业务工作能力水平，组织会议、协调活动、文稿起草、督查工作流程、公文写作与流转、政务公开、信息报送与编写等办公室日常工作的学习培训，引导广大干部牢固树立大局观念和窗口意识，认真开展各项工作。

【领导班子建设】2017年，革吉县政府办贯彻落实民主集中制，坚持批评和自我批评坚持实事求是，讲党性不讲私情、讲真理不讲面子，坚持“团结-批评-团结”，进一步促进班子和谐；严格落实分工负责制，明确责任，通力配合，确保各项工作逐级抓好落实。

【党风廉政建设】2017年，革吉县政府办加强党组织建设，健全完善党建制度，定期开展“三会一课”等各类党风廉政建设主题教育和实践活动，通过经常性地开展警示教育，从违纪违法案件中吸取教训，发挥正面典型的激励作用和反面典型的警示作用，引导党员牢记党规党纪，养成纪律自觉，守住为人、做事的基准和底线。加强中国特色社会主义理论体系和党性党风党纪教育，党员干部的党性观念和廉洁自律意识进一步提高；严格落实“一岗双责”制，班子成员带头执行述职述廉、民主生活会、个人有关事项报告等制度，认真履行“廉政承诺”，主动接受党组织和党员群众的监督，自觉抵制各种不正之风的侵袭，党员干部的思想政治素质和拒腐防变能力明显提高。

（索朗旺堆）

【领导名录】

县委副书记、县长

王明杰

县委常委、常务副县长

确　巴（藏族）

县委常委、副县长

李树成（联通援藏干部）

张树强

副县长

达　郭（藏族）

桑杰巴珠（藏族）

罗　布（藏族）

郭立龙

郝永福

普布卓玛（女，藏族）

办公室主任

蒋　帆

办公室副主任

舒　艳（女，正科级）

普扎西（藏族）

中国人民政治协商会议革吉县委员会

【政协第二届革吉县委员会第二次全委会议】 4月10—12日，政协第二届革吉县委员会第二次会议在革吉县政协全委会议室隆重召开，会期3天，会议应到委员52人，实到委员39人，政协副主席阿旺次仁主持会议，会议听取阿里地区行署副专员、县委书记索朗次仁对政协第二届革吉县委员会第二次全委会致辞；审议通过《政协第二届革吉县委员会第二次会议议程》；听取和审议《政协第二届革吉县委员会常务委员会工作报告》《政协第二届革吉县委员会常务委员会关于二届一次会议以来提案工作情况的报告》；列席革吉县第十二届人大二次会议听取和讨论革吉县人民政府工作报告等六大报告；讨论政协两个工作报告、政府工作报告及其他报告；审议通过《政协第二届革吉县委员会提案委员会关于政协二届二次会议提案审查情况的报告》《政协第二届革吉县委员会第二次会议关于常务委员会工作报告的决议》和《政协第二届革吉县委员会第二次会议关于政协二届一次以来提案工作情况报告决议》《政协第二届革吉县委员会第二次会议政治决议》。

【政协第二届革吉县委员会第三次常委会议】 4月9日，在革吉县政协常委会议室召开，会议应到常委11人，实到9人。会议由县政协主席洛桑遵珠主持，会议审议通过关于召开政协第二届西藏革吉县委员会第二次会议的决定（草案）、审议通过政协第二届革吉县委员会常务委员会工作报告草案，并推举报告人；审议通过县政协第二届革吉县委员会常务委员会关于提案工作情况的报告草案，并推举报告人；审议通过政

2017年4月10日，政协革吉县委员会召开二届二次全委会议

协第二届西藏革吉县委员会第二次会议议程(草案);审议通过政协第二届西藏革吉县委员会第二次会议日程(草案)。

【政协第二届革吉县委员会第四次常委会议】 4月12日,在革吉县政协常委会议室召开,会议应到常委11人,实到9人。会议由县政协主席洛桑遵珠主持,会议审议通过政协第二届革吉县委员会第二次会议政治决议(草案);审议通过政协第二届革吉县委员会关于二届常务委员会工作报告的决议(草案);审议通过政协第二届革吉县委员会常务委员会关于二届一次会议以来提案工作情况报告的决议(草案)。

【政协第二届革吉县委员会第五次常委会议】 5月2日,在革吉县政协常委会议室召开,会议应到常委11人,实到7人。会议研究2017年政协革吉县委员会调研工作安排。分为7个方面内容:精准扶贫方面、统战民宗方面、科教文卫方面、产业发展方面、社会治理方面、单位联系点党建方面、政协自身建设方面。

【政协第二届革吉县委员会第六次常委会议】 12月4日,在革吉县政协常委会议室召开,会议应到常委11人,实到8人。会议研究关于基层政协委员参与陪同政协机关调研工作误工补助相关事宜;办公室汇报2017年经费使用情况;研究讨论政协会议室LED显示屏购买相关事宜。

【政治理论学习】 2017年,政协革吉县委员会认真贯彻落实中共十八大和十八届三中、四中、五中、六中、七中全会精神,深刻学习领会中共十九大精神和习近平总书记系列重要讲话精神,认真贯彻落实中央第六次西藏工作座谈会精神和中央、自治区党委、阿里地委关于统战工作会议精神作为常委会、机关和委员的学习任务,通过举办培训班、座谈会等多种形式,引导广大委员和社会各界人士、机关全体干部,深刻领会、准确把握"五大发展"理念、"五位一体"总体布局和"四个全面"战略布局的重大意义、方针原则、目标任务和政策举措,切实把各族各界人士的思想和行动统一到中央、区党委、地委和县委的决策部署上来,把社会各方面的积极性、创造性引领到实践中来,增强推进发展改革的信心和勇气。切实把思想和行动统一到革吉县工作的总体思路和重大部署上来,把智慧和力量凝聚到全县发展稳定大局上来。

2017年4月9日,政协革吉县委员会召开二届三次常委会议

【发挥主体作用】 2017年,政协革吉县委员会坚持围绕革吉县发展、稳定的战略性和全局性的问题开展协商议政工作。年内,召开政协常委会4次,主席会11次,党组会议11次。县政协围绕革吉县经济社会发展的重大问题和人民群众关注的热点、难点问题进行深入讨论,制定《革吉县政协协商议题工作方案》《革吉县政协关于地区政协双月协商议题》,从而推动政协协商议政迈上新台阶。

【提案工作】 2017年,政协革吉县委员会按照政协《章程》规定,并报县委批准,政协二届二次全委会议于4月10日在革吉县召开,政协于3月初开始准备筹划会议相关工作,认真起草相关材料,二届一次全委会议提案已经全部答复完毕，二届二次会议共收到政协委员提案51件，经提案审查委员会审查立案47件，转为意见建议的有3件，1件提案作废，4月21日已移交给县委办和政府办。

2017年5月7日，县政协主席洛桑遵珠到帮扶对象家中开展帮扶工作

【考察调研】 政协革吉县委员会于2017年3月22日召开党组会议，安排部署2017年调研工作，征求每位主席意见后拟出调研提纲29个，提交县委主要领导征求意见，按照工作重点，确定10个方面的调研任务，制定下发《2017年政协革吉县委员会调研工作方案》，调研任务已分配给各班子成员，明确责任人。通过各班子成员积极调研，形成《关于保障四乡一镇“富裕户”“一般户”群众持续增收》《关于革吉县文化惠民工程工作开展情况》《革吉县境内天葬台管理和使用情况》《关于革吉县乡村垃圾处理及环境整治工作的调研报告》《破除陈规陋习，实践精准扶贫精准脱贫，推动牧区脱贫攻坚工作》《革吉县基层医疗卫生情况》《如何更好发挥人民政协作为协商民主重要渠道作用》等专题调研报告，为县委政府决策提供依据。同时，协助自治区、地区政协开展调研工作，形成《关于如何推进革吉县农牧业供给侧结构性改革助推农牧区产业发展》等3篇调研报告，得到上级业务部门的充分肯定。

【民主监督】 2017年，政协革吉县委员会为认真贯彻落实中央、区党委、地委和县委关于扶贫攻坚的决策部署，认真履行人民政协民主监督职能，根据中共中央办公厅印发《关于加强和改进人民政协民主监督工作的意见》要求，结合革吉县精准扶贫工作实际，研究制定《革吉县政协扶贫领域民主监督工作方案》。民主监督工作实施当中发现的突出问题，做到及时向县委政府反映，同时也得到及时整改，从而为革吉县精准扶贫精准脱贫工作贡献政协的一分力量。

【委员考察学习活动】 为提高革吉县基层政协委员履职能力，汲取阿里地区西四县工作经验，按照政协革吉县委员会年初工作计划要求，于2017年9月3日至11日，革吉县基层政协委员18人，赴西四县进行考察学习。考察组一行先后考察学习普兰县西德白糌粑加工厂、济贫暖家合作组织、巴嘎乡牦牛运输服务队、札达县无公害蔬菜种植基地、家庭旅馆、砂石厂、日土县原种场、九年一贯制学校、莲华之宝、职工之家、噶尔县典角村边境小康示范村建设、昆莎乡人工种草基地等。通过考察学习，从中学到很多有参考价值的宝贵经验，深受启发、开阔视野，起到真正使学习考察成为解放思想、更新观念的过程，成为反思工作成效、改进工作的措施，成为加快发展、实现跨越的动力。

（方 伟）

【领导名录】

党组书记、主席
　　洛桑遵珠（藏族）
党组副书记、副主席
　　斯 扎（藏族）
党组成员、副主席
　　阿旺次仁（藏族）
　　扎西平措（藏族）
　　牛代刚

中国人民政治协商会议革吉县委员会办公室

【概况】 2017年，中国人民政治协商会议革吉县委员会办公室（以下简称政协革吉县委员会办公室）深入学习贯彻中共十八大，十八届三中、四中、五中、六中、七中全会精神、中央第六次西藏工作座谈会精神和中央统战工作会议精神，全面贯彻落实习近平总书记系列重要讲话精神和治国理政新理念新思想新战略，贯彻落实习近平总书记“治国必治边、治边先稳藏”的重要战略思想和“加强民族团结、建设美丽西藏”的重要指示，认真贯彻落实俞正声主席“依法治藏、富民兴藏、长期建藏、凝聚人心、夯实基础”的重要原则，特别是俞正声主席对西藏政协提出的“一个平台、两个共同、三个更好”指示要求，紧紧围绕实现革吉县“十三五”规划和社会局势稳定、全面建成小康社会目标，发挥作用、为全面推进革吉县经济社会长足发展和社会局势长期稳定做出新的贡献。

2017年11月6日 政协革吉县委员会办公室组织全体人员到结对帮扶对象家中开展帮扶工作

【政治理论学习】 2017年，政协革吉县委员会办公室始终把政治理论学习作为加强机关建设首要任务，学习内容主要以党的十八届三中、四中、五中、六中、七中全会精神、中共十九大精神、自治区第九次党代会精神和有关人民政协、统一战线的理论及实践要求为重点，认真学习领会全国、自治区“两会”和区、地、县经济工作会、扶贫开发工作会等重要会议精神、党风廉政建设有关精神、“两学一做”学习教育内容、“四讲四爱”相关内容及其他要求学习的相关内容，学习由办公室负责组织实施，按照计划每月组织召开学习会议进行学习，进一步提升工作人员的理论水平和业务知识。

【支持党委政府重大工作】 2017年，政协革吉县委员会办公室充分发挥自身优势作用，参与县委、县政府中心工作，努力推动全县经济发展、社会稳定。协助常委会召开二届二次全委会议各项准备工作。协助常委会做好年度调研工作，深入基层，了解社情民意。在全年维稳值班特别是在全国“两会”、自治区“两会”“三月重要时期”和中共十九大期间，在本单位内做好维稳工作同时，专门向委员致信，提出《关于做好当前维稳工作的几点要求》，做好常委会各主席维稳包乡工作的保障工作，为全县实现“四无”“三不出”“三稳定”工作做出积极的贡献。参与革吉县保障“两户持续增收”推动工作。按照县委政府要求，政协主席洛桑遵珠亲自参与办公室专门抽调1人开展革吉县“两户持续增收”推动工作，深入革吉县4个乡1个镇19个行政村居，全面细致地了解革吉县“两户持续增收”工作开展情况和开展工作中存在的突出问题，形成《关于保障四乡一镇“富裕户”“一般户”群众持续增收》的调研报告，调研报告县委政府主要领导给予充分肯定并做重要批示，为县委政府决策提供依据。

【提升参政议政水平】 2017年，政协革吉县委员会办公室为切实提高政协委员参与政协各项履职活动，充分发挥政协职能作用。专门制定《革吉县政协委员奖惩机制》，明确政协委员履职内容和奖惩办法，有效调动政协委员的积极性，提高履职水平，减少政协委员无故缺席各类会议、活动以及委员作用发挥不明显等现象。

【狠抓巡视整改工作】 2017年，

政协革吉县委员会办公室针对巡视组提出的意见建议，对各类会议进行区分，按照县委统一要求，及时报送各类材料，巡视整改问题已经整改完成，并做到长期坚持。党组学习严格按照要求，做到有年度党组学习计划、学习研讨方案，每月有学习计划、学习方案、学习签到表、学习笔记、会议纪要，季度有学习研讨情况报告等，按照全面从严治党的要求，严格落实各项工作步骤、措施、方法，有力提高党组的凝聚力、战斗力和号召力。

【精准扶贫】 2017年，政协革吉县委员会办公室全面开展摸底调查工作。根据县脱贫攻坚指挥部关于开展结对帮扶通知要求，县政协县级干部结对帮扶6户，办公室结对帮扶4户，县级领导及时带领政协机关工作人员和其他联系点工作人员深入到贫困户家中调查摸底，了解他们的家庭情况，定期不定期深入联系户开展帮扶工作，为联系户共解决困难累计20余次，捐款捐物2万余元。在开展帮扶工作的同时开展思想教育，寻找致富门路，引导他们转变思想观念、克服等靠要思想，积极参加劳务输出，尽早脱贫致富。

【党风廉政建设】 2017年，政协革吉县委员会办公室按照全面从严治党工作要求，不断加强政协机关党风廉政建设，结合实际，认真贯彻落实上级党委、纪委工作会议精神，2017年安排部署机关廉政建设和反腐败工作12次。认真落实党的各项纪律，做好各节日的廉政工作，落实廉政党课制度，自觉听取常委会领导讲党课4次。制定和完善各类制度，推进单位惩治和预防腐败体系建设，在推进党风廉政建设责任制落实上取得新成效。自觉接受广大党员群众的监督，不断提高党风廉政建设科学化水平，努力实现政协干部职工和政协委员作风明显好转，廉洁自律意识明显增强，机制制度建设更加完善，各项工作取得明显成效。

（方　伟）

【领导名录】

主　任

仁增多吉（藏族）

主任科员

次旦卓嘎（女，藏族）

次仁旺杰（藏族）

中共革吉县纪律检查委员会（监察局）

【概况】 中共革吉县纪律检查委员会（监察局）（简称县纪检委）机关编制15名，其中行政编制12名，机关其他编制3名。领导职数8名，其中县级领导职数1名，科级领导职数4名，内设机构领导职数3名，县纪委（监察局）内设4个科室，由纪检监察室、党风政风监督室、案件审理室、案件管理室等组成。2017年，县纪检机关由纪委、监察局和5个乡镇纪委组成。县纪委、监察局干部队伍由15人组成，其中县纪委书记1名，副书记2名，监察局副局长2名、正科级监察员1名，纪检干部共计9名（含监察局）。乡镇纪检干部队伍由4名专职纪委书记和12名纪检专职干部组成。

【反腐败工作】 2017年，革吉县县、乡两级纪检监察机关认真贯彻中央、区党委、地委全面从严治党决策，坚决落实上级部门的部署，全面聚焦监督执纪问责主业，深化“三转”和纪检监察体制改革工

2017年4月21日，阿里地区行署副专员、县委书记索朗次仁，县委常委、纪委书记冯展强讲授廉政党课

作，讲政治、讲责任，用担当诠释对党的忠诚，确保监督责任的有效落实。同时，革吉县纪委坚持打铁必须自身硬，能够牢固树立“四个意识”，自觉严以修身、严于律己、严以用权，带头树立道德高标准，严守纪检监察干部行为准则，在全县范围内开展作风建设、扶贫领域等多项专项监督检查，树立纪检监察干部敢执纪、会执纪、作风硬、纪律严的良好形象。

年初，革吉县委组织召开2017年党风廉政工作专题会议，对全县党风廉政建设和反腐败斗争工作进行全面安排部署。研究制定《党风廉政建设和反腐败斗争要点》《落实党风廉政建设“两个责任”的具体措施》和《落实党风廉政建设责任制县委主体责任、县委书记第一责任人责任和县委班子其他成员“一岗双责”任务分解方案》，县乡村三级层层签订党风廉政建设责任书，构建横向到边、纵向到底的完整责任体系，确保党风廉政建设工作有人抓、有人管，有措施、有落实。

注重以上率下。革吉县委主要负责人认真履行党风廉政建设第一责任人的责任，全年批示交办问题线索10件，督办案件6件。革吉县委其他班子成员认真履行“一岗双责”，每季度对分管系统（单位）党风廉政建设工作及时安排部署和督促检查，对牵头负责的党风廉政建设工作任务认真研究和积极推动，形成以上率下、逐级推进的良好局面。

层层传导压力。全年革吉县委共召开党风廉政和反腐败斗争专题会议4次，听取各级党委（党组）履行主体责任、纪委履行监督责任和班子成员“一岗双责”履职情况，对全县党风廉政建设和反腐败斗争进行研究部署。召开主体责任集体廉政约谈工作会议2次，革吉县委主要领导与各县级干部、各乡镇党委书记、乡镇长和县直单位负责人进行党风廉政建设集体约谈，进一步夯实主体责任落实。革吉县纪委围绕以监督、执纪、问责为主的纪检监察工作职责，坚持一级抓一级，层层传导压力，完善定期报告、检查督导、责任追究等具体方法，深入推进纪检监察体制改革和“三转”工作要求，确保监督职责履行到位。年初，召开中共革吉县第九届纪律检查委员会第二次全体会议，对2016年纪委开展工作进行细致的总结，并对2017年县纪委履行监督责任工作提出重点要求。制定《革吉县纪委（监察局）2017年工作要点》，促进纪检监察机关全面落实监督责任。

2017年4月28日，县委常委、纪委书记冯展强到雄巴乡小学督查“三包”政策落实情况

【自身建设】 县委高度重视纪检部门自身建设，关心支持县纪委“三转”工作。做到“三个不允许”；即不允许纪委加入任何无关的议事协调机构；不允许参与分管任何无关的临时性工作；不允许乡镇纪委书记分管其他工作等影响纪检监察机关正确履行职责的工作。做到“三个支持”；支持纪检监察机关经费保障。全年县委持续加大对纪委工作的支持，从改善办公条件、执纪审查和党风廉政建设等方面入手，下拨党风廉政经费15万元，同时还投入资金10万元建立谈话室，购买监控设备，为纪委监督提供经费保障。支持纪检监察机关体制机制改革。2017年县纪委进行内设机构调整，设立党风政风监督室、纪检监察室、案件审理室，人员编制增至15名，人员已全部配齐。各乡（镇）纪委通过2016年换届，纪委书记、委员均已配齐。监督执纪问责力量得到加强。支持纪检监

察机关案件查办。县委以“零容忍”的态度反对腐败，支持纪检监察机关依纪依法相对独立行使监督权，做到不说情、不袒护、不包庇，帮助其排除干扰和阻力，为落实纪委监督执纪问责提供保证。

【政治思想学习】 2017年，革吉县纪委（监察局）坚持集中教育学、业余主动学等原则。结合县委、县政府重要安排部署反腐倡廉教育工作，采取全县集体学习、理论中心组重点学习等方式认真学习贯彻落实中共十八大、十九大、十八届三中、四中、五中、六中全会精神，深刻领会习近平总书记关于党风廉政建设和反腐败工作一系列重要讲话精神，认真学习中纪委十八届七次全会、区纪委九届二次全会及地区纪检工作会议精神，提高对党风廉政建设和反腐败工作重要性的认识，提升党风廉政建设和反腐败工作西藏没有特殊性意识。切实将“两学一做”学习教育制度化、常态化落到实处。同时，加强对《关于新形势下党内政治生活的若干准则》《中国共产党党内监督条例》学习。全年县委共组织开展9次党风廉政学习会议，学习中央纪委、区纪委及地委关于党风廉政建设责任追究典型案件的通报、违反中央“八项规定”及干部违纪违法问题通报等各类文件11份，开展集体讨论3次。2017年全县订购《党风廉政建设》及“两个条例”的资料，共投入资金4850元。并及时将学习资料发放到各乡镇、各单位，要求全县干部职工加强学习，提高自身拒腐防变的能力。为深入贯彻落实全面从严治党要求，并结合“四讲四爱”主题教育活动，坚持日常廉洁自律教育，借助每一次大会小会强调各项纪律，及时传达学习上级部门的通报精神，强化自律意识和自我约束，截至年底，县委理论中心组5次专题学习典型案例，各级党组织组织党员集中学习136场，县委主要领导、纪委书记讲廉政党课3次，县直党委（党组）、各乡镇党委开展讲廉政党课30余次。为做好五月廉政文化宣传月系列活动，制定下发《革吉县纪委2017年党风廉政宣传教育实施方案》《革吉县廉政文化宣传月活动实施方案》，成立廉政文化宣传月活动领导小组，确保活动开展顺利完成。以党章党规和法律法规为主要内容，对全县广大党员干部进行理论测试。制作《党员廉政承诺书》400余份，400余名党员干部进行廉洁承诺。由县纪委牵头，县委宣传部、团县委、县总工会等4家单位在县会议中心联合举办革吉县“四讲四爱”暨“勤政、廉政”主题演讲比赛活动，从纪委政法支部、企业党支部等20个党支部各派出1名参赛选手参加演讲比赛，丰富党员干部廉政文化生活，营造浓厚的“崇廉尚廉”文化环境。县纪委联合县文广局、电视台充分利用现代化媒体媒介，设立教育专栏，坚持每天播放廉政教育系列电影、电视剧和警示教育片，共计24部，培养干部职工“崇廉尚廉”高尚情操，为革吉县反腐倡廉建设凝聚正能量。各乡（镇）、各单位结合各自实际，制定廉政文化宣传月方案52余份，组织讲廉政党课40余场次，组织干部职工观看廉政警示教育片或典型案例警示录40余场次；确保各乡（镇）、各单位能够始终以县委为中心，紧扣“弘扬新风正气、践行忠诚干净担当”主题，开展廉政文化宣传月活动，营造风清气正的政治生态。

2017年5月26日，县委常委、纪委书记冯展强到盐湖乡指导党风廉政建设工作

【落实监督责任】 充分发挥“两个责任”职能作用。2017年，县委、各乡镇党委、各支部全面落实党委主体责任和书记第一责任，带头严格执行党风廉政建设责任制，增强“四个意识”，联系“四个全面”，聚焦全面从严治党，紧扣“六项纪律”，紧盯“三大问题”，抓紧“三个重点”，严防“四风”，督促领导干部严格落实“一岗双责”，全面强化作风建设，持续保持高压态势，以零容忍态度惩治腐败，形成不敢腐、不能腐、不想腐的良好风气。

全面落实监督责任。2017年，紧紧围绕中央、自治区、地区、县委及政府重大决策部署开展监督检查，县纪委制发《关于农民专业合作社监督检查实施方案》《精准扶贫专项监督检查实施方案》《关于开展“三公经费”管理使用专项监督检查的工作方案》等19个督查方案，重点突出抓好精准扶贫、强农惠农资金政策落实、重大工程建设项目、安全生产、环境卫生整治等重点中心工作的监督检查，共组织专项督查38次。

加强督导检查工作。2017年，县委按照“季度督查、半年检查、年度考核”模式，由县委常委带队对各乡镇、各单位落实党风廉政建设责任制情况进行督导检查。开展中央“八项规定”精神、区党委“约法十章”“九项要求”，以及“维稳值班”及“干部纪律作风”的督导检查工作。始终坚持“稳定压倒一切”的工作要求，按照“三不出”的原则，在2017年春节、藏历新年及五一等重大节日期间，先后派出93人次参与到各单位、各乡镇维稳督导检查工作中。通过督导检查下发通报2份，涉及通报16人。对其中6人在值班期间不履行值班职责进行提醒谈话3人、诫勉谈话3人，并责成当事人写出书面检讨。

加强重点领域、重点环节、重点部位的监督。2017年，县纪委严厉查处领导干部滥用职权、行贿受贿、腐化堕落、失职渎职等案件，严厉查处党员干部中存在的不作为、慢作为、乱作为、工作推动不力和作风漂浮等问题，严厉查处违反党的政治纪律、组织纪律、廉洁纪律、群众纪律、工作纪律、生活纪律、反分裂斗争纪律、不按程序规定办事等违法违规行为，积极营造风清气正的政治生态。

2017年10月24日，县委常委、纪委书记冯展强下乡宣讲中共十九大报告精神

强化执纪审查，加大惩治腐败力度。2017年，县纪委始终坚持“围绕发展抓案件，抓好案件促发展”的思路查办案件，按照以案说教，以案促发展的理念，加大案件查处力度。加强对重点部门的监督。切实加强县直部门党风廉政建设和反腐败工作及日常监督管理，强化权力约束，发挥民主决策，推进廉政工作。切实加大执纪执法力度。支持纪委查办案件。县委加大对违规违纪案件的查处力度，坚持“一案双查”，责任追究，严格责任追究，把纪律和规矩挺在前面，通过抓重点、树典型，倒逼“两个责任”的落实，减少违反党的政治纪律、政治规矩、组织纪律、“四风”问题等违规违纪行为和腐败案件发生，达到经济发展与案件查处工作的“双赢”局面。2017年共受理问题线索33件，其中给予诫勉谈话8件8人，提醒谈话1件3人，约谈1件1人，谈话了结11件11人；移交组织处理2件2人；立案审查10件10人。

紧盯重点单位(部门)，切实强化党风廉政建设。2017年，县纪委全面推行党风廉政建设“重点部门”和廉政工作“督导员”机制。县委根据工作需要，在县直部门中选择涉及项目、资金较多的12家部门设立党风廉政建设“重点单位”及聘任12名廉政工作“督导员”，同时县委向12家党风廉政建设“重点单位”进行授牌，县纪委向12名廉政工作“督导员”颁发聘任书，对12家重点部门单独考评，落实廉政工作“督导员”季度考核绩效奖励金制度。

坚持狠刹歪风邪气，切实改进干部生活作风。在全县开展党员干部参与赌博或带有赌博性质娱乐活动的专项整治，2017年7月5日通过召开干部职工大会、理论中心组学习、支部大会等方式，深刻解读赌博的危害性和开展专项整治的重要性和必要性，教育引导广大党员干部职工统一思想、提高认识。深入查摆剖析自身存在的问题，列出清单，制定整改措施；并签订《不打麻将，不参与赌博或带有赌博性质娱乐活动承诺书》，向组织作出郑重承诺。

聚焦主责主业，进一步清理议事机构。为进一步深化“三转”工作要求，革吉县纪委开展第二轮议事机构清理，在2015年清理基础上，再次清理事项5个，其中，办公室设在县纪委监察局撤销的议事协调机构1个；保留或继续参与的议事协调机构10个，切实做到清退彻底、参与准确、监督到位。

全面开展经济合作组织大检查。按照地委、地区纪委主要领导指示要求，县委高度重视、主要领导亲自安排部署，由县纪委牵头，组织人大、财政局等相关单位成立专项检查小组2个，2017年利用2个月的时间对全县19个村（居）经济合作组织运营情况进行监督检查。通过查看账本、票据，对知情人员进行谈话了解等方式，全面掌握革吉县19个村（居）经合组织运行概况。

【寻访接访】 拓宽信访渠道，深入开展寻访接访工作。为进一步拓展基层农牧区群众诉求难的问题，2017年7月县委、县纪委巡访接访工作组深入各乡（镇），重点针对发生在群众身边的不正之风和腐败问题进行监督排查，以随机巡访接访和发放《问卷调查》相结合的形式，在乡镇、村居周围悬挂横幅，接受群众举报，巡访接访小组将情况记录在革吉县委寻访接访人员登记表，主要包括违反中央“八项规定”精神和区党委“约法十章”“九项要求”情况、发生在群众身边的“四风”和腐败问题情况和在资金使用方面的以权谋私、虚报冒领、贪污侵占、挪用挤占等问题情况，以及在执法、监管、公共服务窗口行业或领域方面违规收费和收红包、购物卡等突出问题情况的寻访内容。通过巡访接访把被动等举报向主动找线索的转变，切实解决最基层人民群众反映问题渠道单一、有问题没办法反映的困难。全年，接到问题线索7件，办理完结7件。

【巡察工作】 2017年，县委十分重视巡察工作，将巡察工作放在落实全面从严治党要求、严肃党内政治生活、净化党内政治生态，加强党内监督的高度，多次召开五人小组会议和书记办公会议，研究巡察机构建设、巡察人员抽调，部署巡察工作开展等相关事宜。成立以县委常委、纪委书记为组长，县委常委、组织部部长为副组长，县纪委副书记、县委组织部副部长和县巡察办负责人为成

2017年9月20日，巡察二组工作人员检查雄巴乡扶贫相关材料

员的县委巡察工作领导小组。组建正科级巡察工作领导小组办公室，县编办核定行政编制3名，专门负责县委巡察工作的统筹规划、综合协调、组织指导、政策研究、制度建设、监督管理和服务保障等工作。在县纪检、公安、检察院、水利、团委等多个部门抽调8名业务精通、认真负责、敢于担当的业务骨干，成立2个巡察工作组，对革吉镇党委、扎加寺寺管会，雄巴乡党委、象鲁康寺管会4家单位进行全面巡察。2017年8月31日，巡察一组进驻革吉镇。2017年9月1日，巡察二组进驻雄巴乡。进驻时，巡察组首先在被巡察单位召开动员会，并在被巡察单位公开巡察公告，提高党员干部、职工群众的知晓率。同时，开设举报电话，悬挂举报箱，方便干部群众参与巡察。通过1个多月的巡察，共发现问题18个，对明显违反规定并且能够及时解决的问题，向被巡察党组织提出处理建议，县委巡察组向被巡察单位反馈整改意见17个，有力形成巡察利剑的震慑作用，巡视巡察效果明显。

【精准扶贫】 2017年，县纪委（监察局）精准扶贫工作坚持以习近平新时代中国特色社会主义思想为指导，牢固树立“四个意识”，提高政治站位和政治觉悟，全面履行党章赋予的监督执纪问责职责，紧紧盯住脱贫攻坚中出现的腐败和作风问题，持续深入开展治理整顿，坚持无禁区、全覆盖、零容忍，坚持重遏制、强高压、长震慑，为推动革吉县脱贫攻坚工作提供坚强有力的纪律保障。革吉县切实把脱贫攻坚作为全县的头等大事和“一号工程”来抓。县委、县政府多次召开会议，督导检查组及时成立检查小组，并结合实际制定相关方案，就如何抓好精准扶贫工作进行研究部署，明确提出紧紧围绕“四个切实”“九个一批”“八个精准”“十大专项行动”的工作要求，督导检查组突出把加强扶贫领域监督执纪问责工作作为当前和以后一段时期的重要政治任务，对各乡（镇）及相关职能部门，按照“问题不查清不放过、责任不落实不放过、处理不到位不放过、教训不汲取不放过”的原则，坚持把纪律和规矩挺在前面，强化扶贫领域监督执纪问责工作。加强组织领导，及时调整充实扶贫督导检查小组，明确各小组工作职责。乡（镇）、村（居）也分别成立相应组织机构，配备扶贫专干，确保脱贫攻坚工作有人抓、有人管。制定完善工作计划，由2名副科级干部带队的督导检查工作组，多次深入乡镇进行调研，切实掌握贫困现状。针对全县扶贫工作实际，根据县委、县政府召开联席会议，制定出台的《革吉县“十三五”脱贫攻坚工作实施方案》《革吉县2017年脱贫攻坚工作计划》，明确工作方法、步骤、时限和责任人，为确保各项工作真正落到实处奠定坚实基础。扎实开展精准识别工作，为切实做好对扶贫工作的精准识别，督导检查组制定翔实的摸底调查表，按照“四看法”要求和贫困户国家现行标准，组织县级领导、扶贫干部多次进村入户，对农牧户生产资料、生活状况、生产条件和贫困现状进行实地调查。全县共有贫困户数1914户、6022人（其中系统内1325户、4067人，系统外589户、1955人）。2017年革吉县计划实施精准扶贫户数共204户、754人（任务是150户、525人）。

督查易地搬迁的工作。据统计革吉县“十三五”期间需进行易

2017年10月21日，县纪检干部下乡了解帮扶对象情况

地搬迁的户数为510户、1761人（其中搬迁至地区202户、859人，搬迁至县城192户、486人，搬迁到乡镇周边的114户、416人）。县纪委为确保搬迁工作顺利开展，组织国土、扶贫、农牧、住建等相关单位深入各乡镇，对易地搬迁的选址、选点工作进行实地调研，确定搬迁地点，整项工作全程跟进。针对易地扶贫搬迁资金有专项资金227.5万元及贷款资金318.5万元，共计546万元使用情况，进行严格跟进调查。在切实履行扶贫领域监督职责的同时，县纪委（监察局）高度重视本单位定点扶贫工作，紧紧围绕"四清楚""七必有"的工作要求，结合《革吉县脱贫攻坚指挥部关于印发〈革吉县关于"十三五"期间干部结对帮扶工作方案〉的通知》文件要求。县纪委专门成立以纪委书记为组长的定点扶贫工作领导小组，指派专人负责定点扶贫工作日常工作，全年组织召开定点扶贫（结对帮扶）工作会议4次，纪委组织包户干部3次深入扶贫对象家庭，重点了解扶贫对象家庭收支情况、收入来源、生活状况、牲畜数量、家庭存款等情况，并对掌握的数据资料分析、整理，结合实际制定具体、操作性强的工作方案，通过各方力量的共同努力2017年此项工作进展顺利、绩效显著，进一步促进全县脱贫攻坚工作向纵深发展。

【党建工作】 2017年，县纪委（监察局）根据县委、县政府对党建工作的新要求、新目标，党支部改选产生以县委常委、纪委书记为党支部书记的纪检政法党支部，支部以开展"两学一做""四讲四爱"等主题教育活动为契机，以中共十九大精神学习为载体，全面强化党员干部队伍思想作风建设工作，扎实推进学习型、服务型、创新型党组织建设。全年共计开展教育学习活动51次，开展以"敬老爱老，回报社会"主题义务劳动及清理城区可见垃圾活动9次，通过理论与实践相结合的制度化、常态化学习，纪检政法支部全体党员干部思想素质、党性修养明显提高。深化监督检查。县纪委协同县委组织部、党建办围绕"藏西先锋·红色阿里"党建品牌创建工作，从各支部对党建品牌创建工作的重视和支持力度，党建品牌创建活动经费是否到位，活动经费的使用管理情况，工作是否正常开展等方面开展专项监督检查工作，活动创建期间全年共计督查4次，切实履行监督责任，促进"藏西先锋·红色阿里"党建品牌创建工作整体水平提高，增强基层党组织的创造力、凝聚力和战斗力。

（符华萍）

【领导名录】

书 记

冯 展 强

副书记、监察局局长

唐 文 兵

副书记

查 珠（藏族）

监察局副局长

胡 兴 南（女，6月免）

阿旺土旦（藏族，8月免）

中共革吉县委组织部

【概况】 2017年，中共革吉县委组织部（以下简称县委组织部）干部职工共计15名，其中，县级领导干部1名、正科级领导干部1名、副科级领导干部6名、副主任科员2名、科员3名、事业干部2名；共设6个办公室：老干局、办公室、编制办、电子政务中心、党校、档案室。

【人事任免与管理】 2017年，为进一步提高党政部门的行政效能，切实转变机关作风，按照新任务新形势对干部队伍管理工作的总体要求及《革吉县关于加强干部管理的意见》有关内容。县委组织部进一步加大对干部工作的管理、监督力度，使干部管理进一步制度化、科学化、规范化。同时，在县纪检委协助下，定期或不定期的对机关各单位办公室和县上的娱乐场所进行检查，发现违纪人员及时严肃处理。通过采取一系列行之有效的措施，提高各单位人员在岗率，县上干部职工都能够各司其职，干好本职工作，保证全县各项工作的顺利开展。突出抓好干部的纪律教育工作，通过不断加强对各支部学习活动的分类指导，引导全体干部坚持以解放思想，实事求是，创先争优的精神开展工作，进一步增强全体干部的服务意识、大局意识和群众意识，在一定程度上解决部分干部职工在工作作风方面存在的突出问题。根据工作需要，组

2017年7月1日，阿里地区行署副专员、革吉县委书记索朗次仁慰问困难党员

织部统筹乡镇、县直各单位，于10月进行1次干部调整。为做好革吉县人事调整工作，在县委班子内部广泛地征求各位常委的意见，找各分管领导、部门领导详细了解情况，深入了解各乡镇的干部队伍及班子现状，综合考虑各方面的因素，初步制定出人事调配方案，经过常委会议酝酿，使方案逐渐成熟。随后，到地委组织部与相关科室和领导沟通、汇报，接受上级的业务指导。方案通过后，又善始善终，负责后续的考察、研究、报批、公示、任免等工作。2017年，共任免干部125人，提拔92人，平调18人，平级重用11人，降职2人，其他2人（不再兼职），通过人事调整工作，将一些基层的优秀干部交流、提拔到县直机关任职，把一些有培训前途的年轻干部有意识到放到基层接受多岗位锻炼增长才干，进一步配齐配强乡镇和县直各领导班子，优化班子的民族、性别、年龄、文化、专业知识结构，为各部门发挥自身职能作用创造必要条件，同时提高一批干部职工的政治待遇，激发干部职工干事创业的积极性，推动全县各项工作的正常开展。

【党风廉政建设】 2017年，县委组织部按照革吉县纪委《关于党风廉政建设责任单位2017年贯彻落实党风廉政建设工作情况》要求县委组织部坚持以邓小平理论、“三个代表”重要思想、科学发展观和习近平总书记中央纪委七次全会重要讲话精神为指导，按照党的十八届五中、六中、七中全会部署和要求，严格落实党风廉政建设责任制，立足组织工作实际，贯彻落实反腐倡廉工作任务，不断加强预防和治理源头腐败工作的力度，将党风廉政建设工作与本部各项工作同部署、同落实、同检查、同考核。根据工作需要，及时调整充实本部党风廉政建设工作领导小组，实行一把手负总责、分管领导具体抓、科室负责人分头落实、依靠广大干部职工和群众支持参与的领导体制和工作机制，形成推进党风廉政建设的强大合力。认真落实党风廉政建设“一岗双责”制度，对所承担党风廉政建设工作任务进行细化分解，制定具体明确的任务目标，落实到分管领导和部、局、办负责人，要求一手抓业务工作、一手抓党风廉政建设，做到管业务必须管党风廉政建设，将业务必须讲廉洁自律。建立完善部务会专题研究党风廉政建设工作制度，全年共组织召开两次党风廉政建设和反腐败工作专题会议。制定2017年党风廉政建设工作计划，明确指导思想、工作目标和主要工作任务。严格执行党风廉政建设责任制，坚持把党风廉政建设纳入领导班子和领导干部目标管理考核，部领导分别与部（局、办）各科室签订党风廉政建设责任书，并完善考核机制，强化考核结果的运用。坚持每半年对党风廉政建设工作贯彻落实情况进行一次检查，发现问题，立刻整改。按照“反腐倡廉必须常抓不懈、拒腐防变比秩序警钟长鸣”的要求，通过县委党校、干部管理培训、理论学习中心组等阵地作用，教育引导党员干部认真学习中国特色社会主义理论、“三个代表”重要思想、科学发展观，坚持用马克思主义的立场、观点、方法来认识世界、分析问题，增强政治敏锐性和政治鉴别力，以落实全国组织工作会议为契机，对党员干部开展拒腐防变廉洁从政教育。采取个人自学、集中学习等方式，加强经常性廉政教育。利用重大节日，开展丰富多彩的党性修养锻炼教育。召开警示教育会议，发放警示教育资料，组织党员干部观看廉政教育警示片、廉政教育公益片。把岗位廉政教育纳入干部管理培训的范围，作为新进公职人员上岗培训、公职人员日常教育培训开展廉政教育的规定动作，并建立相应的考学机制。完善《个人重大事项报告制度》《"三重一大"集体研究和"末位表态"制度》《民主（组织）生活会制度》《领导干部述职述廉制度》等一系列规章制度。健全选人用人权力运行监督机制，完善《革吉县干部管理办法》，推动干部管理科学化、规范化和制度化建设。

【老干局工作】 2017年，革吉县共有133名离退休干部，有3个离退休党支部和2个离退休党小组，其中有驻拉萨退休服务站支部有37名老干部，驻狮泉河退休服务站支部有13名老干部，革吉县退休支部有73老干部（其中1名离岗待退），亚热乡党小组有5名老干部，盐湖乡党小组有5名老干部。2017年，县委组织部高度重视，把"三大节日"走访慰问老干部工作列入工作日程，精心组织，周密安排。1月21日，县委常委、组织部部长束志勇赴拉萨，看望慰问在拉萨的离退休干部，上午先后来到次仁旺久、大卓玛、次仁德吉、次仁家中，与老干部们亲切交谈，了解老干部的身体健康状况和生活起居、日常饮食等情况，叮嘱他们保重身体，安享幸福晚年。下午组织召开革吉县安置在拉萨退休服务站的离退休人员座谈会，会上束志勇致慰问词，部分老干部，提出自己的希望和建议，束志勇一一作了解答。2月24日，在藏历新年来临之际，组成2组慰问组，分别有2名副部长带队对革吉县安置在狮泉河退休服务站和安置在革吉县的离退休干部进行走访慰问，此次走访慰问共计慰问金134000元。根据自治区、地委老干部局的要求，按照相关文件要求，经部务会研究，完成资金兑现75500元，受益人数47人，向地委老干部局上报10人，下拨资金10000元。

【党校工作】 2017年，县委党校共开设各类培训班7期，培训全县干部职工及农牧民党员共192人次，其中培训党务工作者46人次。共发放学习资料500余册。将《中国共产党章程》修正案、党史、严明党的政治纪律、廉政准则、农畜牧产品经济产业、各类惠农政策、公务员礼仪及写作、各类法律法规、安全生产、生态环境保护、各项干部管理制度、村（居）干部文化素质提升等列入日常教学课程安排，突出系统性和实用性相结合。把学习习近平总书记系列重要讲话、十八届六中全会精神、自治区第九次党代会精神和中共十九大精神，作为一项重要政治任务来抓牢抓实。2017年，县直各机关党支部、各乡镇党委共上缴党费254416元。地委组织部返还革吉县上缴党费的40%；地委组织部留存152676.6元。党费使用均符合中组部相关规定，党费收支经与银行核对，票据相符，账款相等。2017年，共发放党内激励帮扶资金32400元。其中，2015年自治区级党内激励帮资金8600元；2016年阿里地区级党内激励帮扶资金9000元；2017年革吉县级党

2017年12月15日，革吉县2017年第二批新调整科级干部集体谈话会

2017年10月12日，革吉县人大常委会副主任旦增，县委组织部副部长、强基办负责人贡觉扎西巡回督导检查驻村工作

内激励帮扶资金14800元。

【强基办工作】 2017年，县强基办坚持把维护稳定作为第一责任，认真落实上级一系列维稳决策部署，切实履行维护稳定职责，特别是“三月重要时期”“萨嘎达瓦”、雪顿节、中共十九大期间，督促各驻村工作队全员全时在岗，结合自身实际制定中共十九大期间各类维稳应急方案、预案，召开维稳安保工作部署会议219场次，参与群众16963人次。认真开展反对分裂主题教育活动54场次，参与群众10801人次，开展“法律进百家”活动155场次，参与群众15720人，不断提高广大党员群众的法律意识；全面掌握群众思想动态，经常排查不稳定因素、积极化解和妥善处理各类社会矛盾纠纷101件，及时处理好苗头性倾向性问题。充分发挥治保调节委员、“先进双联户”队伍的作用，并协助村（居）“两委”做好重点领域管理工作，为确保各个重要节点的安全稳定，实现全年稳定、持续稳定、全面稳定发挥重要作用。2017年，强基办坚持以“感党恩、爱核心”为主题，组织各驻村工作队广泛开展“算富账、感党恩、要稳定、求发展”等主题教育活动104场次，举办专题讲座31场次，发放宣传材料5960份；认真开展时事政策教育60场次，教育引导广大党员群众全面执行党和国家的方针政策；开展“3·28”西藏百万农奴解放纪念日、“七一”中国共产党建党日等活动，使广大牧民群众真正明白“惠在何处、惠从何来”，真正懂得“团结稳定是福、分裂动乱是祸”的道理，进一步激发广大群众热爱党、热爱国家、热爱社会主义新西藏的热情。各驻村工作队以“两学一做”学习教育常态化制度化、“四讲四爱”主题实践教育活动为抓手，统筹推进，融合开展，把“两学一做”和“四讲四爱”不断深入和拓展至各村（居）全体党员、全体牧民群众，深入开展“五讲五做五看”活动，进一步扩大和巩固“两学一做”和“四讲四爱”的工作成效。截至年底，集中开展“四讲四爱”主题教育实践活动宣讲工作152场次，受众群众达15673人次。针对偏远牧区，各驻村工作队结合牧区生产生活的实际，把“四讲四爱”主题教育实践宣讲活动与党员干部走村入户、结对帮扶紧密结合，做到牧民放牧到哪里，宣讲教育就送到哪里，转变牧民思想，树立牧区新风尚。强基办与各驻村工作队协助县乡村把加强村级组织建设作为一项重点工作，以全县村级组织换届为契机，顺利完成18个行政村、2个居委会的换届选举工作，共选举产生新一届村（居）班子成员122人，村（居）务监督委员会成员64名，使村（居）干部队伍综合素质得到明显提升，圆满完成村（居）组织换届工作。

【编办工作】 2017年，根据工作需求，编办对革吉县建设工程质量监督站、革吉县完全小学、革吉县社会福利院、革吉县文化市场综合执法大队等持有事业登记管理证事业单位颁发了事业单位法人证书，同时又因负责人更换等原因，为革吉县水利局、革吉县农牧局、革吉县委宣传部、革吉县卫生服务中心等多家行政单位更换统一社会信用代码证。经编委会研究决定，从中共革吉县委员会办公室、中共革吉县委员会组织部、中共革吉县委员会宣传部、革吉县财政局、革吉县国

2017年12月22日，革吉县召开第六批驻村工作总结表彰暨第七批驻村工作动员大会

土资源局、革吉县农牧局、革吉县教育局、革吉县统计局等8家单位中各调剂1个行政编制(共调剂行政编制8个),到革吉县纪律检查委员会。为有效防范超编进人、盲目进人,规范用人单位抽调借用行为,人社局合力把好人员调配的关口。

(陈忠钧)

【领导名录】

部　长

束 志 勇

组织部副部长、编办主任

努增桑姆(女,藏族)

副部长

贡觉扎西(藏族)

吴　　超

老干局局长

多吉玉珍(女,藏族)

党校副校长

阮 珍 珍(女,藏族)

彭 宗 明(10月任)

电子政务中心主任

桑吉旺姆(女,藏族)

中共革吉县委宣传部

【概况】 2017年,中共革吉县委宣传部(以下简称县委宣传部)干部职工共计12名,其中,县级领导干部1名、正科级领导干部1名、副科级领导2名、科员3名、事业干部5名。下设4个科室,分别是办公室、文化综合执法大队、网信办、网络评论中心。宣传思想文化工作紧密围绕中央、区党委、关于宣传思想文化工作的安排部署,深入贯彻中共十八大、十八届历次全会、十九大和中央第六次西藏工作座谈会精神,深入学习贯彻习近平新时代中国特色社会主义思想特别是治边稳藏重要论述和“加强民族团结、建设美丽西藏”重要指示精神,深入贯彻落实自治区第九次党代会、区党委九届三次全会、全区宣传部部长座谈会及地委(扩大)会议、地委宣传思想工作会议精神,围绕喜迎中共十九大和实现“两个巩固”的根本任务,立足全县改革发展稳定大局,弘扬主旋律,凝聚正能量,为全面推进小康革吉建设提供思想保证、精神动力和文化支持。

【党建工作】 2017年,革吉县扩大宣传覆盖面,以“两学一做”学习教育常态化、制度化,“四讲四爱”“五讲五看五作”主题教育实践活动为契机,统筹抓好县委理论中心组学习、干部教育培训、基层理论宣讲等重点工作,深入开展中共十九大精神以及习近平总书记系列重要讲话精神学习教育进机关、进企业、进乡村、进社区、进学校、进军营、进寺庙活动,在全县干部群众中营造学习习近平总书记系列重要讲话精神和中共十九大精神的浓厚氛围,确保全县广大干部群众在思想上行动上始终同以习近平总书记为核心的党中央保持高度的一致。确保宣传学习效果,坚持领导干部带头,紧密联系思想、工作实际,全面地学、系统地学,把握内在逻辑和基本精神,全面理解中共十九大报告精神的重大意义、科学内涵、实践要求,做到知其然知其所以然,做到学之愈久、知之愈深、信之愈笃、行之愈坚,引导广大党员干部努力在发展稳定实践中走在前列。

【宣传思想文化工作】 理论学习中心组学习工作。2017年,县委宣传部制定县委理论学习中心组学习规则和学习计划,全年县委理论学习中心组已召开学习会议

2017年7月8日，阿里地区行署副专员、县委书记索朗次仁一行工作组深入盐湖乡扎西曲林寺督导检查“四讲四爱”工作开展情况

12次，开展交流研讨4次，领导干部讲党课2次，撰写各类心得体会40余篇，16名县级干部（包括1名地级干部）参加地委宣传部组织的理论考试，平均分数为95分。各乡（镇）党委理论学习中心组召开学习会议50次。县直20个支部共召开学习会议120余次。

完成党报党刊征订任务，县财政投入资金50万余元。完成《人民日报》《求是》《党建》《西藏日报》《西藏宣传》《阿里报》等党报党刊征订任务。大力实施《阿里报》藏文版进牧区、进村居、进寺庙工作，将阿里地委、行署的决策部署传播到最基层。发放《阿里报》藏文版1.3万份。

开展“砥砺奋进的五年”群众性主题宣传教育活动。革吉县结合实际细化工作任务，明确责任领导、责任单位和完成时限，一项一项进行推进。及时将习近平总书记“7·26”重要讲话纳入“四讲四爱”各级宣讲组宣讲内容，做到用党的最新理论方针政策强思想、“富脑袋”。在县电视台、政府网站、网信革吉重要时段、重要版面及时转载中央、自治区媒体“治国理政新思想新实践”“学习路上”“学习进行时”和“治国理政进行时”专题专栏重点稿件和评论员文章。在317国道沿线、县城十字路口设置大型户外公益广告牌9面、刷制墙体标语7处、悬挂横幅60余条，广泛宣传中共十九大、“四讲四爱”、“五讲五看五做”、脱贫攻坚、生态环保等内容。组织县乡干部、驻村驻寺干部认真收看《将改革进行到底》《法制中国》《强军》《大国外交》《巡视利剑》《不忘初心 继续前进》等电视政论专题片。部分党员干部、学校老师和农牧民群众还通过手机微信等平台，自发进行收看等电视政论专题片。

抓好典型宣传工作。革吉县以争做“忠诚老实、务实创新、实干担当、勤勉奉献”的革吉人主题教育活动为切入点，着力讲好中国梦·革吉故事，传播好革吉声音。在广大干部群众中宣传忠于职守、以身殉职的基层好领导、高原好警察加布生前先进事迹，宣传扶贫济困、帮助孤儿实现大学梦的革吉县中学老师扎西，宣传九年如一日默默奉献于三尺讲台的亚热乡小学老师李伟敏，宣传苦干实干、带领当地群众摘掉“穷帽子”的革吉镇森布村第一书记拉巴欧珠，宣传“舍小家顾大家”的革吉县扶贫办次仁扎西，宣传藏汉一家亲的革吉镇石宪兵、罗珍家庭。其中，加布同生前先进事迹经西藏电视台报道和阿里地区公安系统巡回宣讲后，在区内外和革吉县引起强烈反响。

广泛开展群众性文体活动。利用“三大节日”“3·28”西藏百万农奴解放纪念日、“五一”“七一”、教师节、国庆节、中秋节等节庆纪念日，在农牧区、县直机关、中小学校广泛开展升国旗、新旧西藏对比教育、诗歌朗诵、演讲比赛、文艺演出、篮球足球比赛、拔河比赛等群众性文化体育活动110余场次，广大干部群众热情抒发对党和祖国的无比忠诚与热爱，努力营造忆苦思甜、寓教于乐、服务大局、珍视团结、维护稳定、共同发展的良好氛围。

不断推进社会主义核心价值观教育。始终坚持以社会主义核心价值观为引领，不断教育引导广大干部群众树牢“四个意识”，坚定“四个自信”，增强“五个认同”，在干部群众中大力弘扬“六种精神”（“长征精神”“老西藏精神”“两路精神”“先遣连精神”“孔繁森精神”“阿里精神”),倡导做“忠诚老实、务实创新、实干担当、勤勉奉献”的革吉人。依靠群团组织和教育主管部门,以培养良好家风、校风、行风为目标,广泛开展“传家训、立家规、扬家风”活动,不断促进家庭、家教、家风建设,引导人们把爱家与爱国统一起来,以家庭的小环境温润社会的大气候。以依法治县、建设诚信革吉为契机,扎实推进政务诚信、商务诚信、社会诚信和司法公信建设,把社会主义核心价值观贯彻到执法、司法、普法和依法治理的各个环节。

深入开展廉政文化“七进”活动。切实加强党内政治文化建设,引导党员干部带头弘扬党的政治理想、政治伦理、政治价值,营造风清气正的政治生态。推进群众性精神文明创建,深入开展文明县城、文明村镇、文明单位、文明家庭、文明校园创建活动,及时调整充实精神文明创建委员会,研究制定实施方案、评选标准和申报考核机制,着力规范精神文明创建工作。革吉县共评选推荐第五届自治区文明村镇和文明单位6个、第六届西藏自治区道德模范15名。结合脱贫攻坚工作和“党的恩情照边疆·阿里人民心向党”宣传思想文化阵地建设,组织开展“五下乡”和“四个一百”活动40余场次。

加强自身干部队伍建设。赴各级各类业务培训和陕西、河北两省考察新闻宣传工作,开阔眼界,增长见识,积淀业务知识,拓宽工作思路,为下一步更好地做好宣传思想文化工作打下良好的基础。

广播电视工作取得新进展。“寺寺通”工程实现全覆盖,“户户通”工程覆盖率达到95%;农村电影放映“2131”工程顺利推进,2017年共放映公益电影1000多场次;加快推进县城数字电视网络改造项目,年内完成500套机顶盒安装工作。

【“四讲四爱”主题教育实践活动】 从2017年3月份“四讲四爱”主题教育实践活动开展以来,革吉县始终以引导广大农牧民群众、青少年学生、寺庙僧尼、国企职工明事理、定标向、把方向、引路子、富脑袋、强基础、促发展、保稳定、抓根本为目标,紧密结合实际,坚持高标准、严要求,着力在“抓责任、抓教育、抓宣传、抓载体、抓制度、抓典型、抓行为、抓督导”上下功夫,全力推进“四讲四爱”主题教育实践活动深入开展,在全县上下营造出开展“四讲四爱”主题教育实践活动的浓厚氛围。深入开展“四讲四爱”“五讲五看五做”主题教育实践活动作为一项重大政治任务,全县各级各部门严格落实《总体方案》和《宣讲提纲》要求,坚持全覆盖、常态化、重创新、求实效,推动教育实践活动进乡镇、进村居、进家庭、进学校、进课堂、进寺庙、进僧舍。革吉县成立由县委书记任组长、县长任常务副组长的活动领导小组,从各乡镇抽调5名人员组建工作专班及办公室。县委书记索朗次仁、县长王明杰经常过问、具体指导各项工作,并带头作示范宣讲,为活动提供坚强的组织保证。宣讲培训到位。从县直相关部门及各乡镇选派人员9名,参加自治区和地区宣讲培训班,组织乡人大代表、政协委员等180余人参加地区赴革吉县宣讲培训班,组织节点示范宣讲5场次培训450人次,为宣讲教育工作培养一批宣

2017年10月20日,由县委常委、宣传部部长史小亚深入雄巴乡巴措村、加吾村开展结对帮扶活动

讲骨干。革吉县在“四讲四爱”活动中共投入资金75万余元，为活动提供有力的资金保障。

营造氛围到位。在县政府网、电视台和网信革吉微信公众号开设活动专栏，集中宣传报道活动开展情况。在县政府网转发相关文章250余条、新闻媒体报道100余条、网信革吉微信公众号上传200余条；上报简报280期。在317国道沿线、县城十字路口和醒目地段、乡镇所在地树立大型户外广告牌9块。全县共制作宣传橱窗37块，悬挂横幅80余条，发放宣传单15500余份，张贴宣传标语5500余份，刷写墙面标语50余条，播放爱国电影100余场次。制作印有宣传标语的帽子300顶、纸杯1200个、手提袋800个等宣传品，做到“四讲四爱”“五讲五看五做”内容随处可见、抬头可学。

宣讲教育到位。组建县、乡、村三级宣讲团45个368人，宣传过程中注重受众的接受能力，灵活运用宣讲手段，通过身边人讲述身边事、用身边事感动身边人，穿插大量典型、故事，把理论变为简单的道理、生动的故事，详细讲述惠从何来、恩向谁报，教育引导群众感党恩、听党话、跟党走、报党恩。永做“讲党恩爱核心、讲团结爱祖国、讲贡献爱家园、讲文明爱生活”的好群众、好学生、好僧尼。全县共宣讲1000余场次，受众群众、青少年学生、寺庙僧尼、国企职工、外来务工人员达104747人次。

实践活动到位。在抓好自治区19项规定动作和地区9项自选动作的基础上，从革吉实际出发，以“树勤去懒”为目标，着力破除影响牧区发展稳定的陈规陋习和牧民群众的“等靠要”思想，研究制定《革吉县深入开展群众思想教育推进移风易俗工作方案》，开展群众思想教育引导工作。组队参加阿里地区“四讲四爱”主题教育实践知识竞赛，取得团体第一名的好成绩。随着主题教育实践活动不断向纵深发展，一些行之有效的好经验、好成效、好做法被固化下来，充实到乡规民约、村规民约、寺规僧约、校规校纪之中，成为打基础、管长远的规章制度。县委宣传部已收集备案600余条。

督导检查到位。县活动办针对每个节点和每个细节，采取明察暗访、专项督办等方式，坚持严督实导、深挖细扣，敢于指出问题、揭短亮丑，对存在问题经多次提醒而未整改的单位进行通报批评，责令限期整改。2017年，革吉县“四讲四爱”主题教育实践活动办公室荣获阿里地区“四讲四爱”主题教育实践活动优秀组织单位。

2017年11月20日，地区宣地直工委常务副书记陈灵讲团在县中学宣讲十九大

【开展中共十九大精神宣讲】 革吉县上下高度重视，统筹协调，着力在“学懂、弄通、做实”上下功夫，推动中共十九大精神进机关、进学校、进乡镇、进牧区、进村居、进寺庙、进军营、进道班、进网站，迅速在全县兴起学习宣传贯彻落实中共十九大精神的热潮。

提高政治站位，认真组织收听收看十九大开幕会盛况。县委宣传部先后于10月13日、14日、17日印发转发通知，明确牵头单位，对收听收看事宜作出具体安排。

认真传达学习，全面部署学习宣传贯彻工作。县委将学习宣传贯彻落实中共十九大精神作为首要政治任务，分别于10月19日、10月28日、11月5日召开第11次、第12次县委理论学习中心组学习

（扩大）会议和全县领导干部大会，认真传达学习十九大精神，县委主要领导就学习宣传贯彻落实中共十九大精神作出全面安排部署，提出“领导干部带头学、组织全体学、强化督促学、营造氛围学、注重成效学”等“五学”工作要求，切实提高学习效果。印发安排意见、实施方案，制定学习计划，对全县学习贯彻中共十九大精神作出进一步安排部署。县委办、县委宣传部制定印发《中共十九大精神学习资料汇编》，为全县干部职工学习十九大精神提供较为全面的学习资料。中共十九大胜利闭幕后，县委理论学习中心组、各乡镇、各单位、各支部、各驻村驻寺工作队正确处理工学矛盾，纷纷以集体传达学习、组织交流研讨、撰写心得体会、做好学习笔记等方式，原汁原味学原文、深入思考悟原理，做到带着问题学、结合实际学，迅速兴起学习贯彻中共十九大精神的热潮。行署副专员、县委书记索朗次仁以普通党员身份参加革吉县党办宣传群团支部十九大精神理论学习和重温入党誓词活动。县委宣传部根据近期全县人员休假较多的实际情况，及时与县委组织部协调，将十九大个人学习笔记和学习体会撰写情况作为批准干部休假的必要条件之一，干部职工如未按规定提交学习笔记和学习体会的，原则上不予办理休假手续。确因特殊情况需离开本单位的，在返岗时务必提交学习笔记和学习体会。

2017年1月21日，县委宣传部联合团县委开展“喜迎2017年春节、藏历新年”文体活动

深入牧区一线，广泛开展中共十九大精神“十进”宣讲活动。区、地、县、乡、村五级宣讲组深入开展中共十九大精神“十进”宣讲活动。截至年底，共开展宣讲工作66场次。其中，11月17—24日，西藏人民广播电台副总编辑甲措平措深入革吉县4个乡1个镇、11个村（居）和扎西曲林寺，开展中共十九大精神巡回宣讲9场次。11月7日，地委委员、地委宣传部部长索南才旦赴盐湖乡羌麦村宣讲。12月3日，行署副专员、县委书记索朗次仁赴亚热乡夏玛村和却藏村宣讲。11月17—23日，地区宣讲团成员、地委宣传部常务副部长加央次仁，地直机关工委专职常务副书记陈灵，阿里报记者格次分别赴革吉镇森布村、芒拉村、公前村、扎加寺，亚热乡却藏村、江玛村、夏玛村和县直机关、革吉镇机关、革吉县中学宣讲10场次。11月18—28日，革吉县人大常委会副主任多吉平拉带队的县巡回宣讲团赴亚热乡罗玛村、赛利浦村、雄巴乡象鲁康、芝热寺、结克村、文布当桑乡罗玛村、盐湖乡羌堆村、革吉镇芒拉村开展宣讲8场次。由乡镇主要领导和驻村驻寺工作队队长带领的宣讲组深入辖区各村组、学校、寺庙，累计开展宣讲36场次。

加强媒体宣传。在政府网站、网信革吉和县电视台开设中共十九大精神学习专题专栏，制作“学习十九大、宣传十九大、贯彻十九大”电视片花，及时转载转播十九大精神、权威媒体解读、各乡镇各部门学习贯彻十九大精神工作动态等内容。

加强户外宣传。在317国道沿线、县城、乡镇所在地新建、更新十九大户外广告牌21块，悬挂张贴横幅标语220余条，刷写墙面标语9处。打造“走廊文化”。各乡镇、各单位充分利用中宣部下发的4幅十九大挂图（电子版），在办公室、会议室、单位走廊、大院、宣传栏、橱窗等处悬挂张贴，做到中共十九大精神随处可见，抬头可学。

2017年10月1日，县委宣传部联合团县委、县总工会、县妇联举办庆"十一"，喜迎党的十九大诗歌朗诵比赛

【意识形态领域工作】 2017年内，县委始终高度重视意识形态工作，严格落实党管意识形态工作责任，不定期听取宣传部门工作汇报，研究部署重点工作，牢牢掌握意识形态工作的主动权。

加大文化市场监管执法力度。县文化综合执法大队与县城内各文化经营单位签订《安全目标责任书》，完善革吉县文化市场行政处罚流程图，对文化市场进行数据更新，并按时做好新闻出版物、网吧、打字复印店、音像制品等经营单位的文化数据采集工作，每周按时报送执法周报，每月按时报送执法月报数据。开展联合检查，成员单位对全县30多家文化经营单位进行检查，共出动执法人员199余人次，执法车辆52辆，收缴各类非法光盘41张，删除违禁曲目21首，排查安全隐患场所4家，期限整改4家文化经营单位。

加大宣传力度。参加综治宣传月、安全生产宣传日活动，制作《中华人民共和国未成年人保护法》《互联网管理条例》《青少年上网应该注意的事项》等宣传单共152张，发放给广大群众和中小学生，受益人数达500余人。提高网上意识形态工作的能力和水平。革吉县互联网信息工作紧紧围绕和服务革吉县中心工作，贯彻落实中央和自治区、地区针对互联网信息工作的各项指导精神，始终坚持以习近平总书记"2·19"在党的新闻舆论工作座谈会、"4·19"在网络安全和信息化工作座谈会讲话精神为工作指导方针，充分利用互联网宣传阵地，发挥干部队伍作用，造舆论、树正气、鼓干劲、塑形象，互联网信息宣传工作取得卓有成效的成绩。截至年底，县互联网信息办公室共刊发各类信息1056条，内容涉及政务公开、专题报道、援藏动态、革吉经济、革吉旅游、平安革吉、历史文化等多个方面。网站管理严格规范，版面美观，内容丰富，信息图文并茂，发布及时，受到县委、县政府和社会各界的广泛好评。在政府新闻网站和"网信革吉"微信公众平台上推出"脱贫攻坚""四讲四爱""生态建设"专题报道。对革吉县"两会"召开情况进行实时报道。在政府新闻网站上转载"幸福西藏"关于"四讲四爱"藏汉双语宣传内容，让更多的农牧民群众、寺庙僧尼关注新闻，了解社会动态。在"网信革吉"平台上对革吉县"五大产业"专题宣传篇进行推送。全年共发布各类新闻1000余条，图片800余张。革吉县政府新闻网站已成为各界了解革吉经济发展的窗口和获取革吉改革政策信息的重要渠道，也成为各部门了解民情、沟通民意的重要渠道和交流平台。组织专兼网络评论工作者，对中央、自治区主要媒体的新闻发布进行转发跟帖，全年累计转发和跟帖新闻1250余条。县网信办制定《互联网信息宣传工作管理制度》《革吉县网络舆情应对处置应急预案》等制度，严格执行上网稿件三级审签制，将责任落实到人头。在3月重要时期和十九大期间，实行24小时全时值班制度，坚决防止负面舆情扩散蔓延。已发布的稿件定期向县委办移交进行保密报备审查，确保"上网信息不涉密、涉密信息不上网"。

【文化惠民】 2017年，革吉县那布民间艺术团围绕全县重点工作，创作以"喜迎中共十九大"为主题的舞蹈《吉祥革吉》，以脱贫攻坚为主题的歌曲《爱在乡村》、舞蹈《扶贫金色太阳》、小品《扶贫攻坚战》《差点儿误大事》等，深受广大群众的喜爱和欢迎。在“三大节日”“3·28”西藏百万农奴解放纪念日、“五一”“七一”、教师节、国庆节、中秋节等节庆纪念日，革吉县委宣传部联合县文化局带队革吉县那布艺术团在各乡镇、村和中小学举办形式新颖多样、内容丰富多彩、群众喜闻乐见的文艺活动，全年开展群众文化活动余场，观众约12000余人次。县委宣传部和县电视台配合“两学一做”学习教育、“建党95周年”“革吉县两会”等活动，深入各乡镇、寺庙和学校放映爱国主义影片和科教片53场次，观众人数达11200余人次。

（白玛卓玛）

【领导名录】

部　长

史小亚

副部长、网信办主任

央　珍（女，藏族）

网信办副主任

巴　次（藏族）

文化综合执法大队大队长

次旦平措（藏族）

中共革吉县委统战部

【概况】 中共革吉县委统战部（以下简称县委统战部）编制7人，领导指数编制4名，1名部长，1名副部长（正科级），2名副部长（副科），3名一般干部。内设有县宗教办，2名主任，3名一般干部。2017年革吉县驻寺干部编制20名，实有驻寺干部14名，驻寺民警6名。

【寺庙（拉康）基本情况】 2011年11月，按照自治区党委、政府关于加强和创新寺庙管理工作的决策部署，结合实际，我县境内共辖三寺（扎西曲林寺、扎加寺、芝热寺）两康（象鲁康、加吾拉康），均属噶举派，扎西曲林寺位于革吉县盐湖乡境内。海拔4630米，距革吉县城205公里、距盐湖乡人民政府5公里。芝热寺坐落于西藏阿里地区革吉县雄巴乡，海拔5060米，距革吉县城420公里、距雄巴乡人民政府532公里。象鲁康坐落于革吉县雄巴乡，海拔4573米，距县城95公里、距乡人民政府20公里。扎加寺坐落于革吉县革吉镇南部，海拔4766米，距县城80公里。加吾拉康坐落于革吉县雄巴乡东南部，海拔4800米，距县城142公里、距乡人民政府30公里。

【党建工作】 2017年，县委统战部围绕“领导班子好，制度保障好，服务意识好，工作作风好，党员队伍好”的五好目标，推进党组织活动正常化，加强对党员的管理、监督和服务，推进机关党的组织建设。始终把加强开展“两学一做”学习活动，提高干部职工的廉洁自律意识作为做好党风廉政建设和反腐败斗争工作的基础，采取集中学习和个人自学相结合的方式，充分利用“两学一做”学习活动，定期和不定期学习，以会代学等机会，组织寺管会成员，干部职工开展对新《党章》《党规》、建立健全工作制度。进一步完善“三会一课”制度，明确和规范机关党组织的主要任务和职责，从制度上保证从严治党方针的落实。深入开展十九大和十八大、十八届三中、四中、五中、六中全会精神学习活动，把深入学习实

2017年9月16日，县委统战部副部长卓玛拥宗到革吉县三寺两康督导工作

践科学发展观活动，作为党建工作重中之重的大事来抓，结合统战工作实际，创造性地开展工作，圆满完成各项任务。全年以狠抓思想政治建设为主开展“两学一做”学习教育为契机，认真组织全体干部职工，驻寺干部学习党章党规、学习习近平总书记系列讲话精神，学习中共十九大、十八届三中、四中、五中全会精神，学习各级统战民族宗教工作会议精神，开展专题讨论，提高干部自身修养，认真手抄党章，撰写学习心得体会。

【贯彻落实工作会议精神】 2017年，县委统战部召开革吉县统战民族宗教工作会议，传达学习中央统战工作会议精神和全区统战工作会议精神。行署副专员、县委书记索朗次仁出席会议，并作重要讲话。就如何贯彻落实各级党委做出的系列决策作了全面安排，为革吉县开展统战民族宗教工作指明了方向、明确了目标。县委统战部、民宗局与各乡（镇）党委、各寺庙管理委员会签订了《统战民族宗教工作目标管理责任书》，细化2017年革吉县委统战、民宗、宗教工作的任务。进一步强化思想认识、明确目标任务、指明了工作方向。2017全年，共召开6次宗教工作领导小组专题会议，召开部办公会议17次，2017年上下半年召开了和谐模范寺庙暨爱国守法先进僧尼评选表彰会议，表彰了一批政治上靠得住，宗教上有造诣，听党话、跟党走的优秀僧尼和工作业务突出的优秀驻寺干部。为推进革吉县经济发展，宗教领域和谐稳定、佛事和顺凝聚人心，汇聚力量做贡献。

【落实长效机制】 2017年，全县宗教领域为以和谐稳定的状态迎接自治区“两会”、重大庆典如期举行，全年制定下发包括《革吉县2017年“三大节日”和自治区“两会”及“三月”敏感期间宗教领域维护稳定工作方案》《革吉县3月份维稳工作方案》等在内的6个工作方案、1个应急预案，细化组织领导责任。全年深入全县5座宗教活动场所，开展全面督导检查工作20场，抽查10余次，对寺庙僧尼和驻寺干部在岗情况、寺庙维稳措施、寺庙“三不出”、“六个一”、“九有”等工作落实情况进行重点检查，对发现的问题责令整改，切实维护了革吉县宗教领域的和谐稳定。

【“一创建”“六建”】 2017年，县委统战部根据自治区党委提出的关于寺庙“六建”、“六个一”等活动的要求，不断落实寺庙“六建”、“九有”、“六个一”、“一覆盖”等各项利寺惠僧政策，认真落实县级领导干部联系寺庙制度，各驻寺机构认真积极开展与僧人结对子、走访僧人家庭、为僧人办实事等活动，有效拉近了干部僧人之间的关系，畅通了沟通渠道，基本形成了一套寺管会、寺庙、僧尼家庭协调联动的管理机制。驻寺干部全年共开展家访5次，慰问35人次，办实事11件，投入资金40000元，帮助僧尼及其家庭解决了一大批实际困难。

【落实寺庙僧尼社会保障体系】 2017年，革吉县僧尼参加医疗保险、养老保险、人生意外保险率达到98%，基本实现全覆盖。除享受党外人士生活补助的僧尼以外，其他僧尼均纳入低保，全面做到应保尽保，60岁以上在编僧

2017年10月9日，县委常委、宣传部部长史小亚赴象鲁康寺管会检查指导“四讲四爱”主题教育实践活动工作

人享受基本养老保险。这些政策的落实,极大的改善了寺庙的基础设施条件,提高了寺庙和僧人享受公共服务的水平,解决了广大僧人的后顾之忧,让广大僧人切身感受到党和政府的关心,感受到社会主义制度的优越性,共享了改革发展的成果,反响十分强烈。深入开展“一创建”评选工作,创新评选方案,增加考评内容,切实做到创建评选活动的“公平”、“公正”、“公开”,评选表彰县级上半年和谐模范寺庙2座,爱国守法先进僧尼若干名,2个优秀驻寺机构和4名优秀驻寺干部,下半年对1座和谐模范寺庙和1个优秀驻寺机构,20名爱国守法先进僧尼和2个优秀驻寺机构4名优秀驻寺干部进行表彰,会中向受表彰的僧人和驻寺干部发放荣誉证书、每人奖金1000元,优秀驻寺机构发放2000元,地区级上下半年和谐模范寺庙2座,爱国守法先进僧尼32名,2个优秀驻寺机构4名优秀驻寺干部进行表彰,1名自治区和谐模范寺庙、1个优秀驻寺机构,2名优秀驻寺干部、1名自治区优秀涉宗干部,使广大驻寺干部及僧尼政治上有荣誉、经济上有实惠、社会上有地位,树立鲜明政治导向,弘扬良好的社会风尚。

2017年10月20日,自治区民宗委副巡视员张文庆赴象鲁康检查指导工作

【寺庙法制宣传】 2017年,县委统战部按照上级党委、政府统一部署,组织开展“四讲四爱”喜迎中共十九大主题教育实践活动及“爱国爱教、遵规守法、弃恶杨善、崇尚和谐、祈求和平”主题教育活动。通过开展多种形式的“四讲四爱”主题教育实践活动宣讲教育,更加深入领会党的恩情怎么报,知党恩、感党恩、听党话、跟党走的决心,大力弘扬祖国统一、民族团结、社会和谐,珍惜今生来之不易的幸福生活。同时加强建章立制工作,不断规范寺庙僧人的行为,从源头上防止寺庙不稳定现象的发生。县委统战部制定下发《革吉县委统战部开展以爱国主义、时势政策、法治宣传教育为主题活动实施方案》,深入开始寺庙法宣工作。4月,开展“爱国主义、时势政策、法制宣传教育”活动,6月,综合治理平安宣传教育,对我县寺庙僧人更加深入了解法律知识,法律面9月,在民族团结月宣传活动中,在僧人中以“团结稳定是福,分裂动乱是祸”为主题进行了深入宣传。加强各民族团结,截至年底,开展各类宣传活动25场次,发放宣传册子570余份。为帮助广大僧尼掌握藏汉基础知识,提高广大僧尼藏汉双语日常用语口语表达能力,在全县驻寺干部和寺庙僧尼中开展藏汉双语学习教育活动,并制定下发了实施方案,做到相互学习、相互提升,并把双语活动纳入僧尼日常学习内容。

【办实事、解难事】 2017年,在地委统战部、地区民宗局,县委政府的高度重视和多方协调下,为扎西曲林寺和扎加寺争取67万元的寺庙维修资金。冬季县委政府为各寺庙解决燃料(焦炭)8吨(16000元)。两大节日之际,县委常委、统战部部长多吉欧珠亲自探望各寺庙(拉康)僧人,了解他们的身体和生活情况,并送去慰问物品和慰问金。行署副专员、县委书记索朗次仁到芝热寺,看望僧人和驻寺干部进行慰问金2000元,同时送去了慰问品。鉴于象鲁康离县城距离远,僧人理发难等问题,我县象鲁康寺管会干部利用业余时间学习理发技术，集中为僧人理发。

【党外人士队伍建设】 2017年，县委统战部加强与相关部门的沟通、协调和配合，做好发现、推荐、培养、考察工作，选拔使用优秀党外干部担任领导职务，切实保障党外代表人士有职、有权、有责，为他们提供良好的参政议政平台，建立党外人士代表储备库，革吉县地区级佛协理事有7名，其中2017年新增1名，地区党外政协委员4名，其中宗教界委员3名，县级党外政协委员有28名，其中宗教界政协委员6名，县级党外人大代表有4名，其中宗教界代表有2名，按照相关文件要求党外人士生活补助等各项待遇落到实处。

【藏胞工作】 2017年，县委统战部认真落实全区境外藏胞工作会议精神，坚持爱国一家，爱国不分先后的方针和区别对待原则，深入落实境外藏胞工作的政策措施，实地调研藏胞政策落实情况，切实推进境外藏胞工作，最大限度地打击极少数分裂主义分子。二是加大“走出去、请进来”工作力度，为做好重点人物联络工作，宣传教育和引导工作，我部在各乡镇的积极协调下开展定居藏胞调研工作，目前我县定居藏胞共有6人，我部按照上级要求制定了统战领导干部、乡镇领导干部与定居藏胞“一对一”联系表、按照属地管理进行管控。做好重点人员的管理和服务工作。增强他们的祖国观、民族观。革吉县境外藏胞8名，其中2名已故。

【非公有制经济发展】 革吉县工商联会成立于2013年7月，截至目前，革吉县工商联会员有31名（个人会员24个、企业会员7家、执委7人）。革吉县非公有制经济党支部共有正式党员9名、预备党员1名、积极分子2名、团员13名。在县委、县政府的坚强领导下，革吉县非公有制经济党支部明确工作目标、加强组织纪律、不断壮大党支部队伍建设，党支部的各项工作取得了前所未有的成绩。大非公党员干部进一步坚定理想信念、提高党性意识，在党支部的不懈努力下，革吉县非公有制经济党支部先后获得阿里地区工商系“先进非公有制经济党支部”、阿里地区工商系“先进集体”等荣誉称号。2017年度革吉县非公有制经济党支部共学习18次、观看教育警示片5次、平均参与学习人数27人次、发放宣传手册132张，通过学习提高广大党员干部的思想觉悟、提升政治敏锐性、加强党性意识。县工商联工作人员及会员企业在自治区工商联和区外培训或会议次数8次、参加人数10人；阿里地区工商联举办的培训或会议6次，参加人数22人；革吉县工商联举办的会议、培训7次、参与人数58人。按照一个入口、一套标准、凡进必评的要求，我县工商联工作人员前往相关单位对我县非公有制经济人士进行综合评价，将白桑被评为自治区级建设中国特色社会主义建设者先进个人。积极培养新的社会阶层人，多吉石确等3名革吉县工商联会员，推荐到地区和自治区党委统战部被纳入社会新阶层人士。帮扶工作：按照阿里地区“十企帮十村”精准扶贫行动活动实施方案要求，革吉县文布当桑乡农牧民施工队企业经理负责人白桑，到革吉县文布当桑乡夏拉土地平整

2017年11月10日，革吉县召开2017下半年和谐模范寺庙暨爱国守法先进僧尼表彰大会

项目的水渠建设和土地平整等工作进行实地开导并向当地村民传授经验，项目资金为落实无法开工运营时，自己垫付起前期开工所需资金9万元（玖万元整），解决实际苦难。手把手地带领当地建档立卡贫困户23人创业致富；2017年在革吉县政府主要领导的大力关怀下，为白桑解决了文布当桑乡至罗马村4组的转场公路项目建设，该项目总投资105万元，在实施该项目过程中白桑带领当地48名群众创业致富，创收民工工资25万元（二十五万元整），装载车、翻斗车、拖拉机等机械费用10万元（壹拾万元整）；2017年5月，在革吉县城内实施填埋水沟项目时，红卫带革吉镇加布村7名群众、两辆货车、两辆装载机，总创收6万元。为扶贫攻坚工作做出积极的贡献，提供创业，增加收入。

【信息报送】 县委统战部围绕全县的中心工作，精心选题，深入寺庙僧尼，了解掌握僧尼的思想动态。以研究问题，完善政策，推动工作新水平。制作了《革吉县统战民族宗教图片集》，全年共完成调研课题14篇，共报送统战民族宗教工作信息120期。

（琼 吉）

【领导名录】

部 长

多吉欧珠（藏族）

副部长

卓玛拥宗（女，藏族）

主任科员

次仁琼吉（女，藏族）

副部长

何福均

宗教办主任

格 曲（藏族，10月免）

桑 珠（藏族）

革吉县创先争优强基础惠民生活动领导小组办公室

【概况】 第六批驻村工作开展以来，广大驻村干部以强烈的责任感和使命感，秉承根本宗旨和爱民为民情怀，发扬艰苦奋斗和牺牲奉献精神，深入一线、扎根基层，舍小家、顾大家，与群众同吃同住同学习同劳动，为推动革吉经济发展、和谐稳定、民族团结、民生改善、环境保护、党建加强等工作作出较大贡献。

【提升思想认识】 开展驻村工作以来，各驻村工作队聚焦“5+2+1”工作任务，深入贯彻落实党的十八届历届全会精神、中央第六次西藏工作座谈会精神、九次党代会和区党委九届三次全委会及地区相关会议精神，深入学习宣传中共十九大精神，全面落实党的治藏方略，把驻村工作摆上突出位置，做到统一思想、提高认识，有效促进革吉县经济社会长足发展和长治久安。

【夯实党的执政根基】 2017年，各驻村工作队协助县乡村把加强村级组织建设作为一项重点工作，以全县村级组织换届为契机，顺利完成18个行政村、2个居委会的换届选举工作，共选举产生新一届村（居）班子成员122人，村（居）务监督委员会成员64名，使村（居）干部队伍综合素质得到明显提升，圆满完成村（居）组织换届工作。同时，认真抓村党支部党建工作，发挥支部教育党员、管理党员、监督党员和组织群众、宣传

2017年12月25日，地区强基办督导组组长李才荣（居中），在亚热乡江玛村督导检查驻村工作开展情况

2017年11月8日，革吉县文布当桑乡罗玛村驻村工作队走村入户开展包虫病防治工作

群众、凝聚群众、服务群众的作用。

【巩固和谐稳定大局】2017年，各驻村工作队坚持把维护稳定作为第一责任，认真落实上级一系列维稳决策部署，切实履行维护稳定职责，特别是3月重要时期、"萨嘎达瓦"、雪顿节、中共十九大期间，各驻村工作队全员全时在岗，结合自身实际制定中共十九大期间各类维稳应急方案、预案，召开维稳安保工作部署会议219场次，参与群众16963人次。开展反对分裂主题教育活动54场次，参与群众10801人次，开展"法律进百家"活动155场次，参与群众15720人，不断提高广大党员群众的法律意识。全面掌握群众思想动态，经常排查不稳定因素、积极化解和妥善处理各类社会矛盾纠纷101件，及时处理好苗头性倾向性问题。充分发挥治保调节委员、先进"双联户"队伍的作用，并协助村(居)"两委"做好重点领域管理工作，为确保各个重要节点的安全稳定，实现全年稳定、持续稳定、全面稳定发挥重要作用。

【强化感党恩意识】2017年，各驻村工作队坚持以"感党恩、爱核心"为主题，广泛开展"算富账、感党恩、要稳定、求发展"等主题教育活动104场次，举办专题讲座31场次，发放宣传材料5960份。开展时事政策教育60场次，教育引导广大党员群众全面执行党和国家的方针政策；开展"3·28"西藏百万农奴解放纪念日、"七一"中国共产党建党日等活动，使广大牧民群众真正明白"惠在何处、惠从何来"，真正懂得"团结稳定是福、分裂动乱是祸"的道理，进一步激发广大群众热爱党、热爱国家、热爱社会主义新西藏的热情。各驻村工作队以"两学一做"学习教育常态化制度化、"四讲四爱"主题实践教育活动为抓手，统筹推进，融合开展，把"两学一做"和"四讲四爱"不断深入和拓展至各村(居)全体党员、全体牧民群众，深入开展"五讲五做五看"活动，进一步扩大和巩固"两学一做"和"四讲四爱"的工作成效。截至年底，集中开展"四讲四爱"主题教育实践活动宣讲工作152场次，受众群众达15673人次。针对偏远牧区，各驻村工作队结合牧区生产生活的实际，把"四讲四爱"宣讲活动与党员干部走村入户、结对帮扶紧密结合，做到牧民放牧到哪里，宣讲教育就送到哪里，转变牧民思想，树立牧区新风尚。

【党群干群工作】2017年，各驻村工作队着力解决群众反映强烈的突出问题，办妥群众普遍期待的实事好事。第六批驻村工作开展以来，共为群众办实事好事81件，投入资金12.1万元。帮助所驻村(居)壮大集体经济实体13个，规范村专合组织制度27条。帮助村(居)解决"三就""两保""六通"等民生突出问题27件，切实把党和政府的温暖及时送到群众的心坎上，更加密切党群、干群关系。亚热乡罗玛村驻村工作队依托地区藏医院的优势资源，展开医务人员培训、送医送药送温暖活动，切实解决牧区群众看病难、用药难的实际困难。同时积极筹措资金修建村卫生室，有效地改善罗玛村就医条件，为牧民群众看病人数达1094人次，其中，放血治疗34人次、火灸23人次，发放免费药品24560元。

2017年10月13日，革吉县强基办开展“送医送药”下村活动

【群众增收】 第六批工作队入驻以来，结合所驻村（居）实际情况，与村（居）“两委”班子、第一书记、大学生村官展开讨论，帮助村（居）理清发展思路50条，找准发展路子32个，制订完善实施经济发展规划42项。帮助驻在村（居）群众劳务输出1040人次，有效增加群众的现金收入。

【惠民利民】 2017年，各驻村工作队坚持以落实好各项惠民政策作为驻村工作的主要抓手。加强宣传，确保惠民政策家喻户晓。各驻村工作队走村入户深入农牧民群众宣传自治区各项优惠政策，共宣传287场次，发放双语优惠政策资料2357份，发放明白卡4000多张，让广大党员群众全面了解掌握党的最新惠民利民政策。开展预防包虫病专题知识宣讲70余场次，参与群众8900余人次，积极协助卫生部门开展包虫病筛查工作。及时兑现惠民资金。工作队严格按照涉农资金发放相关制度，督促发放涉农资金，使各单位做到按时发放，确保不出现群众上访。

【脱贫攻坚】 2017年，各驻村工作队切实担负精准扶贫开发工作责任，狠抓工作落实。在“党员干部进村入户、结对认亲交朋友”活动中，各级党员干部与贫困户结对帮扶230户564人。向所在村（居）群众宣传扶贫开发政策97场次，印发扶贫宣传资料4826份，开辟宣传栏115期，为脱贫攻坚打下坚实的思想基础。示范带动让牧民的“钱袋子”鼓起来，革吉镇那普居委会在驻村工作队协助下大力发展牦牛养殖业和其他实体经济，给老百姓带来实实在在的利益。在牦牛养殖项目上，带动一批贫困群众实现就业，一天最少可以挣到85元，最多可以挣到150元。

【加强党性修养】 2017年，各驻村工作队把学习宣传贯彻中共十九大精神作为首要政治任务，切实在学懂、弄通、做实上下功夫，深入学习、广泛宣传、狠抓贯彻。把学习领会习近平新时代中国特色社会主义思想这一马克思主义中国化最新理论成果作为汲取营养、提高本领的重要途径，作为武装头脑、做好工作的强大武器，作为增强全局意识、驾驭复杂局面的根本方法，作为指导推动驻村工作的重要法宝，在思想上充分信赖党的领导核心，政治上坚决维护党的领导核心，组织上坚决服从党的领导核心，感情上深刻认同党的领导核心。大力发扬“老西藏精神”，克服高寒缺氧、水土不服、语言不通、交通不便、通讯不畅等多种困难，走村入户、深入调研，与群众同吃同住零距离接触，面对面交流、实打实办事、用真心办事，开展大量富有成效的工作，为推动革吉县长足发展和长治久安做出积极贡献，充分展现出驻村干部的精神面貌和党性修养。

革吉县党的建设领导小组办公室

【概况】 2017年，革吉县根据发展实际，改组重建县直机关党支部，截至年底，基层党组织共有58个，其中乡镇党委5个，公安局基层党委1个，乡（镇）机关党支部5个，乡小学党支部3个，村党支部18个，居委会党支部2个，机

2017年7月1日，阿里地区行署副专员、县委书记索朗次仁走访慰问残疾困难党员

关事业单位党支部15个，公安局基层党支部3个，寺管会党支部4个，退休党支部1个，企业党支部1个。全县有党员1738人，正式党员1658人，预备党员90人，女党员383名，少数民族党员1636名；增加党员136人，其中发展党员90人，转入党组织关系56人；减少党员88人，其中死亡10人，开除党籍关系2人，因调离工作等原因转出党组织关系76人。

【“两学一做”学习教育常态化、制度化】 2017年，革吉县委充分发挥领学带学促学作用，带头开展集中学习研讨4次，县四大班子党组织书记带头讲专题党课4场次，各级领导班子和领导干部，自觉带头讲党课、带头组织学习研讨，带领广大党员形成真学实学深学的生动局面。创新学习方式，开设以综合服务平台和“党员小书包”为载体的“网络课堂”，提升学习实效。编印发放“口袋书”850余册，组织干部职工集中考试800余人次，赴其他省市和区内参观学习160多人次，举办培训班5场次，讲党课31场次，专题讨论56场次。把以学促做、知行合一、做“四讲四有”合格党员作为学习教育的着眼点，引导党员从自觉参加组织生活、主动交纳党费等具体事情做起，在学习、工作和生活中发挥先锋模范作用。注重与“四讲四爱”主题教育实践活动、“藏西先锋·红色阿里”品牌创建相结合，坚持把牧区、社区、机关、企业、学校、“两新”组织等各领域党建作为系统工程，整体谋划、分类推进、全面提升，实现“强组织、强队伍、强基层”的目标。注重与脱贫攻坚相结合，全面推进党建扶贫“双推进”，组织45个单位、850名干部与全县贫困村贫困户“结对认亲”，推动各级党员干部下沉脱贫一线，使学习教育成为打赢脱贫攻坚的重要推动力。对照县委梳理出各级党组织要重点解决五个方面问题，全体党员要认真解决七个方面的问题。深化专项整治，转化升级后进党组织2个，有效规范发展党员、“三会一课”制度执行、阵地建设、作用发挥等基础工作。强化督查问效，成立督导组，分别对全县各级党组织“两学一做”学习教育督促指导，先后开展集中督查4次，印发通报4期，提出问题清单12项，采取现场指导、责令整改等措施，帮助各级党组织解决学习教育中存在的问题，把责任真正落到实处。

【建立健全党建工作责任制运行机制】 2017年，结合革吉县实际，明确县级领导、县直部门党建联系点，县级干部、县直单位负责人每年带头深入一线调研农牧区党建工作不少于4次，结对帮扶1—2户贫困户。严格落实党组织书记“三级联述联评联考”“双述双评”等制度，抓好领导班子自身建设。认真落实党建工作目标管理责任制和“一岗双责”工作机制，层层签订目标责任书，形成层层落实基层党建工作格局和良好氛围。加大每季度、半年党建工作考核力度，始终把牧区基层组织建设考核同牧区发展稳定、脱贫攻坚、民族团结进步创建等相结合，把考核结果作为奖惩和使用干部的重要依据，对抓党建工作不重视、不到位的严肃问责，对党建考核连续两年排名靠后的及时约谈警示。

【夯实党执政基础】 2017年是村（居）组织换届之年，革吉县严格遵循政策法规，严把标准条件、严格程序步骤、严肃换届纪律，选优配强带领农牧民群众脱贫致富的“领头羊”，确保新一届村（居）组织班子成员中党员比例达到100%。2017年以来，对确定的盐湖乡羌堆村、革吉镇森布村等2个后进村采取因村制宜、一村一策、分类施治的办法，开展县直机关与“后进村”党支部结对帮扶活动，进行帮扶转化，形成上下同心抓后进的合力。同时以“百名村（居）干部文化素质提升”为抓手，按照“五好五能”村干部标准，认真落实“一定三有”规定，充分依托区、地、县党校、农牧区党员干部现代远程教育阵地等平台，强化村（居）“两委”班子成员的培训，全年共计培训村干部145人次。建立健全“三会一课”“四议两公开一监督”制度、民主评议党员、党员联系服务群众、村“两委”议事协调等制度，进一步理顺“两委”关系，引导村委会在村党支部的领导下依法行使职权。围绕“双带三培养”活动，以无职党员设岗定责为突破口，把年轻、文化程度高、有发展潜力、群众基础较好的农牧民人才发展为后备干部，重点加以培养，全县培养的338名村级后备干部有45名选拔到新一届村（居）“两委”班子中。加强对19名第一书记和20名大学生村官的教育管理培训，使他们成为党和政府信赖、基层党员干部信任、农牧民群众欢迎的优秀人才。充分发挥革吉镇那普居委会、盐湖乡羌麦村等先进村（居）基层党组织的示范带头作用，努力把基层党组织建设成为推动科学发展、带领群众脱贫致富、密切联系群众、维护社会稳定的坚强战斗堡垒。

【统筹加强党建工作】 2017年，革吉县“双联户”单元新建立党小组33个，使党的工作在村组、便民警务站、“双联户”单元、乡小学（幼儿园）、文化站、卫生院、国企、农牧民专业经济合作组织、个体工商户等领域实现全覆盖。在基础条件较好且党员人数达到50人以上的盐湖乡羌麦村党总支，2017年进行换届。全县机关、企事业单位全部建立共青团、妇联组织机构，各乡（镇）、各村（居）全部建立共青团、工会、妇联组织，10个村（居）成立工会委员会，同时为全县14个机关党组织派出党建指导员4名，选派村（居）经济合作组织指导员19名，党员先锋模范作用发挥明显。

【党员队伍建设】 2017年，革吉县大力加强党员干部思想政治建设，狠抓机关干部教育培训，不断提高业务能力，机关作风进一步改进，党组织开展活动经常化，开展“五种精神”（“老西藏精神”“先遣连精神”“两路精神”“阿里精神”“孔繁森精神”）学习教育，引导党员干部增强宗旨意识、群众意识、服务意识，进一步转变作风。制定《2017年党员教育培训计划》，严格落实农牧民党员教育培训配套经费，充分发挥县委党校主阵地作用和运用农牧区远程教育平台的综合服务功能，本着灵活、实效的原则，采取举办主题班次、电化教育、典型引导等多种形式加大培训力度。按照“控制总量、优化结构、提高质量、发挥作用”的十六字方针，注重从基层后备干部、妇女和返乡知识青年、退伍军人、致富能手中发展党员，为基层党组织输送新鲜血液，不断壮大党员队伍，2017年共发展党员90名。充分发挥县委老干

2017年2月23日，革吉县召开基层党建工作会议

部局、县党员流动服务中心的作用，强化对流动党员的经常性教育和管理，为流动党员提供就业、生活、学习等服务；深入开展“做‘忠诚老实、务实创新、实干担当、勤勉奉献’的革吉人”“强管理、提素质、转作风”“四讲四爱”主题教育和向全国优秀县委书记廖俊波学习活动。在农牧区基层党组织中深入开展“党员干部进村入户、结对认亲交朋友”“无职党员设岗定责”“党员公开承诺”“双带三培养”“10+1”等活动，不断增强党组织的凝聚力、战斗力和号召力。在社区党组织中，开展“党员奉献在社区”“文明社区”“在职党员进村（居）报到服务”等各类创建活动，努力提升社区党组织的服务能力。在企业党组织中开展“党员先锋岗”“业务大练兵”等活动，切实增强党员的归属感和荣誉感。在机关、事业单位党组织中开展“戴党徽、亮身份、作表率”“五个一”等活动。

2017年6月5日，革吉县举办2017年基层党务工作者培训班

【保障机制建设】 2017年，按照区党委有关保障村干部报酬动态增长的相关政策，落实村级组织活动经费和村干部待遇，村支部书记、村主任基本报酬每人每年15125.6元，业绩考核奖励标准每人每年6482.4元，两项合计每人每年21608元。村支部副书记、副主任基本报酬每人每年7711.2元，业绩考核奖励每人每年3304.8元，两项合计每人每年11016元。其他村干部基本报酬每人每年7571.2元，业绩考核奖励每人每年3244.8元，两项合计每人每年10816元。作业组组长误工补贴每人每年2400元。严格按照党内奖、帮、扶的相关政策规定，严格奖、帮、扶人员的资格审批，主动与县财政部门沟通协调，将农牧区“三老”人员生活补贴足额发放到每个符合条件的“三老”人员手中。帮助村居创办并壮大集体经济，为有发展潜力的村级经济合作组织协调帮扶资金，寻找产品销路，帮助村级集体经济加强经营管理。2017年全县共19个村级集体经济，成员总数10318人，有资产2296万元，主要是固定资产积累，2017年村集体经济总收入达820余万元。

【基础设施建设】 2017年，县委书记召开县党建相关负责人专题会议，对革吉县村级组织活动场所标准化建设工作专题研究，对村级组织活动场所标准化建设工作提出明确要求，作出总体部署，及时成立由县委常委、组织部部长束志勇任组长，县发改委和党建办负责人、各乡镇党委书记为副组长的村级组织活动场所标准化建设工作领导小组，加强领导和指导，多次深入到各个村级组织活动场所进行指导监督。在村级组织活动场所规划设计之前，县委党建办和各乡镇党委对全县各村（居）的村级组织活动场所现状进行调查摸底，并据此拟定16个村（居）组织活动进行改扩建，盐湖乡羌堆村、文布当桑乡罗玛村2个村组织活动场所进行迁址。2017年在革吉镇布贡村、福康小区异地搬迁点进行试点建设。革吉县委安排项目管理中心、县委党建办工作人员，并邀请地区设计公司专业人员到20个村（居）组织活动场所开展高标准高起点超前规划设计。主要采取争取上级有关部门帮扶一点，县财政配套一点，项目整合一点儿，驻村工作队尤其是自治区、地区驻村单位筹一点儿，工程省一点儿，有条件的村居挤一点儿的“六个一点”的办法解决建设资金不足问题。抓住全国农村基层综合服务平台统筹发展规划和县“十三五”规划实施的有利契机，整合财政、扶贫、民政、住建、农牧、林业、文化、科技、教育等涉及农村基层政权建设的项目集中用于村级组织活动场所标准化建设，融合易地扶贫搬迁、“水电路气讯、教科文卫保”十项提升工程、美丽乡村建设、特色小城镇建设、强基惠民活动等项目，按照一定比例投入到村级组织活动场所标准化建设，防止重复建设和单打独斗。建成的25个（包括县委党校）农牧区党员干部现代远程教育站点投入使用，并制定下发《革吉县党员干部现代远程教育网络站点管理办法》，加强对管理人员的业务培训，落实大学生村官服务远程教育的有效办法，指定远程教育网络站点管理操作人员19名，有效发挥远程教育网络在党员干部教育中的作用。

2017年6月28日，革吉县召开庆祝中国共产党成立96周年暨表彰大会

【为基层办实事】 2017年，革吉县各级党组织上下联动，通过开展“创先争优强基惠民”活动，共同努力，加强与扶贫、农牧、卫生、交通、住建、水利、发改等相关部门的沟通，多渠道争取和衔接项目，解决群众最关心、最直接、最现实的利益问题，依托党的利民惠民政策，实施雄巴乡结克村公路、盐湖乡特色小城镇、农电联网工程、县城垃圾填埋场、产业项目、易地搬迁等项目，极大地改善群众生产生活条件。

【“藏西先锋·红色阿里”党建品牌创建】 2017年，革吉县各乡镇、各党支部根据自身特色，提出切合实际的党建品牌项目，打造“一乡镇一特色、一支部一品牌”亮点工程，全县党建品牌已申报22个，形成以“狮泉源头党旗红·扬善之乡展新颜”为总品牌的“1+X”系列党建品牌。县委坚持每季度深入各级党组织不少于1次督导，要求各级党组织扎实推进创建工作有序开展，每季度进行工作情况通报。各单位严格遵守“一周一简报、一月一小结、一季度一汇报”要求，并运用电视台、简报、宣传栏、电子显示屏、网信革吉、党员小书包等媒体常态化进行专题宣传，营造全县开展党建品牌创建的良好氛围。协助县项目管理中心，在季节性工程指挥部、项目建设部建立临时项目建设部党支部1个，在县党政便民服务中心设立流动党员服务中心，4个乡便民服务站设立党员服务站。召开常委会深入挖掘红色资源，研究恢复革吉县直库办公旧址原貌，计划新建革吉县红色文化陈列馆，新建直库遗址事迹墙，新建直库遗址文化纪念广场，新建相关附属设施设备等，作为党员干部教育培训基地，教育党员干部继承革命先辈优秀作风优良传统，巩固党的执政基础。引导党员干部积极传承“老西藏”精神、孔繁森精神、先遣连精神和“阿里精神”，增强担当意识、积极履职尽责，激发党员群众工作热情和干劲，形成干事创业的强大合力。融入互联网、利用大数据，探索“互联网＋党建”的新模式，注册“党员小书包”党支部33个、注册激活党员622人。在317国道旁新建“藏西先锋·红色阿里”立柱式大型宣传牌1个、3米×6米宣传牌6个，在革狮一级检查站和盐湖乡检查站设置宣传牌4个，在县城喷绘党建品牌藏汉宣传标语12条，在主要街道悬挂横幅5条，张贴标语160余条，在县直各单位大门醒目位置悬挂党建品牌标识牌50幅。组织25名科级干部赴河南省红旗渠干部学院参观学习培训，带领33名专招人员到阿里烈士陵园凭吊革命先烈。开展各级党组织和党员创建“藏西先锋·红色阿里”党建品牌暨喜迎中共十九大党建主题文化月活动，收集各级党组织和党员绘画、藏文书法、摄影作品、微视频等各类作品40余份。

2017年6月28日，先进基层党组织负责人领取奖牌

【抓党建促脱贫攻坚】 2017年，将脱贫攻坚任务纳入党建重点工作，通过党组织书记签订目标责任书、开展“党员干部进村入户、结对认亲交朋友”活动，对2个软弱涣散村，派驻整顿工作组，指导村党组织书记工作；结合“两学一做”学习教育，扎实开展“做‘忠诚老实、务实创新、实干担当、勤勉奉献’的革吉人”“强管理、提素质、转作风”行动和“弘扬‘四种精神’争做合格党员”行动，教育引导党员深入基层，摸实情、帮民困、解民忧。强化学习教育培训，抓好典型示范带动等，切实发挥第一书记在脱贫攻坚中的重要作用，先后多次组织全县19名第一书记参加区内外、阿里地区脱贫攻坚专题辅导培训班。完善县委常委包乡（镇）、县级干部包村、科级干部包户、县直单位、事业单位、人民团体和驻军部队分别负责帮扶1个贫困村的对口联系帮扶制度，并与各乡（镇）党委、政府签订《“十三五”时期脱贫攻坚责任书》和《2017年脱贫攻坚目标责任书》，明确工作职责、任务分工和目标要求。依据贫困户家庭情况摸清致贫原因，制定“一户一策”，制定“六个一”精准扶贫计划（一户一个脱贫计划、一户一个发展项目、一户一种致富技能、一户一个包扶干部、一户一个脱贫时间、一户一个帮扶措施），建立精准扶贫台账。除本级财政预算的10%作为精准扶贫专项资金外，为每个乡（镇）解决5万元经费，为县扶贫指挥部办公室购置一辆公务用车，解决30万元工作经费，抽调精干力量充实到指挥部办公室，做到机构、人员、经费、责任“四个到位”。针对群众中存在一人多户、重人重户和非法借贷等牧区突出问题，大力开展牧区户口清理整顿和非法借贷专项整治工作。为稳步革除农牧民群众陋习弊端，完善修订《乡（镇）规民约》《村规民约》《奖勤罚懒办法》，作为“扶志”“扶懒”“推进乡村文明”的重要抓手；采取送政策、送技术、送服务等形式，加强信息提供、政策宣传、技术推广。开展“双带三培养”“无职党员设岗定责”活动。建设“五大”产业基地（革吉镇牦牛养殖基地、雄巴乡民族手工艺旅游产品加工基地、文布当桑乡饲草饲料和粮食种植基地、亚热乡绵羊育肥养殖基地、盐湖乡多种产业发展基地），培训农牧民178人次，通过培训将这群人安排在“五大”产业基地内转移就业。设立500万元农牧民创业基金，制定《革吉县创业基金管理办法》，明确基金的使用范围和申报程序，要求相关行业部门降低审批服务门槛，给愿意创业的群众予以支持，以带动更多贫困群众加入到创业脱贫的队伍中来。由县纪委牵头，组织部、两办、扶贫等部门配合，抽调骨干成立专项督导组，围绕发展思路、活动阵地、党员教育管理等内容，采取灵活形式，发现问题，跟踪问效，扎实推进任务落实。认真梳理上级部门反馈问题和自查发现问题，逐一分解细化、建立问题台账，下茬立即整改，做好统筹调度，确保

高质量推进。充分发挥革吉电视台、网信革吉等媒体作用，通过开设专栏，固定标语，拍摄专题片等，打造先进典型，积极营造浓厚氛围，带动广大党员干部凝心聚力，打赢全县脱贫攻坚战。

2017年8月26日，革吉县举行村（居）组织换届选举工作培训会

【村（居）组织换届工作】 2017年，县委主要领导专题研究部署村（居）组织换届选举工作，制定下发《关于做好全县村（居）组织换届选举前期准备工作的通知》，成立由行署副专员、县委书记索朗次仁任组长，县委副书记、县长王明杰任常务副组长，包乡县级领导任副组长，其他党政干部为成员的换届选举工作领导小组，同时明确各成员单位职责。领导小组严抓各项工作的落实，对各村（居）工作进展情况进行督促检查，随时掌握换届工作的最新情况，及时发现问题，及时研究处理，从而确保对村（居）组织换届选举工作的有效领导。在前期准备阶段，认真总结上一届村（居）“两委”换届选举的成功经验，抽调精干力量，由县委常委、组织部部长束志勇牵头组成调研组，深入大多数行政村，采取召开座谈会、进村入户、个别访谈、发放调查测评表等方式开展调查摸底工作，全面掌握第一手材料，重点摸清村干部思想动态、后备村干部推选、群众对选举工作的认识及选举中可能出现影响稳定的因素，确保村（居）组织换届工作平稳推进，为村（居）组织换届工作打好基础。安排县纪委、财政（审计）、农牧、扶贫等工作人员，对19个村（居）财务开展审计，重点审计现任村干部任期3年内的财务收支情况、债权债务情况等，并要求各村（居）及时向群众公开近3年和2017年上半年财务收支情况、债权债务情况，接受群众监督，确保不因财务、村务不清而影响换届选举进程。截至年底，所有村的审计面完成。并及时将审计结果予以公示，接受群众的监督。县纪检、信访干部，开展各类矛盾纠纷排查化解工作，处置好热点、难点问题，排除各种干扰，营造风清气正的换届环境，并组织专门人员深入村组，了解群众的思想动态，主动化解矛盾，及时掌握舆情；认真对照维稳任务重的重点村、难点村问题，针对村情比较复杂、矛盾问题比较突出的村，开展自查，认真调研、分析，革吉县各村（居）均不存在治安混乱、群体上访、透明度不够，党员群众上访、村（居）“两委”关系不协调，矛盾突出、经济长期不发展、分裂势力、家族派性严重等不稳定因素。严格依照后备干部发展规程，以提高后备干部质量为目标，明确各村后备干部发展的要求，切实将农牧区中的优秀分子吸收到党组织来。截至年底，共有338名优秀党员、青年、致富能手等，已通过走访、面谈等调查摸底形式，掌握他们的思想动态和能力素质等情况，并确定为后备干部，为此次换届选举奠定好工作基础，按照大、中、小村（居）标准和班子内部互相监督要求，革吉县文布当桑乡夏玛村增加编制1名。做好换届前期宣传工作，坚持以日常性宣传和专题性宣传相结合，正面宣传与典型教育相结合，一般性宣传和疑难问题解答相结合，广泛深入地宣传换届选举有关的法律法规、方针政策，让广大群众了解、掌握选举的方法、步骤、意义和相关法律，做到家喻户晓。同时宣传换届选举工作相关纪律，明确“四严禁”（严

2017年7月1日，县人大统战党支部开展庆“七一”红歌比赛活动

禁任何形式的贿选行为；严禁在选举期间散布任何不负责任的言语；严禁任何形式的干扰、抵制和破坏选举秩序的行为；严禁在选举期间拉帮结派、搞派性和非组织活动）。营造良好的村（居）组织换届选举的工作氛围。8月27日，革吉县召开村（居）组织换届选举工作动员部署会，各乡（镇）也分别召开动员部署会。县乡召集乡镇党委书记、村（居）第一书记、村干部、各驻村工作队及换届办人员集中开展村（居）组织换届工作集中培训会。严格按照政策法规和村（居）组织成员任职条件、职数和结构要求，县乡党委在调研摸底、广泛征求意见、充分酝酿的基础上，9月底，圆满顺利完成村（居）党支部换届选举。10月上旬圆满顺利完成村（居）委会和村务监督委员会换届选举。

【党员干部队伍建设】 革吉县辖4个乡1个镇，核定科级领导职数100名，其中，正科15个，副科85个；实际配备58名，正科21名，副科37名；男48名、女10名；汉族17名、少数民族41名；最大年龄54岁、最小29岁、平均33岁；空缺42名；各乡镇班子整体配备11人。按照集体领导，分工负责，民主决策的领导体制，各乡镇普遍修订完善《乡镇党委会议事决策规则》，对议事决策遵循的原则、议事决策的范围、决策的执行、重大事项决策的公开和监督、公文审批、作风纪律要求等作出明确规定。有乡镇干部职工368名，其中，行政干部143名，事业干部225名；男206名、女162名；汉族59名，少数民族309名；最大年龄54岁、最小21岁、平均年龄31岁；根据“三定规定”，各乡镇下设内设机构9个（行政5个、事业4个），核定编制271个（行编干部121个、事编150个）；5个内设行政机构名称分别为：党群综合办公室、政务综合办公室、经济发展与社会事务办公室、维护稳定和综合治理办公室、财政所等“四办一所”；4个内设事业单位名称具体为：卫生院（优生优育服务站）、农牧综合服务中心（畜牧兽医服务中心）、文化服务中心、后勤服务中心；依托县党政便民服务中心，开设服务窗口单位5家，设置服务事项20余项。2017年受理各类事项2300多件，限时办结率100%。同时，修建四个乡党政便民服务中心，分别开设服务窗口10个，完善硬件服务设施，打通联系服务群众“最后一公里”。各乡镇都出台《乡镇党委理论中心组学习制度》《乡镇轮流坐班制度》《乡镇党委与村居“两委”干部谈心谈话制度》《乡镇党委领导班子成员岗位目标管理制度》《乡镇党委班子成员基层党建联系点制度》《党风廉政建设责任制度》等16项制度，促使各乡镇干部职工进一步端正态度、严守工作纪律、认真履行工作职责，促进干部队伍管理制度化、规范化。县委高度重视并积极落实乡镇干部个人待遇等问题，特别是对海拔较高的亚热乡（乡政府驻地海拔4850米）工作3年以上的干部优先考虑选拔使用。革吉县历年来提拔干部严格“三个环节”，就是严格按照程序办事，在选拔任用干部中把好推荐提名、考察酝酿和讨论决定三个关口，凡没有经过民主推荐程序或多数人员不予推荐的，不列为考察对象，组织考察围绕提高考察质量、防止考察失真，不断改进方法，解决好考察了解面不宽、了解情况失真、对干部评价不准等问题。酝酿过程充分，拿出足够的时间征求纪检、综治、分管领导，以及上级业务部门有关方面和领导成员的意见，力争形成比较集中的意见。在集体讨论决定这个环节上，坚持按民主集中制原则，杜绝出现少数人甚至个别人决定干部使用，改变集体作出的决定和临时动议决定干部任免等现象，在选拔任用干部的每一个环节，都不折不扣的按规定的程序运作，确保在贯彻执行中不落空、不变形、不走样，坚持程序一步不缺，履行程序一步不错。严格落实“凡提四必”和“三个不上会”“两个不得”“五个不准”的要求，坚决杜绝“带病提拔”，按照干部管理权限，严格执行各项程序规定，从动议到民主推荐、组织考察、讨论决定、备案报告、任职通知等各个环节，都坚持正确导向，该由上级决定的事项绝不擅自做主，该报告的绝不遗漏，该按规矩办的绝不变通；在动议环节，不断规范程序，动议人选全部由从优秀干部后备库中产生，坚持重要岗位、重点人头动议前与纪检监察机关提前沟通，对信访举报情况提前排查，对个人有关重大事项报告提前审查，对存疑档案提前审核，充分运用县委领导和把关作用，定期综合研判，强化分析比选，做到以事择人、人岗相适。在民主推荐环节，既坚持民主推荐是选拔任用的必经程序，更准确把握推荐结果作为重要参考的功能定位。在考察环节，坚持全面、历史、辩证地了解干部，突出考察政治品质、工作实绩、作风和廉政情况，不搞简单的唯票论、唯分论考察。在讨论决定环节，按照“集体领导、民主集中、个别酝酿、会议决定”的原则，坚持县委常委会集体讨论决定，该票决的票决，该回避的回避。在任职环节，坚持和完善任前公示、任前谈话和任职试用等制度，走好干部正式履职前的“最后一公里”。严把干部选拔任用廉政关，切实防止带病提拔，对纪检监察机关反映有问题未核查清楚的，坚决不上会研究。对个人有关事项报告不如实填报或隐瞒不报的，坚决不提拔重用；对干部档案的核查，不放过任何疑点；对公示期间收到的问题反映尚未查清的，不办理任职手续。全县范围内树立风清气正的选任用人之风，把严肃纪律摆在更加突出的位置，严格落实“九个严禁”“九个一律”，坚持惩防并重、整体推进的方针，加强教育、加紧监督、加大查处，在全县设置3个干选拔任用举报箱，及时在革吉电视台、门户网、革吉公众号和县城醒目位置公布干部举报电话、举报邮箱，全力保障举报渠道通畅、不留死角。县委组织部严格执行干部选拔任用工作全程纪实制度，加强对干部选拔任用工作法规贯彻执行情况的监督检查，坚持干部选拔任用工作自查和纪检监察机关定期集中检查干部选拔任用工作情况制度，针对问题，深入分析，及时整改。县委主要领导在换届等关键节点，召开专门会议教育引导党员干部懂规矩、讲规矩、守规矩，使广大党员干部知所守、知所避、知所畏，严格遵守纪律，主动摒弃违纪行为，自觉筑牢遵纪守法的思想防线，做到不越“雷池”、不踩“红线”。以贯彻落实《党政领导干部选拔任用工作条例》和《党委(党组)讨论决定干部任免事项守则》为主要内容，加强选人用人工作监督检查，着力检查程序是否合规、导向是否

2017年12月15日，革吉县召开2017年度党组织书记抓基层党建工作述职评议会

端正、风气是否清正、结果是否公正。每次选拔任用干部，均成立由县纪委和组织们组成的专项检查组，对干部群众反映强烈的突出问题、举报反映多的地方和单位进行有针对性的检查；其次是严格执行干部选拔任用工作有关事项报告制度，凡应报告而未报告的任用事项一律无效，防止出现违规破格提拔干部、任人唯亲、变相违规用人等问题。严格配备干部考察组。要求考察组落实履行“一岗双责”，既做好考察工作，又监督用人风气。坚决抵制和纠正用人上的不正之风。对违反组织人事纪律的，一律清除出组工干部队伍。结合革吉县实际，以建设一支高素质、能担当、经得起考验的干部为目标，加强对干部选拔任用工作的监督，建立优秀干部后备库，实行跟踪动态管理，不断做好后备干部培养工作，2017年根据地委组织部《关于进一步加强干部管理工作有关事宜的通知》（阿党组发〔2017〕2号）文件精神，结合革吉县实际，修改并完善《革吉县干部管理办法》，对干部休（事、病）假、考核等相关事宜进行调整。

【推进“5+2+1”驻村工作】 2017年，各驻村工作队坚持以学习宣传为载体，认真贯彻落实党的各项精神，积极创新、丰富载体，把深入宣讲习近平总书记系列讲话精神和中央第六次西藏工作座谈会精神，宣讲习近平总书记“7・26”重要讲话精神，宣讲中央统战工作会议，中央民族工作会议，全国宗教会议和中央扶贫开发工作会议精神，宣讲自治区第九次党代会精神，作为第六批干部驻村工作的重大政治任务，摆上突出位置、贯穿工作始终。截至年底，宣传571场次，参与群众39526人次，入户宣传362次，为建设小康革吉、平安革吉、和谐革吉奠定坚实思想基础。坚持把建强党组织作为治本之策，以开展“百名村居干部文化素质提升工程”和“两学一做”学习教育为契机，围绕摸清底数为前提、狠抓整改提高为关键、推动解决问题为根本，扎实推进村级组织建设和党员队伍建设。认真开展“两学一做”学习教育和“百名村居干部文化素质提升工程”76场次，各驻村工作队先后多次走村入户开展2017年村（居）换届工作前期调研工作，形成调研报告19份，为换届工作奠定坚实基础。全面落实“三会一课”制度、“四议两公开一监督”工作法、党务村务财务公开等制度，效增强村（居）党组织的创造力、凝聚力、战斗力。坚持把维护稳定作为第一责任，认真落实上级一系列维稳决策部署，切实履行维护稳定职责，特别是3月重要时期驻村工作队全员全时在岗，在“萨嘎达瓦”宗教佛事活动和雪顿节、藏博会、G20峰会、中共十九大等重要时段召开维稳安保工作部署会议219场次，参与群众16963人次，各驻村工作队结合自身实际制定中共十九大期间各类维稳应急方案、预案。开展反对分裂主题教育活动54场次，参与群众10801人次，开展“法律进百家”活动155场次，参与群众15720人，全面宣传民族区域自治法、婚姻法、义务教育法、劳动法、矿产法、草原法、野生动物保护法、自然资源与环境保护法等，不断提高广大党员群众的法律意识；全面掌握群众思想动态，经常排查不稳定因素、积极化解和妥善处理各类社会矛盾纠纷101件，及时处理好苗头

2017年7月8日，革吉县举行“百名村（居）干部文化素质提升工程”考试

性倾向性问题。坚持以感党恩为主题，紧密联系群众生产生活，不断丰富活动载体，突出新旧社会对比，广泛开展“算富账、感党恩、要稳定、求发展”等主题教育活动104场次，受教育面达90%，举办专题讲座31场次，发放宣传材料5960份。认真开展时事政策教育60场次，教育引导广大党员群众全面执行党和国家的决策部署。认真开展“3·28”西藏百万农奴解放纪念日、“七一”中国共产党建党日等活动，通过新旧西藏图片的对比展、播放红色电影、宣讲政策等形式，使广大农牧民群众真正明白“惠在何处、惠从何来”，真正懂得“团结稳定是福、分裂动乱是祸”的道理，进一步激发广大群众热爱党、热爱国家、热爱社会主义新西藏的热情。坚持全心全意为人民服务的宗旨，以协助推进农牧民安居工程、做好扩大就业、社会保障、教育卫生、文化惠民等方面实事为抓手，以帮扶贫困户、低保户、五保户和受灾群众为重点，着力解决影响和制约科学发展、群众反映强烈的突出问题，办妥群众普遍期待的实事好事。第六批驻村工作开展以来，共为群众办实事好事81件，投入资金12.1万元；帮助所驻村（居）壮大集体经济实体13个，规范村合作社制度27条。帮助村（居）解决“三就”“两保”“六通”等民生突出问题27件，切实把党和政府的温暖及时送到群众的心坎上，更加密切党群、干群关系。坚持把寻找致富门路作为重要途径，帮助村（居）谋划发展路子、拓宽致富门路，完善基础设施，加强技能培训、提高创收能力，极大的促进牧民群众经济收入。第六批工作队入驻以来，结合所驻村（居）实际情况，与村（居）“两委”班子、大学生村官积极展开讨论，帮助村（居）理清发展思路50条，找准发展路子32个，制定、完善、实施经济发展规划42项；帮助驻在村（居）群众劳务输出1040人次，增加现金收入342.27万元，使群众的腰包鼓起来，日子好起来。坚持落实好各项惠民政策作为驻村工作的主要抓手，通过不断落实各项惠民利民政策，进一步增进群众对党的利民惠民政策的了解与掌握，让群众切实感受到党的温暖、关怀，使党的惠民政策深入群众心里，让群众真正认识到惠从何来，惠在何处。加强宣传自治区出台的80多项优惠政策，提高的18项民生补助标准，组织群众宣传自治区强农惠农富农政策287场次，发放双语优惠政策资料2357份，发放明白卡4000多张，让广大党员群众，全面了解掌握党的最新惠民利民政策；严格按照涉农资金发放相关制度，全面监督涉农资金，做到按时发放，确保无群众上访，及时落实草原生态奖励机制资金和退牧还草资金及时兑现；坚持担负起精准扶贫开发工作责任，积极响应上级号召，全面宣传学习以习近平总书记为核心的党中央关于脱贫攻坚工作的一系列决策部署，特别是在全国深度贫困地区脱贫攻坚座谈会上的重要讲话精神，积极协助乡（镇）党委在“党员干部进村入户、结对认亲交朋友”活动中，派出单位党员干部与贫困户结对帮扶“结对子”230户564人；向驻在村（居）群众宣传扶贫开发政策97场次，印发扶贫宣传资料4826份，开辟宣传栏115期，为脱贫攻坚打下坚实的思想基础。深化干部驻村工作，以围绕“思想认识上要有新提升、工作目标上有新定位、任务落实要有新成效”为目标，革吉县19个驻村工作队紧紧围绕驻村“5+2+1”工作任务的同时，继续发扬“老西藏”精神，克服高寒缺氧、水土不服、语言不通、交通不便、通讯不畅等困难，舍小家、顾大家，放弃休息、植根群众，走村入户、深入调研，与群众同吃同住零距离接触，面对面交流、实打实办事、用真情化解矛盾，用真心办事，开展大量富有成效的工作，为推动革吉县长足发展和长治久安做出积极贡献，充分展现出驻村干部的好精神、好作风。

（邓蓂佳）

【领导名录】

行署副专员、县委书记
　　索朗次仁（藏族）
县委常委、组织部部长
　　束 志 勇
县委党建办主任
　　邓 蓂 佳
县委党建办副主任
　　冯 有 智（6月任）

革吉县总工会

【概况】 2017年，革吉县共有基层工会数25家，工会会员总数

1710人，全县5个乡镇全部建立工会组织，19个行政村，建立工会组织7家，全县共有寺庙5座，建立工会组织的有4座。其中2017年新建工会组织1家，发展会员35名（其中包括农民工23名，革狮一级检查站12名）。革吉县总工会主动适应职工队伍结构和劳动关系的变化，始终把抓基层、打基础、增活力作为重点工作，在维护职工合法权益、构建和谐劳动关系、推动经济社会发展中发挥应有作用。坚持走中国特色社会主义工会发展道路，努力把中共十九大精神全面贯彻落实到工会的各项工作中去，更好服从服务于全县工作大局，促进经济又好又快发展。广泛深入开展学习各种法律、法规活动，重点学习宣传《中华人民共和国工会法》《中华人民共和国劳动合同法》，通过各种学习提高革吉县工会干部及广大职的综合素质。

【帮扶工作】 2017年，革吉县总工会共安排落实困难帮扶资金50.38万元（本级资金37.04万元）用于困难职工帮扶工作。兑现在档困难职工“生活救助”金9.2万元（地区工会下拨），惠及困难家庭46户。在“三大节日”期间慰问全县范围困难职工、困难农民工、困难母亲、职工遗属、退休老干部等共179人，共发放慰问资金14.04万元（其中包括2017年地区工会下拨的在档困难职工“三大节日”慰问金4.14万元）。在全县范围内开展以“喜迎十九大·工会服务在基层”为主题的“五送”活动。送医送药——向革吉县100多名职工群众免费义诊并送去价值1万元的高原常用药品；送法律、政策——发放《中华人民共和国工会法》《中华人民共和国劳动法》《中华人民共和国劳动合同法》《中国工会章程》《职工思想教育读本》等政策法规宣传资料共2000余份；送文化——邀请那布艺术团为革吉县广大职工群众呈现一场喜闻乐见，精彩纷呈的文艺节目；送温暖——惠及革吉县46名在档困难职工、153名公益性岗位和149名合同工，送去慰问金共计19.7万元。开展临时救助。发放临时性救助4.44万元，惠及困难家庭63户，帮扶工作基本做到弱势群体全覆盖。举办“金秋助学”活动，向12名革吉籍藏族大学生发放助学金3万元，圆他们的大学梦，进一步拉近党委政府与牧民群众距离。开展农牧民技能培训。2017年，县总工会共举办1期农牧民工驾驶技能培训班，惠及革吉县困难群众41人，投入资金23.8万元。共组织安排革吉县8名农牧民群众参加地区工会举办的装载机操作技能和汽车维修培训，为困难职工和农牧民工及其子女提供免费就业培训，进一步提高革吉县群众创业就业能力。

【职工维权】 2017年，县总工会将维护职工队伍稳定作为中心，履行职责、服务大局为首要任务，始终坚持维权与维稳并重，牢牢抓住影响职工队伍稳定的突出问题，不断创新工作机制，强化落实措施，积极化解矛盾，有效维护职工队伍的稳定，在促进和谐革吉建设中充分发挥工会组织的重要作用。同时主动协调相关部门并参与政策的宣讲工作，化解员工心中的疑惑问题。在各项法律政策实施的过程中，依法依规进行监督，努力做到上情下达、下情上达。

2017年7月23日，西安市莲湖区总工会、革吉县总工会建立友好工会，并举行签字仪式

【职工活动】 2017年,县总工会充分利用职工之家,开放职工书屋,积极组织开展各项职工集体性文体活动。联合相关单位组织开展"讲党恩、爱核心"暨"勤政、廉政"主题演讲比赛。5月28日,革吉县总工会以深入开展"四讲四爱"主题活动为抓手,以推动"两学一做"学习教育制度化、常态化为契机,联合相关部门组织开展廉政演讲活动,共有20个支部参加。举办以"庆十一·喜迎中共十九大"为主题的演讲比赛。为欢庆第68个国庆节,喜迎中共十九大顺利召开,10月1日,总工会联合县委宣传部、团县委、县妇联共同举办的以"庆十一·喜迎中共十九大"为主题的演讲比赛,共有十支队伍参赛。举办两会代表委员拔河比赛。2017年,县总工会共从工会本级经费支出1.45万元用于开展各项职工文体活动。

2017年8月5日,革吉县总工会"金秋助学"资金发放仪式

【劳模创新】 2017年,县总工会为充分弘扬新时代劳模精神、发挥劳模作用、加强劳模工作创新管理目标要求,严格遵循"五一劳动奖"相关推荐要求,推荐劳模代表单位和劳模代表。截至年底,革吉县共有三级劳模("五一劳动奖章")4名,其中,全国劳模1名,自治区劳模1名,地区"五一劳动奖章"获得者2名。2017年4月,革吉县完小荣获阿里地区第二届"五一劳动奖状";益西卓玛(革吉镇森布村村干部)荣获"五一劳动奖章"。

【党建工作】 2017年,革吉县总工会坚持以马克思列宁主义、毛泽东思想、邓小平理论、"三个代表"重要思想、科学发展观和习近平新时代中国特色社会主义思想为指导,牢牢把握组织起来、切实维权两大工作任务,充分发挥工会职能作用,坚持党建带工建,进一步解放思想,创新方法,激发活力,不断提高党建工作水平,以开展"四讲四爱"主题教育实践活动为契机,以推进"两学一做"学习教育常态化制度化为主要抓手,不断提高党员干部的思想政治素质和执政能力,不断增强党组织的凝聚力和战斗力,着力推动新形势下工会工作创新发展的能力;着力建立健全符合科学发展观、顺应工会工作新变化的工作体制和工作机制;着力实现工会工作"三个贴近"(贴近中心促发展,贴近职工办实事,贴近基层搞服务),有效确保政治生态良性发展。

【党风廉政建设】 2017年,革吉县总工会深入学习习近平总书记关于党风廉政建设责任制的一系列重要讲话精神,认真贯彻执行《中国共产党党员领导干部廉洁从政若干准则》,以及中央"八项规定"、区党委"约法十章""九项要求"。坚持把反腐倡廉教育纳入干部教育培训的重要内容,贯穿于干部培养、选拔、管理、使用等各个环节,坚持"三重一大"事项集体研究,严格落实"三公经费"管理使用规定,自觉接受群众监督。

【援藏工作】 中国联通集团工会每年拨付帮扶项目资金19.5万元用于革吉县农民工技能培训,帮扶困难农民工,援助困难职工,大病救助、援建职工书屋等项目。2017年7月,陕西西安市莲湖区总工会跟革吉县总工会建立友好区县工会协议,签订协议现场西安市总工会对革吉县捐赠30万元的帮扶资金,协议规定根据业务发展与对口援助工作的实际需求,双方将不定期互访，以便及时交流经验，研究解决合作过程中的新问题、新情况，推进双方友好关系深入发展。

（张　宁）

【领导名录】

主　席

达瓦仓巴（藏族）

副主席

索朗德吉（藏族）

共青团革吉县委员会

2017年4月2日，县委常委、副县长张树强参加共青团与人大代表、政协委员面对面活动

【概况】共青团革吉县委员会（以下简称团县委）下辖有5个乡镇团委，44个团支部。其中包括团中央和区团委下发的关于乡镇实体化"大团委"建设工作的要求，成立12个团支部、13个由县城各支部组成的团支部，以及19个行政村成立的村级团支部。全县有在册团员664人，其中牧民团员277人，中学团员151人，机关团员236人。截至年底，全县青年志愿者有68人。

【基层组织团建】2017年，为使团县委充分发挥共青团主要作用。不断加强基层团的工作改善基层团组织中所存在的不足，并定期为团干部进行培训提升团干部的意识，为党建工作奠定基础。

【青少年关爱行动】2017年，为认真贯彻落实习近平总书记关于扶贫开发的重要指示精神，把教育扶贫工作作为扶贫攻坚的优先任务，阻断贫困代际传递，青岛红十字会向地区团委捐赠5万元，实施"青岛红十字微尘基金"（阳光少年项目）资助活动，为革吉县10名贫困生解决共计5000元的助学金。团县委向上级部门争取助学金名额，为5名贫困大学新生解决每人5000元的茅台助学金，共计25000元。"喜迎十九大——我向习爷爷说句心里话"等为主题的丰富多彩的活动。通过这些活动，少先队员们以这种特殊的方式表达对中共十九大召开的喜悦心情和对国家繁荣昌盛的美好祝愿。让队员们用自己的眼睛看，用自己的心去写，引导他们热爱党、热爱祖国、热爱人民、参与社会、表达见解努力成长为有知识、有品德、有作为的新一代建设者。

【文体活动】2017年2月21日，团县委与县委宣传部联合举办以"喜迎春节、藏历新年文体活动"为主题的一系列趣味文题活动。4月20日，在革吉县灯光篮球场举行革吉县第三届"团结杯"篮球、足球开幕式。为庆祝中国共产主义青年团成立95周年和五四运动98周年，于5月3日举行以"拥抱'五四'——扬帆起航、青春喜迎十九大"为主题的文艺会演暨第三届革吉"最美青年""两红两优"、革吉县第三届"团结杯"篮（足）球联赛评选表彰会。对2016—2017年度涌现出来的优秀团干部、优秀团员以及"五四"红旗团委和团支部、最美革吉青年等进行表彰鼓励。5月19日，县纪检委、县委宣传部、团县委、县总工会联合举办"讲党恩、爱核心"暨"勤政、廉政"主题演讲比赛活动。6月30日，由县委组织部（党建办）、县委宣传部、团县委三家单位联合在县影剧院举办"青春喜迎十九大、不忘初心跟党走"红歌合唱比赛。10月1日，由团县委联合县委宣传部、县工会、县妇联四家单位共同举办"庆国庆 喜迎中共十九大"诗歌朗诵比赛。

【献爱心活动】2017年4月8日，团县委组织开展"凝聚社会爱

心 助推精准扶贫”爱心募捐活动。团县委在革吉县人员较密集处设立一个爱心捐赠点，让各界爱心人士捐出自己的一分力量助推精准扶贫。7 月 29—31 日，团县委赴四乡一镇开展“捐一件衣、献一份爱”活动，将各界爱心人士的一份爱心送到基层一线农牧民手中。

2017年7月29日，团县委书记扎西罗布到文布当桑乡给贫困群众捐衣物

【“面对面”活动】 2017 年 4 月 12 日，革吉县政协二楼会议室召开“面对面活动”。邀请学生代表 2 人、青年代表 3 人、政协委员 10 人、人大代表 10 人参加会议。学生代表、青年代表把青少年的心声、所盼、所求在座谈会议中表达出来，人大代表、政协委员围绕“共青团与人大代表、政协委员面对面”这一主题，作发言。通过邀请人大代表和政协委员参加专题调研、集中考察等方式，扩大“面对面”活动参与度。

【“廉政文化进校园”】 2017 年 5 月 21 日，利用晚自习的时间，在县中学各班级举行“廉政文化进校园”的主题班会，在学生中大力开展“敬廉崇洁”教育活动，弘扬清风正气，不断提高学校德育工作水平。同时，各班主任通过理想信念、基础道德及传统美德和法制纪律等教育，培养学生崇尚廉洁、诚信守法的意识，增强抵制社会不良风气的能力，提高遵纪守法的自觉性和辨别是非的能力，在全社会营造敬廉崇洁的良好氛围。通过此次主题班会活动，使同学们了解廉政文化。很多同学在参加完班会课以后表示了解什么是廉政，都愿意当一名廉洁小卫士，从身边小事做起，从身边的人开始宣传起，防腐拒变，讲诚信话，做诚信事，努力学习，共同创建廉洁校园。

【青年志愿者】 2017 年 5 月 22 日，下发革团发〔2017〕5 号文件，进一步扩充、更新革吉县青年志愿者。截至年底，在原有 38 名志愿者的基础上新增 30 余人。6 月 9 日，共青团革吉县委联合县妇联组织 30 名青年志愿者到易地搬迁福康小区开展“好事做到家门口 温暖送到人心头”为主题的志愿活动。8 月 25 日，团县委组织 32 名志愿者赴公租房进行开展打扫卫生活动。简单的分工后，志愿者们迅速投入到活动当中，此次活动打扫卫生区域主要是县委、县政府对专招生准备的 33 间住房。经过一个半小时的劳动，将 33 间住房打扫干净。

【从严治团】 2017 年，团县委准确把握做好新形势下党对共青团工作的根本要求，坚持从严治团，管好团的组织，团的干部和团员队伍，切实打牢共青团改革发展的组织和工作基础。在全县范围内打造团建工作抓基层、基层团建抓规范的氛围，增强团员青年对团组织的认同感和归属感，提高团组织对团员青年的吸引力和凝聚力。创新团组织生活方式，严肃团的组织生活，加强和改进团员关系接转等基础团务工作等。

【“一学一做”】 2017 年 7 月 29—31 日，团县委利用三天时间赴四乡一镇召开“一学一做”教育实践部署暨基层团干部培训会。要求各乡镇在广大团员青年中开展此次活动并每名团员写一篇“学习总书记讲话 做合格共青团员”心得体会，并有一名班子成员向机关团员上一堂团课。建立规范的团员档案和按照上级分配名额、标准、程序发展团员。乡镇机关团员都要在日常生活工作当中必须要戴团徽、亮身份、做表率。要将教育

2017年7月10日，共青团革吉县委员会在亚热乡开展"一学一做"教育实践活动动员部署暨基层团干部培训会

实践活动与"8+4""4+1""1+100"等工作结合起来，并将参与教育实践情况录入相关工作系统。向乡镇团委发放团徽、团旗、团员证、入团志愿书等相关团建用品。

【维护稳定】 充分整合社会资源，利用三月、六月、九月综治宣传月团县委与相关综治成员单位在县城人口密集处开展各种法律宣讲活动。并为来往的牧民青少年及学生讲解《中华人民共和国未成年人保护法》《青少年法律知识读本》《民族团结教育》等，相关法律法规并共发放300多份相关知识读本，通过宣传讲解不仅提高青少年自我保护意识以及如何运用相关法律知识来维护自身合法权益，进而也保障社会治安的稳定性。

（蔡于荣）

【领导名录】

书　记

扎西罗布（藏族，10月免）

康　　宁（10月任）

革吉县妇女联合会

【概况】 2010年8月，《中共革吉县委办公室、革吉县人民政府办公室关于印发〈革吉县政府机构改革方案的实施意见〉的通知》精神，设置革吉县妇女联合会（以下简称县妇联）。2010年12月革吉县妇女儿童工作委员会成立，因人员紧张妇儿工委办公室设在妇联与妇联联合办公。2017年，全县5个乡（镇）19个行政村13个机关支部都配备妇女主任。19个行政村建立"妇女儿童之家"。革吉县妇联有核定编制2个，实有人数2人，科级干部2名。

【巾帼致富工程】 为推动更多妇女创业致富，县妇联积极推进城乡妇女小额担保财政贴息贷款工作。妇女小额贷款工作是促进妇女创业就业，助推妇女脱贫致富的民心工程，狠抓落实，妇女小额担保贷款工作顺利推进，为促进革吉县妇女创业增收致富增添发展后劲。2017年，革吉县农业银行已审核发放妇女贷款4笔，分别为革吉县4名妇女共发放贷款金额30万元。

【巾帼宣传行动】 2017年，革吉县妇联以"三八维权周"为契机，

2017年12月15日，革吉县县委常委、副县长张树强在县幼儿园举行"家长学校"挂牌仪式

大力开展宣传教育活动，此次活动面向全县妇女发放维权宣传手册1000余份。5月27日，同县检察院联合开展以“拒腐防变记心间，家庭幸福又平安”为主题的党风廉政宣传活动，并2次参加民政、消防等相关单位组织的抗震救灾和消防安全知识宣传活动。为全面推进“安全生产月”和“安全生产革吉行”宣传活动的深入开展，维护平安稳定的社会环境。6月16日，与安委会成员单位，在县城内开展“6·16”安全宣传月咨询日宣传活动，妇联以“提高全民安全意识，倡导安全文明风尚”为主题，悬挂横幅、发放宣传资料，为广大妇女儿童讲解日常生活中的安全常识、未成年人防水、防电、防火知识和有关法律法规，共发放宣传资料200余份。

2017年3月28日，县妇联慰问革吉县环卫女工

【精神文明建设】 革吉县妇联把“平安家庭”创建工作作为“平安革吉”建设的切入点，发挥妇联组织联系妇女和家庭的优势，切实做到“三个牢固树立”抓好平安家庭创建的各项工作。2017年，全县评选出11户“平安家庭”同时妇联把“廉政文化进家庭”与“五好文明家庭”创建、干部家属廉政素养教育有机结合，配合纪检部门，开展以“拒腐防变记心间，家庭幸福又平安”为主题的廉政文化进家庭活动，联合县检察院开展党风廉政宣传教育月宣传活动，发放300余份藏汉双语家庭助廉倡议书，组织干部职工及部分干部职工家属观看管好“身边人”为主题的拒腐防变警示教育片，增强领导干部及其家庭成员的廉洁自律意识，对形成拒腐防变的家庭氛围起到积极作用。营造“安全生产革吉行”的活动氛围，增强人民群众的安全意识，普及安全基本常识，组织“巾帼志愿者”到福康小区开展安全用电、用气、防火知识进家庭服务活动，通过“妇女带动家庭，家庭带动社会”的方式，切实发挥妇女在家庭安全第一道防线的作用。

【幸福关爱工程】 2017年，妇联紧紧围绕“送温暖、办实事、促和谐”主题，开展“三大节日”贫困单亲母亲走访慰问活动。为抓好革吉县妇女儿童工作，充分体现党和政府对妇女儿童的亲切关怀，对全县38名单亲母亲进行走访慰问，共发放慰问金19000元。3月28日，在第八个西藏百万农奴解放纪念日，妇联工作人员在县委常委、副县长张树强的带领下，对25名退休困难女干部及环卫女工，送上节日的问候和12500元慰问金。3月，县妇联到革吉县社会福利院，实地了解老人们的生活起居和居住环境，同时为老年妇女们送去哈达和“母亲邮包”。

【妇女儿童权益保护】 2017年，革吉县妇联为贯彻落实“两纲”工作要求，在巩固原有社会化妇女儿童维权机制的基础上，妇联立足广大妇女维权服务需求，立足提升妇联干部维权水平和履职能力，深入实际调查研究，整合资源合力维权，联合县法院组建“巾帼维权志愿队伍”，推进女性人民陪审员的选任、培训工作，主动延伸妇女维权在法治宣传、个案维权、专业咨询、司法援助、重大维权案件研判分析等方面的工作手臂，不断拓展维权服务领域，科学合理安排发展规划，全面准确地统计革吉县妇女儿童在各个时期发展的指标数据，革吉县委、县政府十分重视妇女儿童事业的发展，把妇女儿童工作同经济发展，社会稳定，人口素质、人才培养联系起来周密部署、真抓实管，形成县政府主要领导亲自抓，分管领导具体协调的工作格局。权益维护力度进一步增强。注重从源头参与，加大维护妇女儿童合法权益的力度。

（德吉卓嘎）

【领导名录】

主　席

德吉卓嘎（女，藏族）

副主席

巴桑拉姆（女，藏族）

革吉县信访局

【概况】 2011 年 1 月，革吉县信访局成立，革吉县信访局为正科级行政单位，编制 2 个，实有人数 2 名，其中 1 名为正科级干部，1 名为科员。2017 年，革吉县信访局坚定不移地贯彻落实习近平总书记、李克强总理等中央领导关于信访工作的重要指示精神，舒晓琴在全国信访局长会议上的讲话精神、不折不扣地贯彻执行自治区党委书记吴英杰考察西藏自治区信访局时的讲话精神、阿里地区党委政府关于信访工作一系列决策部署和革吉县信访联席会议指示精神，紧紧围绕信访案件"零搁置"目标，结合打造阿里地区信访"三无"为目标，全力打造"责任信访、法治信访、阳光信访"，为维护革吉县改革发展稳定大局和人民群众合法权益提供有力保障。

【办信接访】 2017 年，紧紧围绕做好中共十九大期间信访工作，强化目标导向和问题导向，不断深化信访工作制度改革和信访法制化建设，着力加强源头预防化解，解决一大批信访事件，有效维护群众合法权益和革吉县的社会和谐稳定。全年县人民法院、各乡（镇）调委会、各驻村工作队以及各乡镇综治干事等力量共排查化解各类矛盾纠纷 33 件、66 人次，都已化解。其中，婚姻纠纷 20 件、40 人次，民间借贷纠纷 2 件、4 人次，草场纠纷 3 件、6 人次，民事纠纷 4 件、8 人次，经济纠纷 4 件、8 人次。县信访局共群众来信来访 16 件（批）、129 人次，其中个体上防 9 件（批）、16 人次、集体上访 7 件（批）、113 人次，全县没有因矛盾纠纷处理不当而引起群体性事件的发生。

【信访工作机制】 2017 年，针对革吉县乡领导班子换届人事变动情况，及时报请县委、县政府对县信访工作领导小组做出调整，革吉县信访工作由县委总揽全局、政府牵头负责、部门分工落实，县直各部门"一把手"既挂帅又出征，定期分析信访形势、准确把握信访苗头、及时研究应对措施，形成"主要领导亲自抓、分管领导具体抓、班子成员配合抓、职能部门落实抓"的信访工作机制。

【领导接访】 2017 年，继续巩固革吉县信访网格管理和领导干部接访下访工作成果，发挥信访机构，责任部门、信访专干、联席会调处小组、"双联户"户长形成上下贯通、内外衔接、环环相扣、无缝对接的协调联动工作格局。先后制定《革吉县党政主要领导信访接待日制度》《革吉县信访联席会议工作制度》《革吉县领导干部接访下访制度》等制度，为做好信访工作提供遵循，2017 年领导干部共接访 29 次，接待来访 9 次 65 人次。

【责任落实】 革吉县信访局始终把落实主体责任作为做好信访工作的重要抓手，进一步压实属地部门责任和领导，进一步实行党政同责、一岗双责，切实推动信访问题及时、就地解决。2017 年，县信访局共化解民工工资拖欠问题信访 13 余件，涉及金额达 2382197 元。结合年底"双拖欠"问题高发期，下访到各个工地了解工资发放情况，同时制定革吉县"信访温馨提示卡"，以此提示广大农民工依法办事，逐级走访，以正当渠道维护自己的权益，防止出现越级访、集体访、非正常访等上访事件。

【畅通信访渠道】 2017 年，县信访局延续拓展县领导和职能部门领导接待上访群众制度，县党政主要领导按重点疑难问题情况来确定接访、约访，定时、定责，其余县级领导结合革吉县工作实际及信访事件诉求有关内容，按照各自部门分管接访，以县信访局为平台，形成县领导接访调度、采取重点约访、专题接访、带案下访、领导包案等方式，把行政资源集中用于解决重大疑难复杂问题，对苗头性、倾向性矛盾纠纷不定期开展下访活动。

【排查调处】 2017年,县信访局建立矛盾纠纷和信访热点难点问题定期排查机制,完善四级矛盾纠纷排查调处中心网络体系,以县、乡(镇)、村、组四级矛盾纠纷排查调处中心,"双联户" 排查调处和网格化管理两个机制为依托,将日常排查和节假日等敏感节点的排查结合起来,形成大排查的工作格局。对排查出的问题,坚持能调则调、案结事原则,综合运用人民调解、司法调解、行政调解等手段和 "调诉对接" 在诉讼与各类非诉讼纠纷解决方式之间的衔接组织机制,将人民调解、司法调解和行政调解贯穿于矛盾纠纷调处的全过程,促进人民调解与司法调解、人民调解与行政调解、行政调解与司法调解的对接联动,使各类矛盾纠纷在实地得到有效化解。

【信访宣传】 为有效提高群众对信访接访日活动知晓率、参与率,革吉县信访局定期开展宣传《信访条例》和《中华人民共和国劳动合同法》《信访温馨提示卡》等有关法律法规,宣传信访知识、信访工作流程和信访工作动态。2017年,县信访局开展宣传活动4场次,共发放宣传资料5000余份。同时做好信访宣传舆论工作,广泛宣传信访改革和法制建设措施,引导群众依法理性有序表达诉求,赢得社会各界理解和支持,为信访工作营造良好的社会氛围。

【加大学习力度】 2017年,县信访局坚持把处理信访问题和维护群众合法权益贯穿学习教育始终,深入学习贯彻落实中央和自治区、阿里地区关于信访工作决策部署,着力打造 "阳光信访、责任信访、法治信访",推进 "网上信访" 建设,规范和简化办理程序,将学习成效转化为处理信访突出问题、维护群众合法权益的新思路、新举措、新成果,主动营造为民务实、清廉的良好氛围,深入开展信访工作群众满意度评价活动,使党的宗旨观念切实落实到维护信访群众的合法权益上来。

【精准扶贫】 2017年,县信访局按照县委、县政府精准扶贫工作的安排部署,坚持把精准扶贫工作作为全年工作重中之重,统一思想认识,强化组织领导,按照精准扶贫、精准脱贫中存在的问题及上级部门要求排查的内容,认真排查各项问题。

(卓 嘎)

【领导名录】

局 长

米玛顿珠(藏族,1月免)

主任科员

勾 鹏 程(2月任,10月免)

局 长

次仁琼拉(藏族,10月任)

军事

革吉县人民武装部

【概况】 2017年，革吉县人民武装部（以下简称县人武部）认真学习中共十九大精神，习近平强军思想和“两学一做”学习教育专题教育整顿为抓手，以学习践行强军目标、争做新一代革命军人为主线，思想政治建设有新的成效。武装部党委坚持管人先管思想的思路，注重以政治教育引导人，以思想工作启迪人，以配合活动感化人，思想政治工作在破解难题中得到全面加强和改进。

【党委建设】 2017年，革吉县人武部紧紧围绕军队改革强军目标，深入学习贯彻中共十九大会议精神，开展思想教育，不断引导官兵自觉筑牢强军之魂。

深入开展党风廉政建设。党委班子能带头执行纪律，坚持公正用权。严格落实中央“八项规定”要求，做到管住自己的腿、管住自己的手，耐得住寂寞，守得住清贫，经得起诱惑。能够树立正确的权力观、政绩观。严格执行接待标准，严格执行财经纪律，对大项开支坚持上会研究决定，未发生过用公款请客送礼、大吃大喝以及用公用物资做人情等现象，教育所属人员公正用权，对不良倾向敢抓、敢管、敢于较真碰硬。

深入贯彻中共十九大会议精神和各类教育活动。参加军区、分区组织的团以上机关干部学习贯彻中共十九大会议精神的理论辅导和主题教育活动。严格落实经常性思想政治教育，按照分区政治教育计划，结合人武部实际，对全体官兵进行廉洁自律教育、安全保密教育、法纪教育、民族政策教育、“强化四种意识”教育、“穷地方、苦地方、建功立业好地方”教育、感恩教育和经常性思想教育等。

突出干部队伍和党委班子建设。加强党委班子建设，党委班子始终把作风建设作为部全面建设的重点工作紧抓不放，常抓不

2017年8月12日，县人武部部长芦仲田开展征兵工作

懈，严格落实党委中心组学习，提高党性观念，不断提高党员领导干部的教育管理效果，有力的促进党委班子的团结，增强党委班子的向心力、凝聚力，发挥党委班子的核心领导作用，营造内外团结和谐、风正气顺、劲足心齐、想干事能干事的浓厚氛围。依法从严管理教育干部，突出干部队伍日常教育管理，坚持每月对机关干部进行讲评。

重视精准扶贫营造军地和谐氛围。按照上级统一安排部署，县人武部把政委主抓主责工程和精准扶贫工作有机地结合起来，作为践行党的群众路线的重要抓手，认真筹划，精细组织，开展“双进”和“大手拉小手，真情系校园”活动。县人武部组织与扎加寺的“双进”活动，邀请僧人入军营，相互交流，增进民族团结，为拥政爱民奠定基础，维护部队良好的形象。

【战备训练】 2017年，县人武部党委坚持把加强国防后备力量建设、建强民兵队伍作为中心工作常抓不懈，认抓好国防动员工作机制落实。军地各级领导坚持把国防动员工作作为大事来抓，特别是县委书记索朗次仁、县长王明杰，注重把后备力量建设纳入经济发展、社会稳定一并部署检查，形成军地齐抓共管的良好局面。突出抓好民兵训练和维稳执勤。县、乡两级人武部高度重视民兵应急分队的训练和维稳执勤，突出重要目标防偷袭、反恐维稳、抢险救灾、应急支援等科目的训演练。利用春节、藏历新年等重要时期，县人武部采取集中训练的办法，共分3批组织民兵集中在县人武部居住，认真组织开展训练和各类应急科目的演练，并组织民兵分队协助公安机关每日对县城及周边地区不间断巡查、排查，确保重要时期社会面的高度稳定。切实抓好民兵组织整顿工作。根据分区年度民兵整组计划，结合县人武部实际，及时下发整组通知，并成立民兵整组领导小组，开展宣传教育，严格落实2017年民兵组织规模调整改革要求，把好个人报名、村组推荐、乡镇把关、军地联合政审、出入队审批等各个关口，注重把政治思想好、身体健康、文化水平相对较高、接受过军训的青年特别是有一定军事素养的退役军人，选拔配备到民兵队伍中。

【后勤保障】 2017年，县人武部注重加强后勤基础建设，全力提高保障能力。武器装备和车辆的换季保养正规有序。按要求组织武器装备和车辆的换季保养，特别是在冬季的武器装备和车辆换季保养过程中，程序清楚、组织正规、过程扎实、效果明显，保证武器装备和车辆性能的完好率，为完成任务的需要奠定良好的基础。全力调剂伙食。县人武部后勤工作有声有色，特别在人员相对较少的情况下，县人武部政委邢凯时常亲自下厨指导炊事员给大家调剂伙食，工作踏踏实实、任劳任怨，改善官兵的生活，部里全体上下士气高昂。同时，县人武部官兵能够利用休息时间开展农副业生产，开展种植花草蔬菜活动。截至年底，有各类花卉1000多盆，蔬菜有黄瓜、葫芦瓜、菠菜和油白菜等10多个品种，已基本实现自给。协调地方政府改善硬件实施。县人武部部长芦仲田带领所属人员营造好生活的环境，协调地方政府筹措经费改善生活条件，更换发电机、给基层武装部购买办公电脑，购买民兵服装、洗衣机、炊事用具等生活物资设备，使人武部官兵生活工作环境有较大的提高。

（布日古德）

【领导名录】

部　长

芦仲田

革吉县公安消防大队

【概况】 2017年，革吉县公安消防大队（以下简称县消防大队）坚持以中共十八大，十八届三中、四中、五中、六中全会，十九大精神和习近平总书记系列重要讲话精神为指导，持续深入抓好总队党委二届六次全委（扩大）会议和阿里支队委员会（扩大）会议精神的贯彻落实，以坚决确保“三个稳定”为工作目标，扎实推进队站建设，深入开展火灾防控工作和“夏季消防安全检查”“电气火灾综合治理工作”，持续开展部队“正规化”建设和部队安全大检查工作，全面推进消防工作和部队建设，圆满完成各项工作任务，为革吉县经济建设和社会发展创造良好的消防安全环境。

2017年2月26日，县消防大队队长辛彩森在平安加油站排查安全隐患

【政治思想工作】 2017年，县消防大队党支部紧紧围绕建设和谐奋进坚强班子，锻造拼搏奉献过硬队伍的工作目标，着力提高班子统筹兼顾、驾驭全局的能力。组织开展“维护核心、听从指挥”主题教育活动、推进“两学一做”学习教育常态化制度化和“四讲四爱”喜迎中共十九大主题教育实践活动，深化开展改革强警教育、形势政策教育，通过组织观看《一切为人民——2017全国公安系统英雄模范立功集体表彰大会》和开展摄影活动等方式学习公安系统英雄模范立功集体的先进事迹，继承和发扬他们尽职尽责、不畏艰险、舍己为人的无私奉献精神，充分激发广大官兵的使命感、责任感，加强党性修养，坚定广大官兵扎根基层、建功警营的决心，并多次组织开展学习十九大内容书画活动，以实际行动向中共十九大献礼。始终坚持以“抓党建、强班子、带队伍”的思路，完善党组织议事规则和工作规则，从财权、人权、消防监督执法权和重大事项决策权入手，严格按各种规定程序实行民主科学决策。大队班子成员坚持俯下身子抓落实，一门心思干工作，集中精力谋发展，影响和带动大队全体官兵。同时，2017年是总队制定的开展队站建设的收官之年也是关键之年，县消防大队官兵多次碰头研究，认清形势，统筹全局，认真按照上级要求，及时明确工作任务，全力协调解决队站建设任务，拓宽经费争取渠道，为火灾扑救和灾害事故处置提供强有力的保障。

【党风廉政建设】 2017年，县消防大队严格落实上级有关党风廉政建设部署要求，坚持从严治警方针，全面落实“两个责任”，强化权力监督制约，深入整饬警纪警风，加大监督执纪问责，坚定不移地推进党风廉政建设和反腐败斗争，坚决确保队伍绝对忠诚、绝对纯洁、绝对可靠。层层签订《廉政建设目标责任书》，立下“责任状”，确保部队内外“两个稳定”，为圆满完成各项消防安全保卫任务提供强有力的政治保证和纪律保障。

【防火防灾】 2017年，县消防大队认真贯彻落实区、地两级关于消防工作的一系列决策部署，立足实际，将消防工作纳入经济社会发展总体规划，为推动全县消防工作可持续发展提供有力的政策保障。县委、县政府高度重视消防工作，主要领导经常深入消防部门和社会单位检查指导工作，研究解决消防工作中存在的困难和问题。同时，县消防大队坚持以考核促工作落实，将消防责任目标列入政府责任目标考核内容，与5个乡镇政府、寺庙管理委员会和县政府各部门签订《消防工作目标管理责任书》，各乡（镇）按照县政府的总体要求，逐级签订责任书，层层分解任务，靠实工作责任，各级都做到消防工作与经济社会发展同安排、同部署、同检查、同考核，确保消防目标责任的全面落实到位。

多种形式消防力量得到壮大。自开展微型消防站建设工作以来，县消防大队专门成立以负责人为组长的领导小组，明确工作任务，保证工作进度稳步推进，行动持续有效开展。提请政府印发《革吉县微型消防站建设方案》。县政府主要负责人多次听取消防工作汇报，确定共建立微型消防站12个，明确建设进度和建设要求。县消防大队领导多次到县公安局、民政局、民宗局进行

2017年4月21日，革吉县举办“119”消防安全进校园活动

协调汇报，督促落实日常运营经费，开展业务理论培训，推进微型消防站建设工作。截至年底，12个拟建微型消防站已完成挂牌，也配备基本的消防装备，所缺装备也全部列入各部门年度采购计划，将保质保量地完成微型消防站建设任务。

群众消防安全意识显著提高。2017年，县消防大队在深入开展各项隐患整治的同时，将“四个能力”建设和《西藏自治区消防条例》宣传教育纳入专项整治之中，深入辖区各单位、学校开展宣传培训教育，指导辖区学校和社会单位完善应急疏散及处置预案，组织师生、社会单位员工开展火灾现场疏散逃生及初期火灾扑救演练，使广大群众掌握初期火灾扑救及应急疏散逃生知识。同时充分借助电视，以及有LED屏的单位不间断播发消防公益宣传标语，让群众随时随地、潜移默化中学习消防知识，引导广大人民群众主动参与火灾隐患排查整治工作，切实形成全民消防的良好氛围。2017年，县消防大队共组织开展各类消防宣传活动80余次，举办培训班20余次，发放宣传资料近8000份，发送消防宣传短信6000余条。

执法规范化建设持续推进。2017年，县消防大队按照阿里地区公安消防支队要求，购置《建筑设计防火规范》系列教材一套，使大队监督执法人员及时更新知识结构，学习到最新最权威的有关规范和标准，不断更新执法理念，增强服务意识，提高消防监督执法的业务素质和执法水平。强化执法观念，立足监督执法人性化。在日常监督执法工作中，县消防大队要求监督执法人员牢固树立服务意识，坚持以人为本的思想，努力做到人性化执法、亲情化服务，实现从单一化消防监督向人性化服务的转变，更好地体现立警为公，执法为民，切实提高服务对象对消防执法工作的满意度，树立消防监督执法工作的良好形象。

【战训工作】 队伍正规化水平不断提高。2017年，县消防大队围绕战斗力标准和规范“四个秩序”，结合正在开展的部队安全大检查工作，加强部队正规化建设，确保部队管理有序运转。依据条令条例严格管理部队，在日常养成、狠抓末端落实上下功夫，形成按照条令做、依据条令抓的管理运行机制。强化干部的管理，提高做好“两个经常性”工作的能力和精管善管水平。注重加强节假日和官兵探亲休假期间的管理和监督，严格落实外出人员安全提醒、电话跟踪、定期报告等制度，确保八小时内外、营区内外管理一个要求、一个标准。狠抓点名、查铺查哨、请销假、车辆派遣等管理制度的规范和落实，将“点”的管理延伸到“面”，将“线”的管理延伸到“网”，实现全领域、全时空、全要素管控，全面规范部队“四个秩序”。

维稳安保作用发挥日益突出。2017年，县消防大队党支部高度重视社会维稳和消防安保任务，及早动手，提前谋划，先后召开专题会对“两节”及3月重要时期和寺庙宗教场所佛事活动、中共十九大等各项消防安全保卫工作进行详细安排部署，精心研究制订消防安保工作方案、消防勤务预案和重要场所灭火预案，进一步明确分工，明确岗位，明确任务，明确责任。特别是3月重要时期和中共十九大期间，县消防大队克服警力有限等不利条件，共投入执勤警力60人次、执勤车辆25辆次。全年县消防大队开展灭火救援实战演练共50次，修订完善灭火救援预案14份，开展“六熟悉”60余次，制定各重要节点执勤维稳方案2份。全体官兵充分发扬攻坚克难的韧劲和连续作战的作风，以昂扬的精神状态和忘我的工作热情圆满完成维稳安保任务，受到县委、县政府领导的高度赞扬。

【后勤工作】 主动汇报，争取政府支持。2017年，县消防大队紧紧抓住县委、县政府领导慰问、考察和实地检查等有利时机，主动汇报工作，争取在经费、政策上的大力支持，赢得县委、县政府和相关部门的重视与支持。共争取到业务经费43万元，同时，县委、县政府建立健全政府应急办统一领导，公安、卫生、交通、供水、供电、通信等部门相互协作的联动联勤机制，充分发挥火灾扑救和各类灾害事故处置的联勤保障作用。

突出重点，完善基础设施。2017年，县消防大队支委坚持把基础建设作为实现消防事业可持续发展的关键，牢固树立固本强基，加强部队队站建设工作，优化官兵办公、生活条件。截至年底，新建队站处于内部装修阶段，下一步将继续做好附属建设及旧营房的功能完善工作。

强化措施，规范后勤管理。2017年，县消防大队严格执行党委理财制度，在落实好各项财经法规和制度的基础上，使各项财务管理有章可循，有法可依，不断提高后勤财务管理制度化、规范化水平，有效规范经费管理责任内容，加强经费管理使用。开展固定资产清查工作，修订和完善固定资产管理制度，明确相关人员管理责任。在做好器材装备储备的基础上，储备油料20吨、储备应急常备药品200余件，储备一次性满足20人就餐的食品。每月对所有大队装备器材进行一次巡检，要以高标准、严要求做工作，确保大队所有后勤工作在党委领导下高效廉洁运行，杜绝违规违纪行为发生。

（赵龙年）

【领导名录】

教导员

汪　伟

副大队长

辛彩森

参　谋

赵龙年

龚　飞

武警革吉县中队

【概况】 2017年，中国人民武装警察部队革吉县中队（以下简称武警革吉县中队）按照习主席提出“听党指挥、能打胜仗、作风优良”的总要求，武警革吉县中队时刻高度警惕，备战打仗不放松，稳中求进促发展，各项工作展开有序、稳步推进，圆满地完成以执勤处突为中心的各项工作。武警革吉县中队坚持以党在新形势下的强军目标为引领，深入学习贯彻习近平总书记系列讲话及中共十九大精神，按照总部、总队党委全会的要求，着力强化核心看齐意识，着力推动调整改革落地，着力提高综合维稳力量，着力稳固部队建设基础，着力深化整风整改成效，稳步推进部队建设更好更强发展。立足中队建设实际，树牢科学发展、安全发展理念，一手抓任务，一手抓建设，不算提高

2017年7月5日，武警革吉县中队官兵和公安部门联合巡逻

工作标准和质量，高标准实现“四个确保”。

【军民共建】 2017年，武警革吉县中队响应上级领导有关指示，本着加强军民团结，为驻地做事实的原则，在6月中下旬，派出官兵参与打扫县上卫生。在“七一”中国共产党建党日活动当天，由武警革吉县中队政治指导员带队，慰问县上生活困难老党员。在“八一”中国人民解放军建军日，做好保障，与县委、县政府配合搞好文艺慰问演出。

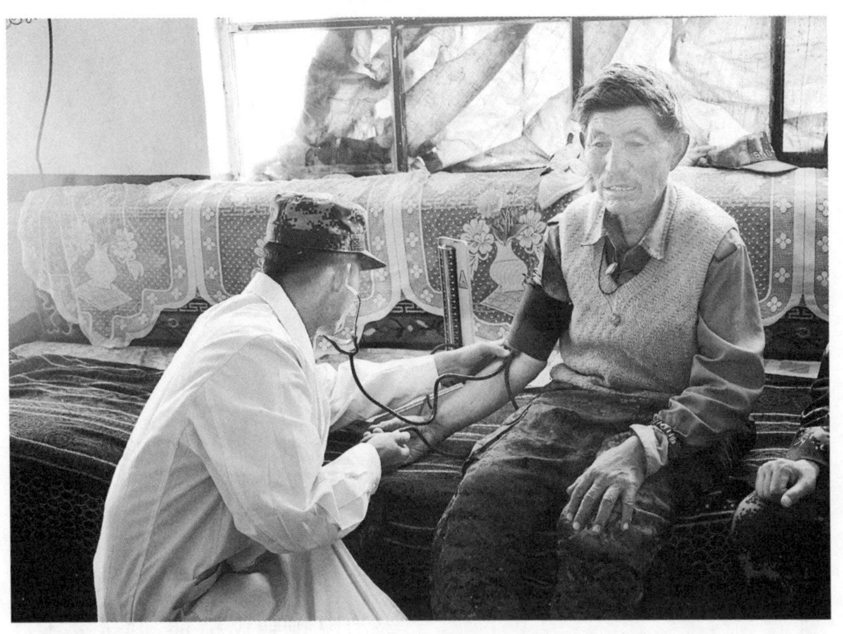

2017年7月1日，武警革吉中队官兵慰问贫困户

【战备执勤】 2017年，武警革吉县中队担负战备执勤任务诸多，分三点抓好战备制度落实：政治考核、岗前培训、思想教育、组织实施、总结表彰六个程序严格把关。根据不同任务及时确定战斗编组，完善各类组织，准备好物资器材，随时做好处突准备；加强战备演练和战法训练，增强官兵对于突发事件的心理承受能力和技战水平。根据战斗执勤方案，武警革吉县中队始终把执勤工作摆在中心位置，坚持每月议勤，牢固树立“把执勤当日子过”的思想，坚持做到工作再忙，执勤工作丝毫不松懈，确保中心任务圆满完成。

根据执勤方案，武警革吉县中队与县公安局沟通，确保革吉县社会稳定。在春节、藏历新年、全国“两会”及3月重要时期，于3月1—31日期间，每天派出官兵与民警组成两警联勤队伍对县城城区以及重点部位进行巡逻，确保能让人民过好节日，维护革吉县社会稳定。

2017年，武警革吉县中队坚持正规施训、干部跟班作业制度，严格要求严格训练，强化安全意识，训练中做好保护措施、严密组训、科学组训，严防训练事故的发生，确保训练安全。

2017年，武警革吉县中队高度重视对官兵的思想政治教育，牢固树立政治做首位意识，为加强中队的全面建设和圆满完成维稳任务奠定坚实的思想基础，让官兵思想更加稳定。加强干部的学习和教育，通过教育，增强干部使命责任感以自率意识，是干部自觉树立反腐倡廉意识，帮助干部认清当前形势，进一步提高干部队伍的能力和素质，更好地带领中队官兵为圆满完成各项任务奠定坚实的基础。

（晁武涛）

【领导名录】

中队长

晁 武 涛

指导员

伍 忠 伟

排　长

张 正 邦

法 治

中共革吉县委政法委员会

【概况】 2017年，中共革吉县委政法委员会（以下简称县委政法委）紧紧围绕中共十八大，十八届三中、四中、五中、六中、七中全会，中共十九大精神。按照自治区、地区政法、维稳、综治视频会议精神，健全完善体制机制，不断加大工作力度，逐级落实领导责任。在扎实做好政法、维稳、综治各项工作，狠抓社会治安综合治理各项措施，全面开展政法各项工作的同时，参加并较好地完成县上的中心工作，较好的完成各项任务。县委政法委编制7人，实有9人，人员结构为男性9人，藏族5人，汉族4人；党员9人，平均年龄34岁，其中大学本科学历4人，大专学历4人，中专1人。内设政法委办公室（含防范和处理邪教问题办、维稳办、法学会）、综治办（先进"双联户"创评办、平安创建办）。

【维稳工作】 2017年，县委政法委按照自治区、地区政法、维稳、综治视频会议精神，健全完善体制机制，不断加大工作力度，逐级落实领导责任。严格落实政法部门分片包干维稳防控责任机制，加强维稳指挥所办公室工作，制定落实周五总结制定，形成维稳简报40余份，上报专题报告16份，开展暗访督导50余次，抓好值班带班工作。根据维稳工作需要，制定完善维稳风险评估和应急处突预案22份，组织公安、武警、消防等维稳力量开展应急处突及拉动演练26次，其中春节、藏历新年期间，政法系统全体在岗在位，开展每日清查和应急处突演练，确保遇事拉得出、冲得上、打得赢。完成全国"两会"3月重要时期、中共十九大开闭幕期间全县社会局势持续和谐稳定，确保实现"四无、三不出、三稳定"。

【社会治安综合治理】 2017年，革吉县充分发挥政法部门职能，

2017年4月28日，县委副书记、政法委书记、公安局局长阿旺朗杰在检查站检查车辆来往登记情况

特别是公安机关在社会治安综合治理工作中的主力军作用，合理调配和使用各乡（镇）派出所（便民警务站）民警等力量，在明确各警种职责的基础上，实行治安管案、巡警管面、交警管段、派出所（便民警务站）管片的四警联动机制，把刑侦打击防范、派出所管理防范、巡警控制防范、交警车辆管制（含无牌照摩托车）防范结合起来，形成一种“打、防、控”一体化网络。开展各类治安整治检查42次，排查整治各类安全隐患16次，排查整治社会治安重点区域33处，开展治爆辑枪专项整治活动，收缴管制刀具20余把。开展道路交通安全整治130余次，共罚款25000余元。

【预防和化解社会矛盾】 2017年，革吉县依托人民调解、行政调解、司法调解联动的大调解工作体系，全县共排查化解各类矛盾纠纷57起。

【综治宣传】 2017年，革吉县政法系统在3月综治宣传月、“6月综治宣传周”“9·16”平安西藏宣传日活动中，采取多种形式开展综治宣传，受教育群众达1680余人。

【社会治安防控体系】 2017年，革吉县全面完善反恐、维稳、严打整治、矛盾纠纷排查调处工作机制，进一步提升流动人口、服务管理水平，使基层综治服务管理平台、网格化管理、社区警务等基层基础更加牢固，人民群众安全感和满意度实现新提升。

2017年2月12日，革吉县委政法委副书记洪峰带队到亚热乡检查指导维稳综治工作

【“双联户”工作】 自全区开展先进“双联户”创建评选活动以来，革吉县始终坚持“联户平安、联户增收、联户树新风”的工作宗旨，充分运用联户单位基层维稳堡垒作用，为革吉县社会局势长期、持续稳定做出积极的贡献。以“10+1”工作台账为依托，联户单位共调解各类矛盾纠纷53起、帮扶困难家庭联帮联扶63次、办理小额信贷34笔（共计9.6万元整）、环境卫生联管联治265次；排查安全隐患联防联控136次；发展成果联创联享23次；精准扶贫联户联扶措施45次；涉及资金56000元；致富项目23项；宣传及学习科技知识78场次；精神文化联娱联场128次；重点人员联管联教7人次。深入开展“先进双联户”创建评选活动。通过单位推荐、征求上级部门意见、主管部门分管领导初评等一系列举措，评选表彰县级2017年度“先进双联户”先进集体4个，发放奖金2万元整、县级“先进双联户”联户单位8户、共67人、共发放奖金6.7万元整。进一步激发革吉县各级农牧民联户群众参与“先进双联户”创建评选活动的积极性，为各级农牧民群众“争先、创收”提供平台。

【政法工作】 2017年，县委政法委全面贯彻落实中央、自治区、地区政法工作会议精神，筑牢工作根基。严格落实各项从严治党、从严治警的纪律条令，紧密结合“七五”普法工作，广泛开展法律“六进”活动，开展“法治乡镇”“法治单位”“民主法治村（居）”创建活动，在全县营造学法、尊法、守法、用法的良好氛围，要积极开展法律援助便民服务活动，全面推行“点援制”，满足困难群众的法律需求，逐步完善法治革吉创建体系。提高办案质量，切实加强和改进执法工作，把各项执法活动全面纳入规范、有序的轨道。

不断完善监督机制建设，强化执法司法过程的全程监督，加大信息公开力度，拓展社会人士参与监督的渠道和领域，最大限度解决执法不公、司法腐败现象。

【党建工作】 2017年，县委政法委按照党建办统一部署，扎扎实实抓好学习中共十九大精神、“四讲四爱”“五讲五看五做”“两学一做”。将各类学校活动作为党建工作的头等大事抓实抓好。以委党员领导干部为重点，抓好与全年工作任务有机结合，与机关党建工作结合起来，组织委全体干部职工深入学习十九大精神、“四讲四爱”“五讲五看五做”“两学一做”，坚持解放思想，坚持突出实践特色，坚持贯彻群众路线，坚持正面教育为主，着力转变不适应、不符合科学发展要求的思想观念，着力解决影响和科学发展的突出问题，不断提高领导科学发展、促进社会和谐的能力，确保党员干部受教育、科学发展上水平、人民群众得实惠。发挥思想政治工作作用，增强思想政治工作的针对性和实效性，制定谈心制度和思想分析制度，搭建思想交流的平台，促进各项工作顺利开展。深化教育，强化效果，提高党员素质，加强党员思想政治教育，增强政治敏锐性，认真分析思考新形势下面临的矛盾和问题，研究制定破题攻坚的措施和办法，推动建设事业的创新和发展。

【党风廉政建设】 2017年，县委政法委坚持围绕中心工作，突出工作重点，把构建惩治和预防腐败体系与内部监管有效结合，建立起层层管理、责任到位的工作格局，打牢惩治和预防腐败体系工作基础。

强化组织领导。成立以书记为组长，副书记为副组长，以干警为成员的党风廉政建设工作领导小组，负责全体干警党风廉政建设工作落实。

2017年7月25日，革吉县政法干部看望结对帮扶对象

细化目标责任。制定班子党风廉政主体责任清单；班子成员根据工作分工，制定个人党风廉政责任清单，明确工作目标和责任，制定工作计划，落实工作措施，确保目标任务落实。

专题研究党风廉政工作。通过召开会议等专题研究反腐倡廉教育、制度建设、监督机制等方面存在的主要问题，分析产生问题原因，研究预防和治理的措施，确保县委、县政府重大决策部署和党风廉政建设各项指示精神的贯彻落实。县委政法委坚持把抓好反腐倡廉教育作为党风廉政建设工作的一项重要内容，结合县委政法委实际情况，制定学习计划，并加以贯彻落实。以领导干部特别是领导班子成员为重点，把反腐倡廉教育作为学习的重要内容，坚持教育与管理、自律和他律相结合，促进领导干部加强党性修养，保持清正廉洁。加强县委政法委一般党员干部的反腐倡廉教育，深入开展党性党风党纪教育活动，采取集中学习和自学相结合方式，重点学习中共十九大精神，十八届三中、四中、五中、六中全会及区党委、区纪委一系列精神，中央提出的“八项规定”，自治区提出的“约法十章”“九项要求”和自治区、地区以及县相关会议和文件精神，通过教育使党员干部提升境界，提高素养，坚定理想信念，打牢廉洁从政的思想道德基础。按照优化程序、提高效率、公开公正的原则，对单位工作制度及办事流程进行重新梳理。同时,将工作职责和廉政风险点分解落实到每名干警中。特别是涉及人、财、物管理的干警,认真查找业务流程、制度和外部环境等方面的廉政风险点。建立风险防控情况检查制度,定期对廉政风险防控情况进行检查,分析研判,及时解决。县委政法委把转变干警作风、提能增效作为2017年工作的关键环节来抓。县委政法委加强干部职工学习和业务培训,促进职工转变观念、转变作风、不断提高行政效率、服务质量。同时,强化岗位责任制,完成好各项工作任务。开展以"为民、务实、清廉"为主题的宗旨观、政绩观教育,不断增强工作人员的"公仆"意识和服务意识。以提高效率、优化服务、规范管理为目标,建立健全并严格执行岗位责任制、服务承诺制、首问责任等制度,严格落实内部管理制度。做到用制度管理人、用制度制约人,使机关效能建设工作制度化、规范化。提倡务实的工作作风,牢固树立服务群众宗旨意识,加强与相关部门之间的协调,开展"走基层、察实情、解民忧"活动,扎扎实实为群众多办事,办好事。将业务工作、党的建设纳入考评,年底按照工作任务的完成和取得成效进行考评。及时上报党风廉政建设工作开展情况,接受纪委监督。

(张帅东)

【领导名录】

县委副书记、政法委书记、公安局局长

阿旺朗杰(藏族)

县委政法委副书记、综治办主任

洪 峰

县委政法委副书记、维稳办主任

罗追旦增(藏族)

县综治办副主任

久米次白(藏族)

县综治办副主任科员

旦巴旦增(藏族,12月任)

革吉县公安局

【概况】 革吉县公安局(以下简称县公安局)成立于1964年9月,隶属阿里行署公安处。2017年,革吉县公安局有正式民警97名,辅警25名,公益性岗位2名,共124人,其中本科学历18人(藏族10人,汉族8人),专科76人(藏族68人,汉族8人),中专高中30人。

革吉县公安局下设机构有110指挥中心、办公室、政工监督室、国内安全保卫大队、刑事侦查大队、治安管理大队、法制大队、交通管理大队、警务保障室、看守所等10个内设机构。派出所机构有4乡1镇派出所共5个。公安检查站有1个一级公安检查站、3个常设公安检查站、1个季节性检查站。2个便民警务站。局领导职数为5名(3个正科级、2个副科级),局长1名(正科级)、政委1名(正科级)、副局长1名(正科级)、2名副科级副局长,实配局领导3名。全局实有副处级1名,正科级民警10名,副科级民警30名,科员47名,试用期人员10名。

【党建工作】 2017年,按照关于抓好党建工作的具体要求,县公安局党委结合实际、周密部署、精心组织,全面开展各项党建工作。层层签订党建工作责任书,确保局党委及各党支部党建工作有序开展。加强发展党员工作,按照《中国共产党章程》相关规定,将积极向组织靠拢的优秀民警吸收到党组织,有5名民警转为预备

2017年4月,阿里地区行署副专员、县委书记索朗次仁督导检查公安机关法制宣传工作

2017年6月，县委副书记、政法委书记、公安局局长阿旺朗杰深入基层派出所指导检查工作

党员，吸收11名入党积极分子。县公安局有共产党员78人。加强政治理论学习力度，提升公安民警政治理论水平。重点学习中共十九大及十八届三、四中、五中、六中、七中全会精神和习近平总书记系列重要讲话精神，加深民警对党的性质、宗旨、使命的认识，使广大党员民警牢固树立政治意识、大局意识、核心意识、看齐意识。认真开展“两学一做”学习教育活动，全局民警共撰写学习心得体会85份。全年局党委理论中心组组织学习26次，参加政治理论知识讲座29次，各党支部通过多种形式组织民警学习75次。开展形式多样的警营文化活动，全年县公安局共组织开展篮球、足球、文艺演出、植树等活动13次，切实丰富党内文化生活，提升队伍的向心力和凝聚力。

【党风廉政建设】 2017年，县公安局开展党风廉政建设和反腐败工作专项行动，加强对党委重大决策部署贯彻落实情况的监督检查。县公安局督查紧紧围绕中心工作及队伍管理、业务工作等方面为督查重点，通过现场督查、暗访、视频巡查等方式开展不间断的督查。在日常工作中，局领导以身作则，率先垂范，从思想素质、纪律作风、制度执行、工作责任心等方面进行全面规范，要求民警加强纪律作风养成，引导民警自觉养成良好思维方式和行为模式，通过持续不断的抓纪律、强作风，有效解决部分民警存在的学风不正、工作不实、纪律不严、效能不高等问题，取得较好的效果。

【情报信息采集体系】 2017年，县公安局国保大队全面加强情报信息的收集工作，及时搜集深层次、预警性、内幕性的情报信息，加强分析研判工作。牢牢把握主动权，紧紧围绕各重要节点期间的维稳工作，重点搜集十四世达赖集团分裂活动，特别是派遣人员入境实施破坏活动的线索，以及煽动指使境内分裂分子实施策划恐怖活动的线索，密切关注并搜集达赖集团的各类苗头、动向，及时发现其行动线索及时预警，全年县公安局共搜集情报信息438条，国保大队审核上报289条，地区公安处采纳125条。

【网络安全监察】 2017年，县公安局网安大队、国保大队结合革吉县网络安全工作实际，要求网络运营商和网络运营场所的管理，革吉县三大网络运营商已完成手机、网络使用实名登记工作。

【社会防控】 2017年，由治安部门牵头，各乡镇派出所及便民警务站积极配合，严格按照上级要求，加强对易燃易爆物品、公务用枪、成品油、管制刀具的管理力度，强化社会流散枪支弹药和爆炸物品的收缴力度，加强涉枪涉爆单位、人员的教育管理，督促他们要按时开展内部检查，同时加大对“黄赌毒”等治安突出问题整治力度，定期对革吉县辖区的宾馆、娱乐场所、出租房等涉黄涉赌场所开展突击检查，部署开展对辖区治安复杂场所、重点部位和人员密集地开展治安隐患排查整治行动。深入开展“六个大排查”“公安处十一项排查”和“喜迎十九大 忠诚保平安”等专项整治行动，切实消除各类治安隐患。

2017年，县公安局共组织开展各类安保活动约89次，收缴管制刀具172把，收缴未按实名制登记销售火柴1300盒,收缴散装汽油49桶(大),散装柴油43.5桶(大)。收到群众主动上交子弹75发、手榴弹1枚、仿真枪1把、藏式火药枪管5根、烟花爆竹5桶,开展各类安全大检查138次、整改安全隐患17处。年内,共接警87起,受理治安案件38起,其中行政处罚32起(拘留41人,罚款38人),治安调解6起,案件查处率达到100%,与2016年同期相比案件处罚率上升80%。

【监管场所管理】 2017年,县公安局看守所坚持把非正常死亡问题常抓不懈,查找监管民警在执法思想,执法行为,执法记录,工作作风等方面存在的问题,从教育引导在押人员着手,全面开展在押人员思想道德,法律法规教育。由于革吉县看守所正在扩建中,按上级要求革吉县所有在押人员统一集中关押在地区看守所。

【打击各类违法犯罪】 2017年,县公安局为全力确保辖区稳定,革吉县公安局刑侦大队从年初开始,便持续加大案件侦破力度和开展打击"盗抢骗""三打击一整治""涉众经济犯罪""打黑除恶""网络电信诈骗"等专项整治行动,严厉打击各类犯罪活动,为辖区营造良好的社会环境。全年刑侦大队共立刑事案件9起(其中盗窃案件4起、故意伤害案件2起、过失致人死亡案件1起、电信网络诈骗案件2起),破获8起,未破1起;挽回经济损失20余万元,比2016年同期相比上升70%。开展禁毒宣传28次,悬挂横幅7条,发放禁毒宣传单约4000余张;开展电信诈骗宣传19次,悬挂横幅12条,发放电信诈骗宣传单约6400余张;开展盗抢骗宣传26次,悬挂横幅6条,发放盗抢骗宣传单约2600余张。

【交通管理】 2017年,县公安局党委成员实行路面分段包干制度,交警大队全面提升路面管控力度,以"严管、严控、严查、严处"重点交通违法行为作为工作重点。按照"定点、定区域、定车辆、定人员"的原则,有针对性地开展路面巡查工作,同时以县城繁华路段为整治重点,严查"两客一危"、三超一疲劳、无证无牌、酒后驾驶、逆向行驶、强超强会及货车闯禁行、超载、非法加装栏板、非法营运等严重违法行为。行动中交警大队采取定点检查与流动巡逻,夜查和白天检查相结合的方式,在严厉查处的同时做到规范、公正、文明执法。全年交警大队共开展交通违法行为整治行动59次,路面巡查87次,出动警力135人次,警车67台次,共检查车辆32000辆次,查处各类违法行为1300余起,收缴摩托车私自安装音响设备112个,行政处罚14起(其中行政拘留7人,上交各类行政罚款和简易处罚金29900元)。同时组织开展宣传39次,发放张贴宣传单和宣传标语8000余张,不定点移动测速94次。

【便民警务站】 2017年,警务站切实发挥七项主要工作职能,加强巡逻、值班、备勤、待命,加大社会面管控工作力度,推出便民警务站的一系列便民、利民、为民、安民、亲民等措施的加强和创新社会管理,便民警务站每日至少进行3次盘查,盘查可疑人员及车辆,两个便民警务站共盘查车辆875台次,服务群众314次,发放法治宣传资料约3000份。

【革狮一级公安检查站】 2017年,检查站严格按照"四必查"和"三证"管控工作要求,发挥"护城河"过滤作用,严格盘查登记过往车辆及人员,严查严处各类违法行为,全年共查处各类交通违法行为170余起、检查登记过往车辆6.26万余台次、人员19.28万余人次、物品31400余件,为实现革吉持续稳定、长期稳定和全面稳定打下坚实的基础。

(杨 欣)

【领导名录】

县委副书记、政法委书记、公安局局长

阿旺朗杰(藏族)

公安局党委副书记、政委

黄艾民

公安局党委委员、革狮一级公安检查站站长

格桑朗杰(藏族)

公安局党委委员、副局长革狮公安一级检查站副站长

次仁阿旺(藏族)

公安局党委委员、主任科员

游昕鑫

公安局党委委员、革吉镇派出所所长

索南才让

革吉县人民检察院

【概况】 2017年,革吉县人民检察院(以下简称县检察院)。有人员编制13名,实有干警12名,检察长1名、副检察长1名,正科级检察员1名,本科学历12名,男干警6名,女干警6名,藏族11名,汉族1名,院党组成员5名,支部成员6名,平均年龄30岁,入额检察官3名,检察辅助人员4名,行政人员5名。2017年,全年共受理审查批捕案件6件6人,提起公诉案件7件7人,退回补充侦查2件2人,办理民事行政案件1件,控申案件1件,羁押必要性审查案件2件2人和办理自侦案件1件1人。

【发挥检察职能】 依法打击各类刑事犯罪。2017年,县检察院共受理审查批捕案件4件4人,提起公诉案件7件7人,退回补充侦查2件2人,办理民事行政案件1件,控申案件1件,羁押必要性审查案件2件2人。自侦部门办理地区国资委才某挪用公款一案,并由公诉部门依法移送法院起诉,已判决,才某被判有期徒刑6个月,为国家追回损失774483元。

加大对司法部门社区矫正工作的监督力度。2017年,县检察院监督的社区矫正人员有7人。通过接访和下访及时发现和化解群众矛盾,成功办理1起控申案件,突破控申案件零的局面。共进行6次法律宣传,共计发放宣传材料2500余份,大力营造全社会学法守法的良好氛围。

【党风廉政建设】 2017年,县检察院认真落实中央"八项规定"、自治区"约法十章""九项要求",严格规范干警八小时内和八小时外的行为,严禁公车私用,严禁公款吃喝,严禁干警参与酗酒、赌博,树立检察形象。抓好每月廉政教育学习,学习廉政准则和正反两方面典型案例,坚持每月一次廉政党课。建立健全财务制度,严格报销环节,杜绝虚假发票报账。制定车辆管理办法,规定各车辆每公里用油标准,对每次出车都做登记,跑多少公里,用多少油,一清二楚。

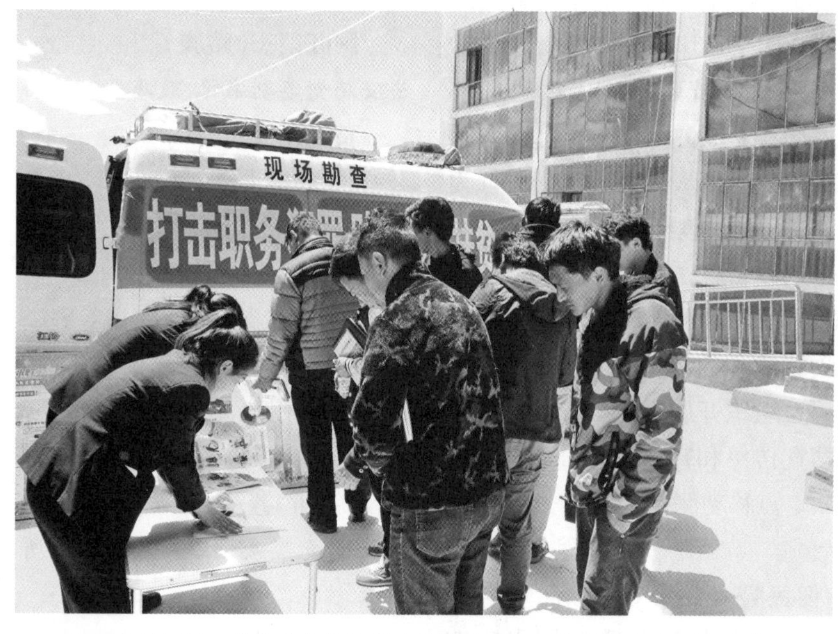

2017年6月4日,革吉县人民检察院干警赴四乡一镇开展法治宣传活动

【党建工作】 2017年,革吉县人民检察院围绕党建子品牌"立检为公,守望正义",把思想政治建设作为首要任务,以"两学一做"学习教育常态化制度化和"四讲四爱"主题教育实践活动为契机,采取集中学习和自学等方式学习,截至年底,县检察院共集中政治理论学习24次,全体干警撰写心得体会30篇,每位党员干部学习笔记达5万字,党组书记专题党课2次。结合"四讲四爱"主题教育实践活动,开展"送法进校"活动,向师生共发放364册宣传资料(藏汉),接受法律咨询36人次。

【脱贫攻坚】 2017年,县检察院扎实开展脱贫攻坚工作,与革吉县公前村、布贡村村民结对认亲交朋友,详细了解贫困户家庭详细情况及致贫原因,理出脱贫攻坚措施,革吉县检察院全体干警分2次捐款3000余元。

【学习中共十九大精神】 自中共十九大召开后,县检察院党组高度重视,认真组织学习中共十九大报告精神,及时召开中共十九大报告的动员部署会议,制定学习宣传方案和学习计划，截至年底，共学习报告18次，每位干警撰写心得体会一篇，抄写学习笔记达5万字。

2017年7月13日，革吉县人民检察院开展慰问环卫工人活动

【法治宣传】 2017年，县人民检察院不断创新法治宣传及检察职能宣传方式，与有关部门积极配合，采取摆放宣传展板、发放宣传单、播放警示教育片、悬挂横幅、张贴标语、发放宣传资料等形式积极开展法治宣传活动，“3·17”综治宣传活动、“6·17”廉政文化宣传月宣传活动、“9·16”平安西藏宣传活动、“12·14”法治宣传活动、结合县检察院“一院一品”品牌活动，县检察院检察长次仁尼玛带队到四乡一镇开展以“打击职务犯罪，助推精准扶贫”为主题的预防职务犯罪法治宣传活动。2017年，法治宣传共10次，发放宣传资料600份，接受90人次法律咨询，给老百姓提供良好的法治环境，进一步增强群众“学法、知法、守法、护法”的意识。

【维护社会稳定】 中共十九大召开期间和各重要节点期间，严格按照中央、自治区、地区及革吉县军地联合指挥部的要求，做好维稳各项工作，完善各类突发情况处置预案，加强突发情况处置演练，时刻绷紧维稳这根弦。2017年，检察院党组书记、检察长次仁尼玛2次赴维稳联系点文布当桑乡蹲点，共召开维稳工作部署3次，法治讲堂1次，督查学校安全工作1次，进村入户了解民情六次，革吉县检察院召开维稳部署会议6次。派出警车和干警参与维稳执勤，在老政府广场蹲点11天。严肃值班带班制度，院党组成员坚持带班，认真做好各项表格登记工作，切实做好维稳工作，确保全年实现三无三不出。

【保密和安全生产】 2017年，县检察院对涉密人员进行培训，提高涉密人员保密意识，严格文件登记、借阅、销毁制度，严格对移动硬盘、U盘、光盘的使用管理。对检察院生活区、办案区的用电、用水、生火有具体明确的规定，每年对办公、办案区的线路、消防设施、消防通道进行排查，发现问题及时排除。

【干部队伍建设】 2017年，县检察院干警的调动频繁，给全院日常工作带来不便，革吉县人民检察院2名干警正在办理调动手续，经检察长与阿里检察分院领导沟通协调，分配5名新干警到革吉县检察院工作，充实干部队伍。

【业务能力建设】 2017年，县检察院抽派9名干警到阿里分院和国家检察官学院林芝分院进行侦监、案管、计财、公诉等培训，提升干警的业务水平。派1名干警到河南岗位锻炼6个月，切实增强干警的办案水平。完成首批3名检察官入额工作和检察辅助人员分类，完成检察官及检察辅助人员增资工作。

（南加拉姆）

【领导名录】

检察长

次仁尼玛（藏族）

副检察长

旦　巴（藏族）

正科级检察员

刘　铁

侦监科科长

拉巴卓玛（藏族）

公诉科科长

次　央（藏族）

革吉县人民法院

【概况】 革吉县人民法院(以下简称县法院)成立于1978年。2009年,革吉县人民法院设立党组。2011年,革吉县人民法院设立党支部、审判委员会。2017年,革吉县人民法院共设有6个副科级建制内设机构,分别为办公室(政工科)、执行局、刑事审判庭、民事审判庭、立案庭、审判监督庭(纪检组),内设派出机构盐湖乡人民法庭(2007年建成,同年投入使用,2016年在原有基础上新建盐湖中心人民法庭)。党支部有党员8名;审判委员会成员5人。革吉县人民法院共有人员编制19名(其中县法院编制14名,盐湖乡人民法庭编制5名),实有12人(县法院缺编4人,盐湖乡人民法庭缺编4人)。其中,男性5人(其中县法院5人),女性7人(其中县法院6人,盐湖乡人民法庭1人);藏族11人,汉族1人。入额法官5名,司法辅助人员7名(法官助理1名、司法警察2名、书记员4名)。

【队伍建设】 2017年,革吉县人民法院始终坚持以中国特色社会主义理论武装法院干警头脑,深入贯彻落实中共十八大,十八届三中、四中、五中、六中、七中全会,中央第六次西藏工作座谈会,中共十九大,十九届一中全会和习近平总书记系列重要讲话精神,深入贯彻落实区党委八届五次、六次、七次、八次全委会和自治区、县委第九次党代会、区党委九届一次、二次、三次全委会等精神,抓住司法能力建设这个重心,充分发挥国家法官学院西藏分院的平台作用,积极选派干警分批次走出去,参与各种业务培训,全面提升县法院队伍综合能力。2017年,共培训干警10人次。

【履行审判职能】 2017年,县法院紧紧围绕"努力让人民群众在每一个司法案件中感受到公平正义"目标,忠实履行宪法法律赋予的职责,依法服务大局,始终牢记司法为民宗旨,自觉加强自身建设,工作取得新进展。全年共受理各类案件112件,与2016年同比增加75件,其中民事案件89件,结案89件,结案标的达716万元;刑事案件9件(故意伤害案4件、强奸案1件、盗窃案1件、诈骗案1件、挪用公款案1件、侵占案1件),结案9件,其中判处有期徒刑5年以上1起、3年以上2起;执行案件14件,结案14件,执结标的达333.78万元,再审案件1件,结案1件。年初,县法院获得2016年度阿里两级法院基层法院目标责任第一名。

【司法公开化】 以加大司法公开力度为抓手,主动接受监督,增强司法公信力。2017年,革吉县法院在中国裁判文书互联网上共公开裁判文书20篇,利用科技法庭庭审直播共13次,旁听群众33人次。同时,为主动接受监督,建立向人大、政协时时报告工作动态的微信群。

【司法为民】 坚持"公正司法、一心为民"指导方针,改进司法作风,保障群众司法利益。2017年,县法院"以案说法""以案释法"开展法制宣传6次,发放资料350余份,受教育群众400余人。利用流车载动法庭巡回办案28件,行程达6.7万公里。开辟诉讼绿色渠道为困难群众当事人共减免

2017年10月27日,阿里地区中级人民法院党组书记、院长赵宇彦(中)到革吉慰问法院全体干警

退缓诉讼费1.9万余元，有效保障困难当事人依法实行诉讼权利。高度重视“双拖欠”民事案件，坚持对“双拖欠”案件优先审理、优先审判、优先执行。2017年对41起追索劳动报酬纠纷案件进行优先处理，使41名民工及时兑现183万元劳务工资。协助革吉县信访等部门处理3起在革吉县影响较大的信访案件。

2017年6月12日，阿里地区中级人民法院常务副院长贡嘎到革吉县检查指导法院业务工作

【开展专题教育】 2017年，县法院开展“两学一做”学习教育常态化，组织干警学党章党规，逐条逐句通读党章，全面理解党的纲领，牢记入党誓词，牢记党的宗旨，牢记党员义务和权利，引导干警尊崇党章、遵守党章、维护党章。学系列讲话，着眼加强理论武装、统一思想行动，认真学习习近平总书记关于改革发展稳定、内政外交国防、治党治国治军的重要思想，认真学习以习近平总书记为总书记的党中央治国理政新理念新思想新战略，引导党员深入领会系列重要讲话的丰富内涵和核心要。深入学习贯彻中共十九大精神，认真研讨中共十九大报告中的新思想、新观点、新论点，让党员把思想和行动统一到十九大精神上来。着眼党和国家事业的新发展对党员的新要求，引导教育干警坚持以知促行，做讲政治、有信念，讲规矩、有纪律，讲道德、有品行，讲奉献、有作为的合格党员。坚持党的绝对领导，确保法院干警信念不动摇，政治坚定可靠，对党绝对忠诚。

【综治维稳】 2017年，县法院全力响应县委、县政府重大决策部署，全面贯彻落实反分裂斗争一系列维稳措施，参与重大重要时期和中共十九大期间的维稳巡逻、维稳蹲点、执勤任务，全力确保社会和谐稳定。

【党建工作】 2017年，县法院加强党的建设，培养发展新党员，为县法院党组织注入新鲜血液。认真落实从严治党主体责任，规范党组议事规则，支部“三会一课”制度，严肃党内政治生活，党组织建设不断加强。全力参与脱贫攻坚工作，组织动员全院党员干警结对帮扶10名贫困群众为其谋思路，促生产，抓发展，共捐物价值2万多元。向群众宣传中共十九大精神，县法院前后派出5民干警，深入基层一线做宣传，让群众了解把党的政策及方针，把党的温暖送到人民群众的心坎上。

【党风廉政建设】 2017年，县法院认真落实党风廉政和反腐败工作。严明政治纪律和政治规矩，落实中央“八项规定”、《中共中央政治局贯彻落实中央“八项规定”的实施细则》、自治区“约法十章”“九项要求”等精神，自觉正确对待权力、地位和自身利益，按照党的廉洁从政的要求，抓好班子，带好队伍，自觉接受监督，制定《2017年县法院党风廉政建设和反腐败工作实施方案》《2017年县法院党风廉政建设和反腐败工作要点》《2017年县法院党建工作目标》，与全院班子成员和干警逐级签订《党风廉政责任书》《家庭助廉承诺书》。2017年，县法院所受理的各类案件均无当事人举报干警有不廉不洁的情况。2017年对1名因违纪违规的干警，本院按照组织规定先后对该干警进行教育提醒4次、诫勉谈话3次、给予处分1次。后本院将该干警移送纪检监察部门处理，纪

2017年12月，县法院院长李尕青（左一）带领业务法官进行法制宣传

检监察部门最终对该干警以累计旷工达33天为由，给予双开处。严厉打击职务犯罪案件，审理一起地区中级人民法院指定管辖的挪用公款案。

【基层一线基础设施建设】 2017年，县法院通过向上级部门争取，新建盐湖乡中心人民法庭在盐湖乡落地并竣工。年底，县法院通过向上级部门争取在新建法庭内一次性配置所有办公家具。同时，为新建法庭自筹资金2万余元配备发电功率5千瓦的太阳能光伏发电设备，此设备不仅能24小时保障法庭办公用电，而且还能保障干警用电取水、烧水等正常生活所需。

（白玛旺姆）

【领导名录】

党组书记、院长

李尕青（藏族）

党组成员、副院长

格　曲（藏族）

民事审判庭庭长

次　吉（女，藏族）

审判监督庭庭长

尼　珍（女，藏族）

党组成员、专职审判员

王永亮（10月免）

革吉县司法局

【概况】 革吉县司法局（以下简称县司法局）成立2009于，隶属阿里专属司法处。2017年，县司法局在编10名，其中乡镇司法助理员编制5人，县司法局编制5人，在岗人员10名，驾驶员1名，公益性岗位1名，共12人。其中本科学历的7人，大专3人。

革吉县司法局主要开展的工作业务有普法宣传、社区矫正、刑满释放安置帮教、人民调解、法律援助等。局领导职务有2名，局长一名（正科级），副局长一名（副科级），正科级主任两名。

2017年，根据2016年司法厅下发的《关于自治区专业性行业性人民调解工作的实施意见》要求，结合革吉县人民调解工作实际，成立以县委常委、县委政法委书记为组长的专业性、行业性纠纷调剂工作领导小组。分设成立革吉专业性行业性人民调解委员会。主要类型有医患纠纷、劳动争议纠纷、旅游纠纷、征地拆迁纠纷、道路交通事故损害赔偿纠纷、消费纠纷人民调解委员会等，以实现大调解的格局，确保人民调解工作更好的展开。

【党风廉政建设】 2017年，县局法局开展深入学习实践科学发展观活动、集中学习中共十九大会议精神、全会组织开展中央纪委新出台的反腐倡廉法规制度等学习。通过学习教育，使县司法局党员干部的思想觉悟有新提高。

抓好党员干部职工的思想道德教育。2017年，县司法局结合开展深入学习实践科学发展观活动，加强党员干部职工中国特色社会主义理论体系教育、勤政廉政教育、职业道德教育和艰苦奋斗教育，引导党员干部职工不为私心所扰，不为名利所累，不为物欲所惑，淡泊名利，克己奉公，使党员干部职工树立正确的世界观、人生观和价值观，切实做到为民、务实、清廉。

抓好党员干部职工的党纪政纪教育。2017年，县司法局把党纪政纪条规和国家法律法规的宣传，作为提高全局党员干部职工反腐倡廉自觉性的重要抓手。采取多种形式，有计划、分层次开展多种学习和教育活动。通过党组书记、局长亲自上党课、中心理论组学习会、党支部学习会、干部自学、召开民主生活会等形式，开展以《中国共产党党内监督条例》《中国共产党纪律处分条例》为主要内容的学习教育，使广大党员干部职工弄懂党规党纪，熟悉党规党纪，遵守党规党纪。运用正反典型案例开展教育。大力宣传勤廉兼优的先进典型，使党员干部职工学有榜样，真正做到自重、自省、自警、自励，严格规范从政行为，自觉遵守党纪条规和政策法规；同时运用反面典型案例，使广大党员干部职工从中引以为戒。

抓好党员干部职工的作风建设。2017年，县司法局加强党员干部职工的作风建设，开展会员卡清退活动，确保党员干部手内无会员卡。进一步提高党员干部的思想政治素质，牢记党的宗旨，遵守党的纪律，做党风廉政建设的模范。注重讲党性、重品行、作表率，坚持廉洁奉公、一身正气的作风，坚持实事求是、求真务实的作风，坚持谦虚谨慎、戒骄戒躁的作风。提高司法人员的改革创新能力，努力造就一支政治强、作风硬、业务精、乐于奉献、与时俱进、开拓创新、依法行政的司法队伍。

【普法工作】 2017年，县司法局加强领导，周密部署，认真落实普法宣传工作。根据“七五”普法规划及地区普法办的指示，结合革吉实际，制定《革吉县2017年普法宣传工作要点》《革吉县2017年法律七进工作实施方案》，将普法工作安排下发到县（中）直部门针对相关法律做好宣传工作。以“法律七进”为载体，加快“七五”普法进程。围绕“打造法治革吉、构建和谐革吉、平安革吉”，以增强群众的法律观念和法律素质为重任，以促进全县经济发展、社会稳定、依法行政为目标，强化措施，突出重点，全力抓好普法工作，为创建“法治、和谐、平安革吉”发挥积极作用，为推进革吉经济社会的稳定和谐发展营造良好的法治环境。革吉县“七五”普法工作有序推进随着革吉县广大群众法制意识不断增强，法律素质不断提高，普法教育工作不断深化，对普法工作提出更高的要求。做好“四个有机结合”全力推进普法工作。把普法与解决实际问题有机结合，确定普法工作重点。围绕“七五”普法工作，以法制宣传和依法行政为出发点。以构建和谐革吉为目标，充分发挥自身优势，有针对性地开展法制宣传教育。结合全县安全生产、计划生育、土地管理、社会治安，多层次、全方位的进行《中华人民共和国安全生产法》《中华人民共和国婚姻法》《中华人民共和国人口与计划生育法》《中华人民共和国土地管理法》《中华人民共和国社会治安管理处罚法》等法律法规的宣传，有效地增强广大群众自我权益保障意识，为全县“七五”普法工作的深入开展奠定良好基础；把普法与“法律七进”工作相结合，多层次推进普法工作。不断深化开展普法教育进机关、进乡村、进寺庙、进社区、进学校、进企业、进单位活动。

革吉县领导干部结合“三严三实”“四讲四爱”“五讲五看五做”“两学一做”等主题教育活动、率先在机关干部中开展学法、懂法、提素质的工作思路，以转变工作作风为重要抓手，认真开展法制讲座，“机关领导学法活动”，每名领导和干部订阅《公务员法律知识读本》《干部法律知识读本》等法律资料分发给机关的每一位领导和干部，采取各支部学习相结合

2017年6月12日，革吉县司法局主任科员李毛措在驻村时下乡调研

的方式，组织全体机关干部加强法律知识学习，撰写学法笔记和心得体会。2017 年，革吉县公、检、法、司成立专项整治行动，邀请县法院、检察院、公安局领导及干部成立宣讲团，对全县 4 个乡 1 个镇 19 个行政村，各寺庙（拉康），牧民群众进行巡回宣讲，《中华人民共和国刑法》《中华人民共和国民族宗教政策法规》《中华人民共和国婚姻法》《中华人民共和国人口与计划生育法》《中华人民共和国土地管理法》《中华人民共和国社会治安管理处罚法》《中华人民共和国人民调解法》《中华人民共和国民族区域自治法》《中华人民共和国宗教事务条例》等农村实用法律法规进行宣讲，综合新农村建设开展普法讲座，发放法制宣传资料，有效促进农村普及普法知识。提高宗教教职人员的法律素质，加强宗教活动场所教职人员法律法规知识不断强化宗教教职人员法律意识，使他们爱国爱教，依法从事宗教活动。全年革吉县全面设立各乡、镇、村（居）进行平安创建和法治宣传工作点，发放各种普法资料 13000 余份。

2017年3月20日，司法局工作人员在革吉县完全小学普及法律知识

【社区矫正】 自 2013 年社区矫正工作开展以来，县司法局坚持以提高社区矫正质量为主线，坚持管理与服务并重，规范和创新综合，加大工作力度，促进社区矫正工作更加规范，进一步提高社区矫正质量。

完善帮教制度。年初，认真学习深入贯彻落实，中央、自治区、阿里地区召开司法行政工作会，为扎实做好社区服刑人员管理工作提供组织保障。完善县、乡、村三级帮教工作网络，组建全方位帮教队伍，对社区矫正人员逐人建档造册，做到"登记有表格、谈话有笔录、宣告有文书"。严格落实《西藏自治区社区矫正实施办法》，建立请销假制度、"五对一"监管措施，即一名社区矫正人员，由司法、行政机关、公安派出所、乡（镇）、村（居）、亲属（担保）人员，进行社区矫正人员重点管控、重点帮助、重点转化措施；落实帮教措施。

完善县社区矫正管理教育服务中心建设。对社区矫正人员实行"五个统一"，即统一登记接收、统一指派管辖、统一档案管理、统一教育培训、统一技能培训。选择社会福利性和非营利性的机构作为社区矫正服务基地（点），定期组织社区服刑人员到劳动基地参加公益劳动。县社区矫正工作领导小组每年两次牵头组织法、检、公、司联合进行督导检查，查找监督管理教育存在的漏洞和薄弱环节，并及时制定措施，进行认真整改。年内，全县累计接受社区矫正对象 20 人，在矫 7 人，因实施办法规定，居住变更 1 人，违反监督管理规定，被警告处分的 2 人，重新违法犯罪率控制在百分之百。

【刑满释放人员帮教】 2017 年，全县刑满释放人员 26 名，其中，拉萨监狱释放 14 名、西藏自治区监狱释放 4 名、阿里地区劳动所释放 4 名、解除纠正 4 人。临时就业 12 名、公益性岗位工作人员 3 名、重点帮教 10 名、一般帮教 17 名。2017 年 3 月份调整充实刑满释放人员工作领导小组。在"两大节日"之前司法局矫正工作人员在 4 个乡 1 个镇走访 5 天时间，给 27 名刑满释放人员家中送去大米 1 袋、面粉 1 袋、清油 1 桶、棉大衣 1 件、棉被 1 床、床上三件套 1 套。完善刑满释放人员安置帮教工作，建立一人一档，日常开展帮教工作填写个人档案中。县司法局、综治办、乡镇、民政、工商、公安、人社局等部门领导参加的指导委员会，制定制度，明确职责。形成统一领导，上下联动，互相协调，全社会共同参与的工作机制。各乡镇建立“四位一体”的帮教管理模式，形成安置帮教工作层层有工作机构，事事有人抓，齐抓共管的局面，对每个刑释解教人员确定1名司法干警，1名村组党员干部，1名派出所干警，1名帮教对象家长或者亲戚负责对其进行教育、监管，签订责任书，确保安置帮教，监管措施得以全面落实，确保对刑释解教人员回访工作做到“六清楚”（住址清楚、犯罪性质清楚、释放时间清楚、家庭情况清楚、经济条件清楚、思想状态清楚）。

【刑满释放人员衔接环节】 2017年，县司法局实现释放人员基本信息的及时对接，做到提前告知，提前对策、杜绝出现“三假”（假姓名、假身份、假地址）、“三无”（无家可亲、无亲可投、无业可就）等重点帮教对象严格实行必接必送措施，防止脱管漏管现象发生。进一步明确部门的职责，做好与公安机关、监所的衔接，做好跨地衔接，两头跟进、协同管理，随时掌握人员动向。把管理工作向其他政法机关和成员单位横向延伸，形成各负其责、齐抓共管。

【刑满释放人员帮扶】 2017年，县司法局切实做好刑满释放人员救助帮扶工作，对”三无”等生活困难的刑满释放人员，及时向党委、政府报告。民政、住建、教育、工商、人社、税务、财政、妇联、基层党组织，帮教成员单位负其责要对刑满释放人员，从思想上、生产商和生活上帮助他们，帮助他们解决生活上的实际困难。要加强舆论宣传，消除社会上对刑满释放人员的歧视和偏见，动员全社会参与到安置帮教工作中来，共同关心帮助刑满释放人员，为融入社会创造条件；建立思想教育长效机制。安置帮教领导小组牵头，对辖区内刑满释放人员开展多形式的政策教育、思想教育、法治教育和爱国主义教育活动，增强器社会责任感，减少和消除其消极对抗情绪，激励引导其遵纪守法、自食其力，顺利适应社会，融入社会；全面实行“6+1”安置帮教工作模式，确保安置帮教措施落实到位、抓紧抓好。

【人民调解】 2017年是县人民调解委员会成立第四年，革吉县共有人民调解委员会24个，人民调解办公场所24个，配备电脑、打印机、桌椅、档案柜等办公设备，完善各项工作制度。全县共有人民调解员171人成员。其中，主任有24人，副主任有13人，委员有134人，其中干部职业121人，群众50人；男性110人，女性61人，并对全县统一文书格式开展人民调解卷宗。邻里纠纷9起，草场纠纷10起，医疗纠纷11起，达成协议后的涉及金额2500元。协调成功率达100%。

【培训学习】 2017年，县司法局参加上级组织的各类培训，通过学习法律法规调解工作经验介绍、业务交流等形式丰富知识、提高业务能力。举办调解业务培训班，由司法局讲课，内容包括法律知识、办案中的实践体会、调解协议书的制作等。撰写调解心得，每当调解一起较为复杂的纠纷后，要求参加人员总结成功的经验，查找不足。分析、预测矛盾纠纷特点规律、发展趋势，做到调解工作有的放矢。全年共举办3期调解员工作业务知识学习陪训。在3月15日，县司法局长丹增尼扎带队工作组下乡到4个乡1个镇，24个人民调解委员会，对129名调解人员进行岗位培训。

【纠纷排查调处】 2017年，革吉县4个乡1个镇、19个行政村、企事业单位、个行业性专业性领域单位均建立人民调解委员会，建立调解室24个，配有基层人民调解员50多名，实现人民调解工作在全县各工作领域、各层级的全覆盖；规范调解行为，狠抓人民调解工作的基础，重新规划乡、镇，村（居）调委会规范化建设，截至年底，规范乡、镇，村（居）调委会的制度建设、内业卷宗管理，统一调解室，统一制度上墙，统一调解印章，统一内业资料和规范调解卷宗。健全保障激励机制，切实保障人民调解工作深入开展，激励广大调解人员做好调解工作，为平安和谐革吉建设多做贡献。

（李毛措）

【领导名录】

局　长

丹增尼扎（藏族）

主任科员

李 毛 措（女，藏族）

边巴次仁（藏族）

经济管理

革吉县发展和改革委员会

【概况】 革吉县发展和改革委员会(以下简称县发改委)属政府系统正科级国家机关,下设工信局、粮食局、物价局,主要负责经济综合管理工作。粮食局负责粮食流通统计工作及粮油市场监督检查工作。物价局主要负责市场价格监督管理工作、主要商品价格监测工作及价格认定工作,工信局主要负责企业备案工作及相关数据收集、材料汇报工作。2017年,实有人数12人,行政编制7人,事业编制3人,机关公益性2人。

【强化制度执行】 2017年,县发改委加强委内各项规章制度的完善及执行,落实请销假登记备案、上下班签到。为建设学习型机关,全年推进“三学一研”(每月学理论、学规章、学业务和研发展),发挥纵览全局、协调各方、上下联动的作用,实现用制度来管理干部,管理科室、管理业务,从而推进管理职权。

【项目建设】 2017年,革吉县在项目建设中,提出革吉县2017年重大项目计划、任务分解方案,明确项目建设责任部门、责任人及建设目标。全面实行投资项目在线审批。统筹力量,快速推进权限内37个项目的可行性研究报告、初步设计概算等事项的评估及审批。稳步推进招投标各项事务,狠抓权限内项目招投标事项的监督管理。梳理资金到位项目,提出建设计划、提交审议个别项目投资整合建议,召开4次既有资金(既有国家投资渠道、也有自治区专项资金投资渠道)项目推进及督查会议,有序推进2017—2020年县直周转房、2017年5个易地搬迁、2016年退牧还草工程等100个项目的开复工,项目投资总额达9.87亿元;完成全社会固定资产投资5.36亿元,完成5.16

2017年6月17日,阿里地区行署副专员、县委书记索朗次仁在县发改委主任黄超陪同下,实地查看生态功能区保护工程情况

亿元的年度目标，投资完成额同比增长23.2%。

【体制机制改革】 2017年，县发改委严格按照"放管服"改革工作，制定并试行权限内政府投资项目管理办法，制定并实施革吉县基本建设资金管理办法。立足实际，着眼长远，成立规划投资办、基本建设管理办、财务办等3个业务办公室和1个综合办公室，进一步推进各项工作规范化、专业化、程序化。切实提升基本建设领导小组在项目建设中主体推动作用，完善充实领导小组和前期专班，明确工作职责，规范工作程序。

【项目储备】 2017年，革吉县从传统的项目建议书储备转变为项目前期论证储备，不断灌输不能让资金等项目，要让项目等资金的意识。加强与地区各部门的沟通衔接，加大项目跑办力度，制定革吉县2017年项目建设计划，明确项目前期办理时限及责任部门，履行项目前期动态管理。协同推进规划选址、用地预审、环评审批、节能审查、风险评估、水土保持等各项前期支撑文件的审批办环节。梳理革吉县前期开展项目、革吉县2018年计划建设项目，及时掌握各项目的前期推进情况。派专人到拉萨、地区等地跑办项目前期，完成革吉县供排水工程、革吉县集中供养工程、革吉县5个幼儿园、革吉县妇幼保健站、革吉县3个风雨操场、革吉县盐湖乡羌堆村农业综合开发土地治理等建设项目的审批。完成革吉县盐湖乡盐巴粗加工厂、盐湖乡旅游综合楼建设等产业项目的备案。正在推进革吉县污水处理及收集系统、革吉县野生动物观赏区、革吉县牦牛产业基地建设项目等前期工作。

2017年07月08日，县发改委副主任边巴欧珠、次仁德吉走访慰问帮扶对象

【拓宽投资渠道】 2017年，革吉县完成招商引资2300万元，建设并投入运行革吉县商品混凝土搅拌站。初步商洽革吉县建立40兆瓦光伏扶贫地面电站事宜，启动成立革吉县金凯光伏电力有限公司。同时，革吉县供暖工程、综合管廊建设、市政给排水工程等正以EPC模式推进建设。

【推进"三去一降一补"】 2017年，结合革吉工作实际，深化推进各项改革工作。推进产业改革，严格执行《革吉县产业负面清单》，落实产业准入，建设革吉县商品混凝土搅拌站、革吉县蔬菜农业园区、文布当桑乡旅游综合体建设项目，开工建设革吉县盐湖乡盐巴粗加工厂、盐湖乡旅游综合体、县城旅游综合楼的重大项目，推进革吉发展的产业革吉初步雏形。补齐基础设施短板，重点在公共服务领域基础设施短板上下功夫，以教育均衡发展和创二甲医院为目标，积极协调项目建设，加强项目审批，陆续建设11个村级幼儿园、教育基础设施、疾控中心改扩建等项目，全年全县固定资产完成投资中教育、卫生项目占11.24%。

【农牧民施工队工作】 2017年，县发改委为促进农牧民增收，实现脱贫致富，200万元以下技术难度较低的20个项目，总投资3356.23万元发包给农牧民施工队实施，承建投资总额为2016年同期的6.17倍，截至年底，共创收1200万余元，劳务输出人次达6000余人。

【项目安全检查工作】 2017年,县发改委对工程建设领域进行大检查大排查共6次,定期和不定期专项检查共54次,建设单位与施工方签订安全生产责任书60余份,下发整改通知书26份,停工令1份,确保项目质量高标,建设高效。

【易地扶贫搬迁工作】 依据“一方水土养活不了一方人”的实际,以生活在缺乏基本生存条件和发展环境的农牧区贫困人口为对象,2017年,革吉县易地搬迁任务是372户1247人,其中搬往地区康乐新居134户583人,县城内5个安置点安置238户664人。革吉县依托小城镇、国省道、旅游沿线、县城4类区域优势,以农业综合开发区、新农村建设等确定6个易地扶贫搬迁安置点,地区“康乐新居”、革吉县福康小区、雄巴乡德勒康桑小区、盐湖乡盐羊古道安居苑、文布当桑乡红柳幸福小区、亚热乡德康小区。2017年革吉县易地扶贫搬迁建设项目共五个。革吉县2017年易地扶贫搬迁福康小区二期工程建设项目,总投资1935.91万元;革吉县文布当桑乡易地扶贫搬迁红柳幸福小区建设项目,总投资933.05万元;革吉县盐湖乡易地扶贫搬迁盐羊古道安居苑建设项目,总投资841.76万元;革吉县雄巴乡易地扶贫搬迁安康勤乐小区建设项目,总投资851.33万元;革吉县亚热乡易地扶贫搬迁德康小区建设项目,总投资1918.12万元。

【物价管理】 2017年,革吉县物价局根据革吉县市场发展情况,对全县药品、食品、蔬菜等商品进行物价专项检查18次,以明察暗访等多种形式开展物价检查12次,专门打击囤积居奇、哄抬物价等不法商业行为,切实保护消费者的合法权益,尤其是节假日、重要时期,发改委加强对市场商品价格监测,并及时上报地区物价局,全力保障全县市场秩序的稳定,为公安机关办理案件提供价格依据,按照委托单位的价格委托书,对4起价格委托书进行价格鉴定4次,2017年,全县居民消费涨幅控制在3%左右。

2017年10月14日,县发改委同县消防大队组织消防演练

【粮食工作】 2017年,革吉县粮食局为进一步加强对革吉县粮食流通监督检查工作,规范粮食流通秩序,维护生产者、经营者、消费者的权益,制定2017年度粮食安全县长责任制,开展革吉县“粮食安全隐患大排查快整治严执法”集中行动工作。全年粮食调运量为250.5吨,粮食销售量为255.58吨,稳步推进粮食流通安全。加大对“三包”学生、救灾粮等供应力度,粮食公司对革吉县“三包”学生放心粮油供应覆盖率达100%。

【工业与信息化】 2017年,革吉县工业与信息化局针对革吉县通信盲区开展排查、调研工作,完成8家单位电子政务网安装和调试工作,对8家工作人员进行培训,完成全县9个农村信息综合服务站的管理和维护工作。

【党建工作】 2017年,不断完善发改党支部建设,建立健全党员花名册、党费收缴台账,党建工作制度,生活制度,学习制度等,这些制度的完善,极大地提高委党支部的战斗堡垒作用。支持和参与党支部党务公开,参加组织的各项活动,深入开展“两学一做”

学习教育，党风廉政建设、机关文明创建等现象教育活动，全年县发改委共组织干部职工学习50余次，学习内容达27项，人均自学100小时左右，集体讨论8次。

【党风廉政建设】 2017年，县发改委组织党员干部职工学习《中国共产党廉洁自律》《中国共产党纪律处分条例》《中国共产党章程》、中央“八项规定”、自治区“约法十章”“九项要求”等，不断加强勤政廉政教育，始终把反腐倡廉教育贯穿于干部职工的培养、选拔、管理、使用等各个方面，同时，发改委始终坚持把党风廉政建设与反腐败工作与政治思想教育相结合，与项目建设工作相结合，把党风廉政建设与反腐败工作贯穿到各项工作当中。严格落实“三重一大”制度，单位经费开支集体研究决定，然后报分管县长审批同意后实施，杜绝腐败等现象的发生。

（卢　李）

【领导名录】

主　任

黄　超

副主任、粮食局局长、工信局局长

边巴欧珠（藏族）

副主任

次仁德吉（藏族）

革吉县财政局

【概况】 革吉县财政局（以下简称县财政局）是主管全县财政收支、预算编制、资金分配、使用绩效等具有征收、管理、监督等职能的政府经济工作部门。2017年，县财政局在岗国家公务员5名，公益性岗位1名。

【党建工作】 2017年，县财政局坚持以习近平新时代中国特色社会主义思想和中共十九大精神为指导，坚持“围绕党建抓经济，抓好经济促发展，抓好发展惠民生”的工作思路，切实加强党员队伍和党的执政能力建设，深入推进财政改革，着力壮大县级财力，为建设幸福美丽新革吉提供强大的经费保障。认真贯彻落县委、县政府重大决策部署，紧紧围绕“服务中心、建设队伍”工作目标，持续抓好机关党的政治、思想、组织、作风、制度、纪律建设，推进学习型、服务型、创新型党组织建设，团结带领党员干部锐意进取、努力工作，确保党建工作目标任务全面完成，推进革吉县长足发展和长治久安提供坚强组织保障。

【学习中共十九大精神】 2017年，革吉县财政局全体干部职工观看十九大开幕式和闭幕式，认真学习领会中共十九大精神，集体抄《十九大报告》，将学习分为集中学习和自主学习两种，并通过总结经验、整改不足的方式，使干部职工对理论知识的认识更为形象具体，将学习效果体现到具体工作、落脚到财政改革发展中，通过一系列活动的开展，干部职工的工作积极性有很大的提高，带动全局的整体工作向规范化发展。

【党风廉政建设】 2017年，县财政局把党风廉政建设责任制的落实与财政业务工作紧密结合起来，一起部署、一起落实、一起检查，形成“一岗双责”的工作格局。认真开展党务政务公开工作，认真落实党务政务公开制度。严格执行“三公”经费预算控制及公车配备使用管理规定，杜绝奢侈浪费现象发生。2017年全县“三公”经费支出727.41万元，同比下降31.95%，减支341.59万元。其中，公务用车运行维护费支出670.15万元，同比下降31.93%，减支314.35万元；接待费支出57.26万元，同比下降32.23%，减支27.24万元。

【“国库集中支付”上线】 国库集中支付制度改革是中国预算执行管理制度的根本性变革，是现代财政管理领域一项历史性重大制度创新。改革和形成的新型财政资金运行机制和管理制度，有利于从根本上提高财政资金运行的安全性、规范性和有效性，有利于从根本上保证财政收支信息反馈的真实性、准确性和及时性，构建从源头上预防和治理腐败的重要制度保障。同时，国库集中支付制度的实施，是对财政性资金的收入、支出更加科学、有序、规范的管理方式，而明确预算管理级次，遵循预算管理原则，可以全面地反映一个部门或单位各项资金的使用方向和具体内容，完整地分析资金结构和财务活动。革吉县“国库集中支付”于2017年8月全面上线，对革吉县财政管理改革有十分重要的意义。

【编制预算】 2017年,县财政局以"依法理财,打造阳光财政"作为财政工作总基调,紧紧围绕县委、县政府中心工作,高举中国特色社会主义伟大旗帜,以邓小平理论、"三个代表"重要思想、科学发展观为指导,认真贯彻落实中共十九大精神,贯彻落实自治区第九次党代会和全区经济工作会议精神,根据《中华人民共和国预算法》,结合革吉县实际,编制完成2017年革吉县财政收支预算草案。严格按照《中华人民共和国预算法》和自治区、地区两级经济工作要求,以革吉县的实际财力为准,坚持统筹兼顾、量入为出的原则,在"保工资、保运转、保民生、保稳定"的前提下,注重改善民生和社会和谐稳定,确保精准扶贫、维护稳定等重点工作的资金需求。

【收支完成情况】 2017年,革吉县公共财政预算收入完成2191万元,同比增长59%,增收810万元。其中,税收收入完成2034万元,占公共财政预算收入的93%,与2016年同期相比,增收1090万元。非税收入完成158万元,占公共财政预算收入的7%(主要来源:县城出租房屋租赁费、矿区三项管理费、罚没收入),与2016年同期相比,减少280万元(由于2017年6月份开始将政府商品房交由城投公司管理,致使房租收入减少)。

2017年,全县公共财政预算支出完成55394万元,同比增长3%,增支1817万元。其中,一般公共服务支出18155万元,公共安全支出2345万元,教育支出10986万元,科学技术支出124万元,文化体育与传媒支出436万元,社会保障和就业支出1028万元,医疗卫生与计划生育支出1855万元,节能环保支出7546万元,农林水支出7834万元,交通运输支出538万元,资源勘探信息等支出185万元,商业服务业等支出217万元,国土海洋气象等支出171万元,住房保障支出1682万元,其他支出2275万元,政府性基金支出17万元(其中,用于教育事业的彩票公益金支出15万元,用于残疾人事业的彩票公益金支出2万元)。

2017年,革吉县共收回存量资金2493.51万元,截至年底,已统筹安排2493.51万元,主要用于年初预算缺口资金和易地扶贫搬迁缺口资金。

【固定资产清查】 2017年,革吉县为进一步规范和加强固定资产管理,维护固定资产使用和管理的安全,根据西藏自治区财政厅和阿里地区财政局的具体安排部署,县财政局成立固定资产清查专项领导小组,指派专人开展2017年全县的固定资产清查情况。截至年底,行政事业单位固定资产总值57682万元,其中交通工具价值2786万元,房屋及建筑物价值39031万元,其他固定资产价值15865万元。

【干部职工待遇】 2017年,革吉县干部职工待遇全面落实。医疗保险金、失业金、养老金、生育保险、工伤保险等关系干部职工切身利益的社会统筹基金和住房公积金都全部按规定标准上缴到位。乡镇干部职工生活补助已按规定标准发放到位。

(窦 洁)

【领导名录】

副县长、财政局局长

普布卓玛(女,藏族,10月免)

财政局局长

洛松扎西(女,藏族,10月任)

副局长、国资委主任

涂 玲 君(女)

国资委副主任科员

次央拉姆(女,藏族,8月任)

革吉县国土资源局

【概况】 2017年,革吉县国土资源局(以下简称县国土局)有工作人员7人,其中正科级2人;科员4人;驾驶员1人。国土资源局主要负责革吉县土地管理,矿产资源管理和地质灾害防治等工作。

【土地管理】 2017年,革吉县加快土地审批报件,进一步规范建设项目用地预(初)审核报批工作。根据县委、县政府的部署要求,统筹安排各类建设用地,强化征地补偿和临时用地补偿的监督工作,为保障革吉县重点工程项目的开工建设,加大对重点项目的支持力度,对新增建设用地的项目将协调建设单位,加快建设用地申报工作,在征地上强势

2017年6月19日，革吉县举办不动产登记中心揭牌及不动产权证首发仪式

推进，在指标上优先安排，在报批上专人跟踪，提高报件质量，缩短报批时间，加大土地管理力度，确保土地有指标、征得回、供得出、确保新增建设用地审批高效、合法。2017 年共计办理建设项目用地（初）预审 52 宗，用地审查报批 20 宗，批准临时用地 6 宗，上缴临时用地费用 28813 元，土地出让 5 宗、面积 1591.9 平方米，其中挂牌出让 4 宗，上缴土地出让金 285902.12 元，补交征地费 33600 元。全年共计征地 17 宗地，125.6 亩，兑现支付征地补偿费 435485.7 元。查处土地矿产违法行为 2 起，处罚 108000 元；根据申请用地、审查用地、勘测定界、地价评估、拟定工作方案等建设用地工作流程，革吉县进一步制定完善《建设用地申请流程图》《农用地征用流程图》《土地预审程序》《建设用地工地流程图》等工作流程图，切实规范建设用地各项审批程序，不断提高审批工作的质量和效率，2017 年完成 2090 亩的批次用地勘测定界工作，并顺利通过上级国土资源部门的评审。进一步规范土地出让程序，在 2016 年推行试点挂牌出让的基础上进一步完善程序，加大宣传力度，以公开、公平、公正推行国有土地使用权挂牌出让制度。按照各乡建设现状和发展趋势，为科学、合理的反映各乡所在地的土地级别基准地价水平，经过多次调研，更新制定各乡土地定级及基准地价标准，进一步规范完善地产市场，为促进城镇土地资源的合理利用和优化配置提供有力的支撑。扎实开展集体土地确权登记工作，争取专项经费，依照实施方案顺利完成外业测绘和调查工作，通过为期 20 天的外业测绘调查，共确权登记 2754.99 公顷的集体土地。

【矿产管理】 2017 年，县国土局深入开展打击非法开采砂金矿专项整治行动，年初专门完善打击非法开采砂金矿巡查工作领导小组及专项整治实施方案，进一步明确相关单位的职责任务，建立重点矿区联合巡查制度和严格执行非法开采砂金矿举报奖励制度，全年先后开展矿区巡查 36 余次，累计巡查里程达 50281 公里，全年内未发现一起偷盗砂金矿行为。加大革吉县范围内的探矿权监督管理工作，配合“青藏专项”工作，进一步规范探矿权备案登记工作程序，严格执行勘探企业的日常监督工作，做到勘探工作的事先、事中、事后全过程监督管理，全年共为 15 家勘探单位办理探矿权备案手续，同时革吉县扎实开展矿产资源管理的宣传教育和矛盾纠纷排查化解工作，针对存在的矛盾纠纷积极与各方沟通、协调，主动调研处理化解，为顺利开展地质勘探工作提供有力的保障。按照上级国土资源部门关于做好县级矿产资源规划（2016—2020 年）编制工作的一系列通知要求，国土局经请示县人民政府委托相关资质单位，截至年底，已完成实地调查、收集相关资料和文本框架，正在编制初稿及附图附表。加强与盐湖扎仓茶卡矿区企业的沟通协调，加大力度盐湖硼煤矿调运工作，2017 年盐湖硼煤矿调运量达约 4.7 万吨，收取三项管理费和过磅费约 109.27 万元。积极有序开展卫片执法工作，根据卫片执法检查中下发的涉及疑似土地矿产违法图斑共计 39 个点，其中土地违法图斑 27 个点，矿产违法图斑 12 个

2017年8月16日，副县长桑杰巴珠同县国土资源局工作人员在盐湖乡协调地质勘探工作

点，按照上级具体工作部署，革吉县指定专人负责，在全县范围开展卫片执法实地核实工作，摸清实际情况和存在突出问题，并进行一一整改。截至年底，整改完成率达90%以上。

【地质灾害】 2017年，县国土局认真组织、指导和协调地质灾害防治工作，着手编制革吉县地质灾害应急预案，定期排查革吉县境其他省市质灾害隐患点，及时建立群测群防人员，严格落实汛期报告制度，加大地质灾害应急教育，通过实地勘察，实地讲解防范地质灾害的方式方法，明确各隐患的撤离路线、设立警示标志等方式乡隐患点周边的群众进行地质灾害防治教育。2017年在全县范围内开展地质灾害隐患排查26次，排查梳理地质灾害重点隐患突出点8处，设立群测群防人员8名，全年发现山体塌陷和地面沉降7起，未对群众生命和住房等方面造成危险或损失，对周围群众进行安全教育，全年未发生重大地质灾害。

【安全生产】 2017年，县国土局严格落实“管行业必管安全、管业务必管安全、管生产必管安全”的工作要求和“党政同责、一岗双责、齐抓共管、失职追责”的责任体系，认真学习贯彻中共中央国务院关于推进安全生产领域改革发展的意见，紧紧围绕迎接国务院安全生产巡查组工作，加强革吉县各砂石料厂、勘探企业和盐湖矿区等非煤矿山的安全生产监督检查工作，层层签订安全生产责任书，加强日常安全隐患的排查整治工作，严查企业安全生产制度和措施落实情况，全力确保矿山企业安全生产。2017年开展非煤矿山安全生产检查21次，开展安全生产宣传教育3次，查处安全隐患16次，整改16次，未发生非煤矿山安全事故。

【不动产登记】 2017年，县国土局组织召开不动产登记工作领导小组会议，进一步积极沟通协调，及时完成机构整合、资料移交、人员配备、设立办公场所、信息网络平台的建立等不动产登记工作的各项前期准备工作，紧接着革吉县不动产登记中心开展首次土地、房屋测绘工作、组织不动产登记业务人员学习培训、开展以“实施不动产统一登记制度维护权利人合法权益”为标题的宣传活动等工作的扎实开展为革吉县不动产登记工作首发工作奠定坚实基础。此后，革吉县如期举行革吉县不动产登记中心揭牌暨不动产权证首发仪式、革吉县举行不动产登记中心揭牌暨发证仪式，并颁发首发不动产权证书2本，不动产登记证明2本。

【党风廉政建设】 2017年，县国土局重视党风廉政建设和反腐败工作，把党风廉政建设工作纳入工作重点，坚持把党风廉政建设和日常业务工作紧密结合，做到“四个一起”（一起布置、一起落实、一起检查、一起考核）。加强领导，及时调整党风廉政建设领导小组，由单位负责人担任组长，廉政督导员为副组长，具体工作人员为成员，并进行领导分工，明确责任范围。同时，召开专门会议，对党风廉政建设和反腐败工作做具体安排。年初县国土局局长与全体干部职工签订《2017年党风廉政建设责任书》，全体党员干部签订《廉政承诺书》。使国土局的党风廉政建设，形成横向到边、纵向到底和千斤重担大家挑，人人身上有指标的责任体系，保证党风廉政建设责任制各项措施落到实处，取得成效。认真学习县纪委下发的系列通报精神和《中国共产党党内监督条例》《中国共产党廉洁自律准则》《中国共产党问责条例》等学习会议共12次，每季度召开专题会议1次，每季度向分管领导汇报党风廉政建设工作情况1次，开展廉政谈话3次，建立健全“一岗双责”工作落实台账，进行督察检查4次，上墙廉政警示牌5张，召开党风廉政建设专题组织生活会1次，开展干部廉政文化教育知识测试活动1次，认真查找风险点2次，并确定风险等级及制定防控措施。建立健全《重大事项报告制度》《请销假制度》《公章使用登记》《干部职工签到登记》《上级领导督查检查登记》《公务用车管理制度》《派车单登记》等各项制度及措施，把权力关到制度的笼子里，用制度规范所有的行为，用制度杜绝“四风”问题的蔓延。

【扶贫攻坚】 2017年，县国土局结合国土资源部门职能，主要从产业扶贫、就业扶贫上加大扶持力度，与扎实开展“结对认亲”帮扶活动相结合，优化保障措施，开通精准扶贫易地搬迁区、乡村道路、饮水工程、电力设施等基础设施和学校（幼儿园）、医疗点等服务设施建设项目用地审批“绿色通道”，优化审批程序，减少审批环节，缩短审批时限，加快用地报批，2017年为十余个扶贫项目办理用地手续，为8名贫困群众提供地质灾害群测群防生态岗位进行就业，组织干部“结对帮扶”工作，全年所有干部职工开展帮扶18余次，开展思想教育18余次，走访慰问8次，物资帮扶价值达2400余元。

【迎接环保督查】 2017年，县国土局按照自治区、地区关于迎接中央环境保护督察工作电视电话会议精神和革吉县迎接中央环保督察工作部署会议精神。严格按照阿里地区环境保护自查问题清单任务分工表及阿里地区整改问题清单任务分工表的相关工作要求，全面对革吉县境内国土资源领域的生态环境方面进一步调查了解，并针对存在的问题开展整改落实工作。联系辖区矿点企业单位，督促落实环境保护问题的整改工作，严把自然保护区探矿企业的审核力度，停止自然保护区探矿项目，加强督促砂石料场环保措施，全年共检查非煤矿山领域环保措施落实情况检查26余次，整改各类环保问题12余次，有效推动矿山环境保护和生态恢复工作。

2017年6月16日，革吉县国土局参加安全生产主体责任宣传活动

【保密管理】 2017年，县国土局严格按照《中华人民共和国保守国家秘密法》相关规定要求，强化领导，及时制定完善保密工作领导小组，明确任务，并且落实保密工作岗位负责制和“属地管理”原则，做到保密工作机构、人员、职责、制度“四落实”。严格管理保密人员、保密资料和档案室，具体做好文件资料的收发、分放、整理、归档、销毁等，非工作人员一般不准进入档案室，防止机密外泄。年初，安排专人做好2016年度的档案分类、整理和归档工作。

【维护稳定】 2017年，县国土局严格按照自治区、地区及革吉县维稳办统一要求，做到统一思想、高度重视，把维护稳定作为一项头等大事来抓，特别是2017年“三大节日”和召开中共十九大期间，以平安单位建设为重点，全力以赴投入维稳安保工作，严格落实各项维稳工作措施，全体干部职工全员在岗，参与值班带班和日常巡逻任务，严格遵守维稳工作纪律，确保维稳工作“三无”“三不出”的工作目标，同时及时了解革吉县地质灾害隐患点、各砂石料厂和盐湖矿区领域的动态，加大信访工作接待力度，及时化解各类国土相关矛盾纠纷及社会突出问题，有效排除行业领域的不稳定因素。

（强巴拉姆）

【领导名录】

局　长

索朗多吉（藏族）

副局长

尼　珍（女，藏族，6月免）

主任科员

尼　珍（女，藏族，6月任）

革吉县统计局

【概况】 2017年，根据《中共革吉县委员会关于〈革吉县政府职能转变和机构改革方案〉的通知》精神，革吉县人民政府关于印发《革吉县统计局主要职责内设机构和人员编制规定的通知》文件要求，革吉县统计局（以下简称县统计局）从革吉县发改委单独成立。县统计局机关行政编制3名，事业编制3名，科级领导职数2名。2017年，在职行政编制1名，事业编制2名，专招生1名。

【统计业务】 2017年，县统计局加强统计业务知识学习，全面提升工作人员素质。加强学习培训，提升综合能力。增强责任意识，加强作风建设，以爱岗敬业、锐意进取、奋发有为的精神状态和求真务实的工作作风，不断创造新的业绩。严肃工作纪律，恪守职业道德，提高工作效率。加强文化建设，努力营造团结和谐的工作氛围。

【抓好统计基础】 2017年，县统计局人员深入乡村做好检查指导，做到耐心、细心、真心，使调查户能充分认识到提供第一手统计资料是一项利国、利民、利己的光荣任务，同时为调查对象提供技术、信息等各项服务，宣传党的富民政策、爱民政策，做好调查对象的思想工作，使调查户说真话、报实数，确保统计资料源头数据的及时、准确、全面。全面完成各类统计基础报表。

【第三次全国农业普查】 2017年，县统计局认真贯彻落实《国务院关于开展第三次农业普查的通知》和《西藏自治区人民政府关于开展第三次全国农业普查的通知》及《关于成立阿里地区第三次全国农业普查领导小组的通知》精神，及时成立革吉县第三次全国农业普查领导小组，领导小组办公室设在县统计局，各乡镇也及时成立第三次全国农业普查工作机构，县三农普领导小组与各乡镇签订责任书，做到一级抓一级，层层抓落实的工作格局，召开3次农业普查业务培训会。完成第三次全国农业普查49个普查小区农户表4089户、规模农业经营户表2户、农业经营单位表6个以及乡镇表5个、村（居）表19个的审核验收并上报工作。

【脱贫攻坚】 2017年，县统计局高度重视精准扶贫工作，多次召开商讨脱贫举措、扶贫结对帮扶

2017年2月9日，革吉县副县长郝永福主持召开全国第三次农业普查工作培训会议

方案和协调解决扶贫工作中的有关问题。县统计局利用周末时间组织全局干部职工开展走访慰问结对帮扶活动，在走访慰问过程中，按照一对一结对帮扶工作安排和要求，给贫困户送去生产生活物资。

【统计服务】 2017年，县统计局紧紧围绕为宏观决策服务、为经济发展大局服务、为社会公众服务的要求，不断强化服务意识，努力拓展服务领域，满足多层次社会需求，及时为县委、县政府及有关部门整理和提供国民经济主要统计数据。

2017年1月14日，革吉县统计局局长潘忠进带领工作人员到盐湖乡推进全国第三次农业普查工作

【主要经济指标】 2017年，革吉县实现生产总值40608万元，同比增长14.3%。其中，第一产业增加值11683万元，同比增长15.3%；第二产业增加值10871万元，同比增长20.9%；第三产业增加值18054万元，同比增长10.1%。全县社会固定资产投资完成5.99亿元。全县财政收入完成2191万元。社会消费品零售总额7816.6万元。城镇居民人均可支配收入33319元。农村居民人均可支配收入9684元。

【明确工作责任】 2017年，革吉县乡镇领导非常重视统计工作，把统计工作纳入日常议事日程。明确乡镇统计工作负责人，配备兼职统计人员，为使乡镇里统计工作更加规范，县统计局与乡镇宣传《关于落实乡镇级统计调查工作规范化建设》《乡镇级统计员工作职责》《中华人民共和国统计法》，明确统计工作职责。

【统计报表和抽样调查】 2017年，县统计局为认真做好各类统计报表及时、准确、全面的报送工作，建立乡镇级工业、批零贸易、固定资产投资、单位及个体经营户的联系名册，按照各专业统计报表报告期的要求，采取上门实地调查等方法，做好各单位及个体经营户的联系、登记、催报等工作。按时完成农林牧渔生产和村级经济以及基本情况的统计报表。

【普查和专项调查】 2017年，县统计局根据专项调查工作任务布置，按照上级相关要求，开展经济普查、人口普查、农业普查等重大国情国力普查工作，做好城乡住户基本情况调查、群众安全感调查等各类专项调查工作，完成上级部门布置的其他工作任务。

【党建工作】 2017年，县统计局以学习“两学一做”学习教育常态化制度化建设和“四讲四爱”主题教育实践活动为契机，深入学习贯彻落实中共十九大精神，县统计局把学习宣传贯彻中共十九大精神作为首要任务，制定学习方案，结合“两学一做”学习教育活动，通过集中学习、专题研讨、对标检查、民主评议，党员对标查摆出的问题得到有效解决。

（嘎　玛）

【领导名录】

局　长

潘忠进（水族）

革吉县商务局

【概况】 革吉县商务局（以下简称县商务局）于2011年正式成立，为县行政管理部门，行政编制3人，其中正科级1人，副科级2人。县商务局下设供销合作社和质检所，其中供销合作社为事业编制2

人(副科级1人,科员1人),质检所为行政编制2人(副科级1人,科员1人)。具体职能为推进商贸流通业、商贸服务业发展、拟订开拓市场、促进消费的政策措施;组织实施重要商品市场调控和流通管理;负责城乡商贸统筹发展工作,拟订商贸流通发展中长期规划,承担城乡统筹商贸网络体系建设工作,推进城乡市场体系建设;牵头协调整顿和规范市场经济秩序;负责商贸流通业监督管理;承办县委县政府交办的其他事项。

【商贸流通领域】 2017年,革吉县经济发展势头良好,商贸快速发展,为革吉的经济发展注入旺盛的生机和活力,呈现积极发展的良好势头,餐饮、商品流通、物流等形式多样的商贸正逐渐形成。2017年6月,为掌握革吉县的经商情况,商务局组成专门人员对全县的经商情况进行全面调查。截至年底,在全县从事商贸、饮食服务的商家有433家(茶馆125家、汉族餐馆12家、回族餐馆4家、超市11家、蔬菜店13家、宾馆20家、其他商店267家),物流2家(邮政1家、快递1家),邮政物流已辐射到乡镇。加油站6家,其中私人加油站2家(中石油1家、平安加油站1家),撬装加油站3家,加气站1家。

【市场监管和补贴】 2017年,县商务局为掌握全县市场的商品价格状态和货源信息,保障市场平稳供应,商务局根据上级部门的要求,确定一名专职人员,负责市场监管工作,每周五按时上报革吉县的蔬菜供应价格和供应品种。通过市场监测,全县的蔬菜市场供应稳定,货源供应及时,价格基本维持在平稳状态,没有出现断供和哄抬物价违法行为。同时为保证在春节、藏历新年期间,让干部群众吃上新鲜蔬菜,过上祥和快乐的节日,县商务局与县城蔬菜经营商户签订节日保供合同,在保障节日期间蔬菜不断档、不提价的前提下,按时为县城市场提供品种齐全、新鲜蔬菜的商户按照每户5000元的标准兑现保供补贴资金10000元。

2017年5月20号,商务局局长陈永川(左一)深入了解对帮扶基本情况

【成品油监管】 2017年,按照自治区维稳办的要求,县商务局认真贯彻落实成品油管理办法,对全县范围内的平安加油站、中石油加油站和乡镇加油站进行监管,督促其落实自治区维稳安保责任,落实零散成品油加油管理办法,对加油车辆、人员进行详细登记,确保将维稳要求落到实处。同时为掌握革吉县成品油购置和销售、库存情况,要求加油站按时向商务局上报销售情况。截至年底,汽油购进886.95吨,销售778.78吨;柴油购进728.44吨,销售649.88吨。

【安全生产】 2017年,按照管行业管安全的工作要求,县商务局根据县安委会的安排部署,与相关执法单位深入全县商贸流通领域进行安全生产联合执法检查6次,发现在加油站点、超市等环节存在部分安全隐患,针对隐患,县商务局执法人员当场督促相关商户立即进行改正。经过商县务局和商贸流通领域的商户的共同努力和安全隐患排查,全县商贸流通领域没有发生安全生产事故。

【碘盐推广】 2017年,为预防群众因碘缺乏而发生的各种疾病,

2017年6月30日，革吉县商务局局长陈永川带队检查市场安全情况

保障人民群众身体健康，将党和政府的关心关怀送到群众手中，满足群众日常生活所需的食盐，在地区盐业公司的积极工作和推动下，县商务局与各乡镇沟通协调，根据人数，在低于市场价格，保证质量的前提下，在2017年的5月份为革吉县广大人民群众配送91.4815吨加碘盐。

【阿里地区第三届畜产品集中展销会】 2017年12月1—5日，阿里地区第三届畜产品集中展销会召开，革吉县派团参加。实现畜产品销售2889603元，其中绵羊2020只、牛118头、民族手工艺品藏式衬衣4件、羊皮袄2个、羊羔皮藏袍5件、藏式腰带9个、氆氇5个、帽子2个奶渣153.5公斤、酥油197.5公斤、盐巴总销售159盒、那布藏香藏药约2000小袋。获得该届阿里农畜产品交易会销量好成绩。

（玉 珍）

【领导名录】

局 长

陈永川

副局长主任科员

平措坚才（藏族）

革吉县安全生产监督管理局

【概况】 2017年，革吉县安全生产监督管理局（以下简称县安监局）始终把人民群众生命财产安全放在首位，坚守红线意识，严格按照“全覆盖、零容忍、严执法、重实效”的要求，不断深化各行业领域的安全生产大检查大整治，通过强队伍、严举措、重整治，打击非法生产和违规违章行为，确保全县平稳趋好的总体态势。2017年，革吉县共发生20起道路交通事故，其中一般交通事故4起，轻微交通事故16起，无人员伤亡事故。全县危险化学品、烟花爆竹、工矿商贸等行业未发生安全生产事故。

【安全生产领域改革】 2017年，县安监局为贯彻落实好《中共中央 国务院关于推进安全生产领域改革发展的意见》（以下简称意见）推进改革工作，召开意见专题学习会。2017年年初，在革吉电视台设置专栏对意见进行滚动播放宣传，并将意见制成藏汉双语的小册子发到村级安委会、村民小组、联户点，通过乡、村安委会和驻村工作队力量在群众中广泛宣传。研究制定《中共革吉县委员会 革吉县人民政府关于推进安全生产领域改革发展的实施方案》，并将任务进行细化分解，健全领导，明确职责。按照自治区安监局的统一安排，选派4人次参加自治区举办的安全生产监察员执法培训班。转发《西藏自治区安委会办公室关于进一步加强和规范安全生产监管执法的通知》的通知，统筹加强全县安全监管力量，并纳入统一的监管执法体系。按照“五级五覆盖”的要求，县、乡、村三级都设有安委会，在安全生产监管任务重的革吉镇和盐湖乡配备2名专职安监员，在安全监管任务相对较轻的其他3个乡配备1名专职安监员。在20个村（居）和辖区内3座寺庙、2座拉康寺管会中，确定1名以“双联户”户长、特派员的安全生产监管员，建立健全县、乡、村、“双联户”四级安全生产责任体系。同时，编制完成年度执法计划、现场执法检查方案，进一步明确各执法部门的职责，规范执法行

2017年6月11日，革吉县委常委、常务副县长确巴检查食品安全情况

为，确保工作人员在执法检查过程中，秉公办事、依法行政，推动安全生产步入规范化、法治化轨道，确保安全生产领域改革工作扎实有序开展。

【签订责任书】 2017年，县安监局按照“五级五覆盖”的工作要求，严格控制各项指标，尽可能地减少人员伤亡，在认真总结工作的基础上，遵循“横向到边、纵向到底、责任到人、不留死角”的安全生产工作原则，对安全生产责任状的考核内容进行调整和完善。将安全生产责任制继续纳入县乡两级党委、政府中心工作目标进行考核，规范管理。年初，按地区要求制定《安全生产目标责任书》，按照“谁主管、谁负责”和“属地管理”的原则，分别与各单位、各乡镇签订责任书，进一步将任务分解到各乡镇、各单位、各村居，共签订责任书59份。对考核对象工作职责和目标任务等进一步加以说明和细化。对安全生产责任书的量化考核实施细则作重大修改，着重强调事故控制指标、督促检查制度和信息报送制度。革吉县安全生产委员会（以下简称县安委会）坚持“谁主管、谁负责”的原则，分别与各矿开发企业、建筑施工企业、危险化学品经营销售单位直接负责人签订安全责任书，共签订责任书65份，进一步落实安全责任，明确责任人。

【宣传教育】 2017年，县安全委员会组织成员单位召开会议，深入学习贯彻国务院和自治区、地区会议精神、规章、制度等，分析当前安全状况，总结经验教训，深刻理解安全发展理念的科学内涵、精神实质和本质要求强化领导的安全生产意识。将宣传工作重点对象扩大到农牧民群众、施工作业员、个体经营户中，充分利用广播、电视、网信公众平台、标语、条幅、户外宣传栏等形式，广泛开展安全生产宣传活动，牢固树立“安全生产责任重于泰山”的思想，确保安全生产管理措施落到实处。结合“七五”普法，在“安全生产月”、《中华人民共和国安全生产法》实施周年日等时段和节点，做好以《中共中央、国务院关于推进安全生产领域改革发展的意见》《安全生产法》为主体的安全生产法律法规普及和宣传活动。将《中共中央、国务院关于推进安全生产领域改革发展的意见》翻译成藏语，制作藏汉双语宣传册进行发放。坚持法律宣传与安全生产执法行动、安全生产治理行动相结合，在执法行动和治理行动中坚持宣传先行、教育推动，强化执法，严格监督，达到学法、知法、守法、用法的目的。同时针对全国在危化品及非煤矿山领域发生的典型事故案例进行以案释法，加强法律知识的学习普及，提高企业负责人和职工安全生产法律意识，提升从业人员依法维护生命健康权益的能力。

【成品油监管】 2017年，县安监局充分认识实行机动车实名登记加油制度和零散成品油销售管理的极端重要性、必要性和紧迫性，切实把严成品油销售管理工作作为“反自焚”斗争的重大源头性、关键性措施，从严管理油源，从严审核证照，从严监督油品使用，坚决确保工作没有漏洞、没有缝隙、没有空白点。按照属地管理原则，全面加强对该辖区成品油销售管理工作的领导和管理，层层落实责任制，明确各自的职责任务和目标要求。切实强化成品油销售管理各环节措施落实，坚持把管理的管控前移到村居、把管理的力量部署到油站、把管理的触角延伸到作业现场，实现从审批到加油到使用全过程监管。严格贯彻落实零散加油每次不得超过60公升的规定，从严做到“五个坚决”。即：对车辆实行实名制加油，严格执行身份证、驾驶证、行驶证“三证审核”制度，坚决做到“三证”缺一不可；对农牧区无牌无证的摩托车、农用车等的零散加油，在严防严控，预防漏洞的前提下，个人购买零散成品油每次不得超过60公升；对机关、企业、事业单位和施工工地（含工程车辆）根据该单位的实际用油情况确定加油数量并核对该单位成品油使用台账，坚决杜绝非法储存成品油。严格执行本人户籍所在地或居住证登记地公安派出所和村（居）委会出具加油证明，所在地乡镇人民政府批准同意的零散成品油销售管理规定，坚决做到“三审”缺一不可。统一规范零散成品油加油批准通知书的格式和内容，坚决做到购油单位基本信息和个人详细身份信息、购油种类数量及用途、指定购油点“三项内容”缺一不可。各村（居）委会严把成品油管理的第一道关口、各加油站点严把成品油管理的加油关口，坚决杜绝“批人情卡、加关系油”的现象发生。各乡镇政府、公安派出所加强对各村（居）委会审批环节的监督管理，特别要加强对异常频次加油、重点人群用油的监管力度，分门别类制定具体措施，坚决做到发现异常情况，及时调查处置。制定印发《革吉县各加油站点派驻安全监管员工作实施意见》，按照“每个加油站点派驻一个安全监管组，每组安排4名安全监管员，其中组长1名，组员3名”的总体要求，对全县所有加油站点派驻安全监管员，并统一制作配发《驻站安监员工作职责》和《驻站安监员工作制度》，由县级财政予以补助80元/天，并成立革吉县加油站点安全监管领导小组。县安委会联合商务、安监、教育、住建等部门对革吉县锅炉、液化气瓶、塔吊进行监督检查，对检查出过期的液化气瓶进行强制更换，确保人民群众生命财产安全。

【安全生产宣传】 2017年，县安监局充分履行政府“抓手”职能，发挥部门间“桥梁”作用，主动作为，形成全县上下统一协调、责任明确、齐抓共管、运行高效的食品安全管理工作格局。印发《革吉县关于春节、藏历新年及全国“两会”期间食品药品安全专项整治方案》《关于流通环节食品安全隐患排查治理专项行动实施方案》。加强食品安全生产宣传，利用“3·15”国际消费者权益保护日、安全生产月、综治宣传、党风廉政宣传月等为契机，通过电视台、宣传栏、横幅等多种方式进行宣传，引导消费者依法维护自己的合法权益，全年共发放宣传册3900余份。

【食品药品专项检查】 2017年，革吉县组织县商务、安监、民宗等单位深入4个乡及县城内的各个商户及医疗药品器械使用单位进行排查，并扩大监管领域将监管范围延伸到寺庙、村组开办的商铺。全年检查个体商户、餐饮服务店、医疗药品器械使用单位共计2068家，没收过期食品、“三无”产品、变质食品等21种类，价值123023.3元，检查次数共12次，出动执法人员共163人次，对过期食

2017年7月2日，革吉县县委常委、常务副县长确巴主持召开革吉县关于进一步加强当前安全工作部署会议

2017年1月26日，县安监局局长洛桑仁青到革吉县加气站检查安全生产工作

品全部予以销毁，对不具备条件的经营户，继续抓好管理和日常监督，严厉打击违法经营行为。

【安全生产大检查】 2017年，由县委常委、常务副县长确巴带队开展安全生产大检查、大排查工作4次，定期不定期开展安全生产专项检查13次。革吉县将安委会办公室、安全生产月、大检查、专项整治、事故调查和预防道路交通事故、驻站安全员生活补助等专项经费列入安监部门年度预算中，确保工作需要和专款专用。

【非煤矿山安全生产监察】 2017年，县安监局认真贯彻执行"安全第一、预防为主、综合治理"的安全生产工作方针，牢固树立安全生产"责任重于泰山"的思想理念，做到警钟长鸣，常抓不懈，消除事故隐患，防止事故发生。县安监联合国土、环保等单位对全县非煤矿山逐矿进行安全检查，重点对露天矿山开采面、机械、供电和排土场等情况进行检查，2017年，革吉县从事非煤矿山作业并已办证取得开采资格的企业5家，共开展巡查4次，开展安全生产宣传6次，发放宣传资料5600余份。

【辆及道路管理】 2017年，县安监局以"保畅通、防事故、促稳定"为目标，全力确保辖区道路交通安全形势的持续平稳，与各单位及2辆客运车车主和驾驶员签订《道路交通安全责任书》深入推进"大排查、大教育、大整治"专项行动，由县交警大队会同安监、交通等部门对辖区县城内及国道317线、乡村道路事故多发、易发等路段进行61次全面排查，共排查出141个隐患点，并进行整改。结合革吉县安全大检查等专项行动，按照"急则治标，缓则治本"的要求集中警力，集中时间，有计划、有步骤地组织开展冬春道路交通安全百日整治行动、摩托车违法行为专项整治行动、农牧区交通违法集中整治行动、"六打六治"打非治违、农牧民购买二手车、黑车、无证驾驶进行专项治理等一系列专项整治行动。全年共检查车辆32000辆次，各类交通违法行为1300余次，上缴罚没款共25900元。严格落实"两限一警"工作，制定"两限一警"工作方案，对县两辆客车严格执行"一车一警"规定，严格落实"一车一警"职责措施，确保人民群众生命财产安全。

【消防及公共安全】 2017年，县安监局加大对学校、医院、商场、宾馆(饭店)、娱乐场所、企业、重点文物保护单位、劳动密集型企业和消防安全重点单位等检查力度，建立及落实消防安全责任制、日常防火检查巡查、消防安全制度，消防安全操作规程、消防安全教育培训和应急疏散预案。深入开展"除火患、保平安"和"油气领域专项整治"行动，切实加强力量备勤，严格加油站点消防安全监管，严防各类火灾事故发生，确保革吉县公共安全和安全生产形势总体稳定。全年共检查569家/次，发现隐患393处，整改393处，整改率达100%，下达整改通知书276份。

【建筑安全监管】 2017年，革吉县成立安全生产工作领导小组，构建起横向到边、纵向到底的安全生产责任体系，制定出台《住建系统安全生产大检查实施方案》等一系列文件，进一步细化建设

2017年9月29日，县安监局副局长亓安雷到革吉县平安加油站检查安全生产工作

领域安全生产工作检查和整治范围、重点内容、目标要求、责任分工和具体措施，夯实安全生产工作机制。切实加强值班值守等工作，严格执行24小时值班、领导带班等值班工作制度，及时处理突发事件和紧急事务，确保生产工作的安全稳定。深入部分重点企业、施工工地发放安全宣传资料100余份，并在各建筑施工现场悬挂宣传横幅18条，广泛宣传《中华人民共和国建筑法》《中华人民共和国安全生产法》《建设工程安全管理条例》《安全许可证条例》等法律法规。加强施工现场的日常监管、加强节假日期间的安全监管、加强房屋拆除安全监管、加强对公共设施的安全管理。按照每年年初工作计划和工作安排，对在建工程一月进行一次检查，一季度进行一次大检查，半年开展一次质量、安全、执法综合大检查。全年共进行安全、质量专项检查29次，排查出安全隐患418多条，共发放停工通知书7份，发放整改通知书91份，并严格督促各施工单位进行整改，确保建筑工程安全质量，县域范围内的所有建筑工地未出现任何重大安全生产事故。

【党建工作】 2017年，县安监局参加发改支部组织的学习实践活动，坚持以邓小平理论和“三个代表”重要思想为指导，深入落实科学发展观，在认真学习、宣传、贯彻中共十八大、中共十九大精神和习近平系列讲话的基础上，践行党的群众路线教育实践活动，按照抓党建就是抓好工作，抓不好党建就是失职的要求，不断加强党员教育，使党员的先进性，先锋模范作用体现出来，促使党员自觉参加支部组织的各项活动，增强党员组织意识、大局意识、创新意识。

【党风廉政建设】 2017年，县安监局紧紧围绕革吉县党风廉政目标管理责任书的要求，健全“一把抓负总责，党员干部各负其责，班子成员齐抓共管、纪委协调督查”的领导体制和工作机制，突出工作重点，加大工作力度，抓好革吉县商务局党风廉政工作落实，要求单位人员遵守中央“八项规定”，区党委“约法十章”及“九项要求”，严格遵守党纪国法，约束自己及其身边的亲属，将单位各项工作进行阳光下操作，接受群众监督，从思想上筑牢不相腐、不敢腐的防腐防线，不断推进反腐倡廉工作的深入开展，不断加强县安监局党员干部的党风廉政学习，始终保持清醒的头脑，与时俱进，恪尽职守，廉政自律，确保党风廉政建设工作得到落实。

（亓安雷）

【领导名录】

局　长

洛桑仁青（藏族）

副局长

亓 安 雷（8月任）

革吉县食品药品监督管理局

【概况】 革吉县食品药品监督管理局（以下简称县食药局）属正科级单位，核定行政编制2人，在编人员2人，正科级干部1人、副科级干部1人。对全县范围内的餐饮服务单位166家，食品流通单位138家，化妆品单位1家，药械经营使用单位14家，其中县级医疗机构1家、疾病控制中心1家，乡镇卫生院5家、村卫生室6家、个体药店1家进行全面的食品药品安全方面的监管，对药品、医疗器械、化妆品不良反应事件进行调查并上报工作，开展食品、化妆品抽样和录入系统工作，对食品、药品违法违规事件进行调查处理工作，办理食品经营许可证，办理县委、县政府交办的其他任务。

【食品安全监督管理】2017年元旦、春节、藏历年、全国"两会""五一""雪顿节""十一"、中共十九大等节假日期间和春秋开学及中小考期间，为保障广大人民群众的饮食安全，使广人民群众度过欢乐、祥和的节日和为顺利召开重要会议，革吉县食药局在上级业务部门和县委、县政府的安排部署下，开展多次食品药品安全专项检查。2017年，革吉县共排查食品安全隐患14次，共出动执法车辆33台，执法人员183人次，没收过期、变质、"三无"食品35种类，检查餐饮单位356家次，食品流通经营单位705家次，查扣价值101184.4元食品，并全部统一销毁，进一步规范革吉县餐饮服务单位及食品经营单位的经营行为。

【药品安全监督管理】2017年，县食药局对县城内的涉药单位检查特殊性药品和医用酒精的管理使用情况。重点检查的是特殊药品（麻醉药品、放射性药品、精神药品、医疗用毒性药品）和医用酒精的管理和使用的情况。检查中发现县卫生服务中心的麻醉药品做到专人负责、专柜加锁、专用处方等的记录。县卫生服务中心、四乡一镇均有出售含麻黄碱的处方并存档。县药店对出售含麻黄碱的药品均实名登记。医用酒精的管理和使用情况方面涉药单位均存在内服药品和外用的药品混储藏的情况，县卫生服务中心和四乡一镇卫生院对外不出售医用酒精，县城药店对出售的酒精均有实名制登记，另外2017年县食药局根据阿里地区食品药品监督管理局的《2017年阿里地区药品经营GSP跟踪检查方案》的通知要求，对革吉县三多药店进行检查，总体上该企业已按照GSP建立质量管理规范体系，配备相关的质量体系要素，确定质量方针和质量目标，制定质量管理体系文件，开展相应的质量控制、质量保障和质量风险管理等活动，但是其中还存在一些问题需要立马改正。其中检查发现主要缺陷1项，一般缺陷8项。此次跟踪调查进一步的规范药品经营秩序，保证药品质量和人民的安全群众的用药安全。

2017年4月28日，革吉县开展"五一"国际劳动节前食品安全专项检查

【药械不良反应监测】根据西藏自治区和阿里地区食品药品监督管理局的日常工作安排，认真贯彻落实药品、医疗器械不良反应监测报告，2017年，县食药局共上报药品、医疗器械不良反应事件22例，其中药品不良反应18例、医疗器械不良反应3例、化妆品不良反应1列。

【食品安全采样】2017年，县食药局按照《2017年西藏自治区食品安全抽检（省抽）（国抽）实施方案》的通知要求，对革吉县辖区内重庆饭馆的食用盐、河南馒头的馒头、川府面庄的卤肉、豫东小吃店的熟肉猪肘子、和平庄园的青稞酒和食盐开展食品安全采样工作，对丰彩日化化妆店的面膜和儿童霜，以及阿里地区医药公司革吉分店的复方丹参片进行风险监测。同时，2017年在阿里地区食品药品监督管理局的大力支持和帮助下，邀请安徽国科监测科技有限公司的技术人员对革吉县的两家菜店进行22批次的农产品抽样，抽样结果全部合格。

2017年7月10日，革吉县食药局开展食品安全宣传周活动

【食品经营许可证办理】 2017年，县食药局严格规范餐饮服务许可行为，把好餐饮服务许可准入关，健全餐饮服务行政许可审批程序，对不符合要求的餐饮企业，现场提出整改要求，全年共办理食品经营许可证79份。

【食品药品安全宣传】 2017年，县食药局联合组织县食安委成员单位，于2017年3月21日开展3月综治宣传活动。5月25日，在卫生服务中心门口进行“安全护肤，美丽人生”为主题的化妆品不良反应知识的宣传。6月16日，在县城人流较大的街道组织开展以“全面落实企业安全生产主体责任”为主题的六月安全生产宣传月活动。6月28日，在革吉县街道上开展2017年综治宣传月集中宣传活动。7月10日，革吉县2017年食品安全宣传活动。9月16日，在综治办的带头下开展“9·16”平安西藏宣传日。12月4日，在县农行对面开展“学习贯彻中共十九大精神、弘扬宪法精神，共建法治革吉”为主题的“12·4”国家宪法日暨首届革吉县法治文化宣传周活动。12月6日，在县卫生服务中心门口开展“安全用药、守护健康”为主题的“安全用药月”宣传活动，通过各种宣传，受教育群众达1000余人次，让群众的学法、知法、用法、守法的意识进一步增强，激发群众投身“平安革吉”建设的自觉性、主动性、积极性，在全县形成“平安创建人人参与、和谐社会人人共享、维护稳定人人有责”的良好的氛围。

【明厨亮灶工程】 2017年，县食药局本着探索餐饮服务食品安全社会管理的新模式，创新社会管理方法，引导全民参与监督，不断提升全县餐饮服务食品安全保障水平的理念。在全县范围内逐步推行餐饮服务环节“明厨亮灶”工程。鼓励餐饮服务单位积极打造“透明厨房，阳光操作”模式，以小型的餐馆、学校食堂、干部职工食堂为试点单位，按照“试点先行，重点突破，因地制宜，逐步推进”的原则，促使餐饮服务提供者切实做到守法经营、诚信经营，保障广大人民群众的饮食安全。2017年县城内已完成明厨亮灶工程率达80%以上，职工食堂、学校食堂“明厨亮灶”工程完成率达到90%以上。

【量化分级管理实施】 2017年，县食药局组织召集各餐饮服务单位负责人，在县影剧院召开“量化分级”建设推行会，县人民政府常务副县长确巴、县食品药品监督管理局局长、副局长出席会议，会议由确巴主持并做重要的讲话。8月21—24日，食药局工作人员本着公平公正的原则在县城范围内的所有餐饮单位根据食品安全法律法规、标准和规范，应用风险性评估理论，对餐饮服务单位从业人员、场所环境、设备设施、过程控制等，按食品安全风险高低进行质标量化评分，做到餐饮服务食品安全监督工作的标准化。

【从业人员培训】 2017年，县食药局结合革吉县的实际特制定食品安全从业人员培训方案，并于6月中旬相续对职工食堂、学校食堂、餐饮服务单位进行食品安全方面的培训，通过培训，使从业人员理解并熟悉餐饮服务食品安全监管法律法规，全面提升行业从业人员的食品安全基础知识和依法经营意识，食品安全工作人员对各餐饮服务单位的从业人员进行食品安全法律法规、食品安全管理体系以及食品安全基础知识等内容的培训，强化负责人是食品安全第一责任人的意识，提高自身食品安全管理水平，加强从业人员的食品安全守法意识、自律意识、诚信意识，增强食品安全知识水平和操作技能，预防和控制食品安全事件的发生。

（扎西卓玛）

【领导名录】

局　长

扎西卓玛（藏族）

副局长

达瓦卓玛（藏族）

革吉县国家税务局

【概况】 2017年，革吉县国家税务局人员编制11人，实有人数9人，其中正科2人（局长1人，主任科员1人），副科1人（专职纪检员），科员6人。2017年，革吉县国家税务局（以下简称县国税局）根据革吉县经济发展特点，采取多种措施，因地制宜，做到应收尽收，保证各项税款及时足额入库，全年组织收入4013万元，比2016年增长114%，增收2140万元。其中地方收入2274万元（县级收入2099万元，地市级收入47万元，省级收入128万元），中央收入1739万元。

革吉县2017年税收收入增长原因，主要为政府基建投资力度加大，建筑行业贡献税收2942万元，占比73%。其中革吉—改则公路建设工程，合计缴纳各项税款1853万元，为偶然性税收因素。

【“两学一做”学习教育】 2017年，县国税局通过个人自学和集体学习的方式，学习《中国共产党问责条例》、习近平系列重要讲话精神等相关文件，认真撰写心得体会，开展学习研讨，召开党支部委员会和支部委员会，并将“两学一做”学习教育常态化和制度化。

【学习领会系列讲话精神】 2017年，县国税局深入学习中共十八大和十八届三中、四中、五中、六中全会和习近平总书记系列重要讲话精神、自治区第九次党代会、中共十九大报告等相关文件，并结合自身学习情况，谈认识、谈体会，激发干部职工干事创业的热情革干劲。组织干部职工观感《打铁还需自身硬》，按照总局和区局的工作部署，国税局将全面从严治党工作落实到实处。

【优化纳税服务】 加强办税服务大厅标准化建设。2017年，县国税局对办税服务大厅进行翻新装修，设置公告栏、公示栏，对《中华人民共和国发票管理办法》等相关税收法律法规进行公示，并设立监督举报电话，保障纳税人的各项合法利益。

加强纳税服务宣传。2017年，县国税局除利用税收宣传月，在革吉县城进行公开税法宣传外，还利用微信、短信、QQ、电话等多种途径进行税法宣传，将一些与纳税人切身利益息息相关的最新税收法律法规，在第一时间通知纳税人，宣传到位。

严格落实各项税收优惠措施。2017年，县国税局针对西藏地区，尤其是农牧民群众等特殊群体，中央和西藏政府出台多项税收优惠措施，是政府惠民措施的重要组成

2017年4月，革吉县国家税务局开展全国第26个税收宣传月

2017年3月，革吉县国税局聘请各行业纳税人政风行风监督员

部分。革吉县国税局根据相关税收法律法规规定，严格落实税收优惠政策，保证中小微企业和农牧民群众的合适利益，全年共减免各项税收超过200万元，让国家政府各项惠民措施切实落到实处。

【税收征管】 加强对革吉县建筑行业的管理。由于革吉县经济发展水平有限，缺乏大型固定税源，主要税源为建筑业税收，占比超过70%。县国税局安排专门征管人员负责跟进重大建筑工程的拨款进度和税款缴纳情况，加强和财政局、发改委等部门的沟通协调，保证税款及时足额入库，防止税控流失。

加强对采矿行业的税收管理。除建筑行业，采矿行业是革吉县第二大税收来源，占比达到15%，县国税局积极与县国土局构建联动机制，对盐湖地区的矿业开采进行及时跟踪管理，保证矿业开采相关税收，尤其是资源税的及时足额入库，2017年入库资源税145万元。

加强干部队伍业务能力建设提升。税收工作政策变化频繁，专业性要求高，知识更新速度快，对税务干部的业务能力提出比较高的要求，革吉县国税局更是将提升税收干部业务能力作为一项长期工作来抓。2017年，县国税局共组织各类业务培训15余次，累计参加培训人员超过30人次。

【干部队伍管理】 2017年，县国税局坚持学考结合，提高队伍素质。以全地区国税系统岗位练兵为契机，通过在岗自学、业务交流等形式，提高干部业务知识水平，增强适应岗位能力需求。推进绩效考核，提升队伍动力。按照上下一致原则，对地区局制定的考核指标进行梳理，将各项考评任务责任到人，促进绩效管理工作持续推进。

【从严治党】 2017年，县国税局全面强化“党要管党，从严治党”的战略思想，紧紧围绕党中央、税务总局，自治区国税局等一系列重要决策部署，按照“两个责任”的要求，强化党组推动党风廉政建设核心作用，坚定不移的认真贯彻落实党风廉政建设主体责任和监督责任。始终将“党要管党，从严治党”工作纳入党组重要议事日程，同税收中心工作同计划、同部署、同考核，坚定不渝地将党风廉政建设和反腐败工作牢记于心，践行于行。深入推进纪检组“三转”工作。党风廉政建设和反腐败工作落地生根。

【绩效管理】 2017年，县国税局按照区局和地区局的相关会议精神要求，紧密结合工作实际，严格落实各科室下发的共性指标任务，强化绩效管理责任，认真落实个人绩效考评工作，有效推动绩效管理工作的有序开展。

【落实巡视自查自纠工作】 2017年，县国税局对巡视自查发现的问题，按照人员岗位职责，逐条进行整改落实，对整改过程中存在的问题及时与上级部门沟通协调，此项工作已完成。

【精准扶贫】 2017年，县国税局按照革吉县委、县政府精准扶贫总体规划和要求，认真做好帮扶脱贫工作，做到真扶贫、党支部组织实施扶贫工作，多次到扶贫点调查扶贫基本情况，认真分析扶贫原因，及时安置就业工作，帮助扶贫户早日脱贫致富。

（王旭伟）

【领导名录】

局　长

多　拉（藏族，12月免）

曲　达（藏族，12月任）

革吉县工商行政管理局

【概况】 革吉县工商行政管理局（以下简称县工商局）为正科级行政单位，于2009年正式挂牌成立，占地面积3850平方米。2017年，全局有在职人员4人，其中本科3名，大专1名；党员4名，平均年龄26岁。县工商局主要负责全县市场监督管理和行政执法工作；负责个体管理、企业管理、监督管理流通领域商品质量、组织开展消费维权、反垄断执法工作、监督管理经纪人、经纪机构及经纪活动；负责广告活动的监督管理、组织管理并指导商标监管工作，保护商标专用权和查处商标侵权行为，为政府决策和社会公众提供信息服务。查处假冒伪劣等违法行为、取缔无照经营、违法直销和传销案件、不正当竞争、商业贿赂、走私贩私等经济违法行为。承办县人民政府交办的其他事项。

【市场主体】 2017年，全县共登记注册各类市场主体个体工商户632户，从业人员1361人，注册资金6516.98万元；内资企业36家、从业人员373人，其中有限公司10家，从业人员43人，注册资金4843万元；国有企业11户，从业人员21人；私营企业7家，从业人员91人，注册资金872万元，农牧民合作社20家，成员人数3507人，出资总额879.81万元。2017年，革吉县各类市场主体开业登记183户、注册资金2737.18万元（其中个体工商户177户，从业人员108人，注册资金639.18万元；有限责任公司5户、从业人员17人，注册资金2075万元，合作社1户、从业人员35人、注册资金23万元）。

【推行证照改革】 2017年，县工商局进一步完善后置审批事项的“双告知”制度，向消防、食药局、文化等相关职能部门发放“告知函”，实现工商登记和审批监管的无缝衔接。截至年底，共发放176份“告知函”，与经营者共签订177份“承诺书”；共颁发“三证合一，一照一码”“五证合一”“两证合一”营业执照148张。同时，围绕区局、地区局要求，加强与有关部门的信息沟通，为确保全面落实“多证合一”创造条件。

【企业年报公示工作】 2017年，革吉县应年报的市场主体户有537户，已报年报户数为534户，年报率为99.4%。上级随机抽查的2户企业、13家个体户。截至年底，革吉县局已完实地核查工作。受到地区工商局的一致好评。

【市场监管执法】 2017年，县工商局针对市场监管中存在的突出问题，加大对大要案件的查办力度。截至年底，革吉县局共查办违法违章经营案件18件，罚没金额5750元。其中，商标侵权案件2件，案值7800元，罚没款3000元；无照经营案件16件，罚没款2750元，其中，立案1起，按简易程序处理15起。

【规范广告市场】 2017年，县工商局以规范印刷广告及户外广告为重点，坚持专项检查与日常监管相结合，规范广告主和广告经营者，依法规范广告内容。以拆除和纠正不规范“三类城市语言文字”为重点，

2017年3月15日，县工商局组织相关单位销毁假冒伪劣产品及过期食品

2017年12月1日，革吉县工商局为商户颁发首张“两证整合”营业执照

对辖区内412家市场主体进行专项检查，其中，对5家商铺下达责令整改通知书，明确提出整改要求。

【打击传销】 2017年，县工商局为有效防止传销活动的蔓延，从源头上铲除传销的土壤，制定《革吉县打击传销工作实施方案》《革吉县工商局打击传销工作应急预案》《革吉县无传销创建活动实施方案》等。在盐湖乡和雄巴乡开展无传销乡镇（村）创建活动，并正式挂牌。同时给群众认真讲解传销危害性，发放打击传销“联系卡”、藏汉宣传资料500余份及价值2000元的生活用品，与2个乡镇签订无传销乡镇（村）目标责任书。全年共走访居民户、出租房、商铺138户次。从源头消除传销的生存空间，有效遏制传销活动的蔓延，保障革吉县经济健康发展。

【“12315”投诉举报网络建设】 2017年，县工商局在县城内和四乡一镇都建立联络站8个，并在人员相对集中的主要街道、饭馆和商店门口醒目位置张贴50余份藏汉双语“12315”消费警示牌。全年共受理消费者咨询36件。

【服务领域监管执法】 2017年，县工商局加大打击假冒伪劣工作力度，重点加强对校园周边、农村和城乡接合部市场的治理，加大惩戒力度，逐步实现“天下少假”，强化消费维权监管执法。先后开展6次打击假冒伪劣专项检查，销毁过期食品及假冒伪劣产品共36余种，其中包括过期食品、药品、化妆品、白酒、卫星接收器、军服等重达4吨，价值约为9.2万元。

【党建工作】 2017年，县工商局选举产生新一届个私支部委员会，通过县委选优配强党支部书记、加强业务培训、开展党建考核，增强基层党组织的政治功能和服务功能，规范党员管理，进一步规范党费收缴使用管理。在“七一”前夕评选4名非公优秀共产党员及优秀党务工作者，并组织1名入党积极分子参加县委党建办为期两天的入党培训。同时，把“两学一做”“四讲四爱”学习教育、中共十九大会议精神融入日常，认真落实“三会一课”和集体学习制度，通过参与全县组织的各项活动、开展非公党建活动、召开非公党建工作会议、排查寻找企业流动党员、非公党建工作有新的突破。

【非公党建工作】 2017年，县工商局党支部共有正式党员11名（其中个体户党员8名）。年内，革吉县局开展党员大会3次、民主生活会1次、党支部组织生活会1次、集中学习10次。通过支部民主生活会与组织生活会，开展支委会成员之间、支委会成员与普通党员之间以及普通党员之间的评议会议，评出2名优秀党员，7名合格党员，1名不合格党员，进一步提高支部非公党员自身修养。同时以“两学一做”学习教育活动与“四讲四爱”教育活动为契机，连同其他支部参加“2017革吉县团结杯”篮球比赛、知识竞赛、义务植树、消防应急演练等活动，还组织组织全体干部职工和支部非公党员，在县工商局党员活动室集中观看中共十九大开幕会盛况，学习习近平总书记十九大的会议精神。

【党风廉政建设】 2017年，县工商局严格按照中央“八项规定”、自治区工商局十二条禁令、工商登记制度十七条规定等要求,召开党风廉政建设工作部署会议,制定廉政工作方案、计划和党风廉政建设主体责任和监督责任工作任务清单和工作台账,层层传导压力,压实从严治党“两个责任”。要求大家从思想深处深刻认识到党风廉政建设工作的重要性、紧迫性,以党风廉政建设为入手,认真开展工商业务工作。

【微信公众平台】 2017 年,革吉县局利用互联网宣传商事制度改革重要内容,及时将信息简报、最新政策、年报信息发布到微信公众平台,保证信息的公开、透明、及时、准确,使社会各界了解到工商部门的工作职责宣传法律法规,有力地提高工商政策宣传力度和增大信息共享范围。

(何朝阳)

【领导名录】

局 长

巴桑欧珠(藏族)

副局长

达娃次仁(藏族,8 月任)

革吉县旅游发展委员会

【概况】 2017 年,革吉县旅游局正式改为革吉县旅游发展委员会(以下简称县旅发委),为县政府工作部门,机关编制 3 名,其中行政编制 2 名,事业编制 1 名;科级领导职数 3 名。主要职能为负责革吉县辖区的旅游规划、旅游市场监督和管理工作。2017 年,革吉县共接待游客 46350 人次,实现旅游收入 12209405 元。

【党风廉政建设】 2017 年,县旅发委紧紧围绕革吉县党风廉政目标管理责任书的要求,健全“一把手负总责,党员干部各负其责,班子成员齐抓共管”的工作机制,成立旅发委党风廉政建设领导小组,组织党员干部认真学习贯彻中央、自治区、区纪委党风廉政会议精神,学习《中国共产党党内监督条例(试行)》《中国共产党纪律处分条例》等党内规章制度,要求单位人员从思想上筑牢不想腐、不敢腐的反腐防线,进一步端正思想认识,充分认清当前反腐败斗争面临的新形势,使拒腐防变意识在每名党员脑中扎根,使为民服务的宗旨在每名党员心中落地。

【旅游项目建设】 2017 年,县旅发委以打造冈底斯国际旅游合作区域为中心的契机,以羌塘高原独特地理环境为生态依托、以观赏金丝野牦牛等羌塘高原典型野生动物种群为特色体验,打造具有高原独特的野生动物观赏园,体验自驾探险游为重点,加快革吉县旅游开发步伐,进一步摸清革吉县旅游资源,全面掌握旅游资源分布情况,深挖革吉县文化旅游底蕴,发掘出有开发价值的旅游项目,2017 年,副县长郭立龙带队的联合工作组,深入到革吉县 53 处文物点和旅游资源进行彻底的清查和调研,并根据调研结果形成革吉县发展的旅游规划思路和初步的项目库。

【旅游管理】 2017 年,为进一步规范革吉县旅游市场秩序,县旅发委在节假日及重要时期,以单独执法和联合执法的方式,对革吉县宾馆、招待所、家庭旅馆等涉旅场所的安全隐患排查,以及黑车黑导、“营转非”等非法营运情况,道路交通情况等进行多次检

2017年8月30日，西藏自治区党委副书记、自治区人大常委会主任洛桑江村到革吉县了解特色旅游产品

2017年10月23日，阿里地区行署副专员、县委书记索朗次仁，政府副县长郭立龙陪同到亚龙雪山一带实地勘察调研

查，并与旅游企业签订诚信经营承诺书，确保革吉县旅游市场规范化。

【争资争项培育主题】 2017年，县旅发委为推进旅游产业发展主题，加强与上级部门及项目部门的沟通协调，了解产业发展的有关政策和新的动态，争取更多项目在革吉县落地建成。2017年，革吉县文布当桑乡夏玛村乡村旅游建设项目前置手续已办完，革吉县野生动物观赏园规划编制工作已完成。

【党建工作】 2017年，县旅发委认真参加文教支部组织的学习实践活动，把党建工作纳入单位重要日程中，切实加强思想、组织和作风建设，认真学习中共十八大、十八届六中全会和中共十九大精神，常态化开展"两学一做"学习教育等工作，党员干部队伍的整体素质得到全面提升，为确保党建工作落到实处，助推革吉县旅游工作持续健康、快速发展提供强有力的组织保障。

（达娃卓嘎）

【领导名录】

主　任

　陈绍学

副主任

　尼　琼（女，藏族）

革吉县邮政分公司

【概况】 2017年，革吉县邮政分公司收入100.45万元，完成全年计划10.68%，较2016年同期净增7.3万元，同比增长38.9%，又一次实现收入破百万元，同时相对于2011年来说，革吉县邮政用5年时间，实现收入翻一番。就各专业具体而言，收入增长幅度较大的业务有代理快包业务，同比增67.9%；代理特快业务，同比增长14%；函件业务，同比增长4.5%；集邮业务，同比增长70%。

【业务发展】 2017年，革吉县邮政分公司不断加强对市场的深入探索及开发，努力把各业务板块中高收益、大规模业务作为重点目标来抓。分公司在年初就将函件业务作为2017年业务发展的重点。在确定重点目标后，探索市场信息，紧密与相关单位沟通协调，顺利完成全年函件业务收入。加大对航空客票业务及快递包裹业务的宣传，提升服务质量，做好新老客户的维护工作，使得电子商务业务及速递物流业务较2016年有大幅度提高。在代理汇兑业务不景气的时候想方设法提高汇兑短信加办率，有效弥补汇兑业务收入的欠缺。将教辅图书作为报刊业务发展的重点，加大开发力度及客户关系维护力度，实现流转额10万元左右，为全年报刊收入的完成及未来报刊业务转型探索出新的道路。

【运行质量】 2017年，革吉县邮政分公司不断加强网点运行质量的监督管理力度，努力建设一个学习能力强、服务水平高、工作求真务实的网点。不断加强网点投递人员职业道德的培养，并加强对分拣准确率、投递深度、邮件信息反馈的监督管理，落实考核制度，杜绝野蛮装卸邮件、反馈虚假妥投信息的情况发生。加强窗口邮件收寄业务人员业务技能的培训与责任心的培养，保证营收人员实时掌握各类邮件最新收寄规格和规定，落实实名登记制度、提高责任心，坚决禁止各类危爆物品流入邮政渠道，而形成负面影响。指派专人负责工单处理及其他各类投诉处理，以保证当日投诉全部在当日处理完毕，严防投诉的升级及媒体曝光。加强对汇兑业务合规经营的监督管理，负责人定汇兑业务资金、重要空白凭证第打印机色带及府在系统进行查看，保证打印清及汇兑凭证寄递频次，提高凭证识别率，减少柜员业务差错。

【和谐建设】 2017年，革吉县邮政分公司不断加强局所内绿化、美化工程建设，改善职工生活环境。为彻底解决职工随意在周转房墙角堆放杂物的现状，分公司在院内专门划定用于堆放杂物的区域，使院内整体环境更为整洁美观。着眼长远，加强局所内环境绿化建设，每年5月组织职工在院内绿化带植树种草，为改善职工活环境做出巨大努力。维修院内塑料温室菜棚，使职工在空闲时间可以到菜棚内种果蔬，吸氧气，缓解职工枯燥乏味的生活。对职工生活污水的排放做规定并请专人对职工饮用水水井进行清洗，安装公用抽水泵，改善职工饮水条件，职工用水更便利更放心。充分利用职工之家的资源，组织职工在国庆节假期开展乒乓球友谊赛及爱国教育活动。

【民主管理】 2017年，革吉县邮政分公司不断加强企业管理模式的创新及人性化管理的探究，保障基层局务公开，切实实现基层企业民主管理的目标，以更多地解决职工工作和生活中遇到的困难。按照“以人为本”的理念，以全体职工为主体，培养和发挥职工的主人翁意识及创造性，实现企业与职工同进步同发展。充分发挥基层工会小组长的作用，定期召开民主生活会，让职工反映生活和工作上的困难，对职工反映的困难局内能够自行解决的自行进行解决。对解决不了的及时向上级部门反映，将相关情况及时答复职工，使职工切实感受到来自企业的关怀和温暖。落实重大事项公开制度，尤其是对业务营销奖励等实行公开透明分配，保证“多劳多得”的理念能够让每一位职工深切体会到，从而增强职工积极性与上进心。

2017年12月10日，革吉县邮政分公司正在收寄包裹业务

【制度建设】 2017年，革吉县邮政分公司不断加强各项规章制度、设施管理制度建设，推进各项工作有序开展。单位管理制度完善化。使单位各项工作开展能够全面、合理、规范，制定学习、工作等奖惩管理制度，细化维稳值班人员工作制度、乡邮驾驶人员工作制度、汇兑资金存行上划制度、电信移动商务汇款制度等，规定各项工作具体责任人的职责要求及奖惩措施，使各项制度措施不断完善，最终达到以制度管事管人的目的是制度管理规范化。强化值班人员职责，严格按照地区安全保卫部门及县维稳指挥办要求，做好维稳值班工作，落实出入登记制度以达到不出任何维稳事故。法律法规宣传常态化。坚持紧抓《中华人民共和国邮政法》《中华人民共和国人民币管理条例》《中华人民共和国道路交通安全法》《西藏自治区社会治安综合条例》《中华人民共和国消防法》等法律法规的宣传，将责任落实到人头，发现问题及时制止，实行奖惩制度及首问负责制。通过全体职工的共同努力，全年无起违法违规违章事件发生。

（扎西顿珠）

【领导名录】

局　长

扎西顿珠（藏族）

社会事业

革吉县民政局

【概况】 革吉县民政局(以下简称县民政局)为正科级单位,2017年,县民政局有正科级干部1人,副科级干部3人,科员1人,事业编3人,公益性岗位人员9人。“五保”集中供养中心公益性岗位7人。县民政局负责全县城乡低保、城乡医疗救助、五保户、高龄老人和孤儿、双拥优抚安置、残疾人、自然灾害救助、婚姻登记管理、基层政权建设、勘界、区域地名管理等工作。

【党风廉政建设】 2017年,县民政局党风廉政建设工作,深入学习、贯彻中共十九大精神,认真落实“为民、务实、清廉”的要求,坚持标本兼治、综合治理,惩防并举,注重预防的方针,把创新发展环境、治理商业贿赂、查办案件、执法监察作为工作要点,求真务实,扎实有效地推进党风廉政建设工作。

2017年8月27日，自治区民政厅厅长嘎玛泽登调研指导五保户集中工作，阿里地区行署副专员、县委书记索朗次仁陪同

【城乡低保】 2017年,县民政局开展低保核查和低保靶向精准专项核查和整改工作,及时清退不符合条件的救助对象,根据相关文件要求,革吉县从2017年1月起,城镇居民低保标准由原有的790元提高至850元;农村居民低保标准有原来的2550元提高至3311元;其中A类由原来的2170元提高至2931元,B类从原来的1630元提高至2327元,C类从原来的1023元提高至1613元。月人均低于850元的城镇居民可以享受申请城镇低保,年人均低于3311元的农村居民可以享受申请农村低保,2017年革吉县有城镇低保47户、100人,农村低保913户、2535人。城镇低保资金共发放69.9万元,农村低保共发放436.9699元。

【城乡医疗救助】 2017年,县民政局建立区(县)城乡医疗救助“一站式”服务信息平台,同步结算基本医疗保险资金、职工互助保障资金、少儿住院医疗互助基金和医疗救助金，推进医疗救助由事后向事中、事前转变，实现困难人员信息共享，使困难人群就医报销更加便捷，切实减轻经济负担，2017年城乡医疗救助849人，共救助126.1万元。

【临时救助】 2017年，县民政局确保不发生因突发性困难致贫返贫现象，通过及时了解、掌握、核实革吉县辖区内群众遭遇突发事件、意外事故、重病等特殊情况，做到早发现、早救助、早干预。全年临时救助104人、共发放救助资金19.5万元。

【残疾人福利】 2017年，革吉县共有残疾人员479人，（其中困难残疾人有367人，每人每月补贴55元，按年计算每人补贴660元。重度残疾人有112人，每人每月补贴110元，按年计算每人补贴1320元。2017年度符合享受残疾人提标补助资金的有367人，每人每年补助200元），全年共发放残疾人"两项"补贴46.3460万元。

【老龄事业】 2017年，县民政局建立健全老龄工作，全县80岁及以上寿星老人共有115人，分别每人每年落实以300元、500元为标准的寿星老人健康补贴，全年共发放资金37500元。

【优抚安置】 2017年，县民政局认真执行重点优抚对象抚恤补助政策，落实优抚对象抚恤补助标准

2017年8月1日，革吉县委副书记、县长王明杰，副县长桑杰巴珠慰问武警官兵

的自然增长机制，确保优抚资金及时、安全、准确到位。落实好伤残军人的有关政策，对新增伤残军人要按伤残管理办法逐级上报审核，结转抚恤关系，对要求补办和升级的人员，按程序及时受理。做好优抚对象数据库的数据录入和更新工作，按照省厅要求及时更新上报数据，帮助广大优抚对象解决看病难，大力推进优抚对象医疗费"一站式"结算服务工作。

【防灾救灾体系】 2017年，县民政局建立健全救灾应急预案，结合近几年各种灾害经验教训全面推进县、乡、村三级救灾应急预案的修订和完善，加强救灾部门联动工作机制和抗灾救灾协调工作，落实应急响应规程，确保灾害发生后24小时转移安置和救助措施基本到位。认真开展受灾困难群众冬春生活救灾工作。县民政局把冬春困难群众生活安排作为最现实最紧迫的民生工作抓紧抓好，群众生活得到切实保障。按照"突出重点、分类指导、统筹安排、分步实施"的原则，进一步强化措施，严格救灾款物发放程序。坚持公开、公平、公正的原则，接受群众和社会舆论监督，确保灾民的基本生活得到保障，认真做好防灾减灾公宣传工作，结合"防灾减灾日"，紧扣"城镇化与减灾"主题，召集宣传部、交通局、卫生局、消防支队等相关部门，精心安排和部署"防灾减灾日"各项工作，在县城主要路段发放《防灾减灾知识手册》《中华人民共和国道路交通安全法》《食品安全知识》等宣传册。

【婚姻登记】 2017年，县民政局严格按照《中华人民共和国婚姻法》和《婚姻登记办理变通规定》办理，设立专人专岗办理婚姻登记，截至年底，在县民政局办理结婚登记156对，离婚登记49对。

（郭桂梅）

【领导名录】

局　长

班　典(藏族,10月免)

扎西罗布(藏族,10月任)

副局长

洛益加措(藏族)

阿　珍(女,藏族)

"五保"集中供养中心院长

德庆卓玛(女,藏族)

革吉县人力资源和社会保障局

【概况】 革吉县人力资源和社会保障局(以下简称县人社局)成立于2010年,由革吉县人事局和革吉县劳动保障局整合而成。为革吉县人民政府的职能部门。革吉县人力资源和社会保障局有行政编制4名,事业编制13名。2017年,全局干部职工共12人,其中正科级1人,副科级4人,科员5人,专技人员2人,驾驶员1人,公益性岗位1人,共产党员8人。

【基本数据库动态管理】 2017年,全县范围内共计劳动力人数12746人,实际劳动人数8151人,外出务工4705人,剩余劳动力2373人,女性剩余劳动力1800人。全县精准扶贫1322户,共计4180人,剩余建档立卡贫困户983户,人数2913人。2017年全县实现脱贫户数183户,脱贫人数708人,返贫率0%。

【业务知识学习】 2017年,为更好地开展各项工作,县人社局进一步加强业务知识的学习,参加区、地区组织的各种业务知识培训,深入开展社会保障业务知识相关法律、法规及规章制度学习,加强对就业再就业政策措施、专业技术人员管理、机关事业单位社会养老保险等业务知识的学习,加强对兄弟单位先进经验的学习,不断提高全局干部职工的业务素质。组织革吉县5个乡镇基层社保经办人员及人社专干进行业务全面培训1次,确保全年社保工作有序开展。

【劳务输出】 2017年,县人社局通过各部门、各乡镇、各驻村工作队走村入户形式,全方位地宣传就业及再就业相关政策措施,做到家喻户晓,人尽皆知。全年农牧民转移就业3757人,总创收12064820元,其中劳务输出2776人,创收9121820万元;生态岗位981人,创收2943000万元。

【精准扶贫实用技能培训】 2017年,县人社局开展就业培训工作,切实解决针对近几年的退伍兵、"两后生"、城镇就业困难人员建档立卡系统内贫困人员就业的难题。根据革吉县经济社会发展对生产力的需求,重点抓好工程建设领域、文化旅游服务业、新型农牧业产业、经济合作组织管理、服务保障民生等方面的培训。培训涉及民族手工艺、建筑施工、餐饮培训、小型机械维修、蔬菜种植、驾驶员培训等八项。按照革吉县2017年农牧民技能就业培训计划,共培训12期,培训人数416人次,已就业85人,其中建档立卡80人,投入培训资金1020800元。

【社会保险】 2017年,县人社局严格贯彻落实国家社保惠民政策,全方位组织宣传,加强革吉县城乡居民社会养老保险基金管理,促进社保事业的健康发展。县人社局干部职工深入19个行政村,养老保险领取人员信息进行一对一

2017年8月11日,行署副秘书长、县委常委、副县长李树成到雄巴乡民族手工艺加工厂考察

认证。全县城乡居民养老保险待遇金领取人 1204 人,发放 60 岁以上城乡居民养老保险待遇金 214 万元。全县企业职工养老保险参保 315 人,征缴金额 447.78 万元。城乡居民养老保险参保 7109 人,征缴金额 77.14 万元,参保率达到 93.5%; 全县职工医疗保险,在职参保 1032 人。工伤保险参保 1032 人。生育保险参保 1079 人。失业保险参保 550 人。

【劳动保障监察】 2017 年,县人社局检查各类用人单位 50 余家,涉及劳动者 1000 余人,开展劳动用工执法宣传活动 5 次,涉及劳动者千余人。全年共发生民工工资拖欠上访 14 起,涉及金额约定 1000 余万元,所有拖欠问题均在一周内得到妥善解决,保证农民工利益不受侵犯。

【基金管理】 2017 年,为确保县人社局各项资金使用安全,并严格执行社保基金监督管理的法律法规,加强内部控制制度,使社保基金核定、征缴、支付、管理和存储等各环节有法可依、有章可循。坚持每季度社保经办机构、银行、财政部门三方对账机制,及时掌握社保基金运行状况,妥善处置基金运营过程中存在的问题。管理账目需要有会计、出纳,收款收据、现金缴款单、转账支票、现金支票、入账单等相关凭证必须一致,并在单位一把手审阅同意后方能进行账目往来,不能私自一人直接接触大额资金,以达到账与账相平,各账目之间相平。

2017年9月7—10日，县人社局各经办人员到四乡一镇巡回宣传各类政策

【人事人才工作】 2017 年,县人社局进一步做好干部职工工资理顺工作,确保每个干部职工的基本权益。干部职工 5 年浮动、级别变动、正常晋升等工资变动总人数 163 人。办理 140 名新录用公务员的录用程序及分配,其中 42 名专招生,5 名专招士官,2 名部队定向生,93 名乡镇公务员及专技人员。做好政府系统公务员信息更新及维护工作,做到与个人档案一致。从而强化革吉县事业专技干部队伍。做好全县干部职工工资调标工作,维护好干部职工的基本权益。

【基层社保平台建设】 2017 年,县人社局为能够更好地服务基层群众,及时掌握各乡镇劳动就业情况,革吉县人力资源和社会保障局各乡镇劳动就业社会保障公共服务平台建设采购相关办公设备,各乡镇指派专人负责相关工作。

【党风廉政建设和“两学一做”学习教育】 2017 年,县人社局在党风廉政建设工作上做到整个领导班子团结,共同制定学习计划,每周五为集中学习,传达近期区、市、县委和上级业务部门的指示精神,引导职工积极向上,并做到人人有学习记录。其次在“两学一做”学习教育中,组织全局党员干部,进行集体学习,做好手抄党章、观看优秀党员电影、学习中共十九大精神报告等活动,组织干部职工认真学习各项党风廉政纲领性文件和反腐工作决策部署,让每个干部职工都熟记廉政警句格言,不断严肃政治、组织纪律和经济工作纪律,做到按制度管权,按制度办事,靠制度管人,从源头上抵制腐败。通过一年来的努力,县人社局干部职工在思想上有进一步提高,作风上有进一步转变,纪律规矩上有进一步加强。

【查摆问题】 2017 年,县人社局始终坚持以“民生为本、人才优先”的工作主线,作为服务窗口的单位,承载着全县创业就业、社会保险保障、和谐劳动关系、人事人才、工资分配等方方面面,涉及群众的切身利益。自活动开展以来,通过召开座谈会、设立征求意见等方式广泛征求意见,加强2017年社保扩面、基金征收、养老金发放、医疗报销、政策宣传等工作,提高服务质量及办事效率,进一步简化劳动者维权投诉手续,及时化解劳动纠纷,切实地将便民承诺落到实处。

(白　珍)

【领导名录】

局　长

扎西次仁(藏族)

副局长

白玛央金(女,藏族)

白　　珍(女,藏族)

就业局长

罗　　桑(藏族)

社保局长

次仁琼拉(藏族,10月免)

次仁德吉(女,藏族,10月任)

革吉县民族宗教事务局

【概况】 革吉县位于西藏自治区西部,是阿里地区三大纯牧业县之一,全县共有四乡一镇,20个行政村,截至年底,全县总人口18164人,其中城镇人口1543人(包含423名在革吉县居住6个月以上的流动人口)、农牧民人口16621人,全县干部职工1188人,少数民族干部职工877人,少数民族群众担任政协委员有33人,担任县级人大代表的有57人。辖区内有3座寺庙、2座拉康、3个寺庙管理委员会、1个专职特派员机构。

2017年,革吉县民族宗教事务局(以下简称县民宗局)高举习近平新时代中国特色社会主义思想伟大旗帜,深入贯彻落实十八大以来历次全会精神,深入学习贯彻中共十九大、十九届二中全会精神,学习贯彻中央第六次西藏工作座谈会、全国统战部长、民委主任、宗教局长会议精神,深入贯彻落实习近平总书记治边稳藏重要论述和“加强民族团结、建设美丽西藏”的重要指示以及隆子县玉麦乡群众的回信精神,贯彻落实自治区第九次党代会、区党委九届三次全会、区、地两级统战民族宗教工作会议精神,扎实开展“两学一做”学习教育、“四讲四爱”“五讲五看五做”主题教育、“爱国主义、时势政策、法制宣传”教育、七五普法“法律七进”宣传教育活动。牢牢把握各民族“共同团结奋斗、共同繁荣发展”和“依法管理宗教事务,坚持中国宗教中国化方向”两大中心工作主题,坚持“围绕中心、抓住重点、把握关键、补齐短板、整体推进”的工作思路,严格落实上级的各项指示要求和政策,有力推进民族团结示范县创建工作,确保宗教领域持续和谐稳定,取得可喜的成绩。在2017年里,通过全局干部职工的共同努力,荣获阿里地区综治工作“平安单位”、阿里地区2017年度民宗系统信息报送工作“先进集体”、革吉县2017年度综治工作“先进单位”、2017年度民族团结进步“模范集体”荣誉。

【党风廉政建设】 2017年,县民宗局领导班子带头,结合民族宗教工作实际,规范单位内部学习制度和方法,参加支部学习教育,不断提高自身的政治理论水平和

2017年9月8日,阿里地区行署副专员、县委书记索朗次仁主持召开革吉县宗教工作领导小组第六次专题会议

处理民族宗教方面突发事件的能力和管理民族宗教事务的水平，深入学习相关民族政策和法规。在日常工作中紧紧围绕保持党的纯洁性，牢固树立“四个意识”、增强“四个自信”和“四个服从”，始终在政治立场、政治方向、政治原则、政治道路上同与习近平总书记为核心的党中央保持高度一致，坚决做到维护核心、绝对忠诚、听党指挥、敢于担当。持续深入开展“两学一做”学习教育活动，严格落实县委下发的关于“四讲四爱”“五讲五看五做”主题教育活动方案，在单位内部、涉宗领域形成良好的学习氛围，积极发挥表率作用。坚决反对“四风”、认真解决形式主义、官僚主义、享乐主义和奢靡之风方面存在的薄弱环节，结合单位实际，细化责任制，进一步完善党风廉政建设的各项规章制度，严格规范领导班子成员和局党员干部的廉洁从政。遵守财经纪律，不乱开支，严格执行中央“八项规定”和自治区“九项要求”，不铺张浪费。严格遵守民主集中制原则，充分发扬民主，倾听不同意见，不搞“一言堂”，与班子成员做到和谐相处，精诚团结，重大问题、重要事项，班子成员集体讨论决定。生活上，时刻牢记县委廉洁自律规定，严于律己，做到不公款大吃大喝。不用公款请客送礼。狠抓局班子成员和党员干部的廉政自律。认真学习、宣传、贯彻中央关于党风廉政建设有关文件、规定等，修订完善单位党风廉政各项规章制度，进一步加大从源头预防和治理腐败的力度，确保全局无一腐败现象发生。

2017年1月1日，副县长、民宗局局长达郭慰问区外学经回流人员

【民族团结宣传教育】 2017年，县民宗局根据中央第六次西藏工作座谈会、全国统战部长、民委主任、宗教局长会议精神，自治区、地区两级统战民族宗教工作会议精神，深入开展“四讲四爱”“五讲五看五做”主题教育实践活动，以民族团结“八进”活动为抓手，紧扣主题，创新载体和品牌，广泛深入地开展民族团结宣传教育系列活动，加快推进民族团结示范县创建工作和改革发展稳定汇聚正能量。以“四讲四爱”“五讲五看五做”“3·17”法制宣传日、“3·28”西藏百万农奴解放纪念日、9月民族团结月为契机，组织民族团结宣教创评成员单位和相关单位，通过集中宣传、座谈会、新闻媒体、电子专栏、张贴横幅、张贴标语等形式，在全县广泛开展党的民族政策、民族知识、民族理论、民族制度等宣传教育活动。扩大宣传覆盖面，在省道、县道、乡道、城区主要街道、重点场所等地段设立民族团结户外广告标识。以“铭记历史、珍惜现在、开创未来”为主题，收集新旧西藏对比的宣传材料的收集工作，并邀请老一辈民族代表人士同开展“新旧西藏对比”宣传教育活动。强化干部职工民族理论知识教育，严格按照地区民宗局统一部署的“民族理论知识答题活动”，组织全县1000余名干部职工参与答题活动，并对成绩优秀的干部兑现奖励。深入开展反分裂斗争，坚决抵御打击敌对势力和十四世达赖集团利用民族宗教问题进行渗透破坏活动。深入推进民族团结进步“金种子”工程，在县直中小学开展“民族团结板报比赛”活动，开展民族团结知识进教室、进课堂、进宿舍、进家庭工作，全面巩固学生们的民族团结思想理念。加大社会面宣讲工作。

选派专人赴各乡镇村居、学校和寺庙等开展"加强民族团结 建设美丽西藏"为主题的民族团结宣传教育20余场次。推动民族团结宣传教育经常态化。全年共印发藏汉双语宣传单3000余份,民族团结知识问答宣传手册100余份,发放民族团结挂历1000余份、台历200余份。

【民族团结创建】 2017年,县民宗局紧紧围绕"共同团结奋斗 共同繁荣发展"的民族团结工作主题,创新工作方式方法、丰富内容,创新载体,严格按照地区民宗局下发的评选办法文件精神,采取自下而上、逐级推荐、好中选优、综合平衡的办法评选民族团结模范集体和模范个人。2017年,县委、县政府表彰的模范集体10个和模范个人15名,共发放表彰奖金11万元,推荐并受到表彰的地区级模范集体4个、模范个人2名,自治区级模范集体1个、模范个人1名。

【民族团结示范县创建】 2017年,县民宗局按照地委、行署创建民族团结示范地区的决策部署和要求,全面加强顶层设计、高位推动,把握关键,重点突破,全面落实民族团结进步事业各项工作。全力加强顶层设计,结合自身实际,制定《革吉县民族团结进步创建活动规划纲要》《革吉县创建全区民族团结示范县的实施意见》和《革吉县推进民族团结进步创建活动"八进"的实施方案》,力争通过三年建设达到民族关系更加和睦、民族政策全面落实、民族事务法制管理、民族文化传承发展、民族团结创建成果丰硕的目标。切实推进创建民族团结示范县工作全覆盖,建立健全民族团结创建工作责任制,贯彻落实创建民族团结示范县《革吉县创建全国民族团结示范县的实施意见》《革吉县推进民族团结进步创建活动"八进"的实施方案》《信息考核暂行办法》等进行细化,制定分解任务、目标责任书、量化工作任务;并与各乡镇签订责任书、出台督察办法、考评标准等配套措施。树立民族团结示范典型,经地委批准,革吉县革吉镇荣获地区级民族团结进步示范乡镇,革吉县中学荣获地区级民族团结进步示范单位。深入推进民族团结进步"全覆盖""精准滴灌""文化引领""金种子""精神家园"和"权益保障"等六大工程,县委、县政府设立15万元作为民族团结进步工作专项工作经费,确保"六大工程"工作的经费支持。

【少数民族发展资金项目】 2017年,县民宗局少数民族发展资金项目与精准扶贫整合以后,及时编制"十三五"期间少数民族发展资金产业扶贫规划,上报地区民宗局、报送县扶贫办和县发改委,为全县实施好项目带动扶贫工作,起到至关重要作用。按照习近平总书记"既要金山银山、又要绿水青山"的重要指示要求,配合地区环保局、地区民宗局对革吉县"十二五"规划以来的所有"少数民族发展资金项目"进行梳理整理,全面完善各项环评手续办理工作。

【法律"七进"活动】 2017年,县民宗局深入开展"法律进机关""法律进寺庙""法律进乡镇"活动,为进一步提升全县人民的民族意识、公民意识、法治意识,祖国意识,推进社会主义法制社

2017年9月22日,县委常委、统战部部长多吉欧珠到县中学为学生讲述民族团结知识

会步伐。结合革吉县法律“七进”和“七五普法”活动实施方案,在县城主要街道,特别是在3座寺庙2座拉康中开展多次法律进万家活动,重点学习宣传党的民族政策和宗教政策、民族自治政策,党的利寺惠僧政策,关于加强和创新寺庙管理及利寺惠僧政策措施等,2017年,民宗局协同县公检法在县城内、各乡镇、各寺庙拉康共计开展10余次法制宣传教育活动,发放宣传单、手册共计1000余份。

2017年8月16日，在会议中心召开2017年革吉县民族团结进步表彰大会

【涉宗领域维稳】 2017年,县民宗局严格按照“全面贯彻党的宗教工作基本方针,坚持中国宗教中国化方向,引导宗教与社会主义社会相适应”的指示要求,认真做好涉宗领域维稳工作。建立健全宗教和寺庙管理长效机制,制定出台《革吉县关于新形势下加强和改进宗教工作的实施意见》《革吉县寺庙管理与服务实施细则》《情报信息工作制度》《革吉县民间民俗活动制度》《革吉县民间宗教标志物管理制度》《革吉县寺庙严禁收留童僧的规定》,从制度层面明确宗教和寺庙工作的重点,强化制度管人管事管物和寺管会党组织对宗教工作和寺庙管理的领导,进一步规范涉宗领域各项管理工作。以“六个严防”“六不出”为主要任务制定《革吉县涉宗领域中共十九大决战决胜阶段维稳安保工作总体方案》《革吉县涉宗领域中共十九大决战决胜阶段突发事件工作预案》等八项方案预案,制定成册下发给各乡镇、驻寺机构,确保维稳措施到位。严格落实“属地管理原则”,明确主管领导责任,实行“一对一”联系制度,严格落实值班带班制度,积极对宗教活动场所周边进行巡逻。

【宗教服务人员管理】 2017年,县民宗局严格贯彻落实上级对社会流动从事宗教活动人员管理的要求,深入各乡镇、村、户对此类人员进行排查登记,对已去世的和不再从事流动宗教服务工作的人员进行详细登记造册,并上报地区民宗局在总名单中予以清除。全县社会流动从事宗教活动人员11人,均为本地户籍人员,同时明确监管责任,层层签订相关责任及从事活动范围责任书。

【“双进”活动】 2017年,县民宗局按照地区民宗局关于开展好“双进”活动的工作要求,全面深化“官兵进寺庙、僧侣进军营”活动,密切寺庙僧尼和驻军官兵间的友好往来,促进官兵与僧人之间的友谊,加深僧人对国防力量、武装力量的认识,军人对藏传佛教和寺庙的了解,切实增强军民鱼水情。活动参与人数达100余人次。

【“九有”“六建”“六个一”“两险一保”“一覆盖”“一创建”工作】 2017年,县民宗局协同县委统战部和相关部门,开展寺庙基础性工作调研,及时调整充实驻寺干部,建立健全工作制度。“九有”“六建”覆盖率基本上达到100%。“六个一”活动家访38次、办实事11件、慰问38次、投入资金达40000元。僧人养老保险率达100%,95%已列入城镇低保。为僧人进行免费健康体检,进一步完善健康档案,协调组织县卫生局对广大僧人开展送医送药活动。全年共召开上、下半年2次“和谐模范寺庙暨爱国守法先进僧尼表彰活动”共投入资金 78000 元。

（程 标）

【领导名录】

县人民政府副县长、局长

达 郭（藏族）

县委统战部副部长、民宗局副局长

普 琼（藏族）

副局长

达 娃（女，藏族）

米 玛（藏族）

革吉县卫生和计划生育委员会

【概况】 2017 年，革吉县卫生和计划生育委员会（以下简称县卫计委）属政府系统正科级国家机关，有工作人员 5 名，1 名主任，2 名副主任，2 名科员，负责协调全县的医疗卫生工作。下设 1 所县卫生服务中心、5 所乡镇卫生院。已建设 7 所村卫生室。全县拟定医疗机构编制人数为 102 人，其中县卫生服务中心编制为 52 人（包括藏医院、疾控中心），四乡一镇编制 50 人（每乡镇 10 人），截至年底，缺编。副高级 1 名，中级职称 2 名，初级职称 8 名，村医 38 名，实现 1 个村 2 名村医的目标。县卫生服务中心有床位 45 张，乡镇卫生院 50 张。

【农牧区合作医疗】 自农牧区合作医疗制度实施以来，逐年提高合作医疗标准。2017 年农牧区合作医疗补助标准提高到 495 元，其中国家和自治区补助 470 元，地区补助 3 元、县级补助 2 元，个人筹资 20 元，按照农牧区合作医疗资金分配比例为大病统筹资金为 60%，门诊统筹资金 38%，风险资金为 2%。革吉县农牧民群众参合人数逐年提高，2017 年参合人数 16274 人，参合率达到 98%。缴纳个人筹资患者在乡、县和地区以上医疗机构住院报销比例分别为 90%，80%，和 70%，未缴纳个人筹资部分的只报销 50%。

【医疗卫生专项资金】 经过分管卫生的县级干部和卫生行政部门多次调研和多次征求意见，专门召开革吉县改善医疗卫生资金使用专题会议，2016 年县财政收入的 10% 共计 138 万投入到医疗卫生事业上，其中 40 万元投入到包虫病综合防治工作上，425000 元投入到乡镇卫生院添置设备和其他上，5 万元投入到组团式医疗援藏和城市医院帮扶高海拔乡镇卫生院工作上，26400 元投入到革吉县精神病患者监护费上，5 万元投入到革吉县食品药品能力素质提升工程，428600 元投入到革吉县创建一级甲等医院工作经费和设备采购等进一步提升全县医疗卫生服务整体水平，不断满足人民群众日益增长的健康需求，推动全县医疗卫生事业持续健康协调发展。

【麻疹疫情控制】 1 月底开始在革吉镇公前村、加布村，雄巴乡多仁村、巴措村、加吾村，盐湖乡羌麦村出现麻疹疫情，为切实做好麻疹疫情防控工作，县委、县政府第一时间成立以卫生计生委、卫生服务中心、教育、疾控中心、民政、乡镇人民政府等部门组成的革吉县麻疹疫情防控工作领导小组，制定《革吉县关于切实加强麻疹疫情防控工作的实施方案》，进一步明确责任人、责任单位和工作职责，确保各项防控措施落实到位。为麻疹疫情防控工作得到

2017年7月18日，卫计委主任次巴珠与工作人员检查县诊所医疗废品处置情况

有效控制,县财政拨款专项资金50万元,用于麻疹疫情防控工作经费。及时开展应急接种补种工作。把应急接种补种工作作为麻疹疫情防控的有效措施,对8月龄至23岁以下人群应急接种补种工作,接种补种6139支,及时、有效控制麻疹疫情。对疑似麻疹患者做到“早发现、早隔离、早诊断、早治疗”工作举措,麻疹患者171人得到及时救治,确保麻疹患者安心治疗、全面治疗。

2017年4月16日,革吉县人民医院同藏医在县城宣传提高居民健康素养水平

【包虫病综合防治】 筛查机构到位。由西藏边防医院、西藏阜康医院、河北B超医生、陕西B超医生、自治区第三人民医院,县卫生服务中心(疾控中心),乡镇卫生等35人专业技术人员组成3个筛查工作队,于6月11日开始革吉县19个行政村(居)小学、中学、五保户集中供养,3座寺庙、2座拉康包虫病筛查工作。

宣传工作到位。在宣传工作中突出“包虫病可防可控可治并不可怕”这个核心,做深做细做实宣传教育工作,充分利用革吉台、网信革吉等媒体传播健康知识,同时结合正在开展的“四讲四爱”主题教育实践活动,动员全社会各方面力量,开展内容丰富、形式多样的宣传教育,对全县19个行政村(居)、3座寺庙、2座拉康和5所小学、1所中学进行全面宣传,全面提高群众健康防病意识。全年共发放宣传材料10356份,宣传36场次,受益群众28326人次;播放宣传视频12场次,观看视频2700余人,学生知晓率达到95%以上,群众知晓率达到90%以上。

筛查工作到位。截至10月20日,革吉县包虫病筛查15588人,确诊193人、疑似60人,其中手术治疗66人、药物治疗127人,包虫病筛查率达到96%。

免疫防控工作到位。为切实抓好源头管理,革吉县认真贯彻《中华人民共和国动物防疫法》加大宣传力度,加强对家犬及羔羊的驱虫和免疫工作,做到“月月投药、月月驱虫”。通过对全县5个乡镇、19个行政村(居)、3座寺庙、2座拉康的养犬和羔羊的摸底调查,全县有羔羊146259只、家犬2593条。截至年底,羔羊免疫数146259只,家犬驱虫2953条,免疫注射率达到100%。

家犬的管理工作到位。2017年,县卫计委制定完善《犬只管理办法》,规范养犬行为,有效预防和控制包虫病,切实保障群众身体健康。4月中旬开始,在革吉县四乡一镇全面开展犬只管理登记工作,截至年底,犬只管理登记2593条。流浪狗临时收容所项目前期手续已办理,资金已到位。

【计划生育】 2017年,县卫计委推进“两降一升”工作。全年住院分娩奖励248人,住院分娩奖励资金、生活补助资金、陪护人员资金等共计394330元。全面宣传免疫规划和“两降一升”及医疗卫生相关政策,全面树立卫生、健康工作从娃娃抓起的意识。

【体检工作】 2017年,为全面推进健康革吉工作,县卫计委把城镇居民及在编僧尼体检工作作为健康革吉工作的重中之重。6月11日开始革吉县城镇居民暨在编僧尼免费健康体检工作全面开展,由西藏自治区边防医院负责革吉县文布当桑乡、盐湖乡、雄巴乡,县中学、小学、五保户集中供养的城镇居民和在编僧尼体检工作,完成体检7904人。

2017年8月20日，疾控中心工作人员走村入户进行为牧民接种疫苗并逐一登记

【精神病筛查】 2017年7月中旬，通过地区卫计委安排，广东中山医院和中央民族学院医学院专家对革吉县53名精神病患者进行筛查，确诊3级以上11人，由于阿里地区没有精神病专家，救治工作很难开展，从革吉县改善医疗卫生资金中解决监护费每人每年2400元共计26400元，并建立相关台账。

【先天性心脏病筛查】 2017年5月中旬，通过地区红十字会和"爱里的心"公益基金对革吉县13岁以下儿童1183人进行筛查，确诊32人，其中救治25名儿童。

【白内障免费手术】 2017年"十一"国庆节期间，地区红十字会、自治区红十字会及县卫生服务中心工作人员，对革吉县168名老人进行筛查，确诊12人，救治12人。

【组团式医疗援藏】 2017年，革吉县组团式援藏医院为北京医院，通过与北京医院协调，结合革吉县实际，安排3名医护人员在西藏自治区第二人民医院进行为期半年的培训，重点培训儿科、护理管理、B超技术人员。7月27日，北京医院6名医护人员到革吉县调研组团式医疗援藏工作，1名医生在革吉县卫生服务中心工作1个月，同时与北京医院全面开启远程会诊工作。

【"两项"扶助政策】 2017年，革吉县全面落实2016年"一孩双女"困难家庭奖励扶助共计90人，每年标准960元，共计109440元。独生子女伤残补助1人，每年标准3040元。"两项"扶助资金皆于年内兑现。

【商业保险理赔】 革吉县2013年、2014年、2015年商业保险理赔案件共计16人，其中孕产妇死亡4人，每人理赔资金为19000元，新生儿死亡12人，每人理赔资金为8000元，共计172000元，于2017年兑现。

【帮扶高海拔乡镇医院】 自2017年4月17日起，西藏自治区第三人民医院6名医护人员入驻革吉县雄巴乡卫生院、亚热乡卫生院全面开展城市医院帮扶高海拔乡镇卫生院活动，以围绕"基本医疗服务、公共卫生服务、疾病预防、健康脱贫、宣传倡导、基础信息统计"为重点，开展城市医院帮扶高海拔乡镇卫生院活动，解决缺少医护人员的困难又规范乡镇卫生院各项工作，改善群众看病难的实际问题。

【创建一级甲等医院】 2017年，革吉县围绕"阿里地区一级综合医院等级评审考核指标"要求，全面梳理评审项目指标，各科室制度已经建完，通过革吉县改善医疗卫生和公立医院改革资金，对卫生服务中心门诊楼和手术室进行全面维修。

【污染处理】 2017年，为进一步加强医疗废物处置工作规范化，县卫计委对革吉县各级医疗机构医疗废物处置工作进行全面整改，确保医疗废物管理规范、存放规范、处置规范。乡镇卫生院和三多诊所统一配备医疗废物处置专用箱子30个、专用袋子5箱。制定医疗废物处置制度和放射防护安全管理制度、放射科放射诊断质量保证制度、放射技师岗位职责放射科操作规程等一系列管理制度并上墙,严格按照制度规范医疗废物处置工作和放射工作。给县卫生服务中心放射科配备防辐射服和相关设备。每半个月对医疗废物进行统一运送、统一处置。

【卫生监督检查】 2017年,县卫计委严格按照上级有关部门的要求,组成联合工作,在"三大节日"和全国"两会"期间一级节庆日对县城周围、乡镇所在地宾馆(招待所)、诊所、理发店、洗浴中心进行大检查,对9家宾馆、1家理发店、1家洗浴中心下达卫生监督整改意见11份,要求责令整改,并检查情况和整改情况录入自治区卫生监督信息网上。

【扶贫攻坚】 2017年,县卫计委按照自治区、地区、县脱贫攻坚指挥部的具体要求,通过多项举措全面落实卫生计生委的工作职责。始终把"因病致贫、因病返贫"贫困户,作为卫生计生委和民政局重点帮扶对象,建立"因病致贫、因病返贫"档案。通过实施医疗救助,对建档立卡贫困患者均能得到科学合理治疗,就诊的建档立卡贫困患者住院治疗个人支付费达到全免(合作医疗保障+大额医疗保险+民政医疗救助),贫困人口医疗保障能力明显提高。全面执行"先诊疗后结算"制度。符合在地区人民医院、县卫生服务中心、阜康医院住院的贫困患者办理住院手续时,无须交纳住院押金即可入院治疗,确保患者及时诊疗,截至年底,有67人开通先诊疗后结算制度,同时,与西藏阜康医院签订"先诊疗后付费"结算制度。

【县卫生服务中心工作】 2017年,县卫生服务中心门诊19609人次,其中西医门诊16346人次,藏医门诊3263人次,完成业务总收入达1743839元,其中西医住院收入1151079元,藏医住院收入118449元,西医门诊收入327243元,藏医门诊收入147068元。

【疫苗接种与传染病预防】 2017年,革吉县疾病预防控制中心开展"预防接种"宣传工作6次,设立宣传点向现场群众发放预防接种手册2300余份,其他各类宣传材料1400余张,悬挂横幅6条,展示宣传板5块,出动工作人员12人次,动用车辆6台次,现场咨询430人,取得较好的宣传效果。截至年底,全县办理预防接种证的儿童404人;乙肝疫苗应种1738人,实种1221人,接种率70%;卡介苗应种158人,实种138人,接种率87%;脊灰疫苗应种2547人,实种2110人,接种率82.84%;百白破疫苗应种2550人,实种2211人,接种率86.7%;含麻疹疫苗成分(麻风、麻腮风)疫苗应种1049人,实种782人,接种率74%;流脑(A群、A+C群)疫苗,应种945人,实种802人,接种率84.87%;甲肝疫苗应种869人,实种590人,接种率67.9%。同时深入各乡镇各村组督导免疫规划工作,同时为广大群众大力宣传接种疫苗的好处及优惠政策,在全县开展防治宣传活动,重点加强青少年学生及高危人群宣传教育,让广大农牧民群众认识传染病的发病起因、传播途径,并进行有效的防范。2017年组织开展艾滋病宣传活动3次,发放宣传单1300余张,宣传材料420册,避孕套1300余只,营造传染病防治的良好局面。

【监(检)测项目】 2017年,碘盐监测共计300户,数据上报地区疾控中心。全县四乡一镇政府所在地等12个采样点水质样本采集2次,未进行检测(无检验设备),样本送至地区疾控中心。娱乐场所工作人员自愿艾滋病检测38人,共计办理餐饮人员健康证202本,同时进行甲肝监测。完成肺结核痰检23人,未发现阳性患者。由地区医院确诊,转入革吉县新增管理人数17人,完成肺结核治疗3人。完成县城360名中小学学生身高、体重的测量。对县城中小学学生食谱、出勤、供餐进行全年监测。

【农村公共卫生服务筛查】 2017年,革吉县疾病预防控制中心在全县人员集中地开展讲座等方式对广大老百姓进行健康教育,共宣传6次,发放《健康素养》等宣传资料3500余份,通过宣传增强群众对自我健康的保护意识。截至年底,管理高血压患者147例,定期进行干预和随访。

【廉政教育】 2017年,县卫计委

坚持学做结合，以学促干，紧密结合年度重点工作，通过四个方面把学习教育融合、落实到具体工作中，把成效体现在推进卫生计生事业跨越发展上。加强组织领导，落实教育责任。成立“两学一做”学习教育常态化制度化领导小组。强化思想宣传、营造学习氛围。通过党员小书包软件和每周星期一学习活动，使卫生支部党员的学习能力逐步提升。结合工作实际，发挥党员的先进性。通过“带党徽、亮身份”活动，主动接受群众的监督，从而全面加强党员的先锋模范作用。以改善医疗服务、规范卫生计生服务工作，创新“便民、惠民、利民”服务举措、规范服务流程，提升服务效能，卫生计生委结合实际制定“卫生计生 · 服务民生”的党建品牌。

（土登旦巴）

【领导名录】

主　任

次 巴 珠（藏族）

副主任

土登旦巴（藏族，6月任）

次仁拉姆（女，藏族，6月任）

卫生服务中心主任

米玛次仁（藏族）

卫生服务中心副主任

次　　旦（藏族）

周　　燕（女）

卫生服务中心副主任、疾控中心主任

罗松平措（藏族）

卫生服务中心副主任

益西旺姆（女，藏族，10月任）

索南达杰（藏族，7月任）

革吉县文化广播电影电视局

【概况】 2017年，革吉县文化广播电影电视局（以下简称县文广局）共有干部职工49人，其中行政编制4人，专业技术人10人，工勤人员5人，调频合同工6人，公益性7员人，艺术团合同工15人，乡镇放映员5人。

【基层文化建设】 2017年，革吉县农家书屋、寺庙书屋方面书屋建设工作进展顺利。农家书屋作为该县农牧民丰富文化生活水平的重要民心工程之一，县文广局把建设农家书屋工程工作列为每年工作的重中之重，建立各种规章制度，严格实行规范管理，实现每个书屋5—7个小时的开放时间，年底对每个书屋发放维护管理补助1050元。革吉县19个农家书屋图书共有41984册，5个寺庙书屋图书共计3262册。

【文物保护】 随着社会的进步，文物与旅游的结合越来越紧密，为革吉县文物进行合理的开发与利用，2017年年初，县文广局协调县旅游局、县林业局、县发改委等部门下村到革吉县境内53处文物点进项旅游开发价值调研，形成调研报告1篇，为文化旅游产业发展奠定基础。为贯彻落实“保护为主，抢救第一，合理利用，加强管理”的文物工作方针，县文广局组织专人历时10天左右行程5000余公里，对革吉县53处县级文物点进行检查和调研。制定安全巡查工作机制，对存在的问题及时梳理，消除各项安全隐患。并对14处重点野外文物保护单位、3座寺庙、2座拉康进行安全巡查，及时与各寺庙、拉康所在地政府签订文物安全目标责任书，确保责任层层落实到人，形成自上而下文物安全防范措施。

【非物质文化遗产保护与传承】 2017年，县文广局重新搜集、整理《民族服饰》《格萨尔王坐骑像传说》《盐矿交易习俗》等非物质文化遗产的文字、视频资料，并上报地区文化局和自治区文化厅，申报自治区级非物质文化遗产。举办“让文化遗产融入现代生活，加强文化遗产保护，振兴传统工艺”为主题的非遗文化宣传活动，发放宣传册200余册。

【民间艺术团】 2017年，革吉县那布民间艺术团紧紧围绕创先争优、“两学一做”学习教育、“3 · 28”西藏百万农奴解放日、“四讲四爱”主题实践教育、“脱贫攻坚”“喜迎中共十九大”等活动，开展文艺创作和编排工作，新创作品有民间舞蹈、歌曲以及扶贫专题文艺作品，如以“喜迎中共十九大”为主题的舞蹈《吉祥革吉》；以扶贫攻坚战为主题歌曲《爱在乡村》、舞蹈《扶贫金色太阳》、小品《扶贫攻坚战》《差点误大事》等；新创作民间舞蹈《谐庆》、歌曲《圣洁的祝福》等，这些作品全面反映革吉县干部同心协力打赢扶贫攻坚战的决心和意志，丰富革吉县

2017年11月17日，阿里地区行署副专员、县委书记索朗次仁，县委副书记、县长王明杰等领导参加革吉县广播电视台成立仪式

群众文化生活，提高全县群众文化的艺术享受。革吉县那布民间艺术团还精心编排各种具有西藏特色、革吉特点的节目，在春节、藏历新年、“五一”国际劳动节、“五四”青年节、“十一”中华人民共和国成立日、廉政文化月等重大节日进行演出。开展“五下乡”活动，先后组织文艺下乡活动50多场次，在往年文艺演出进各乡、镇、村、进学校的基础上，2017年又进各寺庙、易地扶贫搬迁点、驻军部队等进行文艺演出，深受广大群众的喜爱，受到当地群众的一致好评。

【新闻采访】 2017年，县文广局构建地、县、乡三级新闻宣传工作体制，形成上下互动、点面结合、营造主流、围绕中心、服务大局的新闻宣传工作局面，配合“四讲四爱”主题教育实践活动办公室拍摄制造革吉县“四讲四爱”主题教育实践活动第一阶段、第二阶段、第三阶段等主题汇报片若干，更好的宣传革吉县各方面工作成绩。为使广大干部群众能更好地了解和掌握革吉县各项工作的开展情况和各项惠民政策的落实情况，开办“革吉电视台”自办节目，通过藏、汉双语新闻形式宣传报道。2017年11月17日，革吉县广播电视台正式成立。全年共制作播出新闻440余条，其中向阿里地区电视台上报新闻440余条，采用264余条。

【广播电视“户户通”】 2017年，革吉县已实现“户户通”工程覆盖95%、“寺寺通”工程已于2015年实现全覆盖。县文广局为广大农牧民，尤其是偏远地区牧民能够收看、收听到丰富多彩的广播电视节目，下乡2次，出动专业人员23人次，为牧民群众维修更换清流机锅盖，收益用户达100余户。闭路维修次数达10余次，受益用户达115户。

【广播电视安全播出】 2017年，县文广局严格按照“满调幅、满时间、满功率”的三满播出要求，通过不断增强服务意识和责任感，不断提高服务质量和服务水平，坚持做到坚持24小时值班制度，保证安全播出工作万无一失。不断建立健全安全播出的有关管理工作制度，严格执行各项规章制度和值班制度。全年未发生广播电视安全播出的事故。

【有线闭路电视转播维护】 2017年，县文广局外线维护人员认真学习新电视转播维护知识，确保在有电的情况下，全县每个角落、用户都能收看到丰富多彩的电视节目。

【电影放映工作】 “2131”工程作为一项21世纪的电影工程和文化建设事业，对于宣传、贯彻党的路线、方针、政策，丰富农牧民群众的文化生活、普及科技文化知识都具有十分重要的现实意义。2017年，革吉县实现四乡一镇电影放映员的设备更新工作（数字电影），在全县范围内掀起中共十九大的放映热潮。全年共放映电影996场次，观看人数30520人。

【文化市场管理】 2017年，县文广局主动协调县文化市场综合执法大队、县公安局、县工商局、县教育局、县司法局、县妇联、团县委等部门开展“打黄扫非”工作。年初成立以宣传部部长为组长、分管县长为副组长、相关部门为成员的领导小组。与各乡镇签订“扫黄打非”责任书，规范“扫黄打非”专用红头文件，制作工作宣传栏，建立工作制度，深入开展“扫黄打非”工作，规范文化市场经营秩序。8月，盐湖乡被评为自治区“扫黄打非”示范乡。革吉县共有2家朗玛厅、5家带有点歌系统的KTV、1家网吧均未办理消防合格证书。县文广局将所有之前办理的文化经营许可证都已收回，待消防安全许可证办理完后，再办理文化经营许可证。截至年底，县文广局联合县执法大队等部门，开展文化市场执法检查28次，出动执法人员135人次，收缴反动歌碟23张、盗版音像制品1521张。

【新华书店】 革吉县新华书店于2015年5月份正式向广大人民群众开放，县文广局在人员缺少的情况下，从办公室抽出1名工作人员，每周二、周四、周六到新华书店进行营业。截至年底，共售出价值2799元的图书。

县新华书店一直把社会治安综合治理工作和安全生产工作纳入重要议事日程，狠抓落实。年初，县文广局精心策划方案，对重大问题，重大活动及重要事项，一把手要亲自过问，亲自抓。建立健全内部安全工作的各项管理制度，配合县综治委及职能部门的工作，加强对社会治安综合治理工作的组织协调和检查考评，严格执行一票否决制度。落实领导责任制，实行单位一把手维护稳定工作包干制度，把影响综治和安全生产的不利因素消灭在萌芽状态。全年，革吉县新华书店未出现任何违法乱纪现象，没有出现安全生产事故。

【结对帮扶】 2017年，县文广局按照革吉县委、县政府关于2017年干部结对认亲交朋友活动的统一部署要求，文广局先后2次深入到亚热想罗玛村、赛利普村等地开展结对帮扶工作。活动中，认真询问帮扶对象的家庭基本情况、主要经济来源、草原面积、牲畜数量、经济收入，以及主要致贫原因等逐一进行登记，详细了解他们生产生活中存在的实际困难和问题，和他们一起想办法出主意，寻找增加收入的新门路、制定切实可行的脱贫办法，同时鼓励帮扶对象要坚定信念，积极配合好村委会的各项工作，争取早日脱贫奔小康。

【项目建设】 革吉县数字影院项目总投资120万元，其中土建部分64.63万元，设备55.37万元（已将此款退还至地区进行统一采购）。该项目已与革吉县旅游综合服务站整合，已开工。革吉县新增广播中央台藏语广播节目调频覆盖项目总投资12.32万元设备款，设备统一由地区广电局购买。革吉县广播电视高山无线发射台建设项目总投资184.24万元，该项目法人为地区广电局，经几次招投标，10月13日施工队进场，已开工建设。革吉县数字电视建设项目总投资280万元，该项目法人为地区广电局，项目已完工80%，推进改造网络项目覆盖全县城，全年需完成500套数字电视机顶盒工程的安装工作。

【党建工作】 2017年，县文广局始终把加强学习作为提高全体党员思想素质的一项重要工作来抓。每周星期一为局班子成员学习日，组织党员深入学习《中国共产党章程》和中共十八大，十八届三中、四中、五中、六中、七中全会，以及中共十九大会议精神和有关领导的讲话精神，重点学习贯彻科学发展观，引导党员干部把思想统一到县委、县政府提出的发展战略上来。组织党员认真学习党在新时期各项科技政策、法律法规，结合实际工作加以分析、讨论，提高党员的业务水平。抓制度，增强整体合力。进一步贯彻落实县委《关于进一步加强县直机关党的建设工作的意见》，严格组织生活，坚持民主生活会等制度，鼓励党员多提合理化建议和意见，认真开展批评与自我批评。按照有关规定，在进一步深化作风建设年活动的基础上，按照“标准更高、作风更实、要求更严、效果更好”的要求，并结合当前工作实际，增强做好科技工作的积极性和主动性。组织党员干部认真学习贯彻《党员领导干部廉洁从政若干准则》、开展建设学习型、服务型党组织的创先争优活动和“打造廉洁淳安、推进科学发展”主题教育等活动，做到规定动作力求到位，创新举措力创亮点。

（巴珍）

【领导名录】

局　长

旺　　姆（女，藏族）

文广局副局长、新闻出版局局长

洛桑央金（女，藏族）

文广局副局长、文物局局长

巴　　珍（女，藏族，8月任）

电视台台长

旦　　巴(藏族)

曲旺旦增(藏族,8月任)

调频台台长

扎西拉宗(女,藏族,8月任)

电影队队长

次仁多吉(藏族)

艺术团团长

次仁央金(女,藏族)

革吉县农牧局

【概况】 2017年,革吉县农牧局(以下简称县农牧局)共有干部职工30名,其中行政干部8名(局长1名、副局长3名、主任科员1名,科员3名),专业技术人员20名(事业管理人员6名‘副高1名,中级职称3名,初级职称7名,技术人员9名),工人2名。2017年,县农牧局全面贯彻落实中共十九大和十九届一中、二中、三中全会精神,以及中央、区党委、政府、地委、行署经济工作会和农村工作会议精神,高举习近平新时代中国特色社会主义思想伟大旗帜,紧紧围绕全县“乡村振兴”发展战略,坚持全县深化牧业改革总基调,以创新驱动农牧业各项事业可持续健康发展,牢牢树立“绿水青山就是金山银山,冰天雪地也是金山银山”理念,狠抓人工种草、劳务输出及培养新兴业态,通过多措并举、狠抓落实,充分发挥部门职能作用,全力推动各项工作,较好地完成全年各项工作任务,并荣获“2015—2017年阿里科技示范推广应用奖二等奖”。

【党建工作】 2017年,县农牧局以完善巩固党组织建设,开展干部职工廉政警示教育工作,签订履行“一岗双责”和履行工作职责承诺书,认真落实“三会一课”制度及支部成员轮流讲党课制,增强党员“政治意识、大局意识、核心意识、看齐意识”。全年召开支部大会10余次,开展党支部活动5次,发展党员1名,吸收积极分子2名,撰写心得体会20余篇。

【党风廉政建设】 2017年年初,县委常委、常委副县长安排部署党风廉政建设和反腐败工作。县农牧局先后组织学习新修订的《中国共产党廉洁自律准则》《关于新形势下党内政治生活若干准则》《中国共产党纪律处分条例》《中国共产党问责条例》《中国共产党章程》等党内法律法规,及时传达学习十九届中纪委一次、二次会议精神及九届区纪委二次全会精神,贯彻落实纪检察相关文件精神,坚持抓具体、补短、防反弹,管出习惯、化风成俗,重点纠正形式主义、官僚主义,坚持每月廉政谈话一次,每季度观看警示教育一次,廉政督导一次,做到重大事项共商量的民主集中制,杜绝个人主义、欺上瞒下、慵懒无为的工作风气,全年廉政谈话27次,观看警示教育2次,廉政督导4次。

【结对帮扶】 2017年,县农牧局根据年初制定的结对帮扶台账要求,帮扶人员通过电话、实地考察、实地等形式,与贫困群众经常进行联络和互访交流,并多次到结对村走访,了解情况,对扶贫户致贫原因充分论证,共同研究探讨发展一户一对策。结对村班子领导也多次到本单位进行学习交流,切实为帮扶的贫困户找出致富门路,解决群众的生产生活的燃眉之急。

【劳务输出】 2017年,县农牧局将草场有序流转后的牧民,以村为单位组建成劳务施工队。成立劳务输出领导小组,负责落实劳务输出各项工作,将200万元以下的项目交给农牧民劳务施工队承建,通过项目建设增加牧民的工资性收入。截至年底,全县牧民参加劳务输出3286人,农牧民转移就业8074人,车辆运输280辆,共创收1733.87万元。

【重大动物防控及防抗灾】 2017年,县农牧局为进一步做好全县牲畜免疫接种工作及动物疫病防控工作,避免发生重大动物疫情,坚持政府部门保质量、业务部门保密度的工作要求,与各乡镇、村层次签订责任书,指派兽医技术人员包乡,对乡镇牲畜免疫接种工作及动物疫病防控工作进行技术指导,扎实做好免疫注射,使每个乡镇密度到达100%,确保不发生重大动物疫情。截至年底,口蹄疫苗发放71箱,小反刍兽疫疫苗发放11苗,包虫疫苗发放7箱,包虫驱虫药7箱,宣传手册3363本,宣传彩页33363个,日历1500个,接种覆盖率能达到90%,其中口蹄疫苗接种牦牛10742头,羊420373只,小反刍兽疫疫苗接种158346只,羔羊包虫驱虫免疫接种146259只，瘦肉精检测20头猪，家犬驱虫2953条，犬粪由户主自行负责清理，共清理7865场次。

【防抗灾工作】 2017年，县农牧局履行防抗灾指挥部的工作职责，扎实开展农牧业生产各项筹备工作，立足于“以防为主、防救结合”和“有灾抗灾、无灾防灾”的工作原则，有序推进革吉县防抗灾的各项工作。全年共调运饲草料421.51吨，燃料17440公升，其中汽油9913公升，柴油7981公升，发放兽药10万元。

【强农、惠农政策】 革吉县可利用草场面积4784.84万亩，其中草畜平衡面积3934.84万亩，禁牧草场面积850万亩（196块禁牧地），选聘监督员708名，全县载畜量54.01万绵羊单位。2017年年末，牲畜存栏折合绵羊单位41.09万只，共涉及19个行政村，4493户，16621人。截至2017年8月，2016—2017年度总计可兑现到户补奖资金177674777.6元，其中2016年全县限高后牧民享受禁牧和草畜平衡补助奖励资金为847638610.08元，2017年全县限高后牧民享受禁牧和草畜平衡补助奖励资金为85264517元，实现户均增收2.4万元，人均增收4876元。2017年度监督员补贴通过年底考评后兑现，共有1150名，共计429.96万元。

2015—2017年农牧民农机设备总共为17台（其中四轮农用车1台，三轮农用车2台，奶油分离机14台）。兑现补贴资金10200元，群众自主筹款为99444元，受益17户。

【项目建设】 2017年，县农牧局建设项目总投资4824.15万元。新建项目10项，续建项目2项。革吉县2016年度退牧还草项目。建设内容为休牧围栏40万亩、人工种草1000亩，棚圈448户，毒草害治理1万亩，总投资2296.4万元。已完成网围栏55%、人工种草100%。革吉县2015年人工饲草建设项目。建设内容为革吉镇、雄巴乡种1000亩，总投资300万元。已完成土地平整50%、机械设备购置100%。革吉县2016年牦牛养殖小区项目、革吉县2016年肉牛标准化规模养殖场建设项目已整合到革吉县牦牛养殖基地建设项目。总整合资金298.11万元。革吉县四乡一镇（雄巴乡、亚热乡、盐湖乡、文布当桑乡、革吉镇）农技推广服务体系项目。建设内容为建设农技推广服务房屋及设备购置，总投资320万元。已完成100%。革吉县亚热乡乡级农牧业防抗灾物资储备库建设项目。建设内容为建设防抗灾物资储备库300平方米及配套附属设施，总投资120万元。已完成100%。革吉县革吉镇乡级农牧业防抗灾物资储备库建设项目。建设内容为建设防抗灾物资储备库300平方米及配套附属设施，总投资120万元。已完成100%。革吉县雄巴乡农牧业防抗灾物资储备库建设项目。建设内容为建设防抗灾物资储备库300平方米及配套附属设施，总投资120万元。已完成100%。革吉县县级农牧业防抗灾物资储备库建设项目。建设内容为建设县级农牧业防抗灾物资储备库440平方米及其附属设施，总投资180万元。已完成100%。革吉县2017年县级重大动物疫情应急物资储备库及冷链设施建设项目。建设内容为建成2℃—8℃疫苗冷藏库100平方米、

2017年8月13日，革吉县召开农牧区改革推进会

应急物资综合仓库100平方米，总投资150万元。已完成工程建设项目100%，物资采购未完成。革吉县2017年人工种草与天然草场改良建设项目。建设内容为建设人工饲草基地6000亩，总投资720万元。已完成土地平整60%。

【基本草原划定】 2017年，四乡一镇基本草原划定野外打点、划定类型及数据统计工作已完成。通过室内预判和现场勘验，在地形图上初步勾绘出基本草原图斑。主要勾绘重要放牧场、禁牧草场、林业保护区、矿产资源、裸地、人工种草、乡村规划区、道路、湖泊等。全县草原总面积为58257217.67亩，基本草原面积50203002.87亩，禁牧面积8221973.069亩，重要放牧场面积41811169.54亩，人工草地47121.579亩，特殊草地122738.687亩，规划预留用地8054214.8亩。基本草原图斑和面积统计工作初步已完成，召集乡镇主要负责人和分管领导，对勾绘的本行政区域图斑和面积进行核对和确认工作。开始联系拉萨极地地理信息有限公司，进行勾绘图斑电子化软件上图和面积统计、建立数据库等工作。

【牧区改革】 草场有偿流转。2017年，全县实现草场有偿流转856户1940人，其中革吉镇600户、文布当桑乡54户、雄巴乡37户、亚热乡80户、盐湖乡85户。草场流转面积达51.43万亩，实现草场流转人均收入1060元。

联户联组放牧。2017年，全县参与联户联组放牧225户，其中革吉镇62户，雄巴乡28户、盐湖乡125户、亚热乡10户。以利益分配制度保障群众利益，推行轮流放牧方式，让联户联牧小组群众“不离乡、不离土、就近就便”融入牧业发展，实现增收致富。

培育养畜大户。2017年，全县培育养畜大户84户，其中革吉镇32户、雄巴乡17户、亚热乡3户、盐湖乡30户、文布当桑乡2户。养畜大户养殖规模较大的有1200余只，较小的有500余只。

【牲畜良种推广】 随着接羔季节的到来，接羔育幼的工作也逐步落实，由于藏北山羊的发情期和配种大部分多在10月进行配种，所以每年的接羔幼育工作大概在3月中旬。2017年3月10日，县农牧局正式开始接羔育幼工作，2017年羔羊有92只，其中核心群接羔60只，基础群接羔22只，杂色10只位淘汰，意外死亡31只羔羊。在2016年的人工授精里受胎率90%、空怀率5%、健羔率90%、弱羔率5%、死胎率10%、死亡率30%、流产率5%。在接羔过程中意外死亡率为10%，羔羊痢疾等病造成死亡率为4.5%，杂色淘汰率为5%。县农牧局在接羔幼育工作中还注重羔羊的品种、体尺、体重等鉴定记录，以便于2018年的一周岁鉴定和品种的鉴定，为畜牧结构改良工作奠定基础。

【示范户建立及推广】 2017年，全县有示范户470户。其中，革吉镇加布村48户，革吉镇布贡村83户，亚热乡塞利普村61户，雄巴乡多仁村20户，盐湖乡258户。县农牧局对各村无偿推广195只。其中，亚热乡塞利普村合计推广种公羊54只，亚热乡夏玛村推广种公羊64只，亚热乡洛玛村推广种公羊56只，雄巴乡多仁村推广种公羊21只。2017年地区下发40万元的良种推广经费，共推广500只，分布在四乡一镇425户。

【却藏牦牛】 却藏牦牛生存于西藏自治区阿里地区的革吉县的高山草场。却藏牦牛体躯较大，结构紧凑，躯长腿短，皮松而厚，群体毛色较杂，体黑、头或面部白，还有灰色、褐色，胸部、腹部、体侧和股侧长有长毛，被毛柔软、厚密。却藏牦牛成年公牛平均约为420.6±7.8千克，体高约为130.0±3.1厘米；成年母牛平均体重约为242.8±5.4千克，体高约为107.0±2.3厘米；屠宰率约为55%，净肉率约为46.8%。在藏民族的衣、食、住、行当中处处都离不开牦牛，却藏牦牛的牛乳、牛肉、牛毛，为在世界屋脊上勇敢而顽强地生存下来、历经艰难困苦的藏民族革吉县人民提供着生活、生产必需的资料来源，成为代代在青藏高原上繁衍生息、发展成长起来的革吉县人民生命与力量的源泉。

革吉县第十一届人大第五次会议上，革吉县县长王明杰在大会上作了2015年政府工作报告提出，革吉县将大力发展特色畜牧业，坚持“草业先行，草畜平衡”的原则，在加大草原建设力度的前提下，不断调整优化结构，按照市场需求，扩大革吉镇却藏牦牛养殖基地规模，试行“公司+基地+农户”的经营模式，扶持牧民经济能人建立畜产品加工企业，稳定生产，增强群众收入，帮助农牧民提高商品意识和风险意识。坚持立草为业的工作思路，积极实施–批水利灌溉项目，在文布当桑乡大力开展饲草饲料和粮食种植基地建设，缓解我县草畜矛盾，减轻草地压力，推进畜牧业产业化进程。从2015年革吉县经济发展情况来看，革吉县的特色优势产业发展活力明显增强，目前全县投入资金125万元，修建了却藏牦牛养殖基地贮草库和奶产品存储室，相关配套设施建设也正逐步跟进，却藏牦牛的发展前景亦是十分明亮。

【革吉羊】 革吉羊是产自于西藏自治区阿里地区的革吉县的高山草场的高原型肉毛兼用藏系绵羊。革吉羊头呈三角形，公母均有角，角型向左右平伸形成麻花状扭转，颈细长，体躯近方形，背腰平直，四肢高而健壮，飞节以下和腹毛着生刺毛，头肢毛多为花色。革吉羊成年公羊体高约为62–68厘米，体长约为65–72厘米；成年母羊体高约为61–67厘米，体长约为64–71座米。革吉羊屠宰率为40–43%，肉质较细，新鲜可口；贮积脂肪能力强，屠宰率为42.94%的羊体中，脂肪贮重为活体重的1.33%。由于采食能力强，上膘快，具有良好的产肉性能，革吉羊成为革吉县人民倍加宠爱的畜牧品种之一，广受消费者青睐。

革吉县第十一届人大第五次会议上，革吉县县长王明杰在大会上作了2015年政府工作报告提出，革吉县将大力发展特色畜牧业，坚持“草业先行，草畜平衡”的原则，在加大草原建设力度的前提下，不断调整优化结构，按照市场需求，试点建设革吉羊养殖基地，试行“公司+基地+农户”的经营模式，扶持牧民经济能人建立畜产品加工企业，稳定生产，增强群众收入，帮助农牧民提高商品意识和风险意识，坚持立草为业的工作思路，积极实施一批水利灌溉项目，在文布当桑乡大力开展饲草饲料和粮食种植基地建设，缓解我县草畜矛盾，减轻草地压力，推进畜牧业产业化进程。从2015年革吉县经济发展情况来看，革吉县的特色优势产业发展活力明显增强，革吉羊养殖业也亦将蓬勃发展，为牧民们带来实际收益，促进革吉县脱贫之路。

（阿 旺）

【领导名录】

局 长

阿 旺（女，藏族）

副局长

巴 琼（藏族）

次仁顿珠（藏族）

次 多（藏族）

动物疫病防控中心副主任

桑 米（藏族）

动物疫病防控中心副主任

多 吉（藏族）

绒山羊良种扩繁场场长

党 确（藏族）

绒山羊良种扩繁场副场长

索南曲吉（女，藏族）

农业技术推广中心服务站站长

旦 巴（藏族）

农业技术推广中心服务站副站长

巴桑贵杰（藏族）

革吉县扶贫（农发）办

【概况】 2017年，革吉县扶贫（农发）办实有干部7人（在编7人），脱贫攻坚指挥部办公室实有干部16人（抽调9人）。2017年，及时调整县脱贫攻坚指挥部领导小组，配齐指挥部各专班组，各乡镇配备扶贫专干。修订县脱贫攻坚规划、扶贫产业项目总体规划及实施方案等。层层压实县、乡、村“一把手”责任，形成党委领导、政府主导、上下联动、齐抓共管的良好格局。

【宣传工作】 2017年，县扶贫（农发）办研究制定《革吉县关于“十三五”时期脱贫攻坚宣传工作方案》，成立指挥部宣传组、巡回宣传组、驻村工作队宣传组、村“两委”班子宣传组、媒体宣传组、艺术宣传组和各支部宣传组，按职责开展宣传工作。成立由副县长达郭任组长，具有丰富宣讲经验的科级干部为成员的巡回宣讲团，深入各乡镇、村（居）开展“四讲四爱”主题教育实践活动，结合精准扶贫巡回宣讲工作，制定《革吉县关于深入开展群众思想宣传教育移风易俗工作的实施方案》，深入开展思想宣传教育引导和移风易俗活动，强化“树勤去懒”宣传教育，做勤劳节俭、艰苦创业的牧民。全年共宣讲153场次，参与群众12485人，发放精准扶贫典型材料860余份。利用革吉县媒体，在革吉政府新闻网开设脱贫攻坚专题专栏，集中发布全县脱贫攻坚工作信息147条，微信公众号“网信革吉”发布脱贫攻坚工作信息85条。在全县张贴宣传标语、口号，制作宣传海报，在317国道和县城内外设置户外广告牌4块，宣传橱窗6块。截至年底，各村共制作58条藏汉双语外宣标语、乡镇共制作40条、县城内共制作3个外宣牌共计120余平方宣传海报、宣传标语5条。在县电视台播出脱贫攻坚新闻51条，县电视台开设“脱贫先锋”专栏，推出脱贫攻坚的典型人物和典型案例播出4条，制作完成15分钟的脱贫攻坚专题片。刊发各乡镇村部开展脱贫攻坚工作情况，宣传报道突出典型，截至10月底，在阿里报刊登革吉县脱贫攻坚相关信息5条。各乡镇成立相应的宣传小部，宣传好各级各项政策措施，让农牧民群众切实转变思想、改变观念，从思想和行动上实现脱贫致富。及时与上级宣传部门、媒体沟通联系，就全县开展脱贫攻坚工作上新闻、上报纸、上期刊等媒体工作做协调衔接，力争革吉县脱贫攻坚工作在各类媒体上频繁发声，宣传脱贫攻坚工作成绩。

2017年11月7日，自治区人大常委会党组副书记、副主任多托一行调研组赴革吉县易地搬迁福康小区调研搬迁户的生活情况

【精准识别】 2017年，为确保建档立卡贫困户识别精准、有效。6—8月，开展精准识别“回头看”工作，顺利完成再精准再识别的动态管理工作，做到应纳进纳、应出进出的工作要求，新识别56户189人，退出18户85人，自然变更退出39人（死亡及分户等），自然变更新增56人（新生儿及合户等）。认真组织开展填写一户一档，精准脱贫到户到人，按照“四看法”要求和贫困户国家现行标准，县扶贫（农发）办组织全县帮扶干部再次深入乡镇进村入户，全面落实到户帮扶政策，对建档立卡贫困户的生产资料、生活状况、生产条件和贫困现状进行实地再调查、再分析，加快贫困群众致富步伐。协调各乡镇统一核对录入系统户表、村（组）表的数据，及时发现问题并得以纠正，对贫困人口精准识别、精准退出工作进行一次全方位再核查。重点对入户调查、村组评议、村委会审查和乡镇审核程序的规范性及公示公开的真实性进行核实，并将核实情况作为年底数据更新和系统管理的重要依据，实现动态管理。在地区组织统一培训后，县脱指办于6月7日召集各乡镇的分管领导、扶贫专干、第一书记和大学生村官召开全县脱贫攻坚建档立卡户档规范填写培训会。经翔实地摸底调查统计，2017年全县175户685人已脱贫，按照上级指标，已完成脱贫任务。

【安排部署扶贫工作】 2017年，县扶贫（农发）办根据与地委、行署签订的责任书，制定170户688人和布贡村整村退出的年度脱贫计划，修订完善372户1247人的易地扶贫搬迁方案。于2月15日召开2017年度脱贫攻坚工作会议，与各乡镇签订年度目标责任书。根据工作需要和人员变动，对脱贫攻坚指挥部、脱贫攻坚指挥部办公室和12个专项组进行

2017年11月7日，自治区人大常委会党组副书记、副主任多托参加革吉县脱贫攻坚工作会议

调整充实和优化。行署副专员、县委书记索朗次仁担任县脱贫攻坚指挥部总指挥长，县级干部担任12个专项组的组长。压实责任，明确任务，切实做到脱贫攻坚人尽其责，不等不靠。各乡镇参照县上对乡、村两级的脱贫攻坚工作力量进行合理的调整充实，12个专项组也对脱贫攻坚工作力量进行相应的充实，在原有的基础上增加责任心强、业务过硬的6位工作人员。多次召开会议进行安排部署，4月13日，召开指挥部办公室第二次会议，就全县当前精准扶贫精准脱贫相关工作，尤其是生态补偿岗位的精准落实进行安排部署。4月19日，召开指挥部办公室第三次会议，就援藏扶贫项目建设和资金使用进行专题研究。8月9日，召开全县深度贫困县脱贫攻坚推进会议，总结全县上半年深度脱贫工作，分析致贫原因，动员部署下半年全县脱贫工作，制定有效的实施方案及脱贫措施，进一步统一思想、明确责任，坚定全县各族干部群众打赢深度贫困县脱贫攻坚战这场硬仗的信心和决心。召开3次会议专题研究全县脱贫攻坚工作开展过程中遇到的问题。

【农发、扶贫项目】 2017年，农业综合开发项目计划资金1198.75万元。截至年底，已完成投资463.25万元，占比38.6%。

【精准脱贫】 2017年，革吉县实现175户685人达标脱贫，实现首战告捷。

产业扶贫。共规划项目3个，总投资5598.86万元，已开工2个，投资1098.84万元，

生态补偿扶贫。争取到生态补偿岗位4788个，已按“一人一岗”原则全部落实，人均年增收3000元。

易地搬迁扶贫。2017年革吉县共实施易地扶贫搬迁207户896人，其中搬迁至地区134户583人，搬迁至县城18户67人，搬迁至乡周围55户246人。

转移就业。已完成装载机、机动驾驶、蔬菜种植、藏餐培训、建筑施工技能等培训416人，其中85人已顺利走上工作岗位。

医疗扶贫。2017年，革吉县对所有建档立卡医疗救助贫困户进行免费检查治疗，并因人施策救助，全年兑现医疗救助资金799.527614万元。

社会保障。全年城镇低保资金发放69.9万元，农村低保资金发放436.9699万元，残疾人“两项”发放资金463460元，“五保”资金发放424840元，临时救助资金发放19.5万元，医疗救助资金发放126.1万元。

【结对帮扶】 2017年，革吉县制定《革吉县“十三五”期间干部职工结对帮扶方案》，覆盖全县所有贫困户（1318户4067人），按照上级要求，实现正县级领导包乡、包寺庙和学校，副县级领导包村，党员干部进村入户。明确基本工作内容和定点扶贫工作任务，各定点扶贫干部围绕“四清楚”“七必有”开展一系列的扶贫工作，使工作做深、做细、做扎实。围绕“四清楚”“七必有”完善各自的工作程序，做到每“一清”、每“一有”都有完善的工作顺序和可行的工作计划，确保扶贫工作有台账，脱贫推进有计划，事事都清楚，工作有效果。建立健全相关制度，包括定期会议制度，听取驻村工作队员和村“两委”工作开展情况汇

报,及时研究解决脱贫攻坚工作中存在的问题和困难。各乡镇、村(居)建立脱贫攻坚工作台账,对群众反映的问题进行分类详细记录、制定解决方案。全县各第一书记、驻村工作队和大学生村官认真撰写精准脱贫工作日志并报革吉县脱贫攻坚指挥部备案。建立联系反馈制度,各定点扶贫干部每月报送1次包村、包组、包户的脱贫攻坚工作情况,做到信息及时沟通反馈。按照上级要求,10月30日之前完成定点帮扶工作并注重总结收集扶贫攻坚工作中的好做法、好经验,对定点扶贫、驻村工作队、第一书记和大学生村官中涌现出的先进典型加大宣传和推广学习。

【抓党建促脱贫】 2017年,县扶贫(农发)办加强党员干部教育培训,提升党员干部队伍服务脱贫攻坚能力,引导广大党员干部切实转变工作作风,大力弘扬"老西藏精神"和"两路精神",巩固"三严三实"教育活动成果,深入开展"两学一做"教育。充分发挥党员干部和"党员致富带头人"的作用,带头创业就业,深入探索符合带动贫困群众脱贫的有效途径,努力帮助贫困户找准致富门路、持续增加收入。加强贫困群众教育引导,通过党员包联等宣传政策法规,通过培训教育切实提高贫困户的使用技术技能,引导贫困群众增强自我发展能力,激发全县的内生动力。

【奖勤罚懒】 2017年,县扶贫(农发)办在整个精准扶贫工作期间,对表现突出、积极主动作为的脱贫群众及村(居)委会、个人和团体进行表彰奖励。2017年年底,在全县范围内评选出脱贫创收户,给予其创收收入的3倍的奖励。对各乡镇、村(居)经济示范户、党员致富带头人也给予表彰奖励。结合"移风易俗"计划,解放牧民思想,凡是主动消除"等靠要"和惜杀惜售等落后思想贫困群众,对其进行表彰,树立标杆,广泛宣传。对扶贫工作措施不配合,对政策落实不服、不愿意走致富路、安排岗位不务工等贫困群众通过"贫困人口再识别"和"村民集体公决"的方式给予从贫困户系统中剔除,发生困难一律不救济,取消一切扶持政策。通过小项目惠及每一个勤劳的人民群众,带动牧民投入生产建设的积极性,为贫困村"换穷貌""改穷业""拔穷根"打下坚实的基础。

【牧区三项改革】 2017年,县扶贫(农发)办紧紧围绕"进一步解放和发展农牧区生产力"这条主线,结合革吉实际,以建立和完善精干高效的管理体系,制定"围绕一个主体、落实一项政策、深化三项改革"为主要内容的改革任务。认真探索研究三项改革措施的可行性、效益性和前瞻性,加强顶层设计,统筹推进相关配套措施,不断激发牧区发展活力,为促进牧区可持续健康发展奠定基础。

【健全服务机制】 2017年,县扶贫(农发)办加大城乡统筹就业工作力度,提供均等化政策咨询、职业指导、职业介绍等公共就业服务和普惠性就业政策,实现城乡就业管理制度、就业促进政策和公共就业服务体系"三统一",形成市场导向就业机制。为进城就业的贫困人员提供就业、社会保障、子女教育等公共服务,确保他们同等享受就业、教育、社会保障等基本公共服务。做好贫困人员职业技能鉴定工作,提高鉴定含金量,健全

2017年11月24日,革吉县委常委、副县长张树强在亚热乡召开大干30天反馈会

2017年11月17日，县扶贫（农发办）主任扎南授县委、县政府委托对搬迁至地区福康小区的革吉县牧民群众进行“三大节日”慰问

劳动保障监察和劳动人事争议调处机制，保障贫困人员就业合法权益。全面推进贫困人员依法参加社会保险，保障贫困人员养老、医疗等社会保障权益。

【十企帮十村】 2017年，文布当桑乡致富带头人白桑带领文布当桑乡夏玛村施工队义务为文布当桑乡罗玛村修缮水渠820米，带动当地15人参与劳务输出，使罗玛村受益45万元。

【十项提升工程】 2017年，县扶贫（农发）办加速推进基础设施建设，实施“水电路讯网、教科文卫保”等十项提升。革吉镇康巴列村色赤至多琼转场公路新建工程、亚热乡那孜拉至宗俄拉转场公路新建工程、雄巴乡结克村油路新建工程、革吉县农牧业防抗灾物资储备库建设项目，雄巴乡结克村、革吉镇公前村和康巴列村、亚热乡却藏村和赛利普村、盐湖乡羌堆村幼儿园建设等12个项目全部在6月底实现开工建设。盐湖乡羌麦村、雄巴乡加吾村和巴措村、亚热乡罗玛村、革吉镇芒拉村等5个幼儿园建设项目前期手续办理顺利。2017年棚户区（危旧房、城中村）改造项目已完成招投标。

【“六个精准”】 2017年，县委、县政府与各乡镇党委、政府签订年度脱贫目标责任书，将年度脱贫任务分解到乡镇，压实基层责任。其中，革吉镇123户398人，雄巴乡93户362人，盐湖乡33户122人，文布当桑乡32户120人，亚热乡97户355人。截至年底，年度脱贫对象名单已初步确定，各项帮扶措施已到户到人。2017年有3个产业项目，分别是盐湖乡旅游综合服务中心建设项目、盐巴粗加工厂建设项目和阿里地区那普牦牛产业基地建设项目，总投资5508.89万元，3个项目可带动28户84人建档立卡贫困户脱贫。援藏扶贫项目蔬菜产业园建设计划总投资3730万元，各项前期工作进展顺利，项目可带动100人建档立卡贫户脱贫。全年县财政预算2016年县本级财政收入的10%资金138.1万元用于全县脱贫攻坚各项工作，比上年增长54%。另预算脱贫攻坚办公室工作经费100万元（其中每个乡镇各8万元）。全县盘活存量资金1352万元，其中安排产业建设扶贫资金400万元，占30%，其他资金全部用于易地扶贫搬迁建设。全面加强扶贫专项资金管理使用，完善涉农资金整合方案，按照“多个渠道引水、一个龙头放水”的要求，整合所有涉农资金和项目集中投向19个贫困村（居）的基础设施、产业发展、民生改善三大方面，统筹整合基础设施建设资金用于农村公路、农田水利、牧区安全饮水等建设与维护。统筹整合产业发展资金用于支持贫困村、贫困户发展产业。统筹整合民生改善的资金用于危旧房改造等涉及民生项目。全县扶贫资金做到专款专用、专人管理。因地制宜，有效结合地域条件和困难户的具体实际，积极引导，激励贫困群众自立、自强、自身发展。根据每户的具体情况，实地查证、认真分析落实什么政策？培训什么技能、解决什么难题，制定翔实的因户施策计划，落实一户一档的脱贫计划。根据因户施策计划进行全程跟踪指导和服务。继续设立500万元农牧民创业基金，截至10月底，已发放创业基金

2017年12月18日，革吉县扶贫（农发）办主任扎南在文布当桑乡大干30天入户调查

284.5万元，受益贫困户达120户218人，为392贫困群众精准扶贫小额贷款落实1402.2万元。已组织各项技能培训142人次，其中拉萨建筑培训25人、地区建筑培训35人、机动车驾驶培训30人、装载机培训52人。县委、县政府专门成立劳务输出工作领导小组，由县人大常委会主任白玛加布担任组长，组建全县各个乡镇的农牧民施工队，为农牧民施工队承揽200万元以下的项目建设提供先决条件，截至年底，全县合计务工人数达3286人，劳务创收达1733.87万元，53个车辆创收159万元。制定下发《中共革吉县委革吉县人民政府关于印发革吉县"十三五"期间干部结对帮扶实施方案的通知》，进一步明确结对帮扶机制，落实全县干部结对定点帮扶措施，全面落实帮扶责任，实现每一户贫困户都有结对认亲帮扶的责任人。具体帮扶过程中，做到分类实施，不是简单的给钱给物，争取由"输血型"扶贫向"造血型"脱贫转变。县总工会、团县委和县妇联等群团组织开展献爱心捐款捐物扶贫帮扶活动，在全县上下营造扶贫济困的帮扶氛围。全县干部职工帮扶贫困户资金达1.34万元，帮扶物资价值13.69万元。2017年自治区下达革吉县脱贫任务为170户688人和革吉镇布贡村脱贫出列。全县170户688人的脱贫人员名单已复核完毕，按照年度脱贫工作任务制定脱贫措施并加以实施。各乡镇积极主动贯彻落实各项脱贫政策，脱贫步伐逐步加快。在大量政策、资金、项目的支持下，全县贫困面貌得到明显改善。全县175户685人实现脱贫任务。

（扎西平措）

【领导名录】

主　任

扎　南（藏族）

副主任

索朗曲珍（女，藏族，10月任）

革吉县林业局

【概况】 2017年，革吉县林业局（以下简称县林业局）共有干部职工6名，其中行政干部3名，专业技术人员2名，工人1名。县林业局围绕2017年林业工作目标任务，开展植树造林工作，生态安全屏障防沙治沙工程项目、林地资源及野生动物加强革吉县植树造林工作、严格要求羌塘国家级自然保护区管理、做好生态公益林建设、进行野生动物保护工作以及队伍建设，林业资源、生态保护、财务管理，认真开展"两学一做"学习教育活动和党的群众路线教育活动，切实抓好思想组织、作风、制度、业务和机关建设，解放思想，与时俱进，各项工作都按既定的目标取得较好的成绩，顺利完成工作任务。

【县城周边绿化】 2017年，县林业局突出抓好三大绿化，完成植树59100株（包括革吉县城、县周边、四乡一镇、寺庙、学校、驻军部队、各单位庭院、通道绿化），其中义务植树15000株。以红柳树、斑公柳树、细叶红柳、沙棘、杨树、变色荆棘、种花、种草等目标。新增造林面积270亩，森林覆盖率增0.03%，革吉县城绿化再突出一个新的台阶。人工湖、种草、种树、种花。育苗2万株本地树（红柳树）、幼林抚育1万株、变色荆棘200株、松树30株、桃树60株、主要造林班公柳树和（本地树）林红柳树、沙棘。造林要求每个干部

2017年8月11日，县林业局局长普布扎西到自然保护站安排部署自然保护工作

职工造林5棵树，每坑深度60公厘米、每坑距离50厘米。四乡一镇要求造林1000株、中小学500株、各单位及庭院每人造林5株。

【防沙治沙】 2017年，革吉县有林地面积15858.99公顷，占土地面积的19.14%。根据革吉县防沙治沙总体规划，革吉县应治理沙化土地面积为973221.8公顷，从2011年以来，革吉县共完成防沙治沙工程面积为30700亩，防沙治沙主要内容有植树造林、砾石压沙、封沙育林、人工种草等。2016年总投资383.00万元的革吉镇加布村防沙治沙项目2017年7月份建设开工，该项目的防沙治沙、封育已完工。2017年自治区林业厅、地区林业局已批准革吉县城镇周边造林防沙治沙、保护狮泉河流域防沙治沙项目9000亩。

【羌塘国家级自然保护区管理】 2016—2017年在革吉县管辖区域内羌塘国家级自然保护区共建3个标准型野生动物管护站，按照国家、自治区，以及地区的相关要求每站安排12名管护员、共36名。大部分管护员都在于建档立卡贫困人员当中，每名管护员每月工资标准为站长2000元、副站长1900元、其他管护员1800元。羌塘国家级自然保护区革吉3个管理站，管理制度、生活、工作等各方面4月份整个调研了解工作。县林业局在全县共选出43名有野保员，并每名管护员每月工资标准为600元、每年7200元工资，2016年度野保员工资拨付工作已完成。

【精准扶贫】 在2017年4月初统计2016年度林业系统生态转移就业岗位2096个人员，其中在2016年度已脱贫有39个(人)进行每人发放3000元岗位工资，共628.8万元。并统计2017年度林业系统生态转移就业新增岗位，主要安排建档立卡人口、未纳入建档立卡的农村低保人口、农村低收入人口为目标、新增岗位共计386个贫困人员，其中新增非公益管护区自治区级以上自然保护区野生动物疫情疫病监测员十个(人)、自治区级以上湿地生态保护区管护员和监督员岗位数10个(人)。到四乡一镇做好生态补偿岗位的全体群众进行发放岗权证，并解读培训生态补偿的各项相关主要工作，保护植被、保护野生动物、保护水源鸟类、要求明确自己的工作职责。2017年4月，开始在革吉县城内、县周边进行给树木灌水工作，林业局安排革吉县革吉镇那普居委会五组3名群众、其中2名在享受国家最低保障基金，每人每月2000元为工资。2017年4月28日开始，在革吉县城内及县委内开展补植补造工作，以及在革吉县检查站进行开展植树造林。从2017年4月29日开始，安排革吉镇那普居委会与森布村25名群众、盐湖乡2名群众，其中15名为贫困人员，共计12天，每人每天200元劳务收入。在6月1号开始，县林业局到县人工湖附近进行开展植树、种花、种草工作，安排革吉镇5名牧民群众，其中贫困人员4名，工作期限为7天，每人每天200元工资。并通过结对帮扶，把帮扶对象纳入到野保员工作中，解决就业工作，每人每月享受600元工资。进行结对帮扶慰问，并对林业局3户贫困户详细了解贫困户主要原因、就业、子女教育、收入、身体状况及脱贫意愿。2017年，县林业局有野保员43人、城镇绿化管护员47人、生态园民工5人、羌塘家及自然保护区管理站人员36人、深度贫困生态岗位人员2249人、植树浇水员6人,共3378人优先安排贫困户劳力人员。

【政治思想学习】 2017年,县林业局宣讲《中共革吉县委员会关于区党委巡视十三组反馈意见的整改落实方案》,让全体干部要自觉地学习好习近平总书记为核心党中央思想,“两学一做”学习教育、“三会一课”、中心组学习等制度有效落实,全面贯彻落实民主集中制,做好批评与自我批评,努力完善县林业局党支部各单位的党风政风,履行好“一岗双责”、整改各项材料,以及努力完成自治区、地区、县委、县政府的业务与学习方面的要求。组织学习革吉县委宣传部、关于转发《阿里地区关于开展西藏自治区和平解放66周年宣传纪念活动》的通知,林业局所有干部职工按照文件要求认真学习文件相关内容,大家都充分认识西藏自治区和平解放66周年宣传纪念活动的重要性,以开展“讲党恩爱核心,讲团结爱祖国、讲奉献爱家园、讲文明爱生活”喜迎中共十九大主体教育实践活动。林业局所有干部职工按照各项文件精神都深入学习贯彻中共十八大和十八届三中、四中、五中、六中全会精神,以及2017年10月召开的中共十九大深入学习贯彻习近平总书记系列重要精神,以“不忘初心、牢记使命”学习好党和政府的各项精神。

【党建工作】 2017年,县林业局把党建工作摆在十分突出的位置,列入重要议事日程,并党建工作与业务工作紧密结合,促使党建工作和其他工作均收到明显成效。加强班子自身建设,认真贯彻执行民主集中制原则,对重大事项等各项工作的贯彻实施坚持集体讨论决定。加强学习,在单位内认真开展“两学一做”学习教育工作,并在平时林业工作中运用各项学习精神。

【党风廉政建设】 2017年,县林业局通过学习不断提升林业局党员干部的廉政意识,加强对中央“八项规定”、区党委“约法十章”“九项要求”的学习贯彻执行力度,严格按照相关规定约束干部职工的日常工作行为。在日常工作过程中,林业局把党风廉政建设工作作为主要目标,给每位干部时刻提醒者各项规定和政策,并一直在学习中,也未出现腐败现象。

【维护安全生产】 2017年,县林业局结合林业系统工作实际,全力落实安全生产目标管理责任制,开展安全生产承诺活动,对安全生产工作做到强化领导、明确责任、严格措施、消除隐患,成立安全生产领导小组、开展深入开展“安全生产宣传日”以“全面落实企业安全生产主体责任”为主题的宣传活动。活动时间为6月16日,按照上级部门的相关要求,林业局做好宣传内容,宣传单等,林业局在安全生产工作中做到有计划、有布置、有检查、有总结、有评比,并在全年未发生一起安全生产事故。

【社会综合治理】 2017年,县林业局认真执行社会综合治理工作,抓好维稳工作,加强对流动人口的服务管理工作,制定相关台账。在单位成立领导小组、完善各项制度、学习综治维稳相关内容等方式,由县综治办牵头,深入

2017年5月1日,县林业局组织全县干部职工开展义务植树活动

2017年8月1日，县林业局工作人员到雄巴乡巴措村开展结对认亲工作

开展“三月综治宣传月”和“创和谐、法治、发展革吉、争先进、典型平安革吉”“9·16”平安西藏宣传日综治宣传活动等各项活动，并林业局在实践工作中，学习好、一切落实到位。在2017年林业局不定时对野生动物、湿地保护进行巡查，严厉打击违法犯罪行为，并在革吉县境内未发生过林业以及野生动植物保护区内违法案件。

（恰　多）

【领导名录】

局　长

普布扎西（藏族）

副局长

桑旦欧珠（藏族，6月任）

革吉县水利局

【概况】 2017年，革吉县水利局（以下简称县水利局）编制3人，有领导3名（1名正局长，2名副局长），科员4名。下辖事业单位编制4名，实有3名，其中核定领导编制1名（副科），初级1名，员级1名。合同工1名，公益性1名。

【“河长制”工作】 2017年，革吉县落实上级相关部门通知要求，成立县级“河长制”工作领导小组，组长由行署副专员、县委书记索朗次仁担任，总河长办公室（总河长办）设立在县水利局，总河长由行署副专员、县委书记索朗次仁与县委副书记、县长王明杰共同担任，办公室主任由水利分管副县长罗布兼任，办公室设立监督举报电话，办公室人员由县组织部安排从乡（镇）抽调4名人员进行“河长制”工作。河长办与县财政沟通，解决5万元的县级河长制经费保障，乡镇级“河长制”经费正在协调中。革吉县境内共有河流80条，其中县级7条，乡镇级31条，村级42条；共配备河长67名，县级河长7名，乡镇级河长18名，村级河长42名。已制定县级“河长制”方案、乡镇级“河长制”方案，同时成立领导小组和工作人员及联系方式、河长名单已上报地区总河长办备案。建立健全各项制度，所有制度已上墙，对乡镇及有关部门的考核办理办法在进一步修改中。河长制公示牌均安置在重点河道明显位置，狮泉河2处、亚热2处、盐湖1处，共5处；县、乡（镇）级河长公示牌将与县环境保护公示牌共同公示。“河长制”宣传资料发放覆盖率达80%以上，革吉县已将县、乡（镇）两级河长名单在电视台进行公示。每月5日、15日、25日向地区总河长办上报工作进展情况，每周至少上报一期简报，已上报19期。指定专人负责“一河一策”“一湖一策”综合整治方案的编制。截至年底，各级河长积极开展巡河，利用平常工作下乡，到所在管辖河域进行巡河。县级4次、乡（镇）级5次、村级经常性巡河，各乡镇积极组织开展垃圾清理行动，每月一次。健全完善相关制度机制，制定“七制度一办法”。“七制度”指的是总河长办公室制度、总河长会议制度、信息专报制度、河流湖库巡查制度、督察督办制度、河湖重点项目协调推进制度、河长制投诉举报受理制度。“一办法”指的是“河长制”工作考核办法。

【小型牧区水利重点县项目】 复工项目。2015年小型牧区水利重点县项目，该项目于2014年开展前期工作，于2015年12月3日，地区水利局、财政局组织有关专家对该项目建设实施方案进行审查，经审查，基本同意实施方案，并于2016年6月7日阿里地区水利局、财政及联合下发革吉县2015年小型牧区水利重点县建设实施方案批复，实际到位资金为1000万元，县级财政配套资金49.5万元，（主要用于设计、监理费）于2016年7月22日正式开评标，共分两个标段三个工程点，第一标段中标单位为四川省泸县潮河建筑工程有限公司，签订施工合同价为5275808.5元。第二标段中标单位为拉萨地方建设集团有限公司，签订施工合同价为4229010.16元。第一标段建设地点分别为革吉县革吉镇布贡村饲草料基地灌溉工程。主要建设内容及规模为新建取水枢纽一座，包括取水闸一座，无冲沙闸；新建干渠一条、长2.538千米；支渠22条，总长12.009千米；分水闸22座，节制闸22座，农用桥24座，牧道6座，支渠分水口600座，设计总灌溉面积为2682亩，均为新增灌溉面积，于2016年8月10日正式进场施工，由于革吉县冬季气温不断下降，为避免造成施工质量问题，于2016年10月10日下令停工通知书。截至年底，完成总工程量的80%左右，已拨付工程款70%，于2017年6月中旬进行复工，现已完工，待初验。

盐湖乡羌麦村二组饲草料基地灌溉工程。主要建设内容及规模为新建取水枢纽一座，包括取水闸一座、冲沙闸一座、新建干渠一条，长度为2.707千米、支渠7条、总长2.080千米、分水闸7座、节制闸7座、农用桥7座、牧道6座、支渠分水口104座，设计总灌溉面积为1000亩、期新增800亩、改善200亩，于2016年8月24日正式进场施工，由于革吉县冬季气温不断下降，为避免造成施工质量问题，于2016年10月10日下令停工通知书、2016年已完成总工程量的65%左右，已拨付工程款60%，于2017年6月中旬进行复工，已全部竣工，待初验，第一标段共拨付资金3963065.95元。第二标段建设地点为盐湖乡夏夏饲草料基地灌溉工程。新建取水枢纽一座，包括取水闸一座、冲沙闸一座、新建干渠一条，长度3.251千米；支渠26条、总长12.207千米；分水闸26座、节制闸26座、农用桥24座、牧道8座、支渠分水口590座。设计总灌溉面积为2350亩，均为新增灌溉面积，于2016年8月24日正式进场施工，由于革吉县冬季气温不断下降，为避免造成施工质量问题，于2016年10月10日下令停工通知书、2016年已完成总工程量的60%左右，已拨付程款50%，2114505.08元，于2017年5中旬进行复工，已全部竣工，已终验。

嘎尔嘎灌溉工程。该项目法人单位为阿里地区水利局，总投资为2448.04，主要建设内容及规模为新建干渠一条，总长9.25千米，干渠控灌面积12180亩，新建11条支渠，总长7.7千米，各类渠系建筑物351座，建设地点为革吉镇加布村，该工程已2017年10月30日完工，已初验。

水利技术推广站及水利服务信息处理中心建设项目。该工程建设内容及规模为新建230.14平方米的办公楼，工程总投资为110万元，项目法人单位为革吉县水利局，2016年该项目已完成总工程量的65%，由于冬季气温较低、直接影响工程质量、为保证在建项目的质量，同意施工方提交的

2017年4月5日，县水利局局长巴桑欧珠及水利局技术人员在项目点实地勘察及项目选址

停工申请，于 2017 年 6 月续建，于 7 月初完工、，待初验。

新建项目。雄巴乡贡果饲草料基地灌溉工程。雄巴乡贡果饲草料基地灌溉工程项目为 2017 年新建项目。该项目总投资为 298.02 万元，主要建设内容及规模为改善溢流堰一座、宽 40 米、新建干渠一条，总长 1300 米，新建支渠 4 条，总长 1800 米，新建渠系建筑物 10 座、其中支渠进水闸 4 座、退水闸 4 座，干渠节制闸 2 座，该项目已完工、已初验。

革吉镇森布村防洪堤工程。该工程总投资 49.22 万元；项目法人单位为革吉县水利局，主要建设内容为新建防洪堤 1200 米，河道清淤 4710 立方米，已完工并投入运行。

农村饮水安全巩固提升工程（“十三五” 抵押贷款）。该项目总投资为 811.03 万元，主要建设内容及规模为新建 29 处工程点、其中新建 27 眼钻井、2 处管道工程，该项目于 2017 年 10 月 31 日正式开评标，待下达资金。

农村饮水安全巩固提升工程（“十三五” 中央预算投资）。该项目总投资为 220.76 万元，主要建设内容为新建 10 眼钻井，于 2017 年 11 月 2 日正式进场施工。因气候寒冷停工。

雄巴乡象鲁康寺庙后山防洪治理工程。该工程总投资为 90 万元，项目法人单位为革吉县水利局，主要建设内容为新建挡水墙、排洪渠道、谷坊、山体滑坡治理，施工单位为亚热乡却藏村农牧民利民施工队，现已完工并完成初验。

2017年4月9日，县水利局局长巴桑欧珠到雄巴乡象鲁康寺后山治理工程实地勘察

加布饲草料基地灌溉工程。该项目法人单位为阿里地区水利局，项目总投资为 7467.12 万元，主要建设内容为灌区渠首引水枢纽位于狮泉河，新建一座引水枢纽，新建 1 条自流输水干渠，干渠总长 27.5 千米，其中包括管道 4.6 千米，渠道 22.9 千米。渠首设计引水流量为 1.86 立方米 / 秒，新建支渠 20 条，总长 25.07 千米，配套渠系建筑物共 276 座，该工程 2017 年 9 月中旬正式进场施工，约完成总工程量的 16% 左右。

2016 年水利工程运行与维护项目工作开展情况。该项目总投资为 160.59 万元，共分为四个工程点，由于该项目资金下达较为晚，于 2017 年 8 月 5 日四个项目点同时进场施工，四个工程点已完工并完成初验。

2016 年防汛抗旱补助资金项目工作开展情况。该项目总投资为 71.28 万元，共分为三个工程点，由于该项目资金下达较为晚，于 2017 年 8 月 5 日三个项目点同时进场施工。三个工程点已完工并完成初验。

【扶贫工作】 2017 年，县水利局高度重视精准扶贫工作，成立由县水利局局长巴桑欧珠任组长，县水利局副局长沈函任副组长的精准扶贫工作领导小组，具体指导日常扶贫工作的筹划和落实，把帮扶工作列入重要议事日程，多次召开专题会议研究部署帮扶工作，“一把手” 亲自抓，对扶贫工作给予充分重视和支持，全年率领干部职工 10 余人次深入扶贫联系亚热乡赛利普村，同老百姓一道进入牧区同吃同劳动，要求所有干部职工每季度不少于两次到联系点调查走访，确保帮扶工作取得实效，为精准扶贫工作提供强有力的组织保障。发动群众，共同参与，确保扶贫工作见成效。使由政府主导式扶贫向群众参与式扶贫转变，通过宣传教育，激发广大贫困户的热情和积极性，发动贫困人群积极主动投身于扶贫工作，参与扶贫开发，从“要我脱贫”变为“我要脱贫”，通过自身辛勤劳动取得扶贫效果，对个别有劳动能力但又不愿务业的贫困户，加强思想交流，通过谈心，增加脱贫信心，使其投入劳动，通过劳动使自己脱贫。对不同类型造成贫困的对象，落实各项救济措施，帮助其渡过难关。结合贫困户的实际情况，县水利局把396名有劳动能力贫困人安置就业在水生态保护岗位共发放工资为1188000元，同时开展“送科技、送文化、送爱心、送温暖”活动。县水利局对联系村的贫困户进行慰问，开展“献爱心，送温暖”活动，由帮扶责任人自行捐助，为贫困户送去慰问油米等生活用品。

【安全生产】2017年，县水利局高度重视安全生产工作，坚持行政首长负总责、分管领导具体抓、班子成员共同抓的“一岗双责”领导工作体系，与局属各单位、各项目施工单位等签订安全生产责任书，进一步落实部门安全监管主体责任。同时结合防汛、安全生产月等活动，加强对工程重点部位、敏感部位和薄弱部位的安全检查，县水利局2017年无安全生产事故。

【防汛抗旱】2017年，县水利局认真做好防汛抗洪的各项工作。调整县防汛抗旱指挥机构，落实各乡镇安全度汛责任人；认真落实防汛物资储备计划；修订、完善防洪抢险预案；健全值班汇报制度。汛期执行24小时值班制度，确保信息畅通，做好上传下达工作。2017年7月24日，由于降雨量暴增加之山谷雪山积雪融化导致革吉镇公前村河道水流急剧上涨，将革吉至公前村委会农村公路冲毁1100米、桥（涵）梁一座、淹没公前村基础设施建筑物、淹没个人及集体草场750亩。县水利局接到通知后，立即将灾情汇报革吉县防汛抗旱指挥部，经县委、县政府主要领导指示，县水利局严格执行县委政府主要领导批示精神。组织人员及救灾物资赶赴现场救灾。经过6天4夜106小时的不懈努力，于7月30日晚顺利完成抢险任务，本次洪灾无人员伤亡。

【水政执法】2017年，县水利局加大水政执法力度，定期开展河道整治。为保障革吉县河道的行洪安全，切实有效地规范河道采砂管理工作，合理有序地利用河道采砂资源，县水利局联合县有关部门，按照县委建筑领域专项整治工作要求，结合《阿里地区河道采砂管理办法》，及时对革吉县境内河道强化对河道采砂活动的监督检查，并责令违规采砂企业限时整治搬迁。

【组织建设】抓领导力度，实施“一把手”工程。2017年，县水利局领导班子把党建工作和民族宗教工作放在同等重要的地位来抓，真正纳入议事日程，层层抓落实党建工作责任制。实行并形成“一把手”负总责、副局长负责“一条线”、设专人负责党建工作，真正形成，一级抓一级，层层抓落实的工作机制。

组织机构健全，班子成员严于律己。2017年，县水利局党支部坚持民主集中制原则，把集体领导和分工负责有机结合起来，广开言路，多方听取群众意见，大家出主意，想办法，发挥每个成员的聪慧才智，较好地完成各自分管的工作。做到带头参加学习，带头遵守各项规章制度，为县水利局团队战斗力、凝聚力的发挥起到较好的表率作用。

培养党员自觉性。2017年，县水利局督促党员自觉参加组织生活，完成党组织交给的任务，按期按规定交纳党费，自觉接受党组织的教育和培训。并利用“七一”中国共产党建党等节日广泛开展各种活动，党员领导干部无论职务高低，都能以普通党员的身份参加组织生活，自觉接受党组织和党员的监督。

【“两学一做”学习教育】2017年，县水利局认真学习党章、习近平总书记系列讲话，开展支部委员讲党课活动，加强党的基层组织建设，使全局广大共产党员成为顾全大局、爱岗敬业、服务群众、公道正派的先锋，充分发挥党支部和广大共产党员在全县水利建设中的战斗堡垒及先锋模范作用。累计召开专题会议10余次，制定“两学一做”学习教育实施方案、学习计划、党员志愿者活动计贯划等，并扎实贯彻落实，每位党员形成学习笔记3000字以上，通过开展“两学一做”学习教育，支部学风不浓、信念动摇、纪律涣散等问题明显适改善，支部凝聚力进一步增强。

【学习中共十九大精神】 2017年10月18日，中共十九大召开，该次会议充分体现习近平总书记系列重要讲话精神，立足全局、把握大势，总结经验、肯定成绩，深刻分析新情况新形势，提出新任务新部署，具有很强的政治性、思想性和指导性、针对性。县水利局干部职工集体观看习近平总书记关于中共十九大会议报告。县水利局多次组织干部职工集中学习贯彻习近平总书记中共十九大报告，把学习中共十九大报告作为头等重大政治任务，坚持深学细研、入脑入心、融会贯通，旗帜鲜明地把思想和行动统一到报告精神上来。

通过学习贯彻中共十九大精神，全局干部职工深刻地认识到，历史的使命赋予的责任和义务，始终要保持艰苦奋斗、戒骄戒躁的作风，以时不我待、只争朝夕的精神，进一步加强水利工作，提高业务水平，提升办事效率，为水利工作贡献出一份责任、一份担当、一份义务。同时为保护生态环境、建设生态文明，把好每一关，履行好义务，担负起使命，更好地履行好水利管理职能，为革吉县经济持续健康发展贡献一分力量。用习近平新时代中国特色社会主义思想武装头脑，牢固树立“四个意识”，不断增强“四个自信”，在当前和以后全局的河长制推行、防汛抗旱、农田水利工程建设、水资源管理与保护等各项水利工作全面开展。

【党风廉政建设】 2017年，县水利局紧紧围绕县纪委和县监察局的工作部署，按照党风廉政要求，坚持围绕中心，服务大局，强化对水利工程建设项目招标投标的监督检查，规范水利工程招标投标工作。加大对水利项目建设监督检查力度。每个工程都签订有廉政责任状。各项目都能按照建设程序和廉政要求进行，同时抓单位制度建设，经常加强干部和职工的党性、党风和纪律教育，树立正确的世界观、人生观、价值观，使全局上下形成遵纪守法、讲文明、争先进良好风气，无违法违纪现象，工作效率进一步提高，有效地促进各项工作任务的顺利完成。

（沈函）

【领导名录】

局　长

巴桑欧珠（藏族）

副局长

沈　函

陈雪挥（藏族，7月任）

水电光电管理中心主任

索朗多拉（藏族，7月任）

革吉县教育（体育）局

【概况】 2017年，革吉县教育（体育）局（以下简称县教体局）以办人民满意教育为总体目标，以“义务教育均衡发展，素质教育内涵发展”为工作载体，主动适应经济社会发展新常态，加快推进教育改革与发展，大力实施科教兴县战略，把教育放在优先发展的地位，不断深化教育改革，注重统筹各级各类教育协调发展，注重城乡教育均衡发展，注重统筹教育教学规模、质量、结构和效益，较好地完成年初制定的各项目标任务。

2017年，革吉县共有学校11所，其中小学5所，中学1所，幼儿园5所。2017—2018学年，幼儿园在园儿童271人，在外就读幼儿28人，学前毛入园率28.83%；小学在校生为1849人，小学入学率99.84%；初中在校生583人，初中毛入学率101.21%；义务教育巩固率98.27%；三残儿童入学率为63.01%。全县有专任教师181人，其中小学专任教师130人（本科学历10人、大专学历117人、中专学历3人），中学专任教师42人（研究生学历1人、本科学历38人、大专学历3人），幼儿教师10人（本科学历1人、大专学历9人）。

【义务教育均衡发展】 2017年，县教体局成立以政府主要领导为组长的义务教育均衡发展领导小组，对全县义务教育均衡发展工作进行统筹指导、整体规划、部署推动，同时制定出台《革吉县义务教育均衡发展实施方案》，召开全县义务教育均衡发展动员大会，并与各乡镇、县直各相关单位签订目标责任书，制定实现区域内义务教育均衡发展目标的时间表，确保义务教育基本均衡县创建工作的有序推进。

【教育宣传】 2017年，县教体局为切实提升农牧民家长送子入学积极性，巩固“两基”成果，提高教

2017年6月6日，自治区教育厅规划处副处长南木加到革吉县检查指导工作

育教学质量，服务教育脱贫工作，革吉县教育（体育）局坚持“宣传先行、引导为主”的工作思路，加大教育宣传力度。以“激励优秀、资助贫困”为抓手，激励广大学生勤奋学习、积极进取。营造热爱科学、崇尚文化、尊师重教的良好氛围，倡导关爱教育、助学兴教的社会风尚。由县委副书记、县长王明杰，副县长桑杰巴珠陪同，县教体局局长加措及工作人员组成的革吉县2017年贫困学生资助金发放工作组一行深入各乡镇、村居，以走街串巷的形式敲锣打鼓并喇叭广播2017年县教体局中小高考取得的成绩，宣传相关资助政策，对被录取者进行大张旗鼓的宣传，以最热烈的方式庆贺这一盛事，营造喜庆热闹，上学光荣的氛围，并为县教体局2017年小中高考取得优异成绩的学生发放助学金71万元。隆重举办革吉县庆祝第33个教师节表彰大会活动，对涌现出的52名优秀教师、优秀班主任、金粉笔、优秀少先队辅导员、支教先进个人、道德模范少年、三好学生、优秀班干部、优秀团员、优秀少先队员和5个教育先进集体、1个平安校园，以及在2017年其他省市西藏班招生考试中取得优异成绩的学校给予表彰奖励，发放奖金10.25万元。依托三支队伍（驻村工作队、村干部、村第一书记）与农牧民群众联系密切的特殊优势，由教育局牵头深入乡镇、学校召开教职工会议、家长会议、村民大会，广泛深入宣传《西藏自治区实施〈中华人民共和国义务教育法〉办法》《中华人民共和国教师法》《中华人民共和国未成年人保护法》《革吉县其他省市初中班和大学生奖学金实施办法》《革吉县困难学生救助办法》等法律法规和学生“三包”、营养改善等政策和各级教育工作会议精神，充分发挥舆论导向作用，努力营造良好的教育氛围，进一步深化广大干部群众特别是农牧民群众对教育重要性的认识，群众送子入学积极性大幅提高，升学率逐年提升。

【项目建设】 2017年，县教体局经过多方筹措资金，努力改善革吉县中小学办学条件，共投资9063万元，实施35个项建设项目。完成续建项目投资2796万元，包括2015年盐湖乡小学教学及辅助用房建设项目、革吉县完小改扩建工程建设项目、文布当桑乡小学教学及辅助用房建设项目和2016年的6所村级幼儿园建设项目。新建项目投资2575万元，包括县完小风雨操场、盐湖乡小学风雨操场、亚热乡小学风雨操场、罗玛村幼儿园等5所村级幼儿园建设项目和那普居委会笼式足球场建设项目。根据制定的各学校整体规划布局，争取自治区、地区和县级义务教育均衡补助资金2992余万元，实施各学校SKK外墙漆及内墙乳胶漆粉刷工程、篮排球场建设工程、值班室、警务室建设工程、学校大门建设工程、校园内拉半通透式围墙工程、教学楼窗户维修工程以及运动场及附属设施建设工程等15个建设项。通过其他渠道投资400万元和300万元实施县完小附属设施建设工程和县中学附属设施建设工程。高度重视校园环境卫生工作，各学校积极组织师生员工狠抓校园美化、净化、亮化，做到校园卫生无死角。重视校园文化氛围的创设，结合各学校自身实际和当地民族文化特点，充分发挥少先队、团支部的作用，努力打造走廊

2017年9月2日，县委副书记、县长王明杰，副县长桑杰巴珠到各乡镇发放资助金

文化、宿舍文化等校园文化，以良好的文化氛围熏陶学生的思想，丰富师生员工的课余活动，确保学生“进得来、留得住、学得好”。

【师德教育】 2017年，县教体局广泛开展教师信用教育，坚持“诚实立身，信誉立教”，定期开展师德教育活动，专题讨论等，使广大教师以《教师职业道德规范》为准绳，为人师表，廉洁从教，自觉实施素质教育，树立教师的良好形象。课堂是教学的主战场，坚守课堂教学这个阵地，是开展素质教育、提高教学质量的关键首在，也是重中之重。课堂教学着力抓好三个方面。全面落实国家课程计划，开齐开足课时；要求老师把好备课、上课、批改作业三道关；抓好课研教改活动，创新教学方法，确保素质教育工作在县教体局平稳进行。

【教育脱贫】 2017年，县教体局为深入贯彻落实建档立卡贫困家庭子女高等教育免费政策（免学费、住宿费、书本费、补助生活费）精神，进一步加大对建档立卡贫困大学生资助力度，结合县教体局实际，制定出台《革吉县其他省市初中班、高中生和大学生资助实施方案》《关于革吉县建档立卡贫困家庭子女接受高等教育实施免费教育补助政策管理试行办法》等，使县教体局农牧民子女受教育的权益得到有效保障，增强贫困户家长和学生的“获得感”，提升农牧民送子入学积极性，为教育脱贫提供政策保证。

【考试工作】 2017年，县教体局组织中小考招生考试工作，印发《2017年中小考革吉考点考务领导小组名单及职责要求》和《革吉县2017年招生考试考务及安全工作实施方案》，建立交通事故应急预案，并在考前召开考务暨培训会，确定中小考工作的实施步骤，签订监考责任书，明确各单位职责，加强中小考工作的组织领导，保证学生的交通、饮食等各方面的后勤保障。考点设考务办公室、医务室等，安排县人民医院医务人员保障考生健康，安排县公安局干警始终参与试卷押送和考试期间的安全工作，保障县教体局普通高中（中专）及其他省市西藏初中班招生考试圆满完成。

【提高教学质量】 2017年，革吉县教体局坚持多措并举，切实提升教育教学质量。深化改革，激发学生求知欲，促进学生全面发展，深化教学方式改革，规范课程管理，提高学校的课程实施水平，抓好学生评价，稳定优质生源。加强教研教改，提高教研室工作质量；加强教研队伍建设，切实提高教育教研水平。组织“推门听课”活动、建立“导师制”，开展“师徒结对”活动、开展教学公开课活动、加强对学生学法的指导、开展“骨干教师”送课活动、开展教师基本功竞赛活动。2017年，县教体局教师在自治区教师竞赛中获得冠军，创阿里教育历史最佳。强化督导责任，落实奖惩制度。开展定期不定期督导与巡查，加强教学质量监测，坚持统考制度，建立保障中小学教育教学质量的奖惩制度。强化教学管理，提高教学质量，强化校长在教学管理中的主导地位，确保家长职责落到实处，狠抓教学常规，建立科学的评价体系，进一步完善各项管理制度，用制度管理教育教学。把握教育均衡，实现全县教育信息化，加强全县学校均衡发展建设工作进程，加强教育质量整体进步。革吉县各级党委、政府和各学校切实履行好“控辍保学”职责，切实抓好学前教育，使中小学生入学率高、底子强，为提升教学质量夯实基础。加强队伍建设，促进教师整体素质提高。进一步加强师德建设，强化培训实效，加强学习提升自身素质，提高待遇，稳定教师队伍。

【德育工作】 革吉县教育（体育）局以加强德育队伍建设、完善德育管理机制为抓手，以“三联三进一交友”活动为契机，增强德育工作的针对性和实效性，全面实施素质教育，全面提高学生的素质，切实提升广大教师对德育工作重要性的认识，把德育放在首要位置，落实到学校工作的各个方面，渗透到教育工作的各个环节，充分发挥德育工作在素质教育中的重要作用，并结合县教体局实际制定并出台《革吉县学校德育室管理制度》，明确德育工作目标。把全体学生培养成热爱祖国，具有民族自尊心、自信心、自豪感，立志为祖国的社会主义现代化努力学习；初步树立公民的国家观念、道德观念、法制观念；具有良好的道德品质、劳动习惯和文明行为习惯；遵纪守法，懂得用法律保护自己；讲科学，不迷信；具有自尊自爱、诚实正直、积极进取、不怕困难等心理品质和一定的分辨是非、抵制不良影响的能力的有用人才。

【规范文明用语】 2017年，革吉县深入贯彻实施《中华人民共和国国家通用语言文字法》，以国家三类城市语言文字规范化建设评估工作为契机，成立领导小组，召开迎接国家三类城市语言文字规范化建设工作检查验收动员部署暨工作培训会，安排部署迎检工作，动员全县各单位、各部门进一步统一思想，提高认识，广泛参与，齐抓共管，努力推动全县语言文字规范化建设工作健康有序开展，确保三类城市语言文字规范化建设工作顺利通过检查验收。充分认识规范语言文字的重要性，突出重点，务求实效，扎实推进城市语言文字工作的深入开展，有计划、有重点地加强语言文字工作，大力推广普通话和推行规范用字，推进语言文字工作制度化、规范化建设，社会公共用字规范，群众使用普通话的意识和习惯基本形成，党政机关、新闻媒体、学校、公共服务行业等领域语言文字工作取得明显成效，全社会形成“说普通话，写规范字，做文明人”的良好氛围。

【学校安全】 2017年，革吉县教体局与各学校均签订《安全稳定责任书》，明确各学校的责任，确保各学校安全稳定发展。成立安全维稳工作领导小组，明确小组成员的责任。补充完善各学校相关的安全制度与措施，做到学校安全工作精细化、常规化，要求各学校制定安全事故应急预案。服从大局意识，把社会稳定放在首位，认真规定值班制度，同时要求学校规定值班制度、巡逻制度，做到领导干部带班和零报告制度。组织开展安全隐患排查工作。由教体局牵头组织政法委、公安、药监、安监、防疫、消防等部门，深入开展安全隐患排查工作，包括交通安全、消防安全、饮食安全等，及时找出存在的不足和问题，并协助进行整改，确保学校安全稳定。

【资金投入】 2017年，革吉县县财

2017年5月30日，副县长桑杰巴珠督导教育工作

2017年8月7日，县教育局联合督导组深入学校检查工作

政对教育事业投入386.68万元，占财政收入的28%。同时，认真落实国家和自治区对教育实施的优惠政策。2017年已落实教育惠民政策资金772.35万元，其中“三包”及营养改善经费569.55万元、公用经费190万元、思政经费12.8万元。

【资助性政策】 根据《革吉县其他省市初中班、高中生和大学生资助实施方案》，2017年共对70余名考上大学、5名考上重点高中、17名考入其他省市西藏班的学生发放助学金71余万元。其中革吉县教育（体育）局承担贫困学生资助金29万元，县政府在县级财政极其紧张的情况下，拨付其余贫困学生资助金55.5万元。同时安排建档立卡贫困家庭子女及“两后生”免费接受中职教育，对建档立卡贫困家庭接受高等教育子女实施救助，进一步增强高校和中职毕业生就业能力。

【惠民政策】 2017年，革吉县规范各学校“三包”及营养改善计划资金的使用和管理，整顿“三包”及营养改善计划大宗物资进货渠道和程序，严把食品原材料的进货关，从源头上消除食品安全隐患，防止质次价高特别是假冒伪劣的食品原材料进入学校，发挥规模效应，科学合理地使用资金，提高学生的餐饮质量，切实提高后勤保障服务质量，确保广大学生健康成长。经过对各学校进行实地考察及组织各学校校长及后勤主任召开研讨会后，县教体局于2017年初全面开展“三包”及营养改善计划大宗物资集中采购和配送工作。2017年，县教体局根据年生均3240元提高到3480元的“三包”标准和每生每天4元的标准，严格落实“三包”及营养改善经费。全年共计落实“三包”及营养改善经费569.55万元。

【教师队伍建设】 2017年，革吉县鼓励教师进行函授学习，参加各级各类培训，不断丰富和提高自身业务水平和专业技术水平。全年共安排50余名教师参加各级各类培训，其中，到陕西3人，河北1人，培训时间均为1年。另外，参加国培19人、区培7人、校本培训20余人。同时，开展县级培训，“一师一优课，一课一名师”活动深入开展，教师业务能力不断提升。2017年按每节20元的标准兑现教师超课时补贴，共81.5万元，其中60万元由县财政承担。为各学校建立职工之家并全部投入使用。进一步完善管理制度，制定并实施《革吉县教师管理办法（试行）》，加强教师队伍的管理，严肃教职工请销假制度，严明组织纪律，严格按照上级教育行政部门关于教师调动的相关要求，逐级召开校长办公会、局长办公会研究审定，控制教师调动，确保教育教学秩序正常化、规范化。制定并下发《革吉县中小学幼儿园校（园）长教师交流轮岗实施办法》，2017年已完成县域内小学教师交流10余人，保证县域内师资队伍均衡。

【党风廉政建设】 2017年，革吉县进一步加强教育系统党风廉政建设，促使领导干部和各学校强化廉洁自律意识和为人民服务宗旨，经常做到自警、自重、自省、自励，能够为办人民满意的教育保驾护航。县教体局和学校分别成立党风廉政建设工作领导小组，落实领导班子“一岗双责”，业务工作抓到哪里，党风廉政建设落实到哪里。及时调整教育系统党风廉政建设组织领导和责任分工，落实分管责

2017年4月14日，平安加油站捐款

任。与各学校签订党风廉政建设责任书，落实工作责任；召开专题会议，研究县教体局党风廉政建设工作，印发《革吉县教育系统2017年党风廉政建设工作实施方案》《革吉县教育系统2017年党风廉政建设和反腐败工作计划》和《革吉县教育系统2017年党风廉政建设和反腐败工作任务分解方案》，细化工作任务。把党风廉政建设情况作为对学校督导的重要内容进行考核，有效整合相关单位下乡检查工作，每一项工作检查都建立详细档案。教育行政部门和各学校工作效率和工作质量明显提高，基层学校对局干部工作满意度明显提高。开展以"爱生、敬业、清廉"为主题的师德师风教育实践活动，努力营造教育系统"清正、清廉、清明"的浓厚师德师风、教风氛围。

（达珍）

【领导名录】

局 长

加 措（藏族）

副局长

达娃卓玛（女，藏族）

旦增卓嘎（女，藏族）

革吉县藏语文工作委员会办公室（编译局）

【概况】 革吉县编译室于2014年更名为革吉县藏语文工作委员会办公室（编译局），县政府办公室直属的正科级事业单位。2017年，县编译局有正科级干部1名，副科级干部1名，科员3名，全体干部职工为中共党员。

【翻译工作】 2017年，县编译局完成的翻译字数110万字以上，校对字数220万字以上（保持译文校对两次以上），其中完成县委、县政府交办的各种文件材料和领导讲话任务55676字，革吉县"两会"材料中人大各种材料翻译161663字、政协各种材料、提案和政协委员建议86250字，地方性法规条例92770字，其他应急性翻译任务795411字，保证质量，按时完成工作任务，翻译成果得到交办单位的一致肯定。

【双语宣传工作】 2017年，县编译局发挥藏语言文字在建设中华民族特色文化保护地和世界旅游目的地工作中重要的语言文字化元素的作用，不断提高革吉县藏语文社会用字的规范化水平。6月22日，在全县范围内开展"六月第四周的双语宣传周"活动，通过悬挂横幅，发放日常用语双语学习手册和关于藏汉双语社会用字规范管理规定、近年来国家和自治区召开的大会精髓等宣传材料，共发放300册。

【藏语文社会用字管理工作】 2017年，县编译为进一步巩固好革吉县藏语文社会用字工作成果，确保藏语文社会用字合理、规范，不断提高革吉县藏语文社会用字规范化水平，革吉县编译局与相关部门紧密配合，组织经常性的自查自纠活动，前后开展2次社会用字规范整改检查，并于3月5日和8月15日组织单位人员在县城内检查社会用字整改情况，采取现场看、问、听等了解方式集中对革吉县宣传标牌、路识标牌、广告牌、商户门牌等藏文规范化用字工作进行全面的摸底调查，主要问题集中在错字、错拼、错译和翻译不完整、无藏文、藏汉字排序不符合标准、藏汉文大小比列存在差异等问题，检查小组在调查过程中对存在

2017年4月10日，县编译局工作人员校对革吉县“两会”翻译材料

的问题进行登记造册，共查出无藏文的牌匾广告条幅3个，藏汉文字大小比例不一致1个、错译情况1个、检查整改率达到95%以上。

【干部队伍建设】 2017年，县编译局先后选派6名干部（编译局1名干部、四乡一镇5名编译工作人员）参加地区编译局举办的藏汉双语培训，通过实际业务操作和培训学习相结合，提升革吉县编译工作人员在业务理论水平，为更好地开展基层藏语文编译工作打下坚实的专业基础。同时为适应社会的发展编译局在总结以往经验的基础上，采取集体商讨、借鉴其他翻译材料等方式，进一步提升翻译能力水平，高质量完成各项翻译任务，整体综合翻译水平明显提高。

（扎西旺久）

【领导名录】

局　长

洛　　生（藏族）

副局长

扎西顿珠（藏族）

革吉县中学

【概况】 2017年，革吉县中学本着“学生发展、教师发展、学校发展”办学理念，以教学为重心，管理为中心顺利完成2017年各项工作，先后被评为西藏自治区民族团结进步模范集体、革吉县“四讲四爱”先进集体、先进基层党组织、“五四团组织”等各种文体奖。2017届初三毕业生全部顺利毕业并考上理想的高等学校。

【统筹安排教学工作】 2017年，革吉县中学为推进均衡级素质教育工作制定学期部门工作计划，并及时印发，以指导学期教学工作。努力完成教务处日常事务工作，根据教师人员结构情况和班级编制，加强双语教学的监督和落实同时落实安排好五个100，为学校教学的正常运转做大量的工作。严格执行国家课程计划，努力开齐开足各类课程。同时，根据课程标准，安排课时，排好课表，以保证教学工作正常有序进行；布置学期工作，安排学期活动，明确工作要求，并根据学科特点制定好各科的教学计划。

【教学常规管理】 2017年，革吉县中学强化领导责任意识、质量意识。以教学现场为载体，随堂听课，做到“及时看，课上听，随时查”，发现问题及时指正，对教学工作进行全程跟踪管理。进一步以新理念指导课堂教学改革实践，围绕备课组、教研组、全校教师三个层面开展“有效教学”，让课堂充满活力。加强教学常规的检查，及时收阅教师的听课记录、备课教案、集体备课记录、作业分析记录、期中期末月考分析记录，抽查学生作业，观察教师的随堂课，定期解教学计划的实施情况并分析检查情况。期中期末安排骨干教师，精心安排拟题，周密实施过程，不断完善监考、巡视守则，使命题、监考、阅卷、成绩统计及质量分析等相关工作不断规范化。并分不同层次不同人员不同要求召开质量分析会，交流情况，分析问题，确立目标，提出打算。针对牧区学生的实际情况，编印校本教材《西藏传统文化》，通过组、学校多种渠道组织落实课程内容。通过学情问卷调查，组织学生参与评教活动。

【开展各类活动】 2017年，革吉

县中学扎实有序安排推门课、优质课、汇报课和说课活动。组织新教师座谈会，读书交流会，敞开心扉交流感受，促进他们尽快成熟，以便不断增强学校教学发展的后劲。开展全校各年级的“学困生”辅导工作，做到有计划，有成效。重视学校的知识竞赛，有活动安排，有过程材料及总结材料。坚持“眼保健操十分钟”活动不动摇，不仅丰富学生的学习生活，而且塑造着学生良好的素养品格。

【教学服务】 2017年，革吉县中学认真做好的征订、装运、分配、发放、调剂工作，确保教学工作的正常开展。认真做好教学档案整理工作。根据上级部门的要求，安排相关人员，落实相关责任，按时完成教学档案的整理工作。进一步规范做好学籍管理工作，学生复学、休学、转学都严格按照程序进行，并在学籍管理人员处备案。与教研室、电教室、政教处积极配合，参与学校考评创优、升级的组织工作。

【德育、美育工作】 加强德育队伍建设。2017年，革吉县中学充分利用校本课教师，班主任例会等形式组织教师认真学习中共中央、国务院《加强和改进未成年人思想道德建设的若干意见》,《中小学德育实施纲要等》，让每一位教师充分认识进一步加强和改进未成年人思想道德建设工作的重要性，积极研究学生思想道德建设的新对策、新方法，让教师明确人人都是德育工作者、个个有责任参与德育工作，增强德育力量。进一步增强学校德育工作的针对性、时效性。

继续加强班主任队伍建设。2017年，革吉县中学定期组织召开16次班主任例会，每次例会定主题，定时间，定内容。及时反馈工作中的问题和困惑，共同交流探讨，吸取他人成功经验，使班主任老师的教育方法更合理、更科学，提高班级管理水平。继续坚持常规教育。抓好德育常规工作。如黑板报、校园内外的橱窗展板等活动阵地，教育性强，学生参与度高。继续发挥国旗下讲话、教师值周总结讲话这一德育阵地的作用，对学生进行熏陶、激励、内化，并形成良好的道德品质。

坚持把养成教育作为学校德育工作的主旋律。2017年，革吉县中学教师内部各方面工作的评比、学生内部卫生、学习、文明礼貌和集体活动的评比，构成有效的德育评价网络。每周的评比结果向全校性的进行公布，做到评价公平、透明化，学生行为习惯、文明礼仪、遵章守纪等良好品质逐渐形成。该学期学校政教处严格按照教委要求，开展阳光体育活动。在每周2节体育课的基础上，组织学生开展课外体育活动如；冬季长跑比赛，保障学生1小时的阳光体育艺术活动时间。

加强课题研究，落实家长教育行动计划。2017年，革吉县中学德育处和各班级继续运用好家长协会机构和家长学校，并组织开展4次听班会相关培训活动，切实履行家长委员会职责，充分发挥家校共育作用。

加强课程德育，增强德育实效。2017年，革吉县中学全面落实新课程要求，将“育人为本、德育为先”的思想自觉融入课程教学和课程管理工作中。充分发挥《品德与社会》《环境教育》《安全教育》课的主渠道作用，充分挖掘教材的思想性，最大限度地发挥

2017年10月11日，革吉县中学开展新课改说课展示活动

2017年12月2日，革吉县中学组织开展综合知识竞赛活动

各学科中蕴涵的德育资源优势，有机地对学生进行7次爱国主义教育。重视共青团组织建设，发展学生会。学生会是学校助力工作的主要成员，德育处定期召开7次学生会会议，听取各班干部对班级、校风的情况汇报，采用比较合理的建议。对学生会平时在学习生活中提出比较高的要求，要求他们能以身作则，严于律己，为身边的同学做好榜样。

加强活动育德，践行社会主义核心价值观。2017年，革吉县中学建立8个兴趣社团活动，质量日渐提升，管理愈加规范。为切实加强学校体育、艺术、科技教育工作，促进学生的全面发展和健康成长，由德育处牵头继续深入开展学生社团活动，全校学生分别参加到8个校级社团、利用每周五下午的时间开展学生社团活动。各社团的指导教师认真撰写教案、拟定活动计划开始，扎实开展每一次活动，每次活动学生均有大的收获、也得到家长社会的认可，经过全校师生一学期的努力，学生兴趣得到激发，能力得到培养。并在期末社团总结活动中向广大师生、家长进行精彩的展示。

【党建带团建】 完善自身建设，常规工作有序进行。2017年，革吉县中学党组织做好每年度的计划、总结及评选优秀团员工作。学校团组织建设工作，学校党组织每学年接收2次新团员。定期开展团课，做好团员的思想政治教育工作。按时收缴党费及团费，及时上缴总支。每学期起始、结束时，团支部及时做好计划制定、总结撰写的工作，每学期的工作安排、内容告之于团员，认真听取意见，改进不足，力求工作做得更好；党团支部档案的管理力求清楚、明，各种上级团委下发的文件，支部计划、总结，各项活动的计划、方案等都做到一一归档。加强党员、团员队伍建设，发挥团员的榜样性和示范性，做好贫困生帮扶工作。抓好党团的队伍建设，发挥党员、团员的榜样性和示范性，是党员、团员队伍建设的重要工作，也是学校德育工作的重要方面，加强党团组织建设，发挥榜样性和示范性，是团支部工作的重点。

切实做好党团干部队伍建设。2017年，革吉县中学注重党团干部的思想教育，定期召开班级支书会议，听取班级团干部工作汇报，了解党团员队伍状况，并组织他们学习党团理论、活动的做法、经验等，在党员教师的带领下逐步提高各班团支部书记的思想意识，从而调动他们的主动性和积极性。

重点加强团员的思想教育。2017年，革吉县中学各班级团支部书记定期对本班团员的思想教育、组织学习团队知识，提高团员对团组织的认识，收到初步的效果。团支书对本班团员的言行进行监督，发现不规范的人和事要进行批评教育。

进一步规范入团程序，严把入团关。在团员发展上，始终坚持实行团员发展接受学校学生的评议监督，入团必须在全班进行民主推荐班主任同意推荐，提高团员的质量增加它的吸引力。党组织每月定期做贫困生帮扶活动、帮助每个贫困生解决生活中遇到的困难，做好"三联三进一交友"工作。

【电教工作】 2017年，革吉县中学顺利完成2017年网络国培研修工作，完成校级安排的校本培训任务，完成机房、电教、教室、办公室校内网工程。定期完成线路维修、检查等常规工作。

【安全生产】 2017年，革吉县中学继续实行24小时维稳值班，每天排查安全隐患并及时维修上报，每月做一次演练和消防安全培训及锐气、手机检查发现一个处理一个，班主任必须签订安全责任书负责每个学生的安全。

（石确拉姆）

【领导名录】

校　长

石确拉姆（女，藏族）

副校长

洛　　桑（藏族）

革吉县完全小学

【概况】 革吉县完小的前身——那布代帽中学，始建于1964年，1977年随着县址的搬迁，学校也迁到现址并更名为革吉县完小。

学校占地面积59957.22平方米，绿化面积777平方米，教学辅助用房建筑面积5950平方米，学校整体规划合理美观。学校有19个教学班，在校学生725人（“三包”学生710人），送教上门17人，完成建立健全学籍工作；保障适龄儿童少年和残疾儿童接受九年义务教育的权利。学校设有党支部、教务处、德教处、总务处、办公室、团支部、少先队大队部和学生会等科室。

2017年，学校共有教师49名，党员教师35名，学历合格率为100，其中一级教师16名，二级教师19名，三级教师14名，其中1名为自治区督学，1名在2014年被评为国家级劳模，并有多名教师获得自治区级及地区级奖项。

【教师队伍建设】 加强领导班子建设，明确职责分工。2017年，革吉县完小由校长牵头，通过开学初的教职工大会，进一步明确学校每位职工工作职责。在日常的工作中，整个领导班子团结协作，各项工作有条不紊。同时，在工作中能充分发挥领导班子的民主管理作用，能充分调动班子成员的工作积极性和创造性，做到既分工又合作，勤政高效，非常出色地完成2017年的各项工作。

加强教师职业道德建设。2017年，革吉县完小组织全体教师先后学习十八届六中全会精神、西藏第九次党代会精神、新党章、《习近平总书记重要论述摘要》《中国共产党纪律处分条例》《中国共产党廉洁自律准则》《中国共产党党内监督条例》《革吉县“两学一做”学习教育文件汇编》，以及习近平总书记在中共十九大所作的重要讲话等，建立常态化的政治理论学习制度，每周组织至少1次教职工政治学习，同时，利用教师培训时间，组织教师学习新《中华人民共和国义务教育法》《中华人民共和国未成年人保护法》《中小学教师职业道德规范》《中华人民共和国教师法》。提高教师的政治思想素养和职业道德水平，打造互相合作、共同提升的团队精神。

健全制度管理，严肃劳动纪律，提高教师从教的自律性。2017年，革吉县完小根据教育发展的新变化，进一步细化学校各方面的管理制度。结合学校管理工作实践，逐步对效益低下、有违新课程理念和《管理规范》的管理制度进行修改、细化和完善，提升制度文化的内涵和价值，让制度在管理实践中不断完善。并严格

2017年6月5日，革吉县完小开展“四讲四爱”世界环境日卫生大扫除活动

2017年5月13日，革吉县完小进行广播操比赛

约束、引导、修正、规范教师的教育行为，保证学校正常的教育教学秩序。相比以往，无故请假的教师少，违反劳动纪律的教师少，教师的制度观和劳动纪律性得到增强。

【德育教育】 加强德育队伍建设，强化社会公德、职业道德、个人品德教育，全力打造专业化的教师队伍。2017 年，革吉县完小以评选优秀班主任、优秀辅导员等先进典型为抓手，鼓励、促进德育理论的学习，努力造就一支胸怀育人理想、掌握现代德育理论、富有德育实践经验的教师队伍。同时，学校定期召开班主任例会，共同探讨德育教育过程中好的做法及遇到的困难、困惑，同时把师德表现作为年度考核、职称评审、评优评先的首要标准，依据考核细则进行量化考核，有效提高工作热情和班级管理的水平。

抓好学生常规教育和养成教育。2017 年，革吉县完小以体验教育为主线，以养成教育为重点，以培养学生良好行为习惯和健全人格为目标，组织开展丰富多彩的少先队活动，全年共进行 10 余次队课。同时，由党支部书记主管、德教副校长直接领导少先队工作，设立形式多样的少先队活动项目，“六一”国际儿童节和“10・13”少先队建队日发展一批新队员，举行入队仪式，表彰一批优秀队员。2017 年，学校少先队入队率达到 80%。在大队和中队干部的选择使用上，严格按照民主选举、交流任职的原则，建立完善的少先队组织机构。在管理上，建立党支部—德教处—少先大队—少先中队的工作网络，确保少先队工作在组织上落实、渠道上畅通、物质上有保障。在校外，革吉县完小还聘请热爱少儿教育事业的革吉县团县委副书记拉姆、学生家长旺杰等为校外辅导员，充实辅导员队伍。使规范落实到学生的实际行动中，全方位地抓好学生的常规管理，促进学生养成良好思想品德和行为习惯，取得的良好的教育效果。

家庭与社会的密切配合。2017 年，革吉县完小注重加强学校、家庭、社会的联系，通过家校活动、家长会、家访、班级微信群等形式及时与家长进行沟通，为家庭教育提供指导和帮助，形成共同抓好德育工作的合力，有效地提高德育教育的效果。

【德育阵地建设】 开展主题活动。自“四讲四爱”主题教育实践活动开展以来，革吉县完小领导高度重视，结合学校实际情况，围绕“四讲四爱”主题教育实践活动内容开展“讲党恩、爱核心”“讲团结、爱祖国”“党的好政策”“新旧西藏对比”等主题宣讲活动，每星期宣讲至少两次并做好相关文字图片的上报工作，广泛开展形式多样的集中、入班和班会等宣讲教育活动，营造浓厚学习氛围。开展丰富多彩的实践活动，活动形成特色，专题活动定期开展，让学生们明白“四讲四爱”主题教育实践活动的重要意义，从思想上、行动上知党恩、感党恩并拥护党。比如邀请老党员进校园，讲述新旧西藏的故事，师生撰写心得体会，校长亲自为后勤人员宣讲“党的恩情”，德教桑嘎主任宣讲五旗教育，通过认识五旗、了解五旗的由来、了解国家领导人、让学生明白习近平总书记的核心地位是党的选择、人民的选择、历史的选择，是西藏各族人民心中早已形成，早已扎根的核心。为学生和家长宣讲“党的好政策”详细地讲解党的“三包”政策、草补政策等一系列的惠民政策，更加明确地坚定学生和家长永远跟党走的信念。在学生道德讲堂活动中高年级的学生给低年级的学生，讲述着他们对“四讲四爱”主题教育实践活动的理解。

开展以“珍爱生命”为主题的安全月教育活动。2017年，革吉县完小德教处围绕主题，结合实情，利用宣传栏、板报、主题班会等广泛宣传“生命教育”的意义，努力营造良好的活动氛围。加强学生乘车、饮食、交通、防火、防溺水、用电等安全教育。邀请警官，为全校师生作“珍爱生命，远离毒品”的讲座；邀请交警，为全校师生作交通安全有关知识的知识培训。邀请消防员，为全校师生作消防安全有关知识的知识培训。通过多种教育形式，对学生进行健康、安全、成长、价值与关怀的教育，使学生认识、感悟生命的意义和价值，培养尊重生命、爱惜生命的态度，学会欣赏和热爱自己的生命，进而学会对他人生命的尊重、关怀和欣赏，树立积极的人生观。同时还梳理、总结活动中的特色做法。

【教学管理工作】 严格课程设置，强化教学常规细节管理。2017年，革吉县完小在常规教学管理中，将狠抓教学各环节管理作为最基础、最重要、最根本的工作。明确工作要求。教务处对常规教学各环节都提出明确的工作要求。明确提出备课写教案、课堂教学、课外辅导、反馈测试、作业布置与批改等的具体要求，还有工作计划、试卷分析、教学业务总结内容结构的要求，对新教师学习提高的要求，还有对听课评课的标准、程序提出具体的要求，提出集体备课的要求和定时写好教学反思的要求，这些要求使学校活动各环节有章可循，较好地克服教学过程中的盲目性和随意性。加强反馈检查。为保证常规教学切实到位，保证教学工作各环节的质量，学校以抓检查为重点，以检查促落实。严格执行《课程计划》，开齐课程开足课时，认真落实《小学管理规范》，使教学常规工作进一步规范化、制度化。每个月，教务处通过“定期检查和随机检查相结合”的办法，把备课、上课、作业批改、培优补差、单元检测等作为检查重点，并将检查结果及时反馈给教师，督促教师及时改进。同时，每周对各教研组开展的教研活动进行跟踪检查，在检查过程中，做到定时间、定地点、定人员，切实保证每位教师能深入参与活动。2017年，学校共进行2次大检查，每月一次小检查，检查的内容是教师的备课情况、听课记录、学生各科作业、试卷、同步练习册等，每次检查都做到有计划、有记录、有总结、有公布、有反馈，通过这些检查，学校全面掌握教师教学和学习情况，促使常规教学在不断发扬优点、改掉缺点的前提下规范、有序地发展，确保学生基础知识和基本技能的落实，从而保证学校教育教学质量的提高。

加强教学质量监控机制，努力提高学生的学业素养。2017年，革吉县完小在期中、期末学生学业情况检测的同时，进一步落实教育教学的过程性管理。同时，教师们能针对学生学习现状和普遍存在的突出问题，在教学中加以重视并针对性地采取一些有效

2017年11月19日，革吉县完小开展消防演练

2017年4月4日，革吉县完小开展清明节扫墓活动

措施予以弥补，有效提高学生的学业素养。在毕业考试中，革吉县完小毕业班三科综合成绩，较2016年有很大的提高，在全地区小考成绩中名列前茅，提升办学品位，教育教学成绩逐年提高，向其他省市西藏班输送13名德才兼备的学生。同时，在各级各类赛课中，革吉县完小教师均有不俗表现。所有参赛教师在地区级教学比赛中均获佳绩，郭少峰获得自治区赛课一等奖。

加强业务培训，提高专业水平。2017年，革吉县完小以校本培训为主要方式，组织各学科教师深入学习2011版的课程标准，领悟课改精神，转变教育教学观念，用理论指导实践，解决教育教学中的实际问题。通过不断的学习与实践，全体教师树立全新的与课改意识、科研意识、自我发展意识，争做学习型和研究型教师。学校还组织各学科外出学习、培训的教师，做到培训有记录，回校有反馈。

【党员队伍建设】 2017年，革吉县完小在基层党组织建设中与时俱进，开拓创新，深入开展“四讲四爱”主题教育活动、继续推进“两学一做”特成立以党支部书记强巴曲珍为组长的“两学一做”学习教育领导小组。并制定《革吉县完小党支部“两学一做”学习教育活动方案》和《革吉县完小党支部“两学一做”学习计划表》，严格落实“三会一课”制度，每季度向县党建办报送一次学习计划。每周一组织党员开展集中学习，确保支部每月集中学习4次。自3月10日起革吉县完小支部就组织开展学习。截至年底，共组织学习活动38次，自学30次，集中学习30次。每季度支部书记带头上党课，每季度确定一个讨论专题，组织党员干部围绕专题开展讨论，每位党员撰写心得体会2篇。为端正全体党员态度，实事求是，及时发现自身存在的不足，革吉县完小党支部于4月组织开展一次“两学一做”学习教育专题组织生活会。开展“青蓝结对、携手共进”品牌创建活动，通过“一帮一”“一帮多”“多帮多”“大手拉小手”“家访”活动，发挥党员干部的先锋模范作用。此外，还成立家长协会，加强与家长沟通。努力把西藏教育系统“三联三进一交友”活动与“青蓝结对、携手共进”党建品牌创建工作相结合，以“抓党建、促少建”为核心，确保每一位党员教职工确定对象后，围绕结对学生、家庭、后勤职工、教师等制定出个人帮扶计划、开展教育引导和帮扶工作，在实实在在的帮扶过程中，拉近与学生的距离、增进师生感情，锻炼党性师德，促进学生健康成长，力促学校稳定发展，进一步增强基层党组织战斗力。以创建基层党组织建设先进学校为目标，努力提高革吉县完小基层党组织建设的整体水平，进一步推动革吉县完小各项事业的全面发展。被评为“2017全区教育系统先进基层党组织”“2017年阿里地区五一劳动奖。”

【后勤保障】 2017年，革吉县完小德教处及后勤处明确职责，切实抓好学校的安全保卫工作，为师生营造一个安全、和谐的校园环境。以安全法律法规为重点，以安全常识为内容，针对本校实际，有计划、多形式开展安全隐患排查与整改，消防安全演练，安全法规、安全常识教育，落实安全责任。学校通过主题班队会等方式对学生进行各类专题安全教育。同时，学校严格执行《中华人民共和国食品卫生法》《学生集体用餐管理办法》，做好食

2017年10月13日，革吉县完小开展“我和国旗合个影”活动

品、原料的定点采购，索证索照、食品留样、食堂清洁卫生等工作，要求从事食堂服务的工作人员必须持健康证上岗，同时搞好个人卫生，不带病、带伤工作。学校还不断加强领导，建立健全食品卫生制度，严把“病从口入”关，学校还对食堂工作进行随机检查督促与指导，保证食品卫生和师生的饮食安全。为保证学校教育教学工作的正常开展，总务处及时进行相关物资采购、物品维修，加强装备管理，全力提高后勤保障的能力和水平。

【校园安全】 2017年，革吉县完小每天有1名校级带班，1名中层干部值班和3名维稳值班，2名校内值班教师，要求所有值班领导和教师必须坚守岗位，做到无缝隙值班、无盲区监控，按照学校维稳应急预案，强化措施，明确分工，责任到人，在正常值班的基础上还成立由革吉县完小男教师组成的应急分队和学生组成的护校队共有30人，分成3个小组，并且每天由校园安保带队24小时负责学校的安全保卫和巡逻工作。负责校园周边和校园内的安全巡查，发现可疑物品和人员及时向上级汇报。在做好学校值班护校工作。

（拉巴次仁）

【领导名录】

校　长

强巴曲珍（女，藏族）

教学副校长

索南央金（女，藏族）

德育副校长

郭　少　峰

后勤副校长

平　　措（藏族）

革吉县幼儿园

【概况】 革吉县幼儿园于2011年建园招生，属于公办幼儿园。有教学楼2栋，教职工宿舍楼1栋，活动室1栋。开设大班2个、中班2个和小班1个，共有5个班、在校167名幼儿。有教职工13名，其中专任教师8名，公益性岗位和合同工5名。幼儿园为幼儿提供轻松健康的环境，让幼儿在学中玩，玩中学。室外活动铺设草坪，安装组合滑梯，跷跷板，秋千等各类大型玩具。幼儿园注重教师队伍建设，重视提高教育的综合素质。科学的教育理念及方法，注重幼儿的全面发展，让每个幼儿快乐健康的成长，努力创造幼儿园更加美好的明天。

【创新教育观念】 加强幼儿的常规培养。该学期革吉县幼儿园使用新的教学楼，将教室环境精心，利用有限的场地着力创设数学区、美术区、识字区等各区角。在开展区域活动中，革吉县幼儿园根据幼儿年龄特点发展需要投放活动材料，根据主题开展设计一些与主题有关的区域活动材料，做到有计划、有目的地投放，并及时增添活动材料，引导幼儿积极认识参与区域活动，满足幼儿发展的需要，针对幼儿个别差异、兴趣、能力投放不同难度的活动材料。在游戏中培养幼儿之间的友爱精神。多开展智力游戏，发展幼儿的观察力和思维能力。结合主题教育内容，师幼共同收集大量的资料布置主题墙饰，革吉县幼儿园收集各种挂饰、花等，渲染各节日气氛，激发兴趣，了解各节日。

幼小衔接特色工作。2017年，革吉县幼儿开展看图学成语、学会倾听故事、每天一练的活动、提高幼儿讲述和理解能力，加强幼儿阅

2017年9月24日，革吉县幼儿园家长交流活动

读、识字、数数、讲故事等各方面的培养，提前做好幼小衔接工作。

【安全工作】 2017年，革吉县幼儿园注重饮食安全、规范接送制度、加强幼儿园大型玩具的安全检查。日常活动中，避免幼儿的意外伤害，该学期未发生任何一起幼儿伤害事故。

【家长工作】 2017年，革吉县幼儿园热情接待家长，不定期地与家长联系，共同协商育儿经验，认真收集家长反馈意见。邀请家长积极参与到教学活动中去，与教师共同商讨、策划教育计划。

【教学方面】 2017年，革吉县幼儿园按教学内容及幼儿的实际，设计课的类型，拟定采用的教学方法，认真写好教案。每一课都做到“有备而来”，每堂课都在课前做好充分的准备，并制作各种利于吸引学生注意力的有趣教玩具。坚持学玩结合。在工作中，自己努力增强上课技能，力求讲解清晰化、条理化、准确化、情感化、生动化，做到线索清晰，层次分明，深入浅出。在活动中特别注意调动学生的积极性，加强师生交流，生生交流，充分体现学生的主作用，让学生动静结合，寓学于玩，学得容易，学得轻松，学得愉快。谦虚虚心请教。在教学上，有疑必问。教学中积极征求其他老师的意见，学习他们的方法，同时，多听老师的课，做到边听边讲，学习别人的优点，克服自己的不足，征求他们的意见，改进工作。

（达　珍）

【领导名录】

园　长

达　　珍（女，藏族）

革吉县气象局

【概况】 革吉县气象局成立于2017年9月26日，属国家直属事业单位。机构编制数为5人，实有3名工作人员，其中局长1人，工程师1人，助理工程师1人。

自革吉县气象局成立起，各项工作步入正轨，主要的工作内容包括每日收集气象信息员上报的天气实况信息，制作次日预报并报送有关单位；参加由阿里地区气象台主持的周会商，严密监

2017年9月25日，阿里地区行署副专员、县委书记索朗次仁（右一）与阿里地区气象局党组书记琼玛次仁（右二）讨论相关工作

视天气变化，及时制作发布预报预警信息；响应县政府的号召，参加县政府安排的各类会议，完成各项任务，以确保深入了解当地政府、牧区的气象服务需求。

【气象服务】 根据气象为农服务的宗旨，2017年10月13日，革吉县正式成立气象防灾减灾指挥部，为建立气象灾害防御体系提供组织保障。陆续在4个乡（镇）成立由气象协理员及行政气象信息员组成的应急指挥队，并于2017年10月组织开展革吉县四乡一镇气象协理员及20个行政气象信息员的第一期培训，进一步增强基层气象信息员的防灾减灾意识，确保能够及时准确接收和传递气象灾害预警信息，协助气象部门解决气象信息传播“最后一公里”的问题。全县3个乡（镇）（除文布当桑外）建立气象自动站，气象监测站网覆盖率提高，同时为保护气象探测环境和设备，政府专门配备气象自动站看管人员，确保气象探测环境的安全。为加快推进革吉县的气象“三农”服务工作，同阿里地区气象局工作人员到革吉县亚热乡和雄巴乡开展气象灾情调查及“三农”宣传工作。在各乡镇政府的支持协助下设立雪深警示标牌，为当地百姓的生产生活及出行提供便利。通过革吉县影响较大的公众网络平台以及媒体，发布各类天气预报、消息。截至年底，发布2017年国庆节、十九大等专题预报15期，每日预报38期，藏汉周预报各4期，天气消息1期，阿里地区专题预报6期；通过县级公共服务平台向受众用户发布短信条数约1350条；通过“网信革吉”公众微信平台发布预报、消息37期预报。

【职工学习、活动】 2017年，为更准确地做好天气预报，把服务做到位，革吉县气象局进一步加强业务知识的学习，参加地区局及自治区局组织的各类业务竞赛、远程培训学习，不断巩固基础知识，更新专业知识，使每位职工尽快适应新的工作岗位。为全体职工能够欢度新春佳节，革吉县气象局在元旦、春节及藏历新年期间开展一系列丰富多彩的文体活动，增添更多的欢乐和喜庆，增强单位的凝聚力，促进气象文化的发展。

（尼玛卓玛）

2017年12月27日，县气象局局长旦增旺堆于亚热乡调研天气灾情情况

【领导名录】

副局长

旦增旺堆（藏族）

革吉县供电有限公司

【概况】 2017年，革吉县供电有限公司全体职工恪尽职守、兢兢业业，传承“特别能团结、特别能吃苦、特别能忍耐、特别能战斗、特别能奉献”的老西藏精神，坚持国网公司“努力超越，追求卓越”的企业精神，紧张有序地开展多项工作。

【规章制度】 2017年，革吉县供电有限公司根据公司经营模式，按照既定的帮扶规划制定援藏帮扶工作方案，使工作有章可循，且符合国网公司的要求。结合革吉供电公司实际，对运检部、综合管理部、营销部、欧果水电站四大部门主任进行优化调整，明确部门职责，提高工作效率。制定《革吉供电公司员工出差管理办法》《革吉供电公司仓库管理办法》，完善《欧果水电站运行规程》《革吉供电公司用电业扩报装流程》等规章,为公司规范管理提供制度保障。严格制度落实考核,做到奖惩分明,对于违反规定的员工除经济处罚外,还从思想上对其进行耐心的说服教育,使其认识到自身的错误,做到心服口服。盘点资产,规范仓库管理,对线材、瓷瓶进行分类整理集中摆放。对工器具进行清点整合、拼凑出能使用的施工用具。对破损、报废物资予以清除,使公司的管理得到进一步规范。

2017年10月19日,县供电公司总经理桑杰扎西部署革吉县电视台中共十九大期间保电工作

【完善客户基础资料】 2017年,革吉县供电有限公司领导班子组织线路、台区负责人逐台逐户进行排查摸底,全面掌握用电客户信息,完善用电客户档案,做到一户一档,为规范用电服务打牢基础。

【宣传工作】 2017年,革吉县供电有限公司注重加强电力设施保护宣传工作,多次向县委、县政府主要领导汇报供电相关工作,取得县里主要领导和政府部门的支持,对破坏电力设施的个人及施工队予以处罚,保护公司的合法权益,维护公司利益。革吉公司在进行营销普查(用电检查)的同时,还向藏区群众积极宣传依法用电知识。

【用电检查工作】 2017年,革吉县供电有限公司对窃电现场进行拍照取证,对窃电人员的进行教育,按程序办事,做到有理有据,取得信任理解,维护公司和客户之间的良好关系。2017年,共追补窃电电费5万余元。电费回收率由56%提升到87%,欠费金额由34万余元下降至现在的6万余元。

【干部队伍建设】 革吉供电公司职工22人,文化程度普遍偏低,大部分为高中及以下学历,大专学历仅有5人,大部分职工缺乏安全常识。为此,供电公司援藏人员开辟“周五课堂”,坚持由援藏人员轮流讲课,对全体员工进行培训。内容涉及安全理念、财务管理、安规知识、营销核算、革吉电网结构、电路基础、变压器结构与工作原理等内容。另外,革吉公司充分利用施工机会进行培训,理论联系实际,在现场讲解安全措施、作业标准、安全风险防范等知识,手把手教员工使用钳形万用表、绝缘摇表、接地摇表等常用仪器,提升员工的业务技能水平。

【业务工作】 2017年,革吉县供电有限公司主动为革吉边防检查站、县影剧院、县武装部、县公安局等多家单位处理多起线路故障,为十多家居民用户解决用电难题。特别是在重大节日、政府重要活动保电时,派人蹲点值守、借用发电机保电,利用保电任务的契机,对革吉镇政府、县武装部、人民会堂等重要保电部门线路进行全面检查,对老旧线路全部改造,圆满完成保电任务,彻底解决客户用电隐患。

【爱心工程】 2017年,革吉县供电有限公司与国网运城公司联系为革吉县完全小学部分品学兼优的贫困学生,争取到文具、课本、作业本、衣服等爱心物资。

(桑杰扎西)

【领导名录】

总经理

桑杰扎西(藏族,6月任)

副经理

秦 克 温(4月任)

城市建设·环保

革吉县住房和城乡建设局

【概况】 革吉县住房和城乡建设局(以下简称县住建局)主要任务是综合管理全县住房体系、完善廉租房、周转房、公租房等保障性住房制度,着力解决低收入家庭住房困难;推进建筑节能,改善人居生态环境;指导县城、乡(镇)基础设施建设。2017年,革吉县住建局行政编制3名,其中科级领导职数2名。

【党风廉政建设】 2017年,县住建局在思想上高度重视,绝不越红线、不碰高压线。在日常工作中,学习传达党风廉政和反腐败的一系列文件精神,始终牢记党的宗旨,自觉加强党性锻炼,坚持严于律己,自觉遵守领导干部廉洁自律各项规定,严格执行工程建设管理相关法律法规。从思想上、行动上、作风上做到立党为公、执政为民、清正廉洁。转变工作作风,增强奉献意识,正确对待个人利益,始终保持一颗平常心,不计较个人得失,做到自重、自省、自警、自励,自觉接受群众的监督,及时解决群众反映的问题。

【党建工作】 2017年,县住建局全体党员干部自觉用党章党规规范自己的言行,加强党章党规的学习,掌握精神内涵,开展廉洁教育,加大警示力度,组织党风廉政教育等形式,促使党员干部学习有收获、认识有提高、心灵受震撼,时刻绷紧立党为公、廉洁从政这根弦。对各种作风建设问题进行排查纠治,较好的维护部门形象,切实促进机关作风的转变。干部职工的晋级晋职、推先评优、考核以及财务收支情况、物资采购事项等,坚持进行党务公开,促进党建工作不断提升。严格执行上下班考勤专人负责制度,做到上班有签到、请假有手续、公差明去向,有效控制干部职工的迟到、早退、缺勤现象;着力加强机关作风建设。并

2017年10月9日,县委常委、副县长确巴带队赴各乡镇督导建筑领域安全生产工作

使全局干部职工形象公开、姓名公开、服务公开、职工联系电话公开,切实解决百姓的实际需求,不断提高对外服务水平。

2017年8月29日,县住建局局长王子金带队检查各施工现场

【项目完成情况】 2017年,革吉县共完成2个项目,投资1830.09万元的干部职工周转房及附属建设项项目和2015年第二、三批农村危房改造建设项目。县直干部职工周转房共60套,分布于县城县委大院、公安局、农牧局、文广局四个建设点,房均建筑面积70平方米,是革吉县所有周转房中建筑面积最大的,建筑风格、房内布局等都是非常领先的,于2017年5月动工建设,11月竣工验收,均已实现入住。因2015年第二、三批农村危房建设项目资金于2015年底、2016年初才到位,加之部分群众不愿建设,直到2017年5月才开工建设,共实施农村危房改造483户、建筑节能示范工程370户,涉及资金919.396万元,主要建设内容为房屋新建、房屋翻修或维修等,除革吉镇未完工外,其余4个乡镇全部竣工验收,在很大程度上改善群众居住环境。

【续建项目】 2017年,续建项目共有3项,革吉县2015年乡镇干部职工周转房配套基础设施,建设220套,主要建设内容为给排水、库房、暖廊、地面硬化、亮化、绿化等,总投资1283.1275万元,建设地点分布于四乡一镇。该项目于2017年6月中旬开工建设,因雄巴乡、文布当桑乡、盐湖乡3个乡房屋主体未及时完工,导致机械、人员无法进场。截至年底,革吉镇、亚热乡已完工,其他三乡列入2018年续建项目。

【棚户区改造】 按照投资计划,2017年城镇棚户区改造项目投资1196万元,改造184户,但实际到位资金790.5638万元,其余资金由当地政府配套和群众自筹解决,但因本级政府无力配套、群众无力自筹,导致该项目建设方案变更,未按照计划动工建设,实际只建设房屋71户,货币安置30户,涉及资金803.14万元,房屋结构均为砖木结构。

【市政基础设施建设】 2017年7月底正式动工建设投资约4.2亿元的市政基础设施EPC建设项目是革吉县有史以来,单从投资额度最大的项目,采用设计、施工、采购为一体的EPC模式。截至目前,市政综合管廊已建成160米。由于集中供暖建设项目进场相对较晚,于2017年12月25日实现县完小、五保户集中供养中心、县委大院等3个区域局部供暖,供暖面积达到3.3万平方米。

【建筑施工安全监督管理】 2017年,县住建局以“安全第一,预防为主”为指导方针,及时调整领导机构、制定工作方案、召开专题会议,推行开工前质量安全承诺和竣工后永久性标示牌制度、大力开展工程质量、工程进度、施工安全大检查、严厉打击违法基本建设程序及建筑施工转包、分包等违法行为,全年共组织召开由政府主要领导、基建领导小组成员、施工方、监理方参加的专题会议或项目推进会4次,开展各类联合大检查5次,下发停工令2份、整改通知56份,在一定程度上保障工程质量、工程进度,优化建筑市场环境。

【严把项目准入关】 2017年,县住建局对项目前置手续审查、办理流程进行彻底清理，凡不符合办理施工许可证的，一律严格按照基建程序执行，决不搞权力特殊，决不搞人情关系，对42项建房、市政项目，严格办理施工许可证，同时严格执行网上工程项目办理流程，有效规范建筑市场秩序，在一定程度上规避违法违规风险。

【保障性住房管理】 2017年，革吉县已建成干部职工周转房801套、公租房248套、廉租房156套，但分居较为分散，居住人群较为杂乱。从2月起，开始抽调人员对全县保障性住房进行彻底清理，克服人员少与干部职工白天不在家的矛盾，利用夜晚挨家入户进行清理，每家住户都签字确认，将所有清理结果进行登记备案，并严格执行入住前签订居住合同、缴纳押金的管理办法，从源头上杜绝房屋管理混乱、住户随意更换等现象，确保国家固定资产不流失、不浪费。

【廉租住房租赁补贴发放】 2017年，县住建局严格按照廉租住房租赁住房补贴“先租后补”的原则，对享受廉租房补贴对象城镇（含低保）住房困难家庭进行认真调查核实，已享受廉租住房实物配租的家庭不再享受租赁住房补贴。按照城镇低保廉租住房租赁补贴资金255元/人/月的发放标准（其中自治区财政负担当年租赁住房补贴所需资金的80%，地区财政负担所需资金的15%，县财政负担所需资金的5%），全年计划发放租赁住房补贴39户54人，发放金额165240元（自治区承担132192元、地区承担24786元、县级财政承担8262元），补贴情况已于县民政、财政进行对接，10月进行公示，于11月20日之前全部兑现给群众。

（曲 宗）

【领导名录】

局 长

王子金

副局长

旦 增（藏族）

革吉县环境保护局

【概况】 革吉县环境保护局（以下简称县环保局）成立于2010年，为正科级编制，局机关编制3名（行政编制2名，事业编制1名），科级领导职数3名；实有人员5人。县环保局办公室在县政府办公楼三楼，设有局长办公室和综合办公室。2017年，县环保局牵头开展生态文明建设和全县环境保护工作，日常开展环境监察和全县污染防治，以及负责一年四季度全县大气、土壤、地表水、地下水、集中式饮用水水源地的环境监测工作。

【迎接中央环保督查】 2017年，为推动迎督工作顺利开展，确保每个步骤、每个环节、每项工作都有专人负责。成立由行署副专员、县委书记索朗次仁为组长革吉县迎接中央环境保护督查工作领导小组，并下设6个工作专班，分别负责综合协调、文字材料、督导检查、后勤保障、安全保卫、接访维稳等工作。为确保工作成效，从乡镇和县直各单位抽调14名精干人员充实到领导小组办公室，实行脱产集中办公。成立以县长为组长的革吉县迎接中央环境保护督查自查自纠工作领导小组，

2017年10月2日，自治区工作组到革吉镇森布村、加布村进行考核验收生态村创建工作，副县长郝永福、县环保局局长姜勇陪同

负责全县生态文明建设和环境督察保护自查自纠工作的组织领导和统筹协调,全面深入查找存在问题和不足,确保革吉县迎检工作自查自纠阶段各项工作取得实效。成立专项督查组,对工作进度和成效进行督查督办。对工作滞后、履职不到位、成效不明显的乡镇和部门领导进行约谈,对不能按期完成整改工作的,启动问责程序,严肃追究相关责任人责任。要求各乡镇各部门之间加强沟通联络,防止出现工作责任推诿,对于存在的分歧要及时沟通协调,做到职责内容明确、资料数据统一,做到部门联动顺畅,解决环境突出问题"快、准、狠"。

2017年3月14日,县环保局局长姜勇到卫生服务中心对医疗废物进行专项检查

【环境监测】 按照国家重点生态功能区县域生态环境考核的要求,2017年,革吉县投入56万元对革吉县的大气、土壤、地表水、地下水进行监测。全年开展空气质量监测4次(每季度一次)地下水、地表水监测8次。对农村开展2次空气地下水、地表水检测,1次土壤试点监测。对抄申报的6个自治区级生态村开展空气、饮用水监测。2017年,革吉县空气、饮用水监测工作已按要求完成,通过监测报告显示,革吉县的地表水达到国家类标准;地下水达到国家I类标准;空气质量达到国家二级标准。

【规范医疗废物处置】 产生医疗废物的单位主要有县人民医院、三多诊所和四乡一镇卫生院。2017年,革吉县人民医院制订实施《革吉县人民医院医疗废物处理方案》,对具体处置工作进行细化,并制定《革吉县人民医院医疗废物处理登记本》《各科室的医疗废物收集交接登记表》和《医疗垃圾转运联单》,将处理种类、数量、收集人、处理方法进行详细登记、说明,并建有危险废物贮存设施。对医疗垃圾的收集处置等流程均进行严格操作,严格执行医疗废物收集交接登记,与阿里地区国策环保建设医疗废物转运联单制度,并提供转移联单登记。由地区国策环保对医疗垃圾进行妥善处置。全县四乡一镇卫生所医疗废物由地区国策环保统一收集处理。2017年8月,县环保局开展全县核技术利用单位及辐射安全专项监督检查工作,形成《革吉县关于开展核技术利用单位辐射安全监督检查工作情况》环境安全隐患排查治理。2017年共开展5次除患排查工作。4月,结合革吉县实际情况,制定《革吉县环境保护局2017年环境隐患排查工作方案》,对全年安全排查工作进行安排部署,同时,不定期开展隐患排查;结合环保综合督查,进一步深化污染防控工作。革吉县结合实际,及时动员部署,按照规定要求认真开展县城内的城镇垃圾填埋点、县城主备用水源地、采砂场、矿区加气站、加油站等重要保护区及危化从事单位环境保护自查工作。

【饮用水水源保护】 2017年,县环保局加强集中饮用水源地的巡查频率。对县水源地进行不定期检查,防止不法行为发生,保证水源地区域内无污染源。县环保局按照月检查一次的标准,截至年底,对两个水源地巡查12次,同时要求水源点的管理单位强化巡查和管理及对设施的保护措施;采取有力措施开展污防工作。

【环境执法】 2017年,县环保局

深化环保目标责任制内容，严格按照《中华人民共和国环境影响评价法》和《建设项目环保管理条例》《中华人民共和国环境保护法》对全县的建设项目进行监督管理。认真落实“三同时”制度，全面提高“三同时”执行率。为推进全县环境执法队伍建设，进一步规范执法程序，提高执法水平，增强打击环境违法行为的能力，1—10月，定期不定期对革吉县的工程建设领域进行现场环境监察13次、出动监察车辆20台次，出动监察人员53人次。在检查过程中主要以现场检查(勘察)笔录的方式进行检查，对发现问题的问题，督促施工单位进行整顿。

2017年6月5日，县环保局工作人员开展环境保护宣传活动

【环境综合整治】 2017年，革吉县及时成立环境综合整治工作领导小组。做到事事有人抓，有人负责，成立以主管环保工作的政府副县长为组长，相关单位领导为成员的革吉县城乡环境整治领导小组；划分整治区域。按属地管理原则，以小城镇网格化管理区域为划分基础，县城和四乡明确责任，加领导，按科学划分进行整治；加强专用资金的投入，垃圾处理更优化。针对革吉县车窗垃圾产生量大、公路沿线环境卫生质量差、环境卫生整治活动成果保持能力低的现状，革吉县环保局在各个公路检查站发放环保袋，提醒过往车辆减少车窗垃圾产生，保护、保持公路沿线环境卫生状况。自2017年5月以来，县环保局分5次到革狮一级检查站和盐湖检查站运送环保袋，请检查站民警为过站车辆发放环保袋并为其简单说明环保袋用途，全年共计给沿路过往车辆发放环保袋3000余个。通过民警的讲解和在环保袋上印的宣传标语，提醒车上人员“减少城镇垃圾，严守公民道德底线”，不要往公路沿线抛撒垃圾，增强并保持自身环保意识。

【建设项目环境管理】 2017年，县环保局严把环境准入关，及时办结环评审批手续。按照环境影响评价法备案登记表52个，环评报告书备案16个。同时，按照事前预防、事中监督、事后验收的原则，督促建设施工单位履行环境影响评价的要求，落实环境保护责主体任和环境“三同时”制度，确保革吉县生态环境不被污染。

【生态村创建】 2017年革吉县革吉镇森布村、公前村、康巴列村、芒拉村被评为自治区级生态村。2014—2017年，革吉县共有8个村被评为自治区级生态村。

【排污费征收】 2017年，县环保局严格按照《革吉县排污费征收标准及使用管理办法》开展排污费征收工作。在排污费征收、使用和管理中，严格执行“收支两条线”规定，杜绝协商收费、人情收费等不合理、不合法现象。全年共收到排污申请117份，审核发证117份。征收排污费36676元。已按规定全额上缴财政专户。

【网格化管理】 2017年，县环保局加为进一步发挥牧民群众在环境保护中的监督管理作用，提高群众参与环境保护的自觉性和积极性，县环保局在与上级部门沟通，与乡镇、村积极协调，并结合县精准扶贫工作的需求，建立“革吉县环境保护网格化管理”网络，确定19名村级环境保护监督员，明确职责，使革吉县的环境保护工作深入到最基层，做到县与乡、乡与村、村与组的无缝对接。10月，对四乡一镇的四级网格化信息员进行业务培训。并及时足额兑现网格化环保员的补助资金。全年网格化补助资金57000元于2017年12月份全部兑现完毕。

【环境保护宣传】 2017年，县环保局利用“6·5”世界环境日，“安全生产月”和下乡的机会，采用树宣传牌、发宣传单、悬挂宣传横幅等方式向群众宣传《中华人民共和国环境保护法》《中华人民共和国环境影响评价法》《中华人民共和国大气污染防治法》，以及水污染防治法等环境保护相关法律法规，参与群众大约500多人次；同时将环境保护生活常识翻译成藏文利用下乡的机会向群众进行面对面宣传，发放宣传单400张。为提高过往群众和当地群众的环境保护意识，增强环境保护的自觉性和积极性，选择在公路边、村庄、水源、湿地等旁边树立广告宣传牌的方式进行生态环境保护宣传，全年投入广告宣传资金11万元树立新广告宣传牌7个，制订宣传册1200本，原广告宣传牌维护5个，环保袋3000个。通过一系列行之有效措施和宣传工作，革吉县城市居民和个体工商户对开展城乡环境整治，打造美丽生态革吉有深刻认识和理解，自觉参与到环境综合整治工作中来。人们对建设高原生态安全屏障，建设美丽西藏的意识得到提高，干部群保护环境的意识得到提高，草原生态环境和生物多样性进一步恢复，人与自然实现和谐相处，城乡面貌脏、乱、差的形象得到改善，提升人居环境质量，树立生态文明理念，使建设施工单位自觉履行环保义务，落实环保责任，促进人与社会，人与自然的和谐，为建设美丽、文明、生态革吉奠定基础。

【党风廉政建设】 2017年，县环保局坚持以邓小平理论和“三个代表”重要思想及中共十九大精神为指导，深入开展党的群众路线教育实践活动，认真落实中央、自治区、阿里地区和县委及各级纪委关于党风廉政建设各项要求，严格各项管理制度措施，党风廉政建设不断取得新成绩。通过领导重视、紧抓安排部署；仔细分解任务、明确各自分工。开展思想教育活动，预防不廉之风的产生；建立健全各项制度、做到“人、才、物”齐抓共管。找准防控点、制订相应措施。提高认识，发挥党员领导干部的表率作用等一系列方法进行党风廉政建设，初得成效。

县环保局在各种教育场合向干部职工灌输牢记使命、担负时代重任的理念，引导干部职工恪尽职守，公心用权。县环保局全员参加县统一安排的干部职工行政法律知识学习，引导干部职工算好政治账、经济账、亲情账，知晓违法行为的政治代价、经济风险会给自己和亲人带来的伤害，充分认识权力的风险性，时刻保持清醒的头脑，以谨慎之心对待权力，持续绷紧廉政这根弦，主动加强党性修养，自觉遵守廉政纪律，坚决抵制腐败行为。教育环保干部职工树立“功不抵过”的思想，明确用好人民赋予的权力为人民利益服务是国家公务人员应尽的责任。警醒党员干部、执法人员正确认识权力与功过的关系，正确处理个人利益与公共利益的关系问题，用好权力、防范风险，无愧于党和人民的期望、嘱托和信任。

（曲　吉）

2017年10月27日，县环保局工作人员对革吉县四级网格化管理员培训

【领导名录】

局 长

姜 勇

副局长

琼 琼(女,藏族)

革吉县重点建设工程项目管理中心

【概况】 革吉县重点建设工程项目管理中心(以下简称县项目管理中心),成立于2014年4月,属政府系统正科级国家事业单位,主要负责严格贯彻落实县委、县政府的各项工作部署,立足革吉县实际,完成县委、县政府安排的各项工作及国家重点建设项目实施管理工作。协助各相关单位办理项目前期手续及现场工程管理工作。2017年,实有人数5人,事业编制7人。

【工程项目建设】 2017年,县项目管理中心管理的续建项目3个、新建项目9个、推进前期项目2个共计14个建设项目,并协助各县单位办理项目前期、管理建设。

2017年续建项目3个,分别为革吉县中学教师周转房建设项目、革吉县2015年乡镇干部职工周转房二标、革吉县森布村布贡村生态示范村建设项目。

新建项目9个,分别为革吉县县城集中供氧工程建设项目、革吉县2017年易地搬迁福康小区二期建设项目、革吉县盐湖乡盐羊古道安居苑建设项目、革吉县雄巴乡安康勤乐小区建设项目、革吉县文布当桑乡红柳幸福小区建设项目、革吉县亚热乡德康小区建设项目、革吉县步行街人工湖二期建设项目、革吉县福康小区居委会改扩建项目、革吉县革吉镇布贡村村委会改扩建项目。

竣工项目6个,分别为革吉县中学教师周转房建设项目、革吉县雄巴乡安康勤乐小区建设项目、革吉县文布当桑乡红柳幸福小区建设项目、革吉县步行街人工湖二期建设项目、革吉县福康小区居委会改扩建项目、革吉县革吉镇布贡村村委会改扩建项目。

正推进前期项目2个,分别革吉县蔬菜基地建设项目、革吉县生态功能区保护建设项目。

【建项目建设管理】 2017年,县项目管理中心管理的新建、续建项目有12个,总投资约12000万元,完成投资约10000万元。针对革吉县各乡镇工程建设项目监管薄弱的现状及2015年干部周转房二标的顺利完工,县基建领导小组各单位组织工作组每周下乡检查督导并实时组织重要施工节点验收,总结问题并及时整改。县城内的工程建设项目由工程师何聪明督建,组织施工验收,总结问题并及时整改。结合地区住建局、发改委及其他上级领导、上级部门对革吉县的督导检查,县项目管理中心的项目建设保质保量,良性建设。该单位对所有开复工项目严格按照基本建设程序和条例,从工程质量、资金控制、安全监督、资料汇总、预防“拖欠”和后力度。不断完善和加强项目建设管理制度,规范拨款程序,杜绝拖欠民工工资现象的出现;

【项目前期工作】 2017年,革吉县重点建设工程项目管理中心会充分利用县政府投资及国家投资的项目,重点开展资金已经到位的项目前期工作。年内,重点完成革吉县2017年易地扶贫搬迁

2017年7月17日,县委副书记、县长王明杰,县委常委、副县长张树强等实地调研革吉县易地搬迁福康小区建设情况

福康小区二期工程建设项目、革吉县文布当桑乡易地扶贫搬迁红柳幸福小区建设项目、革吉县盐湖乡易地扶贫搬迁盐羊古道安居苑建设项目、革吉县亚热乡易地扶贫搬迁德康小区建设项目、革吉县雄巴乡易地扶贫搬迁安康勤乐小区建设项目五个建设项目，革吉县人工湖二期建设项目，革吉县两个村居组织活动场所等重点项目前期工作，并已年内全部开工建设。

2017年8月16日，革吉县项目管理中心副主任洛桑土美带队检查验收楼板钢筋

【工程项目招投(仪)标工作】 按照《阿里地区行署招投标管理办法》1号文件及革吉县工程建设项目招标(议标)管理办法，0—50万的工程建设项目由建设单位以会议研究的形式直接发包；51万元—200万元的工程建设项目由革吉县基建领导小组主持发包，革吉县重点建设工程项目管理中心协助；200万元(含200万元)以上的工程建设项目由建设单位委托招投标代理公司进行公开招标，流标后由县基建领导小组发包，革吉县重点建设工程项目管理中心协助。2017年县项目管理中心已经协助县基建领导小组完成发包项目45个。

【财政投资评审】 2017年，县项目管理中心有未进行项目评审工作，上报地区财政局评审中心申请评审项目1个，革吉县县城垃圾填埋场工程。结合革吉县实际，革吉县需财政投资评审的项目较多，但又无法及时评审的问题，县项目管理中心积极与其他县项目中心沟通协调，在拉萨寻找财政投资评审企业进行合作，进而高效地完成未评审项目的财政投资评审工作，该方案还未完全落实。

【易地扶贫搬迁】 2017年，易地扶贫搬迁项目计划搬迁372户1248人，地区搬迁134户583人，县城73户177人，亚热乡59户165人，文布当桑乡19户92人，盐湖乡18户79人，雄巴乡18户75人，1人1户共51户51人。划分革吉县2017年易地扶贫搬迁福康小区二期工程建设项目、革吉县文布当桑乡易地扶贫搬迁红柳幸福小区建设项目、革吉县盐湖乡易地扶贫搬迁盐羊古道安居苑建设项目、革吉县亚热乡易地扶贫搬迁德康小区建设项目、革吉县雄巴乡易地扶贫搬迁安康勤乐小区建设项目五个建设项目，建设单位是革吉县重点建设工程项目管理中心。

2017年根据革吉县搬迁实际，除搬迁到地区易地搬迁居住点外，把县城搬迁建设点选择在四乡一镇乡镇治所(革吉镇、文布当桑乡、雄巴乡、盐湖乡、亚热乡)。首先就近选择建设点，集中居住便于创业就业；其次，离原居住区域、草场近便于生活方式的慢慢调整。

结合2016年易地搬迁户型及设计布局，2017年充分考虑牧民的生活习惯，设计大面积客厅、大窗户、烟囱，增设暖廊、库房、院子等，从细节上尽量满足牧民原生活方式又符合现代城镇居住习惯。

2017年5个建设点，县项目管理中心分派专人负责管理，一对一保证工程质量安全。开工前，同施工单位、所在乡镇积极组织本地民工打工创收、使用本地地材和机械设备，保证民工使用率达到30%，并登记造册方便施工期间本地民工管理和民工工资的发放。项目开工时及施工过程中，所有外来务工人员登记造册，并月月核查民工工资发放情况，确保项目完工后不拖欠民工工资、无上访事件。

【工程项目资金拨付】2017年，所有工程建设项目的资金拨付新设立在县发改委二楼财务科进行，具体资金拨付严格按投资概算批复进行，详细情况在财务科。

【安全生产】2017年，县项目管理中心结合县安委会针关于安全生产的各项目标任务，本着“安全第一、预防为主、综合治理”的原则，推进“平安建设”，根据项目建设分工，实施平安建设网格化管理，明确网格管理员及责任人，对县项目管理中心管理的各个建设项目现场进行严格管控，坚持深入施工现场，开展社会治安综合治理宣传活动，加强有关平安创建、信访维稳、安全生产等内容宣传，根据工程施工组织计划做到安全施工、文明施工，规避隐患，做到大事不出、小事也不出，全力打造“平安革吉”，确保和谐社会稳定大局。2017年县项目管理中心及实施施工项目中无安全生产事故发生。

【党风廉政建设】2017年，县项目管理中心党风廉政建设工作在县委和县纪检委的正确领导下，全面贯彻落实中共十八大会议精神，全力学习十九大精神，突出思想引领，提升机关党建水平。紧紧围绕中央、自治区、阿里地区纪检委反腐倡廉工作的总体部署，召开党组领导班子民主生活会及党支部专题组织生活会，开展批评和自我批评，提升领导班子及支部党员的凝聚力和战斗力；按时完成党费收缴、2017年民主评议党员、党组织结对共建、“三会一课”活动以及党支部标准化建设等工作，夯实党建基础；认真开展“三抓三强”、好家风专题讨论、“讲重做”活动、组织学习近平总书记一系列重要讲话精神，深入推进两学一做学习教育活动常态化制度化。紧密结合本单位工作实际，把握总体要求，突出工作重点，坚持统筹推进，为县项目管理中心保持健康协调可持续发展提供坚强保障。

同时，县项目管理中心始终坚持把党风廉政建设与政治思想教育相结合，与项目建设工作相结合，把党风廉政建设贯穿到各项工作当中。单位经费开支等经集体研究决定，然后报分管领导审批同意后实施，杜绝腐败等现象的发生。

（巴桑平措）

【领导名录】

主　任

郭海林

副主任

刘　明（7月免）

洛桑土美（藏族，7月任）

革吉县建设工程质量监督站

【概况】革吉县建设工程质量监督站（以下简称县质监站）对革吉县在建工程质量、安全文明施工各项工作方面进行监督指导，不断完善革吉县建筑市场，使在建工程能在施工期间未出现任何安全事故和在建工程保质保量完成。2017年，县质监站有事业编制5人（科级领导职数2人）。

【工程监督申报关】2017年，县质监站以服务群众为宗旨，以专业、快捷、便利为工作要求，以办

2017年11月12日，由革吉县县委常委、常务副县长确巴带队，质监站、住建局、项目管理中心负责人陪同开展革吉县项目竣工验收工作

事群众满意为工作目标，充分发挥单位职能，依法办理好建设工程质量安全监督注册手续，严把施工前准备工作。全年完成办理建设工程质量监督报监手续共8个项目，并完善项目档案，建立项目档案库，为革吉县建立完整的项目资料奠定良好基础。

2017年9月3日，阿里地区住建局副局长普布次仁带队组织建管科科长才旺、质监站副站长旦增及相关技术人员检查集中供暖项目

【工程建设项目监督管理】 2017年，县质监站对工程建设项目参建各方的责任主体行为实行有效的监督管理，确保五方责任主体，履行职责，创建共同抓工程质量、安全。组织相关监督部门、建设单位、施工单位、监理单位等负责人员开展工程质量、安全会议13次，通报工程质量、安全问题64次，使五方责任主体单位更加注重工程质量、安全，履行各自职责。根据年初制定的计划，重点项目制定监督计划，实施专人负责，明确监督人员职责，确保责任层层落实、层层工作有人抓，最大限度避免监督不到位、监督工作存在死角。全年组织工程质量安全大型（综合）检查5次，组织召开施工现场会议22次，下发整改通知书56份，做到检查有计划、计划有落实，发现问题、提出整改、跟踪督查，形成完整的工作机制，积极推动工作的连续化、专业化，最大限度发挥监督部门职能。

【抽查监督】 2017年，县质监站根据相关法律法规，结合革吉县实际情况，要求市政和房建项目实行分部分项验收，主体检测工作。加大对隐蔽工程监督，严格按照施工图纸要求，完成工程量，避免出现偷工减料、次产品进入工程领域，最大限度确保工程主体质量、安全。全年实施工程分部分项验收1520余次，存在问题的进行停工整改，整改完成后再次组织验收，努力创建质量优质工程。

【严格把关材料质量】 根据年初工作计划，不定期抽查检查县域砂石料厂、砖厂、石材厂等材料生产情况，重点检查含泥量、粗细骨料分类及颗粒大小，砖厂配合比控制、规格、保养等情况，石材厂成品材料强度检测、规格等情况，严禁不合格产品出售，把生产企业纳入监督对象，建立诚信档案。加大对水泥、钢筋、门窗、装修材料检查力度，严格要求进场材料型号、规格、品牌等必须符合施工图纸要求、有合格证、检测情况等，坚持杜绝不合格产品进入建设领。

【人才队伍建设】 2017年，县质监站加强人员专业技能、提高服务水平。针对单位人员专业技能不足问题，联系陕西质监站，协调人员跟班学习，在分管领导县长和组织部门的支持下，县质监站1名技术人员到陕西省质监总站法律法规科进行为期3个月的跟班学习，使县质监站人员在专业技术上得到很大的提高。

【安全生产监督】 2017年，县质监站把安全生产工作纳入单位重点工作，严格审核安全生产审查书，根据单位业务重点审查企业安全生产许可证，安全生产教育落实情况，购买工伤保险情况，特种作业人员是否持证上岗，相关安全生产措施及安全生产制度落实情况，做到最大限度消除安全隐患。结合实际情况，重点对脚手架、安全通道、人员配载安全帽、警示标语设置、施工现场安全保护措施、临时用电等情况，进行定期、不定期检查工程安全生产。全年开展安全生产专项检查5次，抽查检查40次，下发整改通知书31份余，对于安全隐患多、整改不及时的施工单位，开展施工现场会议，并在全县工程质量、安全会议上进行通报，同时列入重点检查对象，增加检查次数，跟踪式督查，坚决把安全隐患遏制在萌芽状态，确保建设工程安全、文明施工。

【工程竣工验收】 2017年，县质监站根据相关法律法规，结合部门职能，做好竣工验收组织情况监督工作，严格验收工程各项验收内容，确保工程竣工验收工作顺利实施。严格要求验收标准和纪律，发现问题、提出问题，对存在质量问题的项目，建议建设单位不给予验收，整改完成后再次组织验收，防止出现走过程，为建设单位提供技术上的保障。

【验收备案】 2017年，县质监站严格按照相关法律法规，结合革吉县实际情况，制定竣工备案清单，明确工作要求，细化工作内容，做到项目资料中出现任何分项资料漏洞，建立一个项目一个档案，备案一个完整的项目资料，便于相关监督部门和社会的监督。全年完成办理9个项目竣工备案手续。

（次仁多布杰）

【领导名录】

负责人

刘　明

革吉县城市管理监察大队

【概况】 革吉县城市管理监察大队主要职责是维护革吉县城市环境卫生及交通道路维护工作，以中共十九大精神和中央第六环境保护督查组反馈意见问题为指导，攻坚克难，开拓创新，扎实工作，城市环境卫生进一步提升，基础设施进一步完善，城市管理工作水平进一步提高，群众宜居感和幸福指数得到全面提升。

【城市管理队伍建设】 2017年，革吉县环卫工人工资增加至人均1850元/月，保证环卫队伍的稳定。购置压缩垃圾车、吸粪车、推土机、小型装载机、可回收式垃圾车、压缩打包机等各类城市环境保护作业设备。对新建生活垃圾填埋场进行大整改。从社会上统一招聘贫困户及协管员共6名参与城市环境保护工作。狠抓填埋工作管理，与垃圾填埋场运营管理好、作业经验丰富的企业开展学习和交流，进一步规范填埋工艺和作业流程。

【城市管理重点工程建设】 2017年，革吉县城市管理监察大队扎实抓好城市管理重点工程建设，对新建生活垃圾填埋场进行大整改，协调维修整改新建垃圾填埋场的施工方，配合施工方进行维修整改工作，完成新建垃圾填埋场整改工作。

【城市环境保护】 2017年，革吉县城市管理监察大队加强对城市道路的维护，加大对占道经营的检查执法力度，对县城主次干道、重点街区违法占道摊点进行全面清理，规范临时摊点，共整治占道摊点3处，店外经营及门前堆物约7处；开展户外广告专项整治行动，对县城道路两侧及重点部位、

2017年7月20日，阿里地委书记朱忠奎带领七县交流团在革吉县验收垃圾填埋场新设备

2017年12月10日，革吉县城管大队开展“关爱环卫工·送温暖”慰问活动

主要街道的各类门牌和户外广告进行全面整治。对建筑垃圾进行集中整治。由城市管理监察大队2人组成的巡查小组，坚持每天对县容县貌进行专项整治活动，对群众电话投诉的问题及时处理。认真做好大街小巷、居民公租房，廉租房及易地搬迁点的清扫保洁及各卫生死角的清扫工作。生活垃圾实现日产日清无积存，每天清运生活垃圾约5吨。组织城管大队的环卫工人对县里的卫生死角进行清理。2017年上半年共查出城区内各类无人管理的卫生死角7处，按照职责划分分配给各责任社区及环卫工人进行处理。

【城市环境保护宣传】 2017年，革吉县城市管理监察大队精心组织城管主题宣传教育活动，提升群众的城市意识、文明意识、环卫意识。通过先教育，后罚款的形式对县城内乱倒、乱尿、乱放的行为进行整治。同时与革吉县环保局一起，通过悬挂横幅的方式宣传城市管理法规、老百姓的文明守则等，努力提高老百姓城市文明意识。

【“关爱环卫工·送温暖”慰问活动】 2017年12月，革吉县城市管理监察大队开展“关爱环卫工·送温暖”主题慰问活动，由革吉县委常委、副县长确巴将2017年度年终奖金和慰问金交到环卫工人的手中，并表示县委和政府高度重视环卫工人的生活。

（南加桑布）

【领导名录】

队　长

拉巴次仁（藏族）

交通·通信

革吉县交通运输局

【概况】 2017年，革吉县交通运输局(以下简称县交通局)，认真贯彻落实县委、县政府的重大决策和2017年地区交通工作会议精神，紧扣交通部门“建、管、养、运”四好农村公路建设，紧抓交通基础设施建设这个重点，高度重视各项业务的动态，通过全局上下的共同努力，各项工作进展顺利。

【农村公路养护】 2017年，县交通局要继续抓好农村公路养护工作，确保做好养护管理工作，以定期或不定期的形式对养护质量、养护进度进行检查，做到养护中可能出现的养护质量差，养护进度慢等一系列问题要及时解决和促使农村公路养护的顺利进行，确保高效，高质量的养护工作，为革吉县广大农牧民群众提供一个良好的道路交通环境。

【“十三五”期间项目建设和申报】 按照“十三五”期间，通村油路覆盖率达到95%的计划，在“十三五”期间，共申报6个通村油路项目已列入阿里地区“十三五”期间公路建设项目计划内，另外有5个农村公路项目和2个易地扶贫搬迁项目也已列入2016年阿里地区第三批农村公路建设项目计划内，2016年8月完成省道518(普兰八嘎至亚热至改则麻米旅游公路改扩建)项目计划，共计14个项目已确定在“十三五”期间进行建设，截至年底，以上14个项目的前期准备工作已全部做完，待项目正式开工建设。

【农村公路日常养护】 革吉县区域内2017年养护农村公路19条1578.176公里。其中县道846.723公里，乡道9条609.889公里，村道6条121.564公里。根据上级主管部门及县委、县政府关于交通工作上的指示精神，尤其是农村公路养护工作上的相关要求，根据革吉县交通运输局年初制定的养护工作计划要求，认真贯彻执行农村公路养护方针，提神队伍素质，“全面养护、保障畅通”为目标，通过精诚团结积极向上的精神顺利完成2017年各项农村公路养护工作任务。

【道路抢险保通】 2017年7月，革吉县普降大雨，造成革吉县城区域内多处路线受损，县交通局局长次仁顿珠多次深入受损较严重的区域进行抢险保通，及时保障人民群众的人身财产安全，年内县交通局定继续抓好抢通保险工作，按照《革吉县交通运输局道理抢险保通实施方案》对水雪毁公路进行及时的保通，为革吉县交通运输提供强有力的保障。

【项目建设情况】 2017年准备正式开工建设革吉县第一个通村油路项目——雄巴乡至结嘎村公路改建工程项目，该项目总投资为6248.55万元。路线全长43.2445公里，起于革吉县雄巴乡，终点位于革吉县雄巴乡结嘎村南侧，路基宽度6.5米，路面宽度6.5米(4.5米行车道+2×0.9米土路肩硬化)，项目按四级标准建设，总工期为(自开工日起)24个月。该项目施工前期准备工作已全部做完。

【道路安全隐患排查整治】 强化路面管控。2017年,县交通局联合交警部门始终坚持严字当头,在藏历新年及春节期间严查、严管、严处重罚各种重大交通违法行为,对超员、超载、超速、疲劳、无证、酒后驾驶的,坚决依法按上限从重处罚,严密防范道路交通事故的发生。

加强农村道路交通管理。2017年,县交通局加强农村道路基础建设,改善农村道路通行条件。进一步完善农村道路交通安全管理,强化农村道路管控,确保集镇、农村学校和农村红白喜事节庆安全。要加大检查巡查力度,坚决查处高速载货汽车、拖拉机、农用车违法载人行为,最大限度消除农村道路交通管理的死角和盲区。

强化客运交通安全管理。2017年,县交通局要加大路面巡查力度,重点针对客运车辆组织开展联合整治行动。积极排查整治安全生产隐患杜绝不符合安全要求的客车上路行驶。签订安全责任书,把危及安全行车的隐患消灭的萌芽状态。

落实道路交通安全责任制。2017年,县交通局按照“党政同责、一岗双责”的要求,严格落实《革吉县2017年度安全生产领导干部包保责任制》文件精神,联系领导、单位负责人是该行政区域或包干区域道路交通安全的第一责任人,要逐级落实责任制,签订责任状,切实把道路交通安全责任落实到单位,落实到人,做到纵向到底、横向到边,不留死角和盲区。对责任不落实、工作不负责、履职不认真的将实行行政问责。

【交通道路管理】 2017年,为给革吉县提供良好的发展条件,县交通局紧紧围绕“降事故,保安全”的总目标,狠抓各项工作措施的落实,不断提升道路交通管理工作整体水平,道路交通安全环境得到持续改善。在交通道路安全方面,县交通局持续加强道路运输“三关一监督”(严格机动车辆市场准入关;强化重点车辆监管力度;加强同安监局、交警大队的沟通协调配合工作)执行力度。

【党风廉政建设】 2017年,县交通局主要以采取召开经验交流会、学习会、研讨会等形式,积极组织全体干部职工深入学习新党章、中共十八大、十九大等会议精神及习近平总书记治国理政新战略、新思想;扎实推进惩治和预防腐败体系建设,切实把广大党员干部的思想和行动统一到党和国家的要求上来;深入学习和领会习近平总书记“治国必治边、治边先稳藏”的战略思想和反腐倡廉一系列重要讲话精神,并组织收看《拒腐防变每日一课》等反腐倡廉形形式的警示教育影像资料。切实提高全局党员干部的反腐、廉洁自律;努力营造“以廉为荣、以贪为耻”的社会风尚。

(罗小康)

【领导名录】

局　长

次仁顿珠(藏族)

副局长

旺　　久(藏族,6月任)

革吉县电信局

【概况】 2017年,革吉县电信局有正式员工5名,行销员3名,四乡一镇营业厅营业人员10名。固网收入任务103万元,2017年年底,完成全年任务的172.67%;股份收入任务560万元,完成全年任务的105.42%;合计收入任务663万元,完成全年任务的115.87%,有线宽带用户发展560户,移动用户累计发展3397户,分别完成全年任务的125%和122%。

【网络建设】 2017年3月,革吉县雄巴乡至亚热乡,乡乡通光缆工程圆满竣工,全面实现乡乡通光缆目标;加强H资源补点力度,落实县城周边资源盲区、盐湖乡、亚热乡光宽带资源补点工作,增强为乡级用户装带宽业务的服务能力,建设并投入使用文布当桑乡营业代理代办点。

【安全生产和综合治理】 扎实开展维护稳定和通信保障工作,落实重点时段值班带班和通信安全检查检修工作,加强营业资金安全管理、手机终端安全管理、营业厅店安全管理、卡类资金稽核管理、佣金资金兑现管理等相关管理工作;增强安全监控系统,提升安全管控能力,将大院、营业厅纳入安防系统工程,三个营业点实现手机看店功能。

【队伍建设】 重新确定员工岗位,梳理岗位职责,明确工作分工,制

2017年6月29日，分公司总经理冉刚以及各县局长到革吉县电信局局各营业厅调研

定年度业绩目标，加强业务学习、强化内部培训，坚持周例会制度，坚持按周总结，并开展“四小建设”和创建“六好县局”工作，强化企业文化建设，提升团队合作氛围，使工作按周推进，按计划进行。

【“黑卡”治理专项行动】 2017年，革吉县电信开展“黑卡”治理专项行动和持续落实电话用户实名制登记工作，把“黑卡”治理和实名制登记贯穿全年工作，认真执行自治区的地区相关规定，确保信息安全零事故。

（边　旺）

【领导名录】

局　长

边　　旺（藏族）

革吉县移动公司

【概况】 2017年，中国移动通信集团西藏有限公司阿里革吉县分公司（以下简称中国移动革吉县分公司）加强自我提升，用于拓展，以“发展为硬道理、维系为保障”的工作思想和目标，完成全年各项指标。围绕“规模效益发展”这一工作主线，发展移动业务、宽带业务、增值业务，切实做到“内强素质、外树形象”。在全县党政机关、中小企业中开展一批信息化应用新业务。全县移动宽带用户492户保持市场主导地位。

【宽带资源覆盖情况】 2017年，中国移动革吉县分公司累计投资100多万元，除县城区域未覆盖宽带资源进行资源补点外还对4个乡覆盖移动宽带资源，共增加200个端口。

【互联网和信息化】 2017年，中国移动革吉县分公司依托高效稳定的2G、3G、4G网络，推出无限音乐、物联网卡、企信通等信息化产品，同时结合地域特色，积极推出藏文手机报、雪域无限音乐盛典等名族品牌服务，同时推出视频监控，农牧区信息文化站、农村党员远程教育等信息化服务，不断巩固西藏发展稳定大局。2017年，FTTH有线宽带在革吉县移动公司通信总额150万元，有限互联网和FTTH宽带速率提速至20兆、50兆、100兆实现高速率带接入。提升重点区域4G网络质量，延伸FTTH光宽带资源、提升光宽带重点区域网络质量。加强实体渠道及电子渠道服务推广应用，加强在乡镇、村建设渠道方便农牧名缴费及办理业务、终端售后等工作。通过预防体系、客户服务分析管控体系、集中服务工单管控体系做好服务事前防范。

（次仁曲桑）

【领导名录】

经　理

次仁曲桑（藏族）

金 融

中国农业银行股份有限公司革吉县支行

【概况】 中国农业银行股份有限公司革吉县支行(以下简称农行革吉县支行)于1995年7月1日从人民银行阿里中心支行分设成立,并在同年将亚热、雄巴及盐湖三乡农村信用社正式改为农业银行营业所。于2004年9月农行革吉县支行同西藏分行电子化网点正式联网上线,于2016年6月份农行革吉县盐湖营业所及雄巴营业所电子化网点正式联网上线,2016年7月份农行革吉县支行亚热营业所电子化网点正式联网上线。2017年,农行革吉县支行拥有4个物理网点,分布在革吉县城、雄巴乡、盐湖乡、亚热乡,物理网点覆盖全县80%乡镇。全行在职员工30名。2017年在革吉县城设立离行式自助网点1个,全辖内ATM等金融自助机具8台,同时在农牧区设立25个三农金融服务点(银行卡助农取款点),覆盖全县100%的空白金融机构乡镇及行政村。特别是占全行70%以上的员工常年坚守在革吉县自然环境恶劣、基础设施落后、经济基础最薄弱、生产生活条件最艰苦的乡镇和牧区,通过组建"马背银行、摩托车银行、汽车银行"等不同形式,提供流动金融服务。通过23年的努力,农行革吉县支行已形成"物理网点+自助设备+金融服务点+流动金融服务"的完备金融服务体系。中共十八大以来,农行革吉县支行班子以党建为统领,团结带领全行干部员工扎根革吉、艰苦奋斗,建成产品种类最丰富、科技体系最完善、服务功能最齐全、服务方式最接地气的仅有的大型上市商业银行,真正践行金融服务"三农"的主力银行、金融成边的领军银行、高寒地区基础金融服务的普惠银行职责,为地方经济发展、社会进步、民生改善、农牧民脱贫致富和经济金融稳定做出突出贡献。五年来,全行各项存款、贷款、中间业务收入分别较

2017年3月6日,农行革吉县支行组织开展员工业务技能比赛

2012年末增长202.05%、290.11%、68.2%；对接革吉县1318户建档立卡贫困户，金融精准扶贫的力度不断加大。

【党风廉政建设】 2017年，农行革吉县支行始终坚持党风廉政建设工作和经营任务齐抓共进，积极配合县委、县政府各项工作，在当前同业竞争及互联网金融压力加剧的经济金融环境中，有条不紊的开展各项工作，致力于用好、用活“三农”金融优惠政策和惠农利农的各项工作放在全行业务发展和完成阿里分行下达的各项工作目标为首要职责，把积极的工作态度放在服务“三农”和发展县域经济建设上，始终把“抓住业务上水平、加强安保零案件、内控严谨促发展”为口号，顺利完成全年各项工作任务。同时加强学习中共十九大关于推进党风廉政建设和反腐败斗争精神，严格落实“一岗双责”，严明党的政治纪律、组织纪律和相关财经纪律，通过听取阿里分行党委十九大期间组织的各项党风廉政宣传活动、纪委书记作廉政形势报告等方式，做到警钟长鸣。

【“两学一做”教育活动】 2017年，农行革吉县支行以“两学一做”学习教育常态化制度化为契机，深入学习贯彻中共十九大会议精神，加快建设一支适应现代商业银行要求的干部职工队伍，加强革吉县支行党建工作和队伍建设。积极推进“两学一做”学习教育常态化制度化工作，深入学习贯彻中共十九大精神，制订方案，落实措施，严格执行中央“八项规定”和总行出台的28条制度措施，区党委“约法十章”，西藏分行提出的21条要求，稳步推进各环节工作，切实促进作风转变。通过党支部书记讲党课和组织集中学习的形式宣传贯彻传达中共十九大精神，党支部书记讲党课3次，共组织集中学习9次，认真学习习近平总书记在中国共产党第十九次全国人民代表大会上的报告以及系列重要讲话精神等，全面理解报告的重要意义、科学内涵、实践要求，准确把握报告提出的一系列重大战略思想和重大理论观点，切实把思想统一到中共十九大精神上来，统一到实现大会确定的各项任务目标上来，不断提高党员队伍政治思想素质。

2017年7月1日，农行革吉县支行党员干部重温入党誓词

【业务开展】 2017年，农行革吉县支行人民币各项存款余额87206万元，其中对公存款余额69149万元，个人存款余额为18057万元。人民币各项贷款余额为14906万元，其中涉农贷款余额11262万元，个人贷款余额3644万元。全行深入贯彻落实两级分行年初、年中工作会议精神，持续支持地方经济发展，不断提高服务频次和服务质量，积极开展金融流动服务工作，加大宣传金融优惠政策，全力做好服务“三农”工作，出色地完成服务“三农”各项任务目标。同时，打造“三农+小微”双轮驱动、覆盖城乡的普惠金融服务体系。精准扶贫贷款、产业扶贫贷款余额分别达995万元、40万元；小微企业贷款首次实现“零”的突破，余额达40万元，超额完成银监会“三个不低于”监管要求。

【业务发展主要举措】 2017年，农行革吉县支行为确保经营取得实效，革吉县支行按照阿里分行工作部署，以存款、贷款和中间业务收入为核心指标，并突出重点业务发展指标及计价体系建设，加大对储蓄存款工作力度，采取行之有效的措施，制定具体的营销方案，在持续抓好网点规范化服务的基础上，统一时间、统一主题在全辖开展形式多样的储蓄吸存工作，在维护存量个人高端客户的前提下，努力拓展新的个人高端客户，实现储蓄存款增加目标。按照阿里分行要求革吉县支行积极吸收对公存款，重点营销财政、扶贫办、卫生局等单位。并在季末开展经营分析会，鼓励优秀，鞭策后进，并认真总结业务发展情况，分析当前存在的短板业务，制定解决方案，为开展 2017 年业务工作打开良好的局面。

【提升服务水平】 2017 年，农行革吉县支行以服务提升之年为契机，把网点规范化管理列为全年工作重要目标，在走访客户活动中，征求客户意见，针对客户反映问题，及时召开分析会议，合理安排人员岗位，配备大堂副理，采取大堂监督前台业务服务，业务人员监督大堂服务，主管全面监督并及时回复客户回音壁等措施，改进服务质量，提升客户满意度。同时，利用晨会总结前一天整体服务情况，互提意见，共同进步，规范管理。通过以上举措不仅提升革古县支行服务质量，更维护大行形象，为各项业务全面发展奠定定良好基础。

【服务“三农”】 2017 年，农行革吉县支行深入贯彻落实两级分行年初、年中工价会议精神，以总分行“一号文件”为指引，积极开展金融流动服务工作，加大宣传金融优惠政策，全力做好服务“三农”工作。截至年底，支行涉农贷款余额达 11262 万元，累计发放涉农贷款 7694 万元，较年初新增 2545 万元。其中金、银、铜、钻“四卡”累计发卡 3329 张，四卡贷款余额达 10223 万元，年末“四卡”发证面、使用率分别达 97,9%、99,05% 以上，准确落实自治区脱贫政策，将金融优惠政策传导到贫困区农牧民，全年发放扶贫贴息贷款 978 万元，余额达 2380 万元（其中建档立卡贫困户扶贫贷款 1984 万元）。同时，革吉县支行继续坚持开展金融流动服务，全面普及金融知识教育。积极传承“老西藏精神”“孔繁森精神”“阿里精神”和“背包下乡、走村入户”的优良传统。年内，出动人力 117 余人次，车辆行程 10398 公里，为全县 19 个行政村提供优质的金融服务，并充分利用流动金融服务工作为契机，加大宣传新的金融优惠政策和担保基金贷款相关政策。截至年底，农行革吉县支行在全辖内共设立三农金融服务点 25 个，覆盖 5 个乡（镇）和 19 个行政村，实现革吉乡村全覆盖。依托三农金融点，设立三农综合金融服务站 18 个。

【风险管控】 2017 年，农行革吉县支行以总行“六维方略”为引领，认真落实“三化三达标”“三化三铁”“三化三无”等工作要求，无论是信贷、还是临柜业务，严格按总行分行的有关业务章程来规范和完善操作程序。加大信贷管理力度，防范和化解信用风险。严格信贷“三查”制度，加强货款到期管理，提高正常货款到期收回率。扎实开展贷后管理工作，加强用信管理、贷后监督、风险预警处理等工作，切实提高贷后管理精细化水平；加强临柜业务事

2017年7月23日，农行革吉县支行召开年中党建暨经营工作会议

2017年11月19日，农行革吉县支行工作人员深入基层助农取款服务点进行巡检并指导机具使用

后监工作，积极创建“三化三铁”单位；做好维护稳定和安全保卫工作，按照上级行相关安防维稳要求以及县委、县政府维稳工作属地管理相关安排部署，年初制定安全保卫工作计划，签订安全保卫责任书，在三大节假日及重要时期严格执行24小时值班、带班制度和报平安制度，随时掌握各网点的值班、带班、守库、库存、报警系统、车辆管理情况，并做好记录备查，同时加强职工安全防教育、增强员工防范意识，利用业余时间组织全员开展消防演练和防爆演练等活动，确保安防设施正常运行。加大安全责任追究力度，推进“三化三达标”“平安农行”创建工作。

【队伍素质建设】 2017年，农行革吉县支行为加强队伍建设工作，切实推进人力资源的优化配置，实施柜员等级管理，加大培训力度，推进农银网络学院培训教育，年内全行员工累计参加上级行及本行组织的各种职业经理人培训、营销培训及各种产品培训等20余人次，打造学习型银行，提升全员综合素质。

【党建工作】 2017年，农行革吉县支行深入学习宣传贯彻习近平新时代中国特色社会主义思想和中共十九大精神，确保充分发挥党总支把方向、管大局、保落实的领导核心作用。坚持全面从严治党、从严治行，认真推进“两学一做”学习教育常态化制度化。始终以党建统领全行业务发展的工作思路，努力做到党建和业务同发展、两促进、两不误的工作新格局。同时，开展作风建设集中整治活动，成立集中整治领导小组，“一把手”牵头抓总，积极整改执行力不强等突出问题，牢固树立服务思想，引导全员为客户服务，扎实推进基层党建工作，切实改进工作作风。全年，重新布局党员活动室，按照“三亮、五有、十上墙”标准建设基层党支部活动阵地，并充分利用“党员活动室”组织各种“三亮、三比、三评”党团活动，进一步提升党员归属感及荣誉感，切实发挥党员先锋模范作用。

【“职工之家”建设】 2017年，农行革吉县支行开展“职工之家”项目设施建设“回头看”工作，完善职工之家功能，提升使用效能。更新完善困难员工建档立卡档案，做好困难员工帮扶和老干部关爱工作。做实谈心谈话、家访等工作，从关注员工工作生活入手，深入了解掌握员工思想动态，及时疏导员工负面、消极等不良情绪。组织开展形式多样、内容丰富、生动活泼的文体文娱和业务竞赛活动。在阿里分行党委对一切财力向基层倾斜政策的有利条件下，发挥好“职工之家生态园”作用，努力提升人文关怀力度，继续落实人文关怀的政策，增强全行员工的凝聚力，激发员工正能量。

（布阿南）

【领导名录】

党总支书记、行长

马全发

党总支副书记、副行长

欧珠多吉（藏族）

党总支纪检委员、副行长

巴　贵（藏族）

乡镇概况

革吉镇

【概况】 革吉镇位于革吉县西部，东邻雄巴乡、亚热乡、盐湖乡，西接噶尔县左左乡，南依普兰县巴嘎乡，北靠日土县热邦乡和东汝乡。土地面积1.79万平方公里，草场面积6919平方公里。可利用草场面积1123.09万亩，无水草场面积309万亩。革吉镇是革吉县政治、经济、文化中心，距阿里地区行署所在地狮泉河镇117公里，距自治区首府拉萨市1640公里。

全镇平均海拔4700米，镇政府驻地海拔4514米。2017年，革吉镇共1048户3596人，扶贫户357户1078人。革吉镇党委下辖7个村(居)党支部(那普居委会党支部、布贡村党支部、森布村党支部、康巴列村党支部、芒拉村党支部、公前村党支部、福康小区党支部)和1个机关党支部(革吉镇机关党支部)，13个党小组，村居“两委”班子成员39名，村(居)妇女干部8名，实现党支部委员和村委会委员交叉任职。“三老”人员16名，其中老党员9名，老干部7名。2017年，革吉镇发展党员8名，培养入党积极分子9名。截至年底，全镇有党员289人，其中机关党员40(含预备党员2人)，农牧民党员248人(含预备党员6人)，妇女党员67人。妇女比例达到全镇党员总数的23.9%，35岁以下年轻人比例达到60%。在岗在职镇干部65人，(行政33人，事业32人)，镇党委、政府班子成员9人，工人4人，公益性岗位6人。革吉镇为纯牧业乡镇，主要饲养绵羊、山羊、牦牛等牲畜，2017年，全镇牲畜总存栏数为105384头(只、匹)，其中绵羊50872只，山羊大畜50920只，牦牛大畜3357头，马235匹。自然灾害主要有干旱、洪涝、风、霜、冰雹、雪灾等。

【农牧业改革】 2017年，革吉镇党委、政府高度重视农牧民群众增收工作，以创建服务平台、组织人员

2017年5月24日，阿里地区行署副专员，革吉县委书记索朗次仁（右一）心系革吉镇贫困群众生活

劳务输出等形式，增加群众收入。经过一年的努力，农牧民人均可支配收入达到10297元。全年完成农牧民转移就业325人，加大转移就业培训和创业指导力度，全年组织各项技能培训112人/次。将人工种草工作与脱贫攻坚工作相结合，作为带领贫困群众增收致富的重要途径之一，大力开展人工种草。认真树立"草业先行，草畜平衡"的工作思路，积极鼓励和支持农牧民群众参与到人工种草中，2017年，全镇完成人工种草4700亩。组织群众积极参加驾驶员等技能培训、机械维修、厨师、民族手工业等技能培训，让群众掌握一门技术，改变传统单一的生产结构，全年组织农牧民群众参与技能培训196人次，农牧民群众转移就业179人。优化畜种结构，扩大绒山羊选育推广体系，扩宽良种覆盖率，增强白绒山羊种群数量。全镇白绒山羊养殖规模达到11915只。通过在农牧区大力宣传相关政策，鼓励农牧民群众积极参与到畜产品销售队伍中，每年为农牧民群众指定出栏数量。另外选派工作责任心强、有一定经济头脑的"双联户"户长带队前往地区参加畜产品销售交易会，持续增加群众收入。

【牦牛产业】 牦牛产业是革吉镇畜牧业的重要组成部分，是畜牧业中的优势产业，是革吉县倾力打造的五大基地之一。2017年，革吉镇重点发展壮大革吉镇牦牛养殖基地，在原有基础上又加大投资用于扩大再生产，基地共有牦牛总量达到276头。

2017年7月6日，阿里地区行署副专员、革吉县委书记索朗次仁（左二）指导革吉镇工作，革吉镇党委副书记、镇长边巴扎西（左一）、人大主席团扎西阿旺平措（左三）认真听取领导指示

【干部队伍建设】 革吉镇度重视干部队伍建设，结合镇工作实际，开展以"高效服务、促收履责、廉洁自律"为主题活动，加强共产主义理想信念教育，强化干部的党性观念、公仆意识、敬业精神和廉洁品质。认真落实党员发展计划，按照发展党员"十六字"方针严格把关，有针对性的发展党员。2017年，革吉镇发展党员8名，培养入党积极分子9名。截至年底，全镇共有党员289，其中机关党员41名（含预备党员2人），农牧民党员248人（含预备党员6名人），妇女党员67人。妇女比例达到全镇党员总数的23.9%，35岁以下年轻人比例达到60%。

【党建工作】 按照阿里地区"藏西先锋·红色阿里"党建品牌创建活动、革吉县"狮泉河源头党旗红、杨善之乡展新颜"党建品牌活动等文件精神，革吉镇结合实际，在全镇范围内开展"富民先锋"党建品牌创建活动，主要用"富民先锋"带动革吉镇经济发展、文化事业、干部队伍、改善民生、民族团结等各项事业。在认真总结2016年基层党的建设工作的基础上，研究制定《2017年党建工作计划》《2017年革吉镇机关党员发展计划》《2017年革吉镇农牧民党员培训计划》等计划，明确2017年党建工作的指导思想、工作任务和目标要求。同时，与全镇6个村（居）党支部和机关党支部签订党建工作目标责任书，使各村（居）明确党建工作目标任务，为革吉镇党建工作的稳步推进奠定基础。严格规范党内组织生活，提高组织生活会质量，并结合精准扶贫工作，开展党员干部与贫困群众的结对帮扶活动，针对贫困群众开展"一对一、多对一"的帮扶对子。根据上级规定，党费的60%缴上级组织、40%为本级活动经费，截至8月底，革吉镇收缴党费结余3388元。制定《2017年革吉镇机关党员发展计划》和《2017年革吉镇农牧民党员培训计划》。严格把好质量关，按照成熟一个，发展一个要求，从有知识、工作能力强、群众基础好的年轻人员中发展党员，不断壮大党员队伍，使发展党员数量之比达到规定要求。全镇共有党员297人，整理和完善党员档案管理，每位党员档案中有入党志愿书、入党申请书、思想汇报、政治审查表等。开展农牧区无职务党员设岗定责活动，结合革吉镇实际，在原有四大类27个岗位的基础上，重新调整为五大类28个岗位，通过建立党员档案管理、制定岗位责任书、建立党员述职考评制度、组织党员培训、对党员实行动态管理等措施，给无职务党员明任务、压担子，充分发挥无职务党员的先锋模范带头作用。深化“两学一做”学习教育常态化制度化，围绕增强各党组织的凝聚力和战斗力，按照学习计划认真组织学习。深入贯彻中共中央《关于加强和改进党的作风建设的决定》，按照“八个坚持，八个反对”的要求，进一步落实党风廉政建设责任制，镇党委领导班子干部在提高自身思想道德和廉政自律方面率先垂范，以“廉政准则”的各项规定对照检查，增强班子成员党风廉政工作的责任意识，加强和改进党组织建设，坚持党要管党，从严治党的方针。结合县委对基层党建工作的要求，认真开展“双带、三培养”、无职党员设岗定则、创先争优、党建示范点、创先争优强基础惠民生等活动，加强党的执政能力建设和先进性建设，提高基层党组织的凝聚力和号召力，增强党员干部的战斗力。同时按照《党建目标责任书》的要求，严格落实各项责任，做到有目标、有计划、有记录、有任务、有督导、有奖惩。进一步树立“作风建设永远在路上”的思想。广大党员干部要发扬勤勤恳恳、任劳任怨、兢兢业业、勤奋务实、恪尽职守、甘愿奉献的工作作风，提高党员干部群众工作积极性和主动性，立足岗位，脚踏实地。认真履行党风廉政建设主体责任，严格执行关于改进作风的各项规定，严守党的政治纪律和政治规矩，抓好长效机制建设，严肃党内政治生活，在作风建设上做到持续用劲发力，确保改进作风规范化、常态化、长效化。通过干部在一线服务、政策在一线落实、问题在一线解决、形象在一线树立、成效在一线检验的“五个一”活动，切实增强党员和党组织的形象。通过开展“抓党员先锋模范 打造支部坚强堡垒”活动。努力实现五个“进一步”（党支部战斗堡垒作用和能效进一步提高、党支部基础建设进一步夯实、党支部工作方式方法进一步改进、党员先锋模范作用进一步发挥、党员群众对党组织和党员的满意度进一步提升）。全镇各支部创建党员先锋模范示范岗3个，不断提高基层党组织和广大党员干部服务群众、心系群众的服务意识。根据阿里地区“藏西先锋·红色阿里”党建品牌创建活动和革吉县“狮泉源头党旗红·扬善之乡展新颜”党建品牌创建活动要求，革吉镇突出“富民”这一主题，在全镇开展“富民先锋”党建品牌创建活动，努力打造“富民先锋”新城镇建设（队伍建设、文化建设、项目建设、经济发展、民生工作、民族团结工作、清正廉洁建设）的党建

2017年6月29日，革吉镇党委书记牛群组织辖区内少数民族群众召开座谈会

品牌创建格局。认真开展“富民先锋”党建品牌创建活动。按照阿里地区“藏西先锋·红色阿里”党建品牌创建活动、革吉县“狮泉源头党旗红·扬善之乡展新颜”党建品牌活动等文件精神，革吉镇结合实际，在全镇范围内开展“富民先锋”党建品牌创建活动，主要用“富民先锋”建设革吉镇经济发展、文化事业、干部队伍、改善民生、民族团结等各项事业。预富民则重产业，而产业带动富民，即民富则镇强，镇强则必须发展产业。“先锋”代表标兵、模范、表率、楷模，使全镇各党组织和广大共产党员在镇党委的坚强领导下，围绕产业发展强镇富民，践行宗旨、永葆先进、务实苦干、推动跨越，在建设富裕、文明、和谐新城镇中，着眼于树立全镇基层党建新形象，丰富基层党建新内涵，促进全镇基层党建水平新提高，使全镇各单位及党员干部努力做到在全面建成小康社会的伟大实践中建功立业、争当先锋。通过开展“五联五帮”聚合力促脱贫活动，从“生产联手，帮扶产业发展；就业联动，帮带劳务输出；思想联络，帮提精神状态；经常联系、帮解生活困难；矛盾联调，帮处突出问题”五个方面着手，全面推进“两学一做”学习教育常态化制度化，引导全镇各级领导干部和农村基层党组织紧紧围绕理清工作思路、解决发展难题、发展特色产业、培养新型群众、带领群众致富、维护农村稳定开展各项工作。在活动开展中坚持“自愿就近、量力而行；以长帮短、按需帮联；协调互动、形成合力；稳定脱贫、共同致富”的原则开展“五联五帮活动”。开展“抓思想明责任强党建转作风”活动。进一步解放干部思想，破除畏难情绪和守旧观念，彻底解决党员干部事业心和责任感不强、服务意识和发展意识淡薄、作风漂浮、因循守旧、表面应付、各自为政、推诿扯皮等问题，激励全体干部牢固树立大局观念，引导干部形成锐意进取、开拓创新、团结奋进、立足发展的良好氛围，使全镇党员干部干工作的热情更高，谋发展、促发展的信心更足，锐意进取、争创一流的决心更强。使党员干部端正思想、勇于担当、敢做表率，在工作上效能进一步优化，工作业绩进一步提升，业务能力和素质有提高，谋发展、促发展、争一流的能力和决心进一步得到提高，形成党员干部爱岗敬业、恪尽职守、敢于负责、务实苦干、比学争先的工作氛围，全面助推各项工作有序开展。以“白加黑”“五加二”、苦干加巧干的奉献精神，严肃的态度对待自己的工作任务，一步一个脚印的做好本职工作，牢固树立“今天的事情今天办、布置的任务立马办”的效率意识，少说多干、只干不说，干好再说。以“干一行、爱一行、专一行”的敬业精神，不断钻研业务，保持细心、耐心和恒心的工作状态，力求精益求精。将党建活动引向深入，确保党建工作取得实效，结合县委对基层党建工作的要求，开展“双带、三培养”“双语双学”、无职党员设岗定则、“三级联创”、创先争优、党建示范点、创先争优强基础惠民生等活动，加强党的执政能力建设和先进性建设，为提高基层党组织的凝聚力和号召力，增强党员干部的战斗力。同时按照《党建目标责任书》的要求，严格落实各项责任，做到有目标、有计划、有记录、有任务、有督导、有奖惩。进一步树立“作风建设永远在路上”的思

2017年3月28日，革吉镇福康小区居民讲述生活变化

想。广大党员干部要发扬勤勤恳恳、任劳任怨、兢兢业业、勤奋务实、恪尽职守、甘愿奉献的工作作风，提高党员干部群众工作积极性和主动性，立足岗位，脚踏实地。认真履行党风廉政建设主体责任，严格执行关于改进作风的各项规定，严守党的政治纪律和政治规矩，抓好长效机制建设，严肃党内政治生活，在作风建设上做到持续用劲发力，确保改进作风规范化、常态化、长效化。

2017年2月23日，革吉镇卫生院进村入户开展巡诊

【脱贫攻坚】 2017年，革吉镇切实把脱贫攻坚作为全镇的头等大事和“一号工程”来抓，为确保建档立卡贫困户信息准确、有效，革吉镇组织全镇帮扶干部进村入户，对建档立卡贫困户的生产资料、生活状况、生产条件和贫困现状进行实地再调查、再分析。各村(居)统一核对录入系统户表、村(组)表的数据，发现问题及时纠正，对贫困人口精准识别、精准退出工作进行一次全方位再核查，对入户调查、村组评议、村委会审查和镇审核的程序进行重点核实，将核实情况作为数据更新和系统管理的重要依据，实现动态管理。根据每户贫困户的具体情况，实地查证、认真分析落实什么政策，培训什么技能，解决什么难题，对全镇拟计划脱贫的141户426人的人员名单进行初定和复核，制定翔实的因户施策措施，落实一户一档的脱贫计划。安排贫困人员参加各项技能培训142人/次。进一步明确结对帮扶机制，落实全镇干部结对定点帮扶措施，按照“结对帮扶”工作安排全面落实帮扶责任，全镇的50名干部职工与31户贫困户结对开展帮扶，具体帮扶过程中做到分类实施，将原来的“输血型”扶贫向“造血型”脱贫转变。2017年，全镇141户456人精准脱贫，实现布贡村整村脱贫。

【易地搬迁情况】 2017年，革吉镇易地搬迁任务27户58人，其中搬往地区“康乐新居”2户9人，县安置点“福康小区”安置25户49人。为实现“搬得来、稳得住、能致富”的目标，革吉镇开展易地搬迁贫困户再核查工作，核查工作结束后，革吉镇又对全镇的搬迁户安排搬迁包户干部，明确包户干部的职责。

【“两学一做”常态化、制度化】 2017年，革吉镇以为“两学一做”学习教育活动为契机进一步推进干部工作重心下移，促进干部深入基层，推动党员干部工作作风转变，引导全镇各级领导干部和农村基层党组织紧紧围绕理清工作思路、解决发展难题，截至年底，开展“藏西先锋·红色阿里”“狮泉源头党旗红·扬善之乡展新颜”活动开展全年开展学习讨论36次，座谈会5次，讲党课8次，撰写心得体会6次。

【党风廉政】 2017年，镇党委高度重视党风廉政建设责任制工作，始终把贯彻落实党风廉政建设责任制作为加强党风廉政建设和反腐败工作的“龙头”工程。年初制定目标任务、工作计划和具体举措，将党风廉政建设和反腐败工作纳入经济社会发展和党的建设总体布局，指导村(居)反腐倡廉工作的推进。成立以镇党委书记为组长，镇长、纪委书记为副组长，其他班子成员为成员的党风廉政建设领导小组。按照“党委统一领导，党政齐抓共管，纪委组织协调，部门各负其责，依靠群众参与和支持”的工作机制，建立党委书记负总责、分管领导具体负责、党委成员的责任体系，同时，镇各村（居）委会也都成立以主要负责人为组长的领导小组，形成一级抓一级、层层抓落实的良好局面。2017年，镇党委领导班子共开展党风廉政教育专题学习7次，党性党风党纪和廉洁从政教育学习12次。加强组织领导，成立以党委书记总体抓、班子成员具体抓的专项整治工作组，严抓督促落实，镇党委主要负责人切实发挥示范带头作用，建立专项整治清单12项，明确牵头领导和整改时限。镇纪委通过走访调研、民意调查等方式，对镇党委及各基层党组织的专项整治落实情况进行督促检查，走访村居6次，带头查找遵守党的政治纪律和执行中央“八项规定”、反对“四风”、解决关系群众切身利益和联系服务群众“最后一公里”方面存在的突出问题，及时解决问题，进一步畅通渠道，落实群众监督。镇党政“一把手”落实“第一责任人”的责任，对反腐倡廉工作负总责、亲自抓，切实做到“六个亲自”（亲自部署反腐倡廉工作任务、亲自组织落实重要工作措施、亲自听取工作汇报、亲自组织大案要案的查处、亲自动手解决群众反映的问题、亲自组织检查下属单位执行责任制的情况）。镇党政“一把手”重点加强对班子成员、干部职工进行提醒、监督、教育。镇纪委与各村（居）签订藏语版的《党风廉政责任书》14份，与各办公室负责人签订责任书10份，形成一级抓一级，层层抓落实的工作格局。镇党委、政府高度重视干部管理办法，多次召开全镇领导“班子”会议，进一步完善干部请销假制度、干部《上下班制度》、干部工作联系制度、干部监督管理抽查通报制度等。强化建章立制，构建作风新常态。以维护群众利益、注重规范具体、强化制度执行为原则，围绕从严从实查处干部作风问题，完善《上下班制度》《党务、政务公开制度》等多项规章制度，切实以制度建设加强干部日常监督管理，切实做到用制度管人、管事，将制度建设内化于心、外化于行、固化于制，实现改进作风制度化、规范化、常态化。增强干部职工的纪律意识，坚持纪在法前、纪比法严，注重抓早抓小，做到让纪律和规矩立起来、严起来、执行到位，成为不可触碰的底线。镇党委以专项整治任务为重点，集中在全镇深入开展“不作为、乱作为、贪腐谋私、执法不公”问题专项整治活动，制定《专项整治方案》，重点对落实惠民政策、村级财务清理以及在“六不让”（不让领导布置的事情在我手里延误、不让传递的批件在我手里中断、不让办理的文件在我手里挤压、不让各种差错在我手里发生、不让前来办事的人在这里受到冷落、不让单位形象在我这里受到影响）中指出的问题进行整治。截至9月底，共召开警示教育大会10次，集体观看警示教育片5部，大小宣传活动20多次，组织党员干部认真学习党风廉政教育学习6余次。同时，设置办公电脑廉政屏保，甚至还利用宣传标语、宣传栏、LED显示屏等宣传载体创建纪律风气平台，营造高压舆论氛围。

2017年2月23日，革吉镇组织召开2017年工作会议

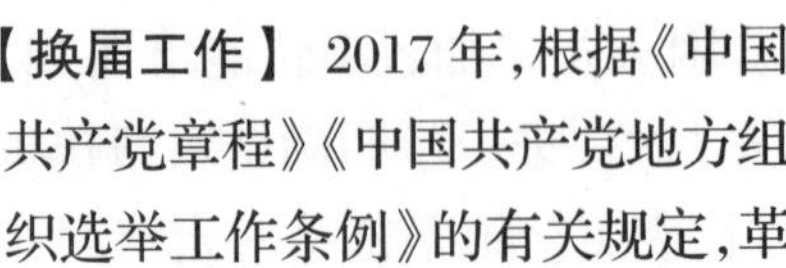

【换届工作】 2017年，根据《中国共产党章程》《中国共产党地方组织选举工作条例》的有关规定，革

吉镇高度重视村级换届工作，紧紧围绕加强党的执政能力建设和先进性建设，坚持干部队伍“五好五能”方针和德才兼备原则，以提高素质、优化结构、理顺关系、完善制度为重点，积极推进村级领导班子换届选举，坚持把加强党的领导、充分发扬民主、严格办事程序贯穿于工作始终，切实做到思想认识到位、工作部署到位、组织措施到位。

【安全生产】 2017年，革吉镇总结以往安全生产工作中好的经验、做法和存在的问题，进一步狠抓安全生产工作。加大宣传教育力度，营造安全生产的浓厚氛围，使全民关心安全生产、关注安全生产、注重安全生产的思想意识扎根扎底。加大安全生产监管力度，解决安全生产突出问题，从源头上消除安全隐患。与各村（居）签订《安全生产目标管理责任书》，严格落实一把手责任人机制，督促加强自身安全生产管理。定期分析安全生产形势，认真研究解决安全生产中存在的难点和重点问题，密切配合，齐抓共管，层层落实责任，逐步建立安全生产长效管理机制，并按照属地管理原则，镇政府克服人员紧缺情况，每日安排两名正式干部驻守加油站监督和审核购油人员加油手续，确保一方平安。

【宣传工作】 2017年，革吉镇按照县委宣传部年初签订的考核标准，围绕革吉镇党委中心组理论教育学习活动，通过健全镇党委中心组理论学习，制定学习制度、集中学习制度、自学制度、学习调研制度、学习通报制度、学习考勤制度、学习档案管理制度、学习考核制度等八项长效集中，制定年度计划，形成完善的中心组学习工作机制，坚持每季度召开一次由党镇班子成员、科室负责人、村党支部书记（副书记）参加的党委理论中心组学习活动，根据发展大局、工作重点科学安排中心组学习议题，切实提高中心组的学习质量和效果，以党委中心组学习带动全镇广大党员干部理论学习，带动基层党组织互相督促学习，通过学习教育有力提升广大干部职工的理论水平和综合素质，使革吉镇党员干部坚定共产主义理想信念和坚持走“中国特色·西藏特点”发展路子的信心和决心。紧紧围绕“一个班子一个龙头、一个组织一个堡垒、一个党员一面旗帜”的“三个一”目标，依托党员远程教育平台、“四讲四爱”宣讲阵地，建立健全读书学习、调研交流、评比表彰、督查考核、笔记调阅等学习制度，将每周一晚上20：00—22：00定为主题党日学习时间，集中组织全镇干部职工，有条件的农牧民党员参与学习，将“十八届六中全会公报”“中央第六次西藏工作座谈会精神”“习近平总书记系列重要讲话精神”“自治区第九次党代会精神”“党风廉政情况通报”、各级宣传文件、“红色电影播放”作为学习教育的主要内容。整合“五一”“七一”“赛马节”“拉康”等农牧民群众聚集时间，积极开展以中共十九大精神、社会主义核心价值体系、惠农政策、农业科技知识、新农合政策为主的宣讲活动27场次，参与群众3700余人。以学习践行“老西藏精神”“孔繁森精神”“先遣连精神”“两路精神”为主要内容，经常性组织全镇干部职工和农牧民群众学习老一辈先烈的先进精神，通过开展

2017年2月25日，革吉镇机关支部“两学一做”学校教育专题组织生活会

对先进精神的学习，革吉镇干部职工“四个意识”进一步增强，一大批“大爱无疆，爱心献给困难群众”，始终怀着对党、对人民无比热爱的赤诚之心的先进党员不断涌现，在全镇范围内营造积极向上的氛围。以加强社会公德、职业道德、家庭美德和个人品德“四德”建设为重点，以“四讲四爱”的为契机，有效开展“改陋习树新风”活动，传播社会主义核心价值观、中国梦等正能量，扎实推进社会主义核心价值观建设，不断建立完善村规民约，实施农村环境整治，和谐秀美乡村建设，组织开展环境综合整治活动，全面治理“脏乱差”，努力实现环境整洁、容貌美观、生态文明的目标。进一步健全完善简报稿件报送审批制，注重把握不同时期宣传重点，对一些苗头性问题做到早预见、早发现。以“两学一做”学习教育、“四讲四爱”主题教育实践活动、学习型党组织建设为契机，依托宣讲团，把政策法规、文明知识编排成宣传册送到群众中，有效提升群众的文明素质。在宣传工作中注重把焦点聚在培育核心价值观、经济建设、脱贫攻坚等主战场。截至9月，共开展各类宣传宣讲活动130余次，活动情况多次被“天上阿里”“网信革吉”“革吉政府网”采纳。在全镇范围内积极开展各类宣传活动，充分认识宣传教育是进一步增强党组织凝聚力号召力、进一步统一思想、提升全镇各族群众整体素质、维护民族团结、助推脱贫攻坚的有效载体，革吉镇注重把握

2017年10月16日，革吉镇下辖各村（居）组织换届选举

当前社会发展的特色亮点进行宣传推介，截至年底，制作“加强民族团结 建设美丽西藏”“四讲四爱”“脱贫攻坚”等各类大型喷绘、标语30余条，在乡镇经费紧缺的情况下，累计投入数十万元。深入贯彻落实《2017年宣传思想文化工作要点》，大力实施“扫黄打非”“党的恩情照边疆·阿里人民心向党”等活动，巩固学校、社会、家庭“三结合”的教育格局，扎实推进社会公德、职业道德、家庭美德、个人品德学习教育活动，倡导积极、健康、文明的生活方式。把“文明乡村”“文明家庭”创评活动作为精神文明建设的重要载体，切实加强对文明村、文明单位和文明家庭的管理，为革吉的和谐发展奠定的坚实的基础。以文化阵地建设为契机，坚持把社会主义核心价值体系建设作为思想道德建设的主线，广泛开展各个层面的思想道德宣传教育。加强村级文化阵地建设，组建村级宣传队伍7支，建成自然村文化活动室6个、农家书屋6个，配置图书8000余册。

【民生保障】 2017年，革吉镇党委、镇政府高度重视全镇民生工作，按时完成低保户、五保户资金兑现工作。截至年底，公救助城市低保兑现7506人，发放城市低保金109.64万元；农村低保兑现11203人，发放农村低保金746.7万元，供养农村五保户14人其中集中供养6人；救助城乡患病困难对象758人，发放医疗救助金40.4万元。

【新农合、新农保收缴工作】 2017年，革吉镇已参保1201人，缴费达到133200元，革吉镇集中开展保险宣传21次，入户宣讲12次，兑现农村低保补助203户572人；“五保”补助15人，寿星老人补助23人，孤儿补助5人，残疾人补助108人。

【教育工作】 2017年，革吉镇紧紧围绕县政府教育工作目标要求，全面对学生家长加强思想教育工作，宣传义务教育法，确保适龄儿童的入学率，保障在校学生的巩固率，减少走读生比例。革吉镇辖区有幼儿园1所，小学1所，中学1所，共有学生846名，小学在校生为470人，其中2017年适龄儿童为94人，小学入学率100%；初中生校生为170人，初中毛入学率100%。阿里地区读小学17人、中学（拉萨完中）23人、高中（高职）123人，大学43人。

【环境整治】 2017年，革吉镇为进一步加强乡村环境综合整治，全面创建干净、整洁、文明、和谐的美丽乡村建设，镇党委、政府举全镇之力，扎实狠抓生态保护与环境卫生整治各项工作。集中力量开展城乡、村重点区域环境卫生综合整治活动。按照属地管理原则，在全镇范围内全面开展以清理垃圾、白色污染和污水治理为主要内容的城乡环境卫生综合整治活动，努力打造文明革吉美丽环卫乡镇形象。加大交通沿线村组环境污染治理。由驻村工作队组织动员所驻村组村民，参加社会公益环保活动，开展经常性环境卫生治理行动，清理房前房后、公共场所的垃圾、杂物，重点整理卫生死角，村容村貌整理，道路平整畅通。深入开展村组环境卫生整治和建设。完善本镇及各村组基础设施建设。加大基础实施投入，布局合理，数量满足需要。加强重点矿山环保专项执法重大环境隐患治理。严查车辆随意下道辗压草地等生态破坏行为。按照县林业部门要求，对每个作业组安排野生动物保护员。利用各种下村机会积极宣传各类野生动物保护工作的法律法规，提高广大农牧民群众的法律意识，鼓励广大农牧民群众对发现偷猎、盗猎等行为。全年未出现以及偷猎、盗猎野生动物案件。

【人才队伍情况】 2017年，革吉镇为认真贯彻落实人才队伍建设，着眼培养高素质新型人才，推动干部队伍建设科学发展，近年来各级各部门加强对专业人才的引进，仅在2017年期间革吉镇就分配专招大学生4名，鉴于专招大学生文化水平高，富有朝气与活力，理论知识丰富，思想观念先进，是有着新观念、新知识的综合型素质人才，充实到革吉镇以后，提升革吉镇干部队伍综合素质。各位专招大学生能利用自身丰富的文化知识协助完善好各类工作，引导村民学习先进文化及实用科技知识，为其输入现代化、科学化的新思想、新血液，逐步改变偏远地区群众落后的思想观念。革吉镇汉族干部比例达到30%以上，形成汉藏互补、知识互补、文化互补的干部队伍格局，为基层的发展提供人才保障。

【专合组织】 2017年，全镇已创办以益民合作社、砖（沙）厂和牦牛养殖基地为主的实体经济组织17家。截至年底，总投资1116万元、实现农牧民入社率100%，实体经济的不断发展，每年持续为农牧民人均收入增收。

【三建工作】 2017年，革吉镇坚持以邓小平理论、“三个代表”重要思想、科学发展观、习近平新时代中国特色社会主义思想为指导，全面贯彻落实中共十九大精神，以整合本镇党组织与共青组织的

2017年11月9日，革吉镇先进“双联户”表彰留影

优势资源为基本途径，以加强基层组织建设、激发工青妇组织的生机与活力、推动党建带三建工作持续健康协调发展为根本目的，进一步增强党组织，与工青妇组织的创造力、凝聚力和战斗力，通过坚持不懈做好事，尽心竭力解难事，诚心诚意办实事，使革吉镇工青妇组织达到领导班子好、队伍建设好、活动阵地好、工作载体好、工作机制好、作用发挥好的“六好”要求。

【民族团结】 2017年，革吉镇党委、政府高度重视民族团结工作，认真贯彻习近平总书记“加强民族团结，建设美丽西藏”的重要指示精神，始终把民族团结创建工作作为全镇中心工作，并与社会稳定、经济发展同安排、同部署。同时，不断将民族团结进步创建工作延伸到基层、延伸到全镇的各个领域并不断夯实基础，引向深入。坚持将民族团结教育纳入国民教育、干部教育、社会教育和公民道德教育、法治教育、各族青少年学习教育全过程，社会主义精神文明建设全过程，形成有利于民族团结进步的公民道德准则，培养有利于民族团结进步的社会主义文明新风尚。各村（居）将学习民族团结知识纳入日常学习计划，采取座谈讨论、集中学习与自学相结合等方式，增强全镇干部对民族团结的认识，教育引导干部群众树立“团结促发展”的理念。利用横幅、宣传标语、黑板报和LED显示屏等方式，大力宣传民族团结有关知识及民族团结先进典型事迹，开设“民族团结先进”专栏，并结合“两学一做”学习教育、“四讲四爱”主题教育实践活动等载体，广泛开展民族团结宣传活动，采取举办《民族团结教育有奖知识问答》，发放《民族团结知识》《民族团结教育条例》《宗教事务条例》等宣传手册的方式，使全镇干部群众牢固树立“三个离不开”思想，为民族团结进步事业夯实思想基础。

【双语双学】 2017年，革吉镇按照每早使用一句双语，每天学习一句日常双语，每周抽测一次双语学习情况，每月开展一次双语对话交流，每季度组织一次双语知识竞赛，年底每名干部读写一段双语文章的要求。认真开展“双语双学”活动，通过开展活动，各民族间工作生活交流得到进一步的提升，拉近民族之间的距离。

【特殊产业发展】 2017年，革吉镇将布贡村一组13户46人的牲畜合并放牧，通过联户放牧，共解放出劳动力25人参与劳务输出，给家庭带来较为可观的收入。全年共创收15万余元。芒拉村四季肉食店是结合革吉镇实际情况开展的一项县委书记工程，肉食店一年四季供给新鲜肉，由先进“双联户”户长进行经营，全村131户513人参与，每季度能出售80只羊和3头牦牛，为革吉镇脱贫攻坚打下坚实的基础。

（谢 越）

【领导名录】

党委书记
　　牛　群
党委副书记、镇长
　　边巴扎西（藏族）
人大主席团主席
　　阿旺平措（藏族）
党委副书记、纪委书记
　　邓奠佳（7月免）
　　仓　决（女，藏族，8月任）
党委委员、组织委员
　　格旦次仁（藏族）
党委委员、宣传委员
　　仓　决（女，藏族，7月免）
　　石宪兵（8月任）
党委委员、政法委员
　　郑永忠
党委委员、人武部部长、副镇长
　　阿旺土旦（藏族）
党委委员、派出所所长
　　尼玛顿珠（藏族，7月免）
　　索南才让（藏族，8月任）
副镇长
　　李兴宏
　　拉巴欧珠（藏族）
　　多吉欧珠（藏族）
农牧综合服务中心主任
　　仁青拉姆（女，藏族）
文化服务中心主任
　　阿旺贡布（藏族8月任）
后勤服务中心主任
　　朗　追（藏族，8月任）

雄巴乡

【概况】 雄巴乡政府位于革吉县东南部，距县政府驻地100公里，全乡面积1202.4万亩（0.8016万平方公里），其中可利用面积1021.1万亩（0.7万平方公里）。雄巴乡属羌塘高原湖盆地貌，平均

2017年2月15日，阿里地区行署副专员、革吉县委书记索朗次仁慰问雄巴乡老党员

海拔4600米以上，有“世界屋脊之称”。以高原亚寒干旱气候带为主，气候干燥寒冷，年平均气温零下2℃，最低气温零下40℃。矿藏资源有硼砂、硫等，尤其盛产卤虫。拥有大量的野生动物资源，其中国家一级保护动物野牦牛、黑颈鹤、野驴、藏羚羊，国家二级保护动物猞猁、天鹅，还有盘羊、岩羊、黄羊、狐狸、野鸽、野兔、斑头雁等。结克村一带是野牦牛的主要栖息地，有大量野生牦牛。2017年，全乡干部共74人（行政编制31人、事业编制43人），初小学校一所，教职工18人，学生168人。全乡辖4个行政村（多仁村、加吾村、巴措村、结克村）、10个作业组，共924户，3563人。全乡牲畜存栏总数134953（头、只、匹），其中山羊72715只，绵羊59588只，马202匹，牦牛2448头，折绵羊单位106898.5（头、只、匹）。2017年实现牧业总收入9910071.5元，实现其他收入471.81万元（其他：劳务创收、手工业、建筑业、交通运输、餐饮、服务业）。2017年全乡人均可支配收入实现10100元（政策性收入占20%）。

【干部队伍建设】 2017年，雄巴乡共有干部职工95人，其中行政编制51人（包括乡派出所、“一寺两康”派驻人员），事业编制44人。借调至地区、县级单位14人，实际在岗81人。全乡干部职工共有男性55名，占58%；女性40名，占42%；藏族干部78名，占82%；汉族干部17名，占18%；第一学历大专以上（含大专）91名，占95%；第一学历大专以下（不含大专）4名，占5%；30岁及以下80名，占84%；31岁-40岁14名，占15%，40岁以上1名，占1%。乡科级干部20人（正科级干部含主任科员7人，副科级干部含副主任科员13人）。

【党建工作】 2017年，雄巴乡党委牢固树立抓基层党建工作主业意识、首责意识，切实履行第一责任，立足实际，努力建设好各级领导班子、干部队伍、基层组织、党员队伍，在继承创新中进一步夯实基层基础。以学习宣传贯彻中共十九大精神、习总书记系列重要讲话精神为主线，做到党员干部学习“制度化、规范化、常态化”，通过各种方式全面加强党员队伍的党性教育、道德教育和警示教育，深入推进党的制度建设，进一步锤炼党员队伍的党性修养，转变机关党员干部工作作风。扎实开展“两学一做”学习教育。利用每周五组织全乡干部职工、村两委班子、驻村工作队反复学习党规、党章及习总书记系列讲话精神，要求在每个学习阶段上交心得体会，并交流分享，组织党员积极讨论，踊跃发言，阐述自身理解的当前党员应具有的行为规范，并要求付诸行动，做合格党员。认真落实“三会一课”、民主评议党员、流动党员管理、党务村务公开等制度；通过签订党建目标责任承诺书，推动村级党组织书记认真履行管党治党“第一责任人”职责。扎实做好党建基础工作，进一步落实好党建工作责任制，形成层层抓落实的党建工作网络格局。坚持党建工作和中心工作一起谋划、一起部署、一起考核，把每个领域、每个环节的党建工作抓具体、抓深入。全面推行“红色之家、是行动”党建品牌创建活动、工作问责制，不断提升服务品质。大力推行党员干部进村组、进家庭活动，积极探讨生活困难和问题，帮忙解决难题。打造党建示范亮点，建设党建示范综合体。因村定策，党建示范点的村要积极完善相应软硬件配件，努力强化自身，争创党建示范点，要树立更高目标，不断提升自己，确保村村有目标、人人有干劲。在基层党建示范点创建上，坚持分类指导、统筹推进、从严督导，并结合美丽乡村、精准扶贫等重点工作，建好党建示范点，打造工作亮点。突出党建示范引领作用，推动党建与脱贫攻坚工作深度融合。按照“围绕脱贫攻坚抓党建、抓好党建促脱贫”的思路，建立健全扶贫攻坚体制机制，增强扶贫机构和队伍建设，紧盯年度脱贫攻坚工作任务，与各村支部、村委会签订脱贫攻坚责任书，加强对支部书记和村第一书记党建工作考核力度，将脱贫攻坚的成效作为党建考核和干部考核的重要指标，把抓基层党建的成效真正体现到脱贫攻坚工作上。加强基层组织建设助推脱贫攻坚。充分发挥第一书记选派单位的职能优势，帮助村党组织开展精准摸底调查、理清工作思路、制定扶贫措施、争取项目资金等各项工作，在助推脱贫攻坚工作中切实发挥帮带作用。

【党风廉政建设和反腐败工作】 2017年，雄巴乡党委坚持全面从严治党、依法治党，严明政治纪律和政治规矩，紧紧围绕雄巴乡的中心工作，严格落实党风廉政主体责任，加强反腐倡廉教育，扎实推进重大决策部署的落实，抓作风建设，努力提高机关办事效率，抓学习教育，党员干部廉洁意识进一步提升，取得党风廉政建设和反腐败斗争的新成效，为各项工作的顺利开展创造良好的环境。

【精准脱贫】 2017年，雄巴乡深入牧区加强政策宣传，在乡党委、政府的统一安排部署下，精准扶贫工作人员深入牧区召开村民大会，通俗易懂的语言来宣传精准扶贫相关政策，使每户、每人时刻了解和掌握政策；强化工作的责任，健全抓党建促扶贫攻坚工作机制，乡书记、乡长认真履行抓扶贫攻坚第一责任人职责，带头落实包村制度，每人主动联系2—3家贫困户。全乡各级党员领导干部、干部职工与各村贫困人口40户、162人全部实现“一对一”结对帮扶；组织成立以党委书记为组长，政府乡长为副组长、驻村工作队、第一书记、大学生村官、村“两委”班子、扶贫专干为成员的领导小组，层层签订年度脱贫责任书，层层传导压力、压实责任、具体到人。“十三五”期间全乡共有贫困户424户、1403人（其中建档立卡贫困户266户、853人，边缘贫困户158户、550人），2017年脱贫任务52户、215人，实际脱贫93户、362人，2017年县级核实后49户、197人。截至年底，“十三五”期间易地搬迁共69户、246人，2017年61户、222人（地区26户113人，县上17户24人、乡上18户85人）。开展结对认亲帮扶活动，5月21日，召开干部职工结对帮扶工作动员部署会，制定出《2017年度结对认亲工作实施方案》，每个干部职工要按照结对帮扶方案要求，每季度走村入户一次，入户工作开展当中明确了结对帮扶干部对帮扶户找准致贫原因的基础上制定切实可行的脱贫措施，加强引导思想教育工作。全乡干部职工结对帮扶贫困

2017年5月18日，阿里地区行署副专员、革吉县委书记索朗次仁在乡卫生院检查指导工作

2017年9月14日，阿里地区行署副专员、革吉县委书记索朗次仁检查脱贫攻坚工作

户40户，明确帮扶责任人，严格落实责任，确保不漏一户、不掉一人。充分利用好培训时机，借助县人社局、县工会、县就业局、驻村工作队的业务优势，加大就业指导培训。全年开展驾校、餐饮、拖拉机维修、缝纫等培训班6场次，培训50人次，培训转移26名贫困户在各用工单位务工，每人每月收入1500元，基本实现脱贫。建立监督机制，强化制度保障。乡党委、政府强化监督执纪问责力度，明确目标任务，突出工作重点，立足专项扶贫，严格落实监督机制。结合雄巴乡实际制定八项职责，三级周动态（入户、督查、专题会议）工作机制，不断改进、创新监督方式，压实扶贫开发攻坚责任，对扶贫对象的识别、扶贫重点的确定、两级领导“一对一”结对帮扶情况政策落实情况、扶贫资金的投入使用及扶贫成效的考核等环节严肃追究相关部门和负责人责任。

【村居换届】 2017年，雄巴乡党委以“四个凡是”“十三个凡有”选人用人标准，扎实开展村（居）换届选举工作，圆满完成各项工作任务。换届选举工作采用“两推一选”的方式，选举产生党支部委员20人，其中，党支部书记4名，连任3人；新当选支部书记1人，连任率75%；书记平均年龄55岁。新一届支部成员总体上素质较高，在党员群众中威信较高，年龄结构趋于合理，全乡20个支部委员中，平均年龄48岁，比上一届平均年龄有所降低，文化程度有所上升。一批政治素质高、发展能力强、工作作风实、群众基础好、善于做新形势下群众工作的优秀人才走上支部领导岗位。同时，通过此次换届选举发现一批后备人才，形成一批党组织的后备干部。

【经济民生】 2017年，雄巴乡把经济民生工作当做全乡重点工作，认真总结经济工作中取得的成绩，分析经济工作的目标、思路、举措。2017年全乡共有924户、牧业人口总数3563人，实现牧业总收入9910071.5元，实现其他收入471.81万元（其他：劳务创收、手工业、建筑业、交通运输、餐饮、服务业）。2017年全乡人均可支配收入实现10100元（政策性收入占20%）。

【社会保障】 2017年，全乡牧业人口总数3563人，其中16岁—59岁符合新型农村社会养老应缴人数2087人（多仁村491人、加吾村710人、巴措村525人、结克村361人），未满16周岁1248人（多仁村315人、加吾村456人、巴措村321人、结克村156人），60岁以上228人（多仁村48人、加吾村85人、巴措村63人、结克村32人），实际缴费人数2071人（包括农村低保和在校学生、五保户、重度残疾、在编僧尼），缴费金额16.67万元，未缴费人数16人（原因为嫁出去或去世人员未办理户籍手续），全乡参保率达到99.2％，享受60岁养老补贴人员228人；组织全乡干部入户面对面的核对、核实和统计个人参保信息，参保缴费金额和新型农村养老保险享受情况。

【民政政策】 2017年，全乡低保人数502人（A类30人、2931元；B类24人、2327元；C类448人、1613元），寿星老人20人，五保户8人（其中供养2人，分散供养6人），退伍军人2人，困难残疾人有

75人(其中重度残疾29人),孤儿4人,深入村组,详细了解家庭基本生活状况,面对面宣传好民政惠民政策,上级下发的惠农宣传手册发送群众手里,提高群众对政策的知晓率。全年民政资金共兑现92.36万元。

【教育工作】 雄巴乡党委、政府历来高度重视教育工作,始终将教育工作放在优先发展的战略位置,不断巩固提高"两基"成果,通过认真核实7周岁适龄儿童统计工作的基础上,及时给各村下发招生通知单,把招生工作任务层层到村、组、户,扎实做好招生工作。提高家长对每年招生工作支持和自觉性,开辟招生工作良好势态。全乡7—12周岁小学适龄儿童355人,残疾3人,小学在校生357人,适龄儿童在校生352人,小学适龄儿童入学率为100%;13—15周岁适龄少年114人,残疾4人,初中在校生105人,小学在校生5人,13—15周岁适龄儿童入学率为100%。

【"四讲四爱"工作】 2017年,雄巴乡党委认真开展"四讲四爱"主题教育实践活动,周密安排、精心部署、狠抓落实、强化督导,在确保19项规定动作不走样的基础上,结合乡情实际,积极探索、大胆创新、凸显亮点、挖掘特色亮点做法、多措并举、营造良好舆论氛围。成立由乡党委书记任组长,党政班子成员任副组长,各村第一书记、驻村工作队队长、寺管会主任、小学校长等为成员的"四讲四爱"主题教育实践活动工作领导小组和实施方案。截至年底,全乡共宣讲教育187场次,受众累计达14382余人。

【民族手工业】 2017年,雄巴乡坚持把"加大技能培训,促进增收致富"工作理念,以"提高群众技能,打造有当地特色的手工艺产品,进一步挖掘手工业发展潜力"为目的,把民族手工业加工厂作为困难群众提供更多的就业岗位。在原有技术骨干基础上,专门从日喀则邀请3名专业技师开展为期3个月民族手工艺品加工技能培训,着力从产品数量、样式、质量、美观等方面寻求创新发展,增加手工艺品品种,提高产品质量。以群众脱贫增收为目的,组织本乡贫困户参与手工艺品加工,提供就业岗位;组织部分群众进行驾校、餐饮业、民族手工艺品加工、农机维修等实用技能培训,推进牧民群众剩余劳动力转移就业工作农牧民转移就业人数共有294人次、农牧民技能培训人数共有90人次。

2017年9月25日,雄巴乡党委书记周桢垒与群众谈心

【医疗卫生】 2017年,雄巴乡逐级推进分级诊疗,加大巡回医疗服务力度,安排卫生院工作人员,协助县人民医院和西藏军区边防医院医生开展全民体检和在职干部职工年度体检工作。新型农村合作医疗保险逐步扩面,参合率100%,参加农村新型合作医疗3563人,在自治区第三人民医院对帮扶边缘贫困乡镇的帮助下,群众"看病难、看病贵"的问题得到缓解,就医负担大大减轻。城乡居民和寺庙僧尼免费健康体检达到100%,雄巴乡筛查先心病患者儿童有8人,以县卫生局、地区人民医院的统一安排下到其他省市已接受手术治疗。各种疫苗接种工作,0—6周岁常规疫苗(九种疫苗)接种3962人次;强化(2个月以上5岁以下)疫苗接种98

人，接种率达到 100%；雄巴乡卫生院对乡四个行政村进行包虫病筛查工作，牧区及寺庙僧尼总共筛查 3254 人，机关干部职工共筛查 68 人、流动人口共筛查 38 人，共筛查出患者 29 名（其中需要手术治疗 6 名、药物治疗 20 名、疑似病人 3 名）。

【动物防疫工作】 2017 年，按照上级部门关于做好疫苗注射工作的要求和安排，雄巴乡已经顺利完成各项疫苗工作，真正做到乡不漏村、村不漏组、组不漏户、户不漏畜、畜不漏针、针不漏量“六不漏”的工作要求。W、小反刍、包虫病等免疫注射率达到 100%，注射牲畜 W 疫苗共 138469 头、只，注射率达到 100 %，动物免疫证发放率达到 90 %，并与乡级、村级防疫员签订目标责任书。

【防抗灾工作】 2017 年，雄巴乡按照防抗灾工作“六有”和“四储备”要求扎实做好防抗灾工作，结合乡实际，建立健全乡、村、组三级防抗灾领导机构，成立乡、村两级防抗灾工作领导小组、防抗灾应急分队、防抗灾突击队和抗灾联络员，促进牧业发展的工作做得更扎实，确保牧民群众的生活有序。2017 年，雄巴乡防抗灾各村易灾点发放饲料共计 170 袋（其中巴措三组 40 袋、加吾四组 40 袋、加吾村五组 40 袋、结克村 50 袋）；各村易灾点发放口粮共计 180 袋（大米、砖茶、糌粑、面粉），乡上口粮储备 375 袋（大米、砖茶、糌粑、面粉）；各村易灾点物资储备衣物被褥共 695（双、件、套），乡上物资储备衣物被褥共 1109（双、件、套），油料储备汽油 7 个大桶、柴油 10 个大桶。

【综合文化站】 2017 年，雄巴乡认真贯彻落实文化市场工作，加强对文化市场的管理，明确经营指导思想，守法经营，坚持繁荣与整治相结合，一手抓繁荣，一手抓整治，使文化市场管理走上轨道规范化、制度化、法制化，健康有序地发展，2017 年，共组织调查文化市场 20 次，销毁过期食品 0.8 吨。乡政府开展活动 5 场次，投入资金共 8700 元。各村开展活动 4 场次，活动经费由各村驻村工作队及村委会自理。电影播放 6 场次。雄巴乡是纯牧业乡村，对牧民的服装有独特的资源优势，其中非物质遗产有牧民帽子、藏族衬衫、牧民藏袍、民族藏靴、主要原料材料的纯手工制作，既暖和又美观，牧民们最佳选的节日盛装。

【人工种草】 加大对牧民进行牧区实用和可就业的热门的技能进行培训。2017 年，雄巴乡剩余劳动力 420 人，还在不断地对劳务输出工作进行渠道上的研究和摸索所受培训的技能的就业去向，透彻的了解广大牧民群众就业的岗位或者用工人的信誉度和保障牧民的切身利益方面不断地努力。全乡人工种草共有 3000 亩，其中巴措村人工种草 2000 亩、加吾村人工种草 1000 亩，实现人工种草工程建设劳务创收 48.1 万元。

【产业发展】 2017 年，雄巴乡成立产业项目工作领导小组，负责乡产业项目各项工作实施，领导小组成员要各司其职、各尽其责，安排工作落实到位，明确工作任务，制定工作方案，以大力实施“一产上水平、二产抓重点、三产大发展”的经济发展战略为主线。第一产业上水平抓好牧业生产发展，生产成果面向市场，打造好市

2017年3月28日，雄巴乡组织农牧民观看新旧西藏对比图

场的需求，有计划地组织产品生产、加工、销售，全年牧业总收入9910071.5元。第二产业抓重点以搞好技能培训为前提，加大扶持力度，以搞好技能培训为前提，坚持现代科技与传统工艺相结合，提高民族手工业产品的科技含量。先后安排农牧民技能培训人数共有90人次、农牧民转移就业人数共有294人次。年收入达到100.5万元。第三产大发展以旅游服务业为主线导向市场，以活跃经济、繁荣市场、提高经济发展质量，提高服务水平。坚持创新、协调、绿色、开放、共享的五大发展理念，年收入达到82.6万元。

2017年5月1日，雄巴乡、亚热乡联合举办庆“五一”“五四”文体活动

【牧区改革】 2017年，雄巴乡乡党委、政府高度重视牧区改革工作，按照县委、县政府年农牧区改革工作动员部署会议精神的要求，雄巴乡先后召开5次专题会议研究部署全乡深化牧区改革工作会议，有效确保各项改革工作的有序推进。成立深化牧区改革工作领导小组，由乡党委书记担任组长和政府乡长担任副组长的工作领导小组，确定目标和任务，以要层层建立责任制，确保各项改革任务落到实处，要进一步完善相关工作制度。雄巴乡共有37户草场流转和28户9组联户放牧，2017年牧区“三项改革”（养畜大户、联户放牧、草场流转）工作为基础，全面推动2018年牧区“五项改革”工作，扎实做好“五项改革”推动的剩余劳动力集中工作，提高畜产品的产量、增加增收渠道。确保各项工作扎实推进，为稳增长、调结构、惠民生、防风险提供体制机制保障。

【道路交通管控】 2017年，雄巴乡宣传贯彻《道路交通安全“十二五”规划》文件精神，深化平安畅通工程，加强事故多发路段和公路危险路段综合治理，确保全年无重大道路交通安全事故发生，逐步建立交通安全管理的长效机制，创建交通安全工作新局面。加强组织领导，健全机制；根据县委、县政府有关文件精神，制定交通安全的工作目标、任务措施和工作要求，进一步加强领导、落实责任，加大投入，认真考评，平安畅通创建工作纵深推进并取得实效。深入推进平安畅通创建工作，确保全乡实现道路交通事故“零增长”的重要载体，推动事故预防责任落实的主要抓手，坚持政府统一领导、派出所依法监管，落实预防道路交通事故措施，加强基层基础工作，遏制事故多发势头。

【“三员队伍”建设管理】 2017年，雄巴乡通过“双联户”“党员中心户”作用的发挥，通过开展“四抓、三强化、两促进”活动，有效解决农牧区居住分散，集中困难、宣传面难以全覆盖、交通交条件不便的工作局面，用过培养典型和党员户长，为培养选拔村级后备干部，发挥党员先锋模范作用和基层党组织战斗堡垒作用，为雄巴乡全面建成稳固的联户平安、联户增收的利用共同体，经济社会持续发展长治久安的新局面打下坚实的基础。乡党委成立以乡党委书记为组长的“双联户”“党员中心户”创建活动，乡党委委员和各村党支部书记为成员，确保工作落实到位，抓出成效。各村成立以村党支部书记为组长的“双联户”“党员中心户”创建活动办公室，按照“兴趣爱好相同相近、产业发展同类同行、居住区域就邻就近、组织活动方便有效、需求层次互补互帮”的要求，每个“双联户”“党员中心户”

至少联系5户联户单位以上及住户农牧民群众参与组成共建互助体。定期对各基层组织开展平安创建活动进行检查，总结“双联户”“党员中心户”创建活动中的好做法，充分发挥起示范作用，推动基层“双联户”工作的不断创新。全乡共计开展活动14次，培训宣讲员46人次，发放各类宣传资料2000余份。户长中心户开展宣传46场次，达1000人，开展谈心谈话7次，达45人次。组织培训2场次，培训人员达86人。社会治安稳定是做好一切工作的基础，在“一村一警”落实到位的基础上，村民警要以压降多发性案件为主要目标，加大工作力度，创建可防性刑事案件零发案社区。构建乡村治安防控网络，充分发挥“群众信息员、治安联防员、户边员”组织的作用，动员和组织广大群众开展各种形式的自防自治活动，构建社区治安防控网络。

2017年9月18日，雄巴乡党政班子开展贫困户思想教育活动

【信访工作】 2017年，雄巴乡依法规范信访行为，维护信访秩序，健全矛盾纠纷调解体系，建立健全领导包案制度。乡党委、政府以依法治访为切入点，严格执行“一岗双责”责任制，建立一级抓一级、一级带一级、层层抓落实的工作机制，把信访工作纳入干部政绩考核的重要内容。进一步加大信访苗头隐患排查、信访案件解决、领导干部信访接待及干部下访等工作力度，解决问题化解矛盾。2017年，未发生赴自治区和进京非正常上访事故，实现维护社会稳定的大局。

【宗教工作】 2017年，雄巴乡认真贯彻落实好自治区党委、政府民族宗教会议精神及政策，全面加强党的宗教方针，加强寺庙和谐稳定、宗教和睦相处，发展团结、平等、互助、和谐的社会主义民族关系。深化寺庙爱国主义和法治教育，积极推进平安和谐模范寺庙创建活动，进一步加强寺庙内外日常安全管控措施。各驻寺干部严格排查外来人员，认真做好外来朝佛、旅游等人员的分类登记，认真制定各项维稳方案预案，驻寺干部每个人都熟悉方案预案内容，提高突发事件处置能力。

【安全生产】 2017年，雄巴乡高度重视安全生产工作，作为重中之重工作来抓，召开2次专题党委会议、2次政府专题会议和4次安委办专题会议，研究部署全乡安全生产工作，做到安全生产常抓不懈，警钟长鸣，经常利用悬挂横幅、大会和讲解事故案例等形式，宣传安全生产法律法规和安全防范技术知识。乡安委会办公室还不定期召开安全生产会议，做好对法人、安全生产管理员和特殊工种人员的安全生产专题学习。全年共学习7次，受学习人员达115人次。严格落实加强危险品运输安全监管，强化重点监管的危险工艺、重点监管的品种、重大危险源的安全监管。推进重大危险源自动化改造工作。进一步完善危险化学品联席会议制度，建立健全危险化学品安全监管长效机制。坚决收缴流散在社会上的非法爆炸物品，严厉打击涉爆违法犯罪、开展涉爆单位安全检查、涉爆从业人员的法制教育和爆破技术再培训，规范管理及时查堵管理漏洞，建立安全管理长效机制，严禁经营和贮存烟花爆竹、汽油等易燃易爆危险物品，不得燃放烟花、爆竹，使爆炸物品管理秩序进一步好转。进一步完善食品安全各项规章制度，切实将相关制度落到实处，全面落实食品安全监管责任，进一步推动食品药品安全监管责任。继续加强食品安全宣教力度，并强化社会监督。推行施工现场实地管理措施。加强工程施工许可、现场作业等环节安全监管，监督建设工程参建单位各方落实安全生产主体责任，重点排查治理起重机、吊罐、脚手架等设施设备存在的安全隐患，以公路、水利等重点工程危险性较大项目为排查对象，建立完善设计、施工阶段安全风险评估制度。扎实开展全年安全生产大排查15次，确保全年无重大安全事故的发生。通过一系列行之有效的宣传教育工作，全乡上下已形成“人人讲安全、事事讲安全、时时讲安全”的浓烈氛围。开展全国安全月活动。在街道上办现场咨询活动和宣传安全图片展览3次，张贴安全标语52张，悬挂横幅3幅。

【生态环境建设】 2017年，雄巴乡乡党委、政府高度重视生态环境建设，成立雄巴乡打击非法偷矿清理整顿工作领导小组，切实形成打击非法砂金矿的长效机制，并设立举报电话，激发群众检举揭发盗采矿产资源违法活动的积极性。同时，安排3名干部（2名民警和1名乡干部）在萨隆普进行蹲点设卡，切实形成打击非法砂金矿的长效机制，实现矿产资源保护的常态化。严防死守，坚持不懈地抓实“打非”工作，打击非法采矿，减少造成纯生态破坏，切实保护草原生态环境。推动乡村环境综合治理纵深发展，以综合治理活动为载体，为进一步加强乡村环境综合整治，全面创建干净、整洁、文明、和谐的美丽乡村建设。扎实狠抓生态保护与环境卫生整治各项工作，采取有效地措施治理和解决乱摆乱占、乱搭乱建、乱堆乱倒、乱设乱挂等问题。加大“美丽乡村”建设力度，解决好公路沿线村庄脏、乱、差问题，通过宣传教育和创建生态文明建设乡村整治活动等多种方式，不断提高全乡群众生态道德、环境保护意识。按照县林业部门要求，对每个村组安排野生动植物资源保护员，保护野生动物栖息地与生存环境专项整治。在摸排的基础上，强化巡逻力度，重点对巡逻禁牧区、公路沿线巡逻，每天巡逻工作做台账，各村野保员要切实抓好信息报送工作。保护野生动物栖息地与生存环境专项整治，全面整治非法围堰、违规破坏草地和非法占用草地行为，维护雄巴乡生态和生物多样性安全。全年未出现以及偷猎、盗猎野生动物案件。推行施工现场实地管理措施，加强工程施工许可、现场作业等环境安全监管，监督建设工程参建各方落实安全生产主体责任，以公路、水利等重点工程及桥梁、隧道等危险性较大项目为重点，建立完善设计环境保护监管评估制度。认真整治借用资质和挂靠、违法分包转包、以包代管，以及对赶工期、抢进度的建筑施工领域做规范化环境治理体系整顿工作，营造良好的舆论氛围，打造乡村环境综合治理的强大舆论攻势。

（李　虎）

2017年1月14日，组织全乡干部职工、各驻村工作队、村“两委”班子、学校、寺管会等召开“四讲四爱”动员部署会

【领导名录】

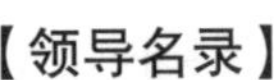

党委书记

周桢垒

党委副书记、乡长

多吉洛珠（藏族）

党委委员、人大主席、统战委员

普　琼（藏族）

党委副书记、组织委员

白玛仓决（藏族）

党委委员、政法委员

肖 金 林

党委委员、派出所所长

尼 玛(藏族)

党委副书记、纪委书记

其美央吉(藏族)

党委委员、宣传委员

白玛罗布(藏族)

党委委员、副乡长、人武部长

扎西罗布(藏族)

副乡长

钟 飞 海

副乡长

罗布次仁(藏族)

象鲁康寺管会主任

巴桑罗布(藏族)

农牧综合服务中心主任

拉巴次仁(藏族)

后勤综合服务中心主任

索朗措姆(藏族)

文化综合服务中心主任

普 片(藏族)

卫生院院长

索朗扎西(藏族)

完小校长

仁青罗布(藏族)

亚热乡

【概况】 亚热乡位于西藏阿里地区革吉县东南部,冈仁波齐峰东侧,东与改则县的玛米乡交界,西与噶尔县毗邻,南与普兰县的塔尔青和霍尔两乡交界,北与革吉县雄巴乡相连。乡政府驻地夏玛,距离革吉县城187公里,下辖5个行政村和15个自然组,总人口3738人,2017年全乡农牧业生产总值3342.1万元,人均年收入10104元。全乡总面积近1万平方公里,草场总面积894.52万亩,禁牧总面积190万亩,平均海拔5000米以上,平均气温在-0.2—10℃之间,是阿里地区海拔最高的乡之一。全乡共有牧民1035户3738人。脱贫人数为低保、五保户系统内182户450人,一般贫困户系统内182户579人。全乡有共产党员282人、预备党员10人,妇女党员49人。全乡残疾人共83人,寿星老人24人,集中供养共35人,分散供养5人,孤儿共2人。

【亚热乡绵羊育肥基地】 革吉县绵羊育肥基地建设地址拟定建设在亚热乡预留草场,占地面积约12000亩,按照草蓄平衡标准进行租赁,每五年签订一次合同,费用为18000元/年(租赁草场所得的收入全额用于乡扶贫开发)。截至年底,绵羊养殖育肥基地基础共出栏2100只,带动增收189.3万元,同时,帮助5名困难群众就业。

【干部队伍建设】 2017年,亚热乡高度重视干部队伍建设,认真落实县委发展党员工作规划,制订《亚热乡2017年度发展党员工作计划》,按照发展党员"十六字"方针严把党员入口关,把党员发展工作重点放在那些支持、拥护党的方针政策等先进份子身上。2017年,亚热乡有行政编制干部30人,其中领导班子成员10人,直属事业单位编制人员50人;其中藏族有67人,汉族有12人,其他少数民族1人,基层党组织7个,共有党员283名,其中女党员49人。

【党建工作】 2017年,亚热乡强化党建品牌建设,以"为民、务实、清廉"为重点,开展"五心双带促和谐"党建品牌。通过树立品牌创建活动,亚热乡党组织和全体党员打造成推动亚热乡经济社会更

2017年4月15日,亚热乡党委副书记、乡长邓明组织全乡干部开展"两学一做"学习教育

好更快的坚强堡垒和时代先锋。乡党委班子每半年召开一次民主生活会，按照上级有关规定切实提高民主生活会质量，化民主监督机制，促进党风廉政建设。进一步建立健全党风廉政建设制度和工作制度。规范和完善《党务政务公开制度》《村务公开制度》，从源头上扼制违法违纪案件的发生。

2017年3月8日，亚热乡开展防控防爆演练

【脱贫攻坚】 2017年，亚热乡共1035户，共3738人，通过“阳光办事操作平台”，深入调研、走村入户，公开公示，经动态调整确定亚热乡建档立卡贫困户292户760人，2017年脱贫户为42户，共计176人，各村脱贫户数及人数分别为：却藏村1户3人、罗玛村4户15人、江玛村9户27人、塞利普村28户131人。乡党委、政府通过每周工作例会和每月推进会，组织人员讨论研究扶贫工作现状和遇到的问题，多次明确扶贫工作的重要性和紧迫性，部门形成工作合力、层层抓落实。乡村完善工作机制、完善工作制度。营造良好的工作氛围，确保扶贫任务如期完成。截至年底，县政府、扶贫办工作组深入亚热乡督导检查10余次，针对上级部门反馈的问题，均已妥善处理完，群众满意率100%。生态岗位“七大员”共1193人，岗位资金共计357.9万元，每人每年3000元，定向无劳力人员共613人，每人1245元，共计76.3万元，已全部发放给牧民。2017年，劳务输出人员共计614人，实现劳务创收149万元。乡干部职工、乡卫生院、派出所民警等76人与52户贫困群众“结亲”，通过深入一线，深入家庭，通过走访调研、广泛征求贫困群众意见建议等方式，了解村情民意，找准贫困原因和发展瓶颈，从基础设施、教育培训等方面入手，配合乡制定发展规划和帮扶计划，细化帮扶措施，确保贫困户脱贫。按照“发展牛羊、特色养殖”的思路，大力发展牧业，通过沟通协调各方，自发筹资和政府出资等措施先后建立却藏村牦牛养殖基地、罗玛村母牛养殖基地，2017年实现年创收35万元。现已有32户113人易地搬迁在地区，3户9人在县富康小区。

【“两学一做”常态化、制度化】 2017年，亚热乡党委将“两学一做”学习教育作为以后的重点工作，组织全乡干部职工大力学习，并成立亚热乡“两学一做”学习教育领导小组，由国吉次仁任组长，将“两学一做”学习教育与“每周一学”“阳光周末”的等活动相结合。

【党风廉政建设】 2017年，亚热乡党委认真贯彻落实中央“八项规定”、区党委“九项要求”等规定，坚决反对“四风”。亚热乡成立2017年党风廉政建设领导小组，全面负责党风廉政建设组织协调、督导检查，并坚持每季度召开廉政部署会，将廉政工作情况纳入年度考核内容，实行“一票否决”，与各村(居)签订藏文版党风廉政建设责任书共5份，先后召开2次专题会议，对党风廉政建设工作任务进行责任分解和细化量化，进一步明确领导干部在落实党风廉政建设和反腐败工作任务中的职责分工，切实落实党委主体责任，夯实牵头科室和责任人工作职责，抓好上级下发文件精神的学习贯彻。健全完善机关干部学习、日常考勤、住夜值班、住村联系等制度。

【村居换届】2017年,亚热乡为确保换届工作依法、有序地开展,成立工作领导机构、制订工作实施方案,同时建立健全乡领导干部联系指导选区工作制度。为畅通监督渠道,严肃换届纪律,乡党委、纪委组织全乡干部、各村“两委”成员集中学习换届纪律要求。亚热乡五个村居已于2017年10月6日圆满完成村居组织换届选举工作,党员干部共266人、牧民群众共1924名参加此次换届选举工作,共有10名后备干部走上工作岗位,9名原村(居)干部离任,1名村干部进入公务员队伍,在此次换届工作中圆满达到既定目标,群众对村居组织干部也非常认可。

【安全生产】2017年,亚热乡严格落实安全生产目标,强化安全责任,并与各村签订2017年安全生产目标责任书。建立以党政一把手为安全生产的第一责任人负总责,分管领导为具体责任人,落实领导干部“一岗双责”安全生产责任制,切实把安全生产工作放在心上,抓在手上。乡派出所、综治办、安委会等相关部门联合检查乡村道路、学校、每座桥梁进行排查,尤其对容易事引发事故的隐患点分别设置标线标志减速带降低了事故的发生率。多次对乡完校食堂、街道饭馆、个体商户等进行食品安全排查,对检查中发现过期食品没收并销毁。给消费者营造一个安全、放心、健康的生活环境。全面排查乡各施工单位安全存在的隐患情况进行定期不定期共检查12次,对存在问题的责令限期整改。加油站、公共聚集场所、危险化学品、消防安全、烟花爆竹、特种设备等存在安全隐患的场所和易发生事故的行业进行全面大检查,截至年底,全乡进行各类大检查7次,对检查中发现的问题限期整改,落实专人负责。组织乡干部职工安全生产月开展安全生产宣传,全乡全年共张贴标语300余张,利用各驻村工作队3次宣传到村组农户,悬挂横幅9条,组织村级安全联络员2次培训学习《中华人民共和国安全生产法》《中华人民共和国道路交通安全法》等各种安全知识,组织乡街道个体经营户进行培训3次。利用安全生产活动月进行安全生产知识宣传4次,发放宣传资料500余份,做到广大农牧民群众安全生产知识有提高。

2017年3月26日,亚热乡开展“四讲四爱”主题教育实践活动走村入户知识宣讲

【经济发展】2017年,亚热乡国民生产总值3342.1万元,同比增长2.9%,其中第一产业收入842.7万元,同比增长3.1%,第二产业收入730.8万元同比增长2.3%,第三产业收入178.7万元,同比增长2.6%,社会固定资产投资达1769.2万元,同比增长7.4%,社会消费零售总额达288.7万元,同比增长3.6%,人均纯可支配收入达到10104元,同比上涨4.7%。居民消费价格涨幅控制在2.0%以内。劳务输出614人次,实现创收149万元;牲畜出栏4016只,实现经济效益361.5万元。

【教育工作】2017年,亚热乡有小学专任教师29人,其中本科学历1人,大专学历28人,合格学历教师29人,小学专任教师学历合格率为100%,小学无代课教师。自2001年以来补充小学专任教师28人,其中本科学历1人,大专学历27人,小学新任教师学历合格率为100%,有中小学正副校长2人,参加培训2人,持证上岗率为100%。2017年,“六一”国际儿童节亚热乡组织全乡干部职工到学校进行走访慰问活动，同时为孩子们送上节日的礼物和祝福。8月15日，举行2017年考上本科、专科大学生、考上重点的高中生、考上其他省市西藏班等贫困学生资助金发放仪式，其中，考上本科4名、考上大专6名、考上重点高中2名、考上其他省市西藏班1名，给13名学生发放72000元助学资金。9月10号教师节，乡党委书记国吉次仁带领在家班子成员到学校亲切探望全体教职工，并向广大教师和教育工作者致以节日的祝贺和诚实的问候。

2017年10月7日，亚热乡却藏村群众在村居换届选举圆满完成后载歌载舞歌颂祖国

【新农合和新农保收缴】 2017年，亚热乡辖区5个行政村，15个村民小组，1035户3738人，其中全面参保登记人口有3736人，其中3736人参加医疗保险，参保率达到97%。2178人参加养老保险，在16—59岁年龄段参保率为95%，通过一系列扎实有效的工作，全乡参保人数比2016年显著增加，新农保收缴费186200元比2016年增多4万余。通过加强大力宣传、发放藏语版宣传资料、张贴宣传单等宣传方式，使全民参保率达到97%。

【环境整治】 2017年，亚热乡每周开展一次环境卫生整治工作，全年共组织38次，雇机械5台次，每天8小时每小时500元，共投入8万元，主要用于整治乡周围乱堆乱放和报废车辆。2017年，县上环保考核亚热乡获得二等奖，奖金2万元。乡政府投入8万元资金，用于一名驾驶员工资发放2000元/每月，共计24000元，45000元购买卫生工具、车辆加油和购买铁丝网(围河边)，11000元购买环保办公设备。开展“环境卫生大整治，创建美好新家园”专题活动，动员全乡干部职工及学校、周边群众共有412人员，在全乡范围内开展村级环境卫生整治，引导广大农牧民破除陈规陋习，树立“讲卫生、美环境、树新风、促发展”的良好意识，人人都参与到建设“和谐、文明”亚热环境保护当中。

【精神文明建设】 2017年，亚热乡在村居、群众聚集点张贴宣传标语，喷绘“四讲四爱”相关内容；组织开展“3·28”西藏百万农奴解放纪念日、“民族团结进步日”“雄巴乡和亚热乡一起举办‘五四’文艺活动”“六一”国际儿童节等大型文艺会演活动，使广大群众以积极向上的心态和精神面貌全面学习贯彻中共十九大精神。制作宣传栏7处、文化墙约3处，悬挂横幅67条，制作宣传标语38条，发放宣传单1735条。2017年，亚热乡共开展各类宣讲70场次，受众18648余人次，各类实践活动72场次，参与群众18542人次。

（亢　超）

【领导名录】

党委书记
　　国吉次仁(藏族)
党委副书记、政府乡长
　　邓　明
人大主席团主席、统战委员
　　涂桂祥(10月任)
党委副书记、纪委书记
　　刚　祖(藏族)
党委副书记、组织委员
　　旦　增(藏族)
宣传委员
　　阿　林(藏族)
政法委员
　　仁　青(藏族)
人武部部长、政府副乡长

冉 树 辉(10月任)

派出所所长

扎西次仁(藏族)

政府副乡长

次仁旦卓(藏族)

索朗巴珠(藏族)

白玛永措(藏族,10月任)

卫生院院长

索朗旺布(藏族)

完小校长

格桑桑布(藏族)

盐湖乡

【概况】盐湖乡地处革吉县城东北部,毗邻317国道,距离县城200公里,东与改则县物玛乡相连,北与日土县热邦乡接壤,南与革吉县的雄巴乡相连。全乡平均海拔4500米,面积约1.07万平方公里。全乡辖2个行政村,7个作业组。2017年全乡牧民群众共876户,3496人。有1所完小、1所幼儿园,共有教师职工36人,学生493人,其中学前36人,后勤人员20人。全乡建档立卡贫困户199户691人,贫困发生率为22.82%。因病致贫11户、因残致贫17户、因学致贫22户、缺技术致贫31户、缺劳力致贫74户、交通条件落后29户、自身发展能力不足27户。全乡以畜牧业为主,2017年,牲畜存栏数96151头(只、匹),其中牦牛2023头,绵羊26729只,山羊67277只,马122匹。适龄母畜为59800(头、只、匹),其中牦牛952头,马18匹,山羊41288只,绵羊17542只;幼畜繁殖数为30050(头、只、匹),其中牦牛612头,马3匹,山羊13853只,绵羊15582只。草场面积1499.61万亩,草场禁牧面积180万亩。

【经济发展】2017年,盐湖乡经济运行呈现出良好发展态势,多数经济指标超额完成预期任务。全乡国民生产总值达到3168.5万元,农牧民人均可支配纯收入达11357元;建档立卡贫困户农牧民已转移就业20人;选送地、县农牧民技能培训50人;羌麦村经济合作组织创收112万元,羌堆村经济合作组织创收35万元。

【项目建设】2017年,盐湖乡共实施以交通、水利、农牧、教育等为主的基础设施建设项目4个,基础设施条件明显改善。建成乡农牧综合服务中心、林业站、公路养护站、羌麦村400万水渠项目,截至年底,铁皮加工厂、羌堆招待所、便民服务大厅等均已正式投入使用。"盐羊古道"旅游综合体系和盐巴加工厂项目已完成招标。

【产业发展】2017年,盐湖乡围绕"提高全县发展质量和水平"的要求,多种产业发展建设不断推进,群众通过开办小型超市、茶馆、出租房屋等,年创收达206万元;全年完成人工种草1500多亩,草产量为100584公斤;2017年牲畜存栏数96151头(只匹),其中牦牛2023头,绵羊26729只,山羊67277只,马122匹。

【农牧区改革工作】2017年,盐湖乡坚持"创新工作思路、完善方式方法,有偿使用资源、搞活牧区经济,增加群众收入、确保按时脱贫,稳妥有序推进、维护社会稳定"的牧业改革工作原则,明确"推进草场有偿流转、推进联户联组经营、培育养畜大户"的三农改革任务,在各村组试点推广牧区

2017年3月18日,自治区教工委委员、教育厅副厅长在地区教育局、县教育局工作组的陪同下到盐湖乡完小小学检查指导工作

改革。按照政策鼓励倡导、牧民群众自愿的原则，扶持有意愿的牧民群众发展成养畜大户，按绵羊单位计算，全乡500只以上的有28户，800只以上有2户，225户已引进白山羊优良品种；已有7户群众自发组织集中饲养奶牛，并向乡政府递交联户养殖奶牛申请书，已初具规模。

2017年8月8日，革吉县委常委、常务副县长确巴带领县安监局一行工作组赴盐湖乡检查食品卫生安全及建筑施工领域安全工作

【基层党组织建设】 2017年，盐湖乡改善2个行政村干部队伍整体结构，建设一支数量充足、结构合理、素质优良的村级后备干部，为村“两委”储备后备人才。4月，开始进行为期9天的村“两委”干部文化素质提升培训，共计90课时。开展党费自查整改专项检查，乡党委结合实际认真开展党费自查整改工作，各支部对党员交纳党费情况逐个进行核算，保障党费收交工作顺利进行。2017年，预备党员转正式党员10名、积极分子转预备党员8名，培养8名积极分子。截至年底，全乡正式党员221名。

【党建工作】 2017年，盐湖乡党委推进“两学一做”常态化制度化活动，坚持“关键在做”的原则，学用结合，党政领导班子将“两学一做”学习教育纳入党委中心组学习内容，率先掌握“两学一做”学习教育内容，机关干部通过夜学开展集中学习认真领会学习内容和精神实质，要求每个党员通过学习讨论，在每个环节撰写一篇具有思想性、理论性和有深度的心得体会文章。党员每人撰写心得体会一篇，支部书记撰写心得体会2篇。党员小书包、公众号、远程教育等形式进行学习，形成人人学习的良好氛围。抓住村党组织换届选举契机，对支部进行及时换届，适时调整支部书记，整合村支委会力量，进一步理顺支部工作思路，健全内部管理制度，确保支部各项工作全面开展。下派“第一书记”，明确由党委书记、乡长亲自联系整改，加强帮扶，指导班子内部开展谈心交心活动，开展民生实事项目，改善村居环境。配备党建指导力量，选派4名工作人员派村助理指导村里开展各项工作，每季度进行开展党建工作专题会议并开展党建工作督查。

【脱贫攻坚】 2017年，盐湖乡在与县脱贫攻坚指挥部签订《革吉县2017年脱贫攻坚目标责任书》的基础上，根据工作需要和人员变动实际，盐湖乡对脱贫攻坚指挥部和乡、村两级的脱贫攻坚力量进行及时调整充实，成立由县人大常委会副主任、乡党委书记刘原华担任乡脱贫攻坚指挥部办公室指挥长，乡党委副书记、政府乡长贡觉次仁担任常务副指挥长，2名扶贫专职人员的脱贫攻坚指挥部办公室。成立12个专项工作领导小组，即合组、政策资金保证组、规划项目实施组、产业脱贫组、易地搬迁脱贫组、生态补偿脱贫组、教育脱贫组、社会保障组、转移就业组、宣传组、督导检查组、社会突出问题整治组。腾出2间办公室为脱贫攻坚指挥部办公室和脱贫攻坚档案室，同时完善各项规章制度。乡脱贫攻坚战指挥部办公室与2017年计划脱贫贫困户户主签订《盐湖乡“六不准”责任书》，即：严禁非法借贷，不准向任何商店或者个人借取有非法利息的商品或钱财；脱掉传统保守的消极思想，提高主观致富意识，增强危机感，不准等政策补助；不准赖在家中，要积极外出务工，寻找挣钱路子，对家庭收入做出一定的贡献；不准做没有利润的买卖；不准购买无手续或即将报废的车辆；不准酗酒、赌博。要求贫困户在领取各项政策补助资金后，将资金存入银行后的储蓄存折复印件交至乡脱贫攻坚指挥部备案，以帮助贫困户树立科学理财的观念。

2017年2月18日，盐湖乡组织干部职工及享受生态补助的群众对317国道道路、旁道和水沟进行卫生清理

【“五个一批”落实情况】“十三五”时期，盐湖乡建档立卡贫困户总数为199户691人，易地搬迁93户350人。2017年计划脱贫80户280人，完成搬迁55户252人。乡周围易地搬迁项目房屋已建好18套。盐湖乡共有2个经合组织，分别为羌麦村经合组织、羌堆村经合组织。合作社主要有盐场、扶贫招待所、石材加工场、益民商店、盐羊古道宾馆、农贸市场、商务宾馆、铁皮加工厂等多个经济实体，为贫困群众解决固定就业岗位27名，实现每人年创收1.2万元，每年临时创收15万元左右。羌麦村投资400万元水渠项目竣工。羌堆村招待所正式使用投入。“盐羊古道”旅游综合体和盐巴加工厂项目正在招标阶段。人工种草面积已达到4000亩，羌堆村人工种草项目正在实施过程中。按照政策鼓励倡导、牧民群众自愿的原则，扶持有意愿的牧民群众发展成养畜大户。按绵羊单位计算，盐湖乡500只以上的有28户，800只以上有2户，225户已引进白山羊优良品种。盐湖乡有7户群众自发组织集中饲养奶牛，并向乡政府递交联户养殖奶牛申请书，已初具规模。义务教育巩固率达到100%，小学、中学入学率达到100%，高中入学率达到87%，让有接受教育需求的贫困家庭子女都能获得学历教育，确保贫困家庭稳步脱贫。2017年，盐湖乡完小考入其他省市西藏班共8名学生。贫困群众参加各种技能培训累积达50人次，其中13户13人参加装载机驾驶技术培训，6户6人参加餐饮培训，2户2人参加保安培训，2户2人参加噶尔县蔬菜种植基地种植技能培训，农机维修3户3人，机动车驾驶4户4人，云昭职业技能培训5户5人，施工技能培训15户15人。生态补偿脱贫一批。水生态保护和村级水员岗位48人、建立草原生态保护补助奖励机制村级天然草场监督员（建档立卡）152人、农村公路养护岗位100人、林业系统生态保护岗位164人、农村保洁员和村级环保监督员5人、地质灾害群防群测员2人，共发放补助资金203.7万元。通过“两线合一”，认真落实临时救助制度，持续保持有意愿五保集中供养对象2名和孤儿集中收养1名，年内预计实现社会保障兜底28户95人，将全部纳入到建档立卡贫困户。

【“四讲四爱”主题教育】2017年，深入开展“四讲四爱”主题教育实践活动，盐涌乡党委、政府共制作购买宣传广告牌9块，横幅6条，喷字9条等。同时，利用彩色打印机制作出宣传贴图和标语共计486张，并在各部门办公室、街道商铺、学校以及寺管会等地进行张贴，使“四讲四爱”主题教育实践活动的基本内容深入群众，为组织宣讲工作打下良好基础。乡党委、政府结合“四讲四爱”主题教育实践活动，一手抓教育实践，一手抓建章立制，围绕树新风、改陋习、破迷信，建立健全村规民约共10章41条。围绕爱国爱教、遵纪守法、适应社会，建立健全寺规僧约共10章58条。围绕组织纪律、行为习惯、文明礼仪，建立健全校规校纪共28条职责、50个制度。按照各级党委的要求盐湖乡已顺利完成“四讲四爱”主题教育实践活动的四个节点。全年共召开动员部署会5次、督导检查3次，宣讲次数24次、实践活动15次，受众人数达3636余人次、宣传率达100%。

【村（居）换届】 2017年，盐湖乡通过干部座谈、走访党员群众推荐等形式，全方位听取群众对现任支委班子工作情况、后备干部人选及换届选举工作的意见，对基层动态基本做到“四清”，为在换届选举工作中做到组织意图与群众意愿有机统一打下扎实基础。因村制宜，先难后易。按照革吉县下发的村级组织换届选举工作方案，把“重点、难点村”作为工作重点，深入挖掘存在的矛盾隐患，制定工作方案和应急预案。

【民生保障】 优先发展教育事业。乡完小有学生493名，入学率达到99.8%；幼儿园36名学生，入学率100%。2017年，盐湖乡完小考入其他省市西藏班共8名学生，突破历史新高。

大力发展医疗卫生事业。2017年，盐湖乡维修乡卫生院门诊室、住院部，农牧民群众和在编僧尼包虫病筛查健康体检全面完成。

发展文化事业。2017年，盐湖乡全面落实文化活动中心和文化站资金配套政策，乡文化站全部正常开放，全年培训宣讲员4次共86人次，组织群众学习各类理论知识20次400余人次，村组完成放映爱国影片187场次。

加快发展其他社会事业。2017年，盐湖乡重大动物疫病防治、防抗灾、优惠政策落实等各项工作都圆满完成。建设乡农牧综合服务中心1所，为贫困户安排155套高寒棚圈，100套安居住房建设，8处墓道桥涵建设。乡周围易地搬迁项目房屋已建好18套，在地区五保集中供养中心的有1人。

【新农合和新农保】 2017年，盐湖乡不断加大惠民参保宣传和收缴力度，截至年底，盐湖乡惠民参保已全面完成收缴任务，参保率达到29.9%，较好地解决牧民群众就医难、看病贵的问题。2017年全乡适龄参保人数为1123人，总缴费金额为124700元。

【生态环境建设】 2017年，盐湖乡集中开展环境综合整治，加强环境保护网格化管理，充分利用专栏、传单、标语等形式开展环境综合治理宣传教育活动，增强群众的环保意识，与沿街商户签订门前三包责任书，与各村签责任书2份。投入31.07万元，雇佣各类车辆12辆50余台次，以乡政府驻地为重点，号召干部职工、周边群众、沿街商户以及学生，展开多次环境卫生大扫除。向各施工队收缴3000元的清理建筑垃圾及生活垃圾押金，待各工程项目施工完毕通过验收后予以返还。

（刘　威）

【领导名录】

县人大常委会副主任、乡党委书记
　刘原华
乡党委副书记、政府乡长
　贡觉次仁（藏族）
乡党委副书记、纪检书记
　达　琼（藏族）

2017年6月1日，盐湖乡开展“关爱儿童·‘六一’送温暖”主题慰问活动

乡党委副书记、组织委员

卓　　嘎（女，藏族）

乡党委委员、宣传委员

扎　　西（藏族）

乡党委委员、统战委员、人大主席团主席

加　　雷

乡党委委员、政法委员

顿　　珠（藏族）

政府副乡长、人武部部长、主任科员

雷成林

政府副乡长

侯　　广

政府副乡长、羌麦村第一书记

白玛才旺（藏族）

乡派出所所长

洛松云邓（藏族）

扎西曲林寺管委会主任

巴桑次仁（藏族）

乡完小校长

加央洛追（藏族）

乡卫生院院长

土旦旺久（藏族）

文布当桑乡

【概况】 文布，藏语意为红柳；当桑，意为纯净。西藏民主改革前，境内分属革吉部落和雄巴部落的一部。1961年将境内夏玛划归盐湖区，罗玛划归雄巴区，并分别设立夏玛乡和罗玛乡。1999年在撤区并乡中，将夏玛乡和罗玛乡合并新成立文布当桑乡，乡政府驻地文布当桑夏玛村。2017年，全乡共有586户、2228人。其中罗玛村285户，1101人，夏玛村301户，1127人。有基层党支部支部3个（机关支部、夏玛村支部、罗玛村支部），含党员171名。2017年，通过培养和引导，吸收团员5名，全乡共有团员58名。在岗在职乡干部89人（男职工58人、女职工31人），其中乡班子成员17人，平均年龄为30岁，其他公务员38人、事业干部51人，大学学生村官2人，医生7人、兽医3人、公安4人。公益性岗位2人，合同工3人，村"两委"干部人，14人，全乡辖2个行政村（罗玛、夏玛）、7个自然工作组。有1所小学，共有教职工12人、学生97人。

【自然地理】 文布当桑乡位于革吉县东南部，东邻改则县物玛、玛米两乡接壤，西北与盐湖乡相望，西南与雄巴乡毗邻，南与亚热乡接壤。土地面积3990.08平方公里，草场面积539.65万亩，可利用草场面积495.12万亩，禁牧草场面积为105万亩，草畜平衡面积390.12万亩。有人工种草2450亩。境其他省市势相对平缓，平均海拔4580米。境内海拔6000米（罗玛村冈布鲁6196）以上高峰一座。文布当桑乡属高原内陆亚寒带干旱季风气候区。空气稀薄、气温低、水汽含量小、太阳辐射强、日照充足、降水稀少且集中、大风频繁、天灾、雪灾、霜期长、昼夜温差大、雨暖同季，是该乡气候的主要特点。平均气温0.1—2.0℃，年较差23.8—25.9℃，最暖月7月均温10—13.5℃，最高气温20.0℃；最冷月1月均温-12.2—12.4℃，最低气温-35℃。大于0℃积温1379.6—1566.7℃。年日照时数3176.0—3416.5小时，太阳总辐射值65.57×108—78.08×108焦耳/平方米。年降水量70.0—100.0毫米，蒸发量2274—2420.2毫米，远远大于降水量，空气十分干燥。平均风速4.4米/秒，最大风速30米/秒。文布当桑乡境内主要湖泊有捌千措、次登措、毒曲措、别若则

2017年6月22日，乡党委书记白玛旺久组织文布当桑乡党员干部在荣热人工种草灌溉

2017年10月26日，乡党委书记白玛旺久参加夏玛村劳务创收工作发放仪式

措、纳热春白措、徐旭等。矿产资源丰富，有水晶、铁、锂、铜、芒硝等。野生动物资源有藏野驴、藏羚羊、旱獭、黑颈鹤、天鹅、斑头雁、岩羊、黄羊、狼、狐狸、野兔、鼠兔、黄鸭、白鸭、棕头欧、沙鸡、雪鸡、秃鹫、鹰雕、鹞鹰、草原鹞、野鸽、乌鸦、麻雀等。自然灾害主要有雪灾、雹灾、风灾、旱灾和地质灾害等。

【精准扶贫】 2017年，文布当桑乡计划脱贫任务为13户58人，主要脱贫措施为政策性收入、劳务输出、转移就业，为32户计划脱贫户家中的劳动力安排生态岗位，无劳动力的人口均享受无劳力定向补助。计划脱贫户的家中已获得人均3840元以上的收入，13户计划脱贫户已全部脱贫。乡党委、政府针对2016年精准识别工作中存在的历史遗留问题，组织全乡干部职工，多次走村入户，开展精准识别“回头看”工作，对富裕户、已逝人员进行剔除，对家庭成员、姓名、身份证信息进行核实，对银行卡号和通讯号码进行补录。将已逝人员、重复落户人员、分户人员、嫁出人员退出建档立卡，共计15人。将新生、遗漏人员纳入建档立卡，共计7人。对4户因去世、因出嫁不需再进行精准扶贫的家庭进行清退。新增4户低收入家庭纳入建档立卡。通过与县人社、县工会等部门的合作，共安排37名农牧民群众参与技能培训(其中贫困户17人)，主要培训驾驶、挖掘机装载机操作、藏餐烹饪、建筑施工等技能。2017年，文布当桑乡新增草监员108人、护林员13人，新增生态岗位121人。同时，对建档立卡贫困户全面实行无劳力定向补助政策，补助人员共计341人。

【“两学一做”学习教育常态化、制度化】 2017年，文布当桑乡党委制定“两学一做”学习教育常态化制度化实施方案、学习计划、宣传方案、督导方案，成立机构，制定“领导班子成员上台讲党课”制度，同时，领导班子成员带头认真撰写学习笔记和心得体会，做到有所思、有所悟、有所获。2017年，乡党委理论中心组学习7次，党员干部集中学习48次，班子成员轮流讲党课4次，撰写心得体会3篇，研讨稿2篇。围绕“两学一做”学习教育，深入开展“做‘忠诚老实、务实创新、实干担当、勤勉奉献’的革吉人，创‘小康文布、和谐文布、生态文布’”主题实践活动，共开展实践活动5次。开展“保护环境，我爱家园，党员在行动”实践活动，组织全乡党员干部群众，对红柳区、湿地保护区、村民居住区、317国道两侧，全面进行环境整治，树立“我是党员我先行、我是党员我带头、我是党员我贡献”的意识。开展“学孔繁森精神，做孔繁森式的好干部”主题活动，组织农牧民党员学习孔繁森的爱国、爱民、爱家乡的赤子之心，提高农牧民群众在思想、组织、作风、纪律等方面的觉悟，并为42名困难党员发放总价值约10670元的生活用品。开展“戴党徽、亮身份、做表率”活动，要求全体党员亮明身份，规范言行举止，始终牢记“一名党员一面旗”的作用，不断提高责任意识、党员意识、自律意识、表率意识，自觉接受广大群众的监督。高效运行乡便民服务站，设立党建、扶贫等10个便民服务窗口和一个医务联络点，便民服务站以“全心全意为人民服务”为根本遵循，践行“五个一”服务活动，把群众的评价作为党员干部工作的出发点和落脚点，切实解决“为谁服务，怎样服务”

的问题。开展中国共产党建党96周年华诞纪念活动，进一步增强党组织的凝聚力和战斗力，激励基层党组织和广大党员继承和发扬党的光荣传统，增强党性意识，凝聚智慧力量。

2017年11月10日，乡党委书记白玛旺久召集文布当桑乡干部职工集中学习中共十九大精神

【"四讲四爱"主题教育实践活动】 2017年，文布当桑乡党委根据革吉县"四讲四爱"主题教育实践活动总体方案要求，及时召集全乡干部职工和村"两委"班子、驻村工作队成员、学校主要负责人等召开动员部署大会，成立乡级和村级领导小组、工作专班，制定藏汉双语版的活动实施方案并印发给乡各部门、各村驻村工作队，要求各党支部、各部门和村"两委"、驻村工作队齐抓共管，将"四讲四爱"主题教育实践活动广泛、有力、深入地推进下去。为将"四讲四爱"主题教育实践活动宣讲教育进牧区、进学校组织一批宣讲骨干进行宣讲。全年共开展宣讲教育28余场，设立宣传栏11面，悬挂横幅10条，张贴宣传标语100处，发放宣传单及宣传材料956多份，参与群众累计达2550余人次，宣传覆盖面达99%。利用各类节假日开展丰富多彩的文艺活动，乡文化站以干部职工和群众结合的形式，组织开展"3·28"西藏百万农奴解放纪念日、新旧西藏对比故事会、"美丽乡村人人有责"清洁环保种植活动、群众播放爱国主义影片活动、"五一"国际劳动节参加全乡干部职工种植树活动、"六一"国际儿童节、悬挂领袖像，心向共产党活动、"敬老爱老、爱心奉献、文明礼仪"活动、"七一"中国共产党建党日、"四讲四爱"农牧民演讲比赛、"十一"国庆节、爱国歌曲红歌比赛、围绕党的各项法律、法规、科技知识，计划生育，民政优惠政策等"五下乡"活动等系列实践活动，引导群众思想教育工作面临的新形势新任务，加强意识形态建设，以优异成绩，为全乡经济发展和社会进步创造良好的氛围。在中共十九大召开期间及时组织干部职工及群众观看，会后乡宣传部门及时组织干部、群众学习宣传中共十九大会议精神，利用电影播放，及时将党和国家的方针政策、先进典型事迹、法律法规知识、卫生防病知识以及牧业科技知识等传达到群众心中，2017年共给牧民群众播放14次，为学生播放36次。

【党员先锋模范带头作用】 2017年，文布当桑乡深入开展"送温暖，迎节日"活动，在"3·28"西藏百万农奴解放纪念日来临之际，党员带头深入2个村7个组向老党员、困难党员进行慰问，慰问金共计11000元。开展"党员先锋岗"评选、"五个一"服务等活动，乡党委、政府建立乡便民服务站，在便民服务站设立"党员先锋岗"，并长期开展"五个一"活动，把群众的评价作为党员干部工作的出发点和归宿，树立群众利益无小事的公仆意识，把为民服务的思想贯穿到各项工作中去。开展"10+1"结对帮扶活动，乡党委紧紧围绕脱贫攻坚的总目标，精心安排专人，以深入群众、走访调查、教育引导等方式，针对两个村的16户计划脱贫户开展"10+1"结对帮扶活动，要求帮扶人根据自己帮扶对象的实际情况制定帮扶计划，创造条件，提供培训就业平台。

【党风廉政建设】 2017年，文布当桑乡党委高度重视党风廉政建设责任制工作，按照"党委统一领导,党政齐抓共管,纪委组织协调,部门各负其责,依靠群众参与和支持”的工作机制,建立党委书记负总责、分管领导具体负责、党委成员齐抓共管的责任体系,成立乡党委书记任组长,乡长、纪委书记任副组、其他班子成员任小组成员的纪委监督责任领导小组,认真落实党委主体责任和纪委监督责任。乡党委、政府、纪委多次召开领导班子会议,进一步完善干部请销假制度、干部上下班制度、干部工作联系制度、干部监督管理抽查通报制度等,切实加强干部职工日常监督管理,切实做到用制度管人、管事。2017年4月7日,在党风廉政建设和反腐败专题会议上,乡党委、纪委研究决定在全乡范围内开展禁赌宣传和整治工作。乡纪委和财务专业人员对2个合作社2015—2017年的资金流转、年底分红、各类票据进行审查登记,对不符合规定的地方要求限期整改。

【法制宣传】 2017年,文布当桑乡为提高居民法制意识,利用黑板报、张贴宣传画、发放宣传单等方式,开展以“倡导文明”“珍爱生命,拒绝毒品”为主题的各项宣传活动,共发放各种宣传资料320余份,书写大小幅标语4幅,受教育人数1200余人次。2017年,全乡发生刑事案件0起,民事纠纷4起、办结4起,治安案件1起、办结1起。

【村居换届】 2017年,文布当桑乡严格按照《革吉县村(居)“两委”班子换届调研提纲》要求,召集现任村(居)“两委班子”、各组组长、“双联户”户长、党员代表、群众代表,通过个人谈话、集中讨论等多种方式,认真收集对本届村级班子的履职情况、工作成效、存在问题的意见建议。全乡两村共有12名村领导干部,平均年龄47岁,年龄最大54岁,最小22岁;50岁以上4人,占33%;40岁以上3人,30岁以上的3人,20岁以上的2人;小学文化程度8人,识字4人。

2017年8月8日,乡党委副书记、乡长左川在罗玛村调研

【安全生产】 2017年,文布当桑乡严格落实安全生产目标,强化安全生产责任,与各村签订2017年安全生产目标责任书,坚持安全第一、预防为主、综合治理的原则,完善安全生产监管机制,建立健全突发事件应急体系,努力提高基层应急管理能力和水平。为最大限度地保障人民群众的身体健康和生命安全,文布当桑乡与年初成立食品安全工作领导小组,并于乡周边的6家茶馆、合作社1个、6家商店等食品经营单位签订食品安全责任书,并每月开展至少1次食品安全检查工作。年内,文布当桑乡专题召开安全生产会议6次,安全知识宣传8次,发放宣传材料18份;安全生产大排查5次,消防安全检查11次,道路交通安全大排查24次,预防和减少重大道路交通事故和火灾事故的发生,一年来无交通事故。

【经济发展】 2017年,文布当桑乡党委、政府结合本地实际,认真探索研究牧区改革的可行性、效益性和前瞻性,加强草场流转的合法性和规范性建设,加强对养畜大户的扶持指导力度,深入各村组宣传和推行联户联组放牧,解放牧区富余劳动力,取得较好的成效。夏玛村三组所有牧户、夏玛村二组所有牧户、夏玛村四组部分牧户,以及罗玛村15户牧户都已形成草场流转机制,并已签订协议。在罗玛村二组进行联户联组放牧试点,成效较好，联户联组放牧以后，解放大批的劳动力。2017年，有养畜大户1户，有潜力成为养畜大户的3户。打造并完善以“牧户—中间平台—销售商”为一体的商业模式，加快培育发展新动能，加快补齐农牧业发展短板，促进农牧业农牧区经济社会持续快速健康发展，将牧户手中的牲畜转变为经济效能。2017年，全乡经济总收入17950855元，人均收入10096.09元，乡劳务输出人数623人，共创收1769015元，投入车辆137辆，共创收1297165元，全乡共创收3066180元。

【人工种草规划】“十三五”期间，文布当桑乡计划规划20000亩的人工种草基地，有夏玛村荣热人工种草基地1800亩，投资807万元；罗玛村嘎热米隆人工种草基地640亩，投资100万元；夏玛村唐荣唐卡人工种草基地2700亩，投资245万元，已于10月底全部建设完成。罗玛村夏拉人工种草基地建设1600亩，投资165万元。

【人工种草】2017年，文布当桑乡实施种植的有荣热人工种草基地，主要种植156亩青稞、920亩燕麦草、395亩披肩草；罗玛村嘎热米隆人工种草基地，科技试点种植640亩绿麦草。荣热人工种草基地395亩披肩草需要三年的生长期，由村集体种植；燕麦草和青稞采取贫困户优先的免费承包方式进行承包种植。共有65户、317人夏玛村民参与承包，平均每户承包面积为10—20亩，其中贫困户参与承包的有24户93人，总共承包种草268亩。

【草补、草划工作】2017年，文布当桑乡根据《中华人民共和国草原法》《西藏自治区实施〈中华人民共和国草原法〉办法》的要求，全年经清点全乡绵羊成畜为19044只（夏玛村11101只、罗玛村7943只），当年畜为8151只（夏玛村4272只、罗玛村3879只），山羊成畜为24468只（夏玛村15399只、罗玛村9069只），当年畜为7678只（夏玛村4536只、罗玛村3142只），牦牛成畜为1303只（夏玛村944只、罗玛村359只），当年畜为335只（夏玛村242只、罗玛村93只）。2017年草原生态补助奖励资金有1262.17万元，其中禁牧补贴资金630万元，草畜平衡补贴资金585.18万元，限高后的草畜平衡补贴资金1108.21万元，草场监督员补助46.98万元，涉及牧户433户。

2017年9月17日，乡党委副书记，乡长左川在罗玛村检查会议室修建情况

【民生保障】2017年，文布当桑乡以人均收入3311元以下为基本标准，以“应保尽保，不应保坚决不保”为原则，以“不能盲目地为降低保障人数而把符合条件的困难群众拒之门外”为要求，严格落实“不准入”条件，对350人低保户和147户516人建档立卡贫困户进行严格核查筛选，基本实现“两线合一”。2017年，共为五保户13人，发放64220元（包括到县养老院集中供养）；低保户116户350人，共发放补助金603216元；残疾50人，发放56400元；寿星老人14人、共发放7800元。

【教育工作】2017年，文布当桑乡党委、政府高度重视招生、义务教育保障和困难学生资助救济工作，并将适龄儿童必须及时入学、家长必须保证子女完成九年义务教育等规定写入村规民约，全乡小学适龄儿童入学率99.5%；巩固率100%，初中入学率达到

117%。小学秋季招生97人，乡小学在校生76人，其中幼儿园21人，一年级19人、二年级23人、三年级34人。小学专职教师12个人，其中本科学历的1人，其余的都是大专学历、后勤9人。2017年，共考入其他省市西藏学生班，其中初中5名、高中52人、大学5名，考入区内外大学11名、高中58名、初中125名。

2017年10月8日，乡党委副书记、乡长左川参加夏玛村村居选举大会

【新农合和新农保】 2017年，文布当桑乡16—59岁的参保人数为940人，参保率92%，共收缴参保费86300元，60岁以上享受养老保险补贴人数165人。

【医疗卫生】 2017年，文布当桑乡卫生院克服人手不够的实际困难，增加门诊时间，使群众常见病、多发病得到及时救治。截至9月，乡卫生院共接收门诊人数2836人次，出诊接生3人；组织对8个月至15岁的儿童进行麻疹查漏补种工作。乡卫生院从5月初开始，对2个行政村群众、乡小学师生进行包虫病的预防知识宣传。从6月11日开始，乡卫生院同边防武警医院及县疾控中心工作人员，共同对全乡所有牧民群众、在校学生进行包虫病筛查，共对全乡1306名群众和92名学生进行包虫病体检筛查，其中2岁以下儿童183名，区外学生和群众206，搬迁人数41，死亡人数7名，覆盖率达到95%。

【生态环境保护】 2017年，文布当桑乡针对环保工作职责不明、推诿扯皮现象严重的问题，乡党委和政府对环保工作高度重视，建立以权责清晰、治污科学、执法严明、追责有力、公开透明为目标的环保行政责任体系，形成党政齐抓共管、村“两委”有效发力、“双联户”联动发力、监督员敢于监督、生态岗位人员积极履职、居民充分参与的网管化管理格局，同时对乡、村划分环境卫生区域，严格落实区域负责制。为全面清理乡上堆积的垃圾和卫生死角，乡筹集资金65000元，召集全乡干部、群众对全乡环境卫生及垃圾填埋场进行清理，并定期不定期的组织全乡干部打扫环境卫生确保全乡环境干净整洁。2017年，文布当桑乡罗玛村自行筹集资金修建垃圾填埋池，使村环境卫生得到极大的改善。成立“河长制”工作领导小组，健全河长体系，将“河长制”确立为治理长效机制；建立巡查制度，树立公示标牌，明确公示各河段负责人、联系单位、监管人员等信息。摸排污染源头，做好生活污水排查、农业面源污染治理等工作，确保全乡的河湖环境持续改善，建立全面的生态保护长效机制，实现河湖功能永续利用。排查全乡水井，全乡共有9口集中式饮用水井，乡政府大院5口，常用3口得到完善保护，水质优良，罗玛村及夏玛村4口，夏玛村村部前面1口得到完善保护，是周围居民取水点，罗玛村茶馆后面1口得到完善保护，是罗玛村村民取水点。其中3口由于地下水移位已经报废并拆除。

【民族团结】 2017年，文布当桑乡开展“民族团结进步宣传”活动，利用藏汉两种文字的宣传标语、横幅等形式，在全乡范围内宣传党的民族工作方针、政策，以及民族法律法规和基本知识，并在乡文化站内增设民族团结资料。在开展民族团结进步活动和宣传“加强民族团结、维护社会稳定”期间，把民族团结宣传活动和“四讲四爱”主题教育实践活动有机结合起来，进一步提高人民群众增强民族团结意识，使广大群众和干部职工牢固树立起“三个离不开”思想。坚持把民族团结工作作为头等大事来抓，在统一思想认识的基础上认真安排，精心组织。坚持学习党的民族方针政策及民族法律法规和基本知识，坚持唱响“讲团结谋发展，保稳定促和谐”的主旋律，做到家喻户晓、人人皆知。坚持以两个行政村宣传“四讲四爱”主题教育实践活动为载体，使群众性参与面不断扩大，活动内容丰富多彩。

（白玛多吉）

【领导名录】

党委书记

白玛旺久（藏族）

党委副书记、乡长

左　川

人大主席、统战委员

普　琼（藏族）

党委副书记、纪委书记

黄　刚

党委副书记、组织委员

桑　珠（女，藏族，1月任）

党委委员、宣传委员

央　珍（女，藏族）

政法委员

次仁多吉（藏族）

党委委员派出所副所长

公觉公布（藏族）

武装部部长、副乡长

扎　西（藏族）

派出所所长

欧　珠（藏族）

政府副乡长

黄清亮

政府副乡长

尼　旺（1月任）

政府副乡长

谭　重

乡副主任科员

次旺仁增（藏族，1月任）

后勤主任

南木加次仁（藏族，1月任）

农牧综合服务中心主任

加央加措（藏族）

党委副书记、纪委书记

尼　旺（藏族，1月免）

政府副乡长

黄　刚（1月免）

卫生院院长

索朗旺姆（女，藏族）

完小校长

次仁加措（藏族）

受县(区)级以上表彰的先进集体名录

表 1

获奖单位	获奖名称	表彰时间	授予单位
革吉县公安局政工监督室	优秀公安基层单位	2017 年	西藏自治区阿里地区公安处
革吉县农牧局	2015—2017 年阿里科技示范推广应用奖二等奖	2017 年	中共阿里地区委员会、阿里地区行政公署
革吉县统战部	信息工作集体奖	2017 年	西藏自治区阿里地委统战部
革吉县委宣传部“四讲四爱”活动办公室	阿里地区“四讲四爱”主题教育实践活动(优秀组织单位)	2017 年	中共阿里地区委员会、阿里地区行政公署
革吉县委宣传部“四讲四爱”活动办公室	阿里地区“四讲四爱”主题教育实践活动知识竞赛第一名	2017 年	中共阿里地区委员会、阿里地区行政公署
革吉县民宗局	地区级综治工作“平安单位”	2018 年	中共阿里地区委员会、阿里地区行政公署
革吉县民宗局	民宗系统信息报送工作“先进集体”	2018 年	阿里地区民宗局
革吉镇那普居委会党支部	先进基层党组织	2017 年	中共革吉县委、县政府
盐湖乡扎西曲林寺管会党支部	先进基层党组织	2017 年	中共革吉县委、县政府
革吉县亚热乡党委	先进基层党组织	2017 年	中共革吉县委、县政府
革吉县中学党支部	先进基层党组织	2017 年	中共革吉县委、县政府
革吉县法院党支部	先进基层党组织	2017 年	中共革吉县委、县政府
革吉县个私党支部	先进基层党组织	2017 年	中共革吉县委、县政府
革吉县盐湖乡扎西曲林寺	和谐模范寺庙	2017 年	中共革吉县委、县政府
革吉县革吉镇扎加寺	和谐模范寺庙	2017 年	中共革吉县委、县政府
盐湖乡扎西曲林寺庙管理委员会	先进寺庙管理委员会	2017 年	中共革吉县委、县政府

续表1

获奖单位	获奖名称	表彰时间	授予单位
雄巴乡芝热寺特派员机构	先进寺庙管理委员会	2017 年	中共革吉县委、县政府
革吉县革吉镇人民政府	民族团结进步模范集体	2017 年	中共革吉县委、县政府
革吉县消防大队	民族团结进步模范集体	2017 年	中共革吉县委、县政府
扎西曲林寺庙管理委员会	民族团结进步模范集体	2017 年	中共革吉县委、县政府
革吉县革吉镇扎加寺	民族团结进步模范集体	2017 年	中共革吉县委、县政府
革吉县邮政局	民族团结进步模范集体	2017 年	中共革吉县委、县政府
革吉县委组织部	民族团结进步模范集体	2017 年	中共革吉县委、县政府
革吉县中学	民族团结进步模范集体	2017 年	中共革吉县委、县政府
革吉县民宗局	民族团结进步模范集体	2017 年	中共革吉县委、县政府
亚热乡罗玛村驻村工作队	民族团结进步模范集体	2017 年	中共革吉县委、县政府
盐湖乡羌麦村驻村工作队	民族团结进步模范集体	2017 年	中共革吉县委、县政府
革吉县雄巴乡党委	“四讲四爱”先进集体	2017 年	中共革吉县委、县政府
扎西曲林寺庙管理委员会	“四讲四爱”先进集体	2017 年	中共革吉县委、县政府
亚热乡江玛村驻村工作队	“四讲四爱”先进集体	2017 年	中共革吉县委、县政府
盐湖乡羌麦村驻村工作队	“四讲四爱”先进集体	2017 年	中共革吉县委、县政府
革吉县中学	“四讲四爱”先进集体	2017 年	中共革吉县委、县政府
革吉县雄巴乡人民政府	2017 年度落实乡级领导班子综合目标管理责任制考核先进乡镇	2018 年	中共革吉县委、县政府
革吉县亚热乡人民政府	2017 年度落实乡级领导班子综合目标管理责任制考核先进乡镇	2018 年	中共革吉县委、县政府
革吉县盐湖乡人民政府	2017 年度落实乡级领导班子综合目标管理责任制考核先进乡镇	2018 年	中共革吉县委、县政府
革吉县工商局	2017 年度革吉县经济社会发展贡献奖	2018 年	中共革吉县委、县政府
革吉县国税局	2017 年度革吉县经济社会发展贡献奖	2018 年	中共革吉县委、县政府
革吉县电信局	2017 年度革吉县经济社会发展贡献奖	2018 年	中共革吉县委、县政府
革吉县移动公司	2017 年度革吉县经济社会发展贡献奖	2018 年	中共革吉县委、县政府
革吉县联通公司	2017 年度革吉县经济社会发展贡献奖	2018 年	中共革吉县委、县政府

续表1

获奖单位	获奖名称	表彰时间	授予单位
革吉县邮政局	2017年度革吉县经济社会发展贡献奖	2018年	中共革吉县委、县政府
农行革吉县支行	2017年度革吉县经济社会发展贡献奖	2018年	中共革吉县委、县政府
革吉县人大办公室	2017年度落实科级领导班子综合目标管理责任制考核 先进集体	2018年	中共革吉县委、县政府
革吉县委办公室	2017年度落实科级领导班子综合目标管理责任制考核 先进集体	2018年	中共革吉县委、县政府
革吉县政协办公室	2017年度落实科级领导班子综合目标管理责任制考核 先进集体	2018年	中共革吉县委、县政府
革吉县纪检委	2017年度落实科级领导班子综合目标管理责任制考核 先进集体	2018年	中共革吉县委、县政府
革吉县政府办公室	2017年度落实科级领导班子综合目标管理责任制考核 先进集体	2018年	中共革吉县委、县政府
革吉县公安局	2017年度落实科级领导班子综合目标管理责任制考核 先进集体	2018年	中共革吉县委、县政府
革吉县组织部	2017年度落实科级领导班子综合目标管理责任制考核 先进集体	2018年	中共革吉县委、县政府
革吉县统战部	2017年度落实科级领导班子综合目标管理责任制考核 先进集体	2018年	中共革吉县委、县政府
革吉县政法委	2017年度落实科级领导班子综合目标管理责任制考核 先进集体	2018年	中共革吉县委、县政府
革吉县宣传部	2017年度落实科级领导班子综合目标管理责任制考核 先进集体	2018年	中共革吉县委、县政府
革吉县发改委	2017年度落实科级领导班子综合目标管理责任制考核 先进集体	2018年	中共革吉县委、县政府
革吉县扶贫办	2017年度落实科级领导班子综合目标管理责任制考核 先进集体	2018年	中共革吉县委、县政府
革吉县安监局	2017年度落实科级领导班子综合目标管理责任制考核 先进集体	2018年	中共革吉县委、县政府
革吉县教育局	2017年度落实科级领导班子综合目标管理责任制考核 先进集体	2018年	中共革吉县委、县政府
革吉县公安局	治安综合治理先进单位	2018年	中共革吉县委、县政府
革吉县民宗局	治理综合治理先进单位	2018年	中共革吉县委、县政府
革吉县教育局	治理综合治理先进单位	2018年	中共革吉县委、县政府
革吉县雄巴乡人民政府	治安综合治理先进乡(镇)	2018年	中共革吉县委、县政府
革吉县革吉镇人民政府	治安综合治理先进乡(镇)	2018年	中共革吉县委、县政府
革吉县盐湖乡人民政府	治安综合治理先进乡(镇)	2018年	中共革吉县委、县政府
革吉县革吉镇党委	2017年度落实基层党建工作责任制先进乡(镇)第一名	2018年	中共革吉县委、县政府
革吉县雄巴乡党委	2017年度落实基层党建工作责任制先进乡(镇)第二名	2018年	中共革吉县委、县政府

续表1

获奖单位	获奖名称	表彰时间	授予单位
革吉县亚热乡党委	2017年度落实基层党建工作责任制先进乡(镇)第三名	2018年	中共革吉县委、县政府
革吉县公安局基层党委	2017年度落实基层党建工作责任制先进单位	2018年	中共革吉县委、县政府
政办党支部	2017年度落实基层党建工作责任制先进单位	2018年	中共革吉县委、县政府
个私党支部	2017年度落实基层党建工作责任制先进单位	2018年	中共革吉县委、县政府
革吉镇布贡村党支部	2017年度抓党建促脱贫攻坚工作先进单位	2018年	中共革吉县委、县政府
革吉县雄巴乡人民政府	革吉县2017年脱贫攻坚工作先进乡镇	2018年	中共革吉县委、县政府
革吉县发改委	革吉县2017年脱贫攻坚工作先进单位	2018年	中共革吉县委、县政府
革吉县扶贫办	革吉县2017年脱贫攻坚工作先进单位	2018年	中共革吉县委、县政府
革吉县委组织部	基层平安建设先进单位	2018年	中共革吉县委、县政府
革吉县亚热乡人民政府	基层平安建设先进乡镇	2018年	中共革吉县委、县政府
革吉县完小	平安校园	2018年	中共革吉县委、县政府
革吉县盐湖乡扎西曲林寺	平安寺庙	2018年	中共革吉县委、县政府

说明:由于各单位资料提供不全,可能有遗漏

受县(区)级以上表彰的先进个人名录

表 2

姓名	性别	民族	工作单位	获奖名称	表彰时间	授予单位
仁青拉姆	女	藏族	革吉县革吉镇	2017 年度阿里地区三八红旗手	2017 年	阿里地区妇女联合会
仁青拉姆	女	藏族	革吉县革吉镇	2017 年度阿里地区最美格桑花荣誉称号	2017 年	阿里地区妇女联合会
欧珠次旺	男	藏族	革吉县公安局雄巴乡派出所	优秀人民警察	2017 年	阿里地区公安处
格桑达瓦	男	藏族	革吉县公安局联通路警务站	优秀人民警察	2017 年	阿里地区公安处
尼琼卓拉	女	藏族	革吉县统战部	涉宗干部先进工作者	2017 年	西藏自治区党委、政府
琼吉	女	藏族	革吉县统战部	优秀信息员	2017 年	阿里地委统战部
旺姆	女	藏族	革吉县雄巴乡人民政府	阿里地区综治先进个人工作者	2017 年	阿里地区综治办
其美央吉	女	藏族	革吉县雄巴乡人民政府	阿里地区"四讲四爱"主题教育实践活动先进工作者	2017 年	中共阿里地区委员会、阿里地区行政公署
刘红力	男	汉族	革吉县雄巴乡人民政府	阿里地区践行"四讲四爱"喜迎中共十九大知识竞赛优秀选手	2017 年	中共阿里地委宣传部、阿里地区"四讲四爱"活动办
国吉次仁	男	藏族	革吉县亚热乡人民政府	地区级"四讲四爱"主题教育实践活动优秀宣讲员	2017 年	中共阿里地区委员会、阿里地区行政公署
次仁多吉	男	藏族	革吉县文布当桑乡人民政府	2015—2017 年阿里科技示范推广应用奖获得者,二等奖	2017 年	中共阿里地区委员会、阿里地区行政公署
索朗多吉	男	藏族	革吉县文布当桑乡人民政府	2015—2017 年阿里科技示范推广应用奖获得者,二等奖	2017 年	中共阿里地区委员会、阿里地区行政公署
旦增平措	男	藏族	革吉县文布当桑乡人民政府	2015—2017 年阿里科技示范推广应用奖获得者,二等奖	2017 年	中共阿里地区委员会、阿里地区行政公署
次仁顿珠	男	藏族	革吉县文布当桑乡人民政府	2015—2017 年阿里科技示范推广应用奖获得者,二等奖	2017 年	中共阿里地区委员会、阿里地区行政公署
扎巴	男	藏族	革吉县文布当桑乡人民政府	2015—2017 年阿里科技示范推广应用奖获得者,二等奖	2017 年	中共阿里地区委员会、阿里地区行政公署
白玛多吉	男	藏族	革吉县文布当桑乡人民政府	2015—2017 年阿里科技示范推广应用奖获得者,二等奖	2017 年	中共阿里地区委员会、阿里地区行政公署
普布旦增	男	藏族	革吉县文布当桑乡人民政府	2015—2017 年阿里科技示范推广应用奖获得者,二等奖	2017 年	中共阿里地区委员会、阿里地区行政公署
次仁顿珠	男	藏族	革吉县文布当桑乡人民政府	2015—2017 年阿里科技示范推广应用奖获得者,二等奖	2017 年	中共阿里地区委员会、阿里地区行政公署
尼玛扎西	男	藏族	革吉县文布当桑乡人民政府	2015—2017 年阿里科技示范推广应用奖获得者,二等奖	2017 年	中共阿里地区委员会、阿里地区行政公署
央珍	女	藏族	革吉县文布当桑乡人民政府	在 2017 年革吉县"四讲四爱"主题教育实践活动中表现突出,被授予"先进工作者"荣誉称号	2017 年	中共革吉县委员会

续表 2

姓名	性别	民族	工作单位	获奖名称	表彰时间	授予单位
白玛多吉	男	藏族	革吉县文不当桑乡人民政府	在 2017 年革吉县“四讲四爱”主题教育实践活动中表现突出，被授予“优秀宣讲员”荣誉称号	2017 年	中共革吉县委员会
黄超	男	汉族	革吉县发展改革委员会	民族团结先进个人	2017 年	革吉县统战部
次旦平措	男	藏族	革吉县宣传部	优秀公务员	2017 年	革吉县委、县政府
巴次	男	藏族	革吉县宣传部	优秀公务员	2017 年	革吉县委、县政府
唐文兵	男	汉族	中共革吉县纪律检查委员会	优秀公务员	2017 年	革吉县委、县政府
胡兴南	女	汉族	中共革吉县纪律检查委员会	优秀公务员	2017 年	革吉县委、县政府
吴强	男	汉族	中共革吉县纪律检查委员会	优秀公务员	2017 年	革吉县委、县政府
杨正国	男	汉族	中共革吉县纪律检查委员会	优秀公务员	2017 年	革吉县委、县政府
王斌	男	汉族	革吉县盐湖乡人民政府	优秀公务员	2017 年	革吉县委、县政府
白玛才旺	男	藏族	革吉县盐湖乡人民政府	优秀公务员	2017 年	革吉县委、县政府
德卓	女	藏族	革吉县盐湖乡人民政府	优秀公务员	2017 年	革吉县委、县政府
央金拉姆	女	藏族	革吉县盐湖乡人民政府	优秀公务员	2017 年	革吉县委、县政府
罗雅	男	汉族	革吉县盐湖乡人民政府	优秀公务员	2017 年	革吉县委、县政府
达琼	男	藏族	革吉县盐湖乡人民政府	优秀公务员	2017 年	中共革吉县委、县政府
尼琼卓拉	女	藏族	革吉县统战部	优秀公务员	2017 年	革吉县委、县政府
边巴欧珠	男	藏族	革吉县发展改革委员会	优秀公务员	2018 年	革吉县组织部
达琼	男	藏族	革吉县盐湖乡人民政府	优秀共产党员	2017 年	中共革吉县委、县政府
尼玛普赤	女	藏族	革吉县革吉镇大学生村官	优秀共产党员	2017 年	中共革吉县委、县政府
黄刚	男	汉族	革吉县文布当桑乡人民政府	优秀共产党员	2017 年	中共革吉县委、县政府
白玛朗珍	女	藏族	革吉县文布当桑乡人民政府	优秀共产党员	2017 年	中共革吉县委、县政府
次仁央宗	女	藏族	革吉县亚热乡大学生村官	优秀共产党员	2017 年	中共革吉县委、县政府
米欧	男	藏族	革吉县革吉镇派出所	优秀共产党员	2017 年	中共革吉县委、县政府

续表 2

姓名	性别	民族	工作单位	获奖名称	表彰时间	授予单位
白玛仓决	女	藏族	革吉县雄巴乡人民政府	优秀共产党员	2017 年	中共革吉县委、县政府
罗布次仁	男	藏族	革吉县雄巴乡人民政府	优秀共产党员	2017 年	中共革吉县委、县政府
彭宗明	男	汉族	革吉县革吉镇	优秀共产党员	2017 年	中共革吉县委、县政府
占堆	男	藏族	革吉镇那普居委会	优秀共产党员	2017 年	中共革吉县委、县政府
白玛才旺	男	藏族	革吉县盐湖乡人民政府	优秀共产党员	2017 年	中共革吉县委、县政府
索南桑姆	女	藏族	革吉县国税局	优秀共产党员	2017 年	中共革吉县委、县政府
其美	男	藏族	农行信贷股股长	优秀共产党员	2017 年	中共革吉县委、县政府
平措扎西	男	藏族	革吉县公安局	优秀共产党员	2017 年	中共革吉县委、县政府
拉巴卓玛	女	藏族	革吉县人民检察院	优秀共产党员	2017 年	中共革吉县委、县政府
扎西罗布	男	藏族	团县委书记	优秀共产党员	2017 年	中共革吉县委、县政府
卓玛次仁	女	藏族	革吉县人民法院	优秀共产党员	2017 年	中共革吉县委、县政府
普布扎西	男	藏族	革吉县卫生服务中心	优秀共产党员	2017 年	中共革吉县委、县政府
色珍	女	藏族	革吉县政府办公室	优秀共产党员	2017 年	中共革吉县委、县政府
冯有智	男	汉族	革吉县委党建办	优秀共产党员	2017 年	中共革吉县委、县政府
洛松云邓	男	藏族	革吉县盐湖乡派出所	优秀共产党员	2017 年	中共革吉县委、县政府
索多	男	藏族	退休党支部干部	优秀共产党员	2017 年	中共革吉县委、县政府
姜勇	男	汉族	革吉县环保局	优秀共产党员	2017 年	中共革吉县委、县政府
石宪兵	男	汉族	革吉县革吉镇人民政府	优秀共产党员	2017 年	中共革吉县委、县政府
李辉	男	汉族	革吉县亚热乡人民政府	优秀共产党员	2017 年	中共革吉县委、县政府
王斌	男	汉族	革吉县盐湖乡人民政府	优秀共产党员	2017 年	中共革吉县委、县政府
索朗次仁	男	藏族	革吉县盐湖乡人民政府	优秀共产党员	2017 年	中共革吉县委、县政府
次仁琼吉	女	藏族	革吉县统战部	优秀共产党员	2017 年	中共革吉县委、县政府
琼吉	女	藏族	革吉县统战部	优秀共产党员	2017 年	中共革吉县委、县政府
平措达杰	男	藏族	革吉县盐湖乡人民政府	优秀共产党员	2017 年	中共革吉县委、县政府

续表 2

姓名	性别	民族	工作单位	获奖名称	表彰时间	授予单位
扎西群陪	男	藏族	革吉县盐湖乡人民政府	优秀共产党员	2017 年	中共革吉县委、县政府
索南曲吉	女	藏族	革吉县发改党支部妇代会	优秀党务工作者	2017 年	中共革吉县委、县政府
阿旺贡布	男	藏族	革吉镇康巴列村第一书记	优秀党务工作者	2017 年	中共革吉县委、县政府
索朗巴珠	男	藏族	亚热乡政府副乡长、却藏村第一书记	优秀党务工作者	2017 年	中共革吉县委、县政府
王建军	男	汉族	革吉县雄巴乡盐湖乡完小	优秀党务工作者	2017 年	中共革吉县委、县政府
王智辉	男	汉族	革吉县中学	优秀党务工作者	2017 年	中共革吉县委、县政府
旦巴	男	藏族	革吉县人民检察院	优秀党务工作者	2017 年	中共革吉县委、县政府
沈函	男	汉族	革吉县水利局	优秀党务工作者	2017 年	中共革吉县委、县政府
贡觉扎西	男	藏族	革吉县组织部	优秀党务工作者	2017 年	中共革吉县委、县政府
索朗平措	男	藏族	革吉县人大办	优秀党务工作者	2017 年	中共革吉县委、县政府
达瓦仓巴	男	藏族	革吉县工会	优秀党务工作者	2017 年	中共革吉县委、县政府
普扎西	男	藏族	革吉县政府办公室	优秀党务工作者	2017 年	中共革吉县委、县政府
郭少峰	男	藏族	革吉县完小	优秀党务工作者	2017 年	中共革吉县委、县政府
旦巴	男	藏族	革吉县电视台	优秀党务工作者	2017 年	中共革吉县委、县政府
陈雪山	男	藏族	革吉县纪检委	优秀党务工作者	2017 年	中共革吉县委、县政府
嘎玛益西欧珠	男	藏族	革吉县革吉镇派出所	优秀党务工作者	2017 年	中共革吉县委、县政府
白玛罗布	男	藏族	革吉县电信局	优秀党务工作者	2017 年	中共革吉县委、县政府
扎西次仁	男	藏族	革吉县公安局	优秀党务工作者	2017 年	中共革吉县委、县政府
芦仲田	男	汉族	革吉县人民武装部	民族团结进步模范个人	2017 年	中共革吉县委、县政府
旦真	男	藏族	革吉镇扎加寺管委会	民族团结进步模范个人	2017 年	中共革吉县委、县政府
德吉央宗	女	藏族	革吉县机要局	民族团结进步模范个人	2017 年	中共革吉县委、县政府
才巴	男	藏族	革吉县完小	民族团结进步模范个人	2017 年	中共革吉县委、县政府
强巴	男	藏族	革吉县革吉镇大学生村官	民族团结进步模范个人	2017 年	中共革吉县委、县政府
达努	男	藏族	革吉县雄巴乡人民政府	民族团结进步模范个人	2017 年	中共革吉县委、县政府

续表 2

姓名	性别	民族	工作单位	获奖名称	表彰时间	授予单位
普琼	男	藏族	革吉县文不当桑乡人民政府	民族团结进步模范个人	2017 年	中共革吉县委、县政府
达瓦卓玛	女	藏族	革吉县食品药品监督管理局	民族团结进步模范个人	2017 年	中共革吉县委、县政府
罗雅	男	藏族	革吉县盐湖乡人民政府	民族团结进步模范个人	2017 年	中共革吉县委、县政府
黄超	男	汉族	革吉县发展改革委员会	民族团结进步模范个人	2017 年	中共革吉县委、县政府
多不拉	男	藏族	革吉县中学	优秀教师	2017 年	中共革吉县委、县政府
扎西	男	藏族	革吉县中学	优秀教师	2017 年	中共革吉县委、县政府
拉姆	女	藏族	革吉县幼儿园	优秀教师	2017 年	中共革吉县委、县政府
春曲	女	汉族	革吉县盐湖乡小学	优秀教师	2017 年	中共革吉县委、县政府
巴桑	女	藏族	革吉县亚热乡小学	优秀教师	2017 年	中共革吉县委、县政府
白玛央珍	女	藏族	革吉县雄巴乡小学	优秀教师	2017 年	中共革吉县委、县政府
次仁热点	男	藏族	革吉县文不当桑乡小学	优秀教师	2017 年	中共革吉县委、县政府
德吉玉珍	女	藏族	革吉县中学	优秀班主任	2017 年	中共革吉县委、县政府
曲珍拉姆	女	藏族	革吉县完小	优秀班主任	2017 年	中共革吉县委、县政府
旦珍拉姆	女	藏族	革吉县幼儿园	优秀班主任	2017 年	中共革吉县委、县政府
扎西群陪	男	藏族	革吉县盐湖乡小学	优秀班主任	2017 年	中共革吉县委、县政府
石曲	男	藏族	革吉县亚热乡小学	优秀班主任	2017 年	中共革吉县委、县政府
普布卓拉	女	藏族	革吉县雄巴乡小学	优秀班主任	2017 年	中共革吉县委、县政府
尼片	女	藏族	革吉县文不当桑小学	优秀班主任	2017 年	中共革吉县委、县政府
嘎玛曲珍	女	藏族	革吉县中学	金粉笔	2017 年	中共革吉县委、县政府
索南央金	女	藏族	革吉县完小	金粉笔	2017 年	中共革吉县委、县政府
顿珠巴觉	男	藏族	革吉县盐湖乡小学	金粉笔	2017 年	中共革吉县委、县政府
尼夏卓玛	女	藏族	革吉县完小	优秀少先队辅导员	2017 年	中共革吉县委、县政府
次仁群宗	女	藏族	革吉县盐湖乡小学	优秀少先队辅导员	2017 年	中共革吉县委、县政府
益西措姆	女	藏族	革吉县亚热乡小学	优秀少先队辅导员	2017 年	中共革吉县委、县政府

续表 2

姓名	性别	民族	工作单位	获奖名称	表彰时间	授予单位
其美康卓	女	藏族	革吉县雄巴乡小学	优秀少先队辅导员	2017 年	中共革吉县委、县政府
金巴次仁	男	藏族	革吉县文不当桑乡小学	优秀少先队辅导员	2017 年	中共革吉县委、县政府
仁青拉姆	女	藏族	革吉镇农牧综合服务中心	支教先进个人	2017 年	中共革吉县委、县政府
扎西	男	藏族	革吉县盐湖乡人民政府	支教先进个人	2017 年	中共革吉县委、县政府
加错	男	藏族	革吉县亚热乡派出所	支教先进个人	2017 年	中共革吉县委、县政府
多吉洛珠	男	藏族	革吉县雄巴乡人民政府	支教先进个人	2017 年	中共革吉县委、县政府
国吉次仁	男	藏族	革吉县亚热乡人民政府	“四讲四爱”优秀宣讲员	2017 年	中共革吉县委、县政府
国吉	男	藏族	盐湖乡羌麦村驻村工作队	“四讲四爱”优秀宣讲员	2017 年	中共革吉县委、县政府
李毛措	女	藏族	革吉镇那普居委会驻村工作队	“四讲四爱”优秀宣讲员	2017 年	中共革吉县委、县政府
加央扎西	男	藏族	革吉县人大办公室	“四讲四爱”优秀宣讲员	2017 年	中共革吉县委、县政府
巴桑琼达	男	藏族	革吉县农牧局	“四讲四爱”优秀宣讲员	2017 年	中共革吉县委、县政府
巴次	男	藏族	革吉县宣传部	“四讲四爱”优秀宣讲员	2017 年	中共革吉县委、县政府
拉巴欧珠	男	藏族	革吉县革吉镇人民政府	“四讲四爱”优秀宣讲员	2017 年	中共革吉县委、县政府
白玛多吉	男	藏族	革吉县文不当桑乡人民政府	“四讲四爱”优秀宣讲员	2017 年	中共革吉县委、县政府
洛桑次仁	男	藏族	革吉县人大办公室	“四讲四爱”先进工作者	2017 年	中共革吉县委、县政府
琼吉	女	藏族	革吉县统战部	“四讲四爱”先进工作者	2017 年	中共革吉县委、县政府
其美央吉	女	藏族	革吉县雄巴乡人民政府	“四讲四爱”先进工作者	2017 年	中共革吉县委、县政府
南木加	男	藏族	宣传部“四讲四爱”办公室	“四讲四爱”先进工作者	2017 年	中共革吉县委、县政府
扎西	男	藏族	革吉县盐湖乡人民政府	“四讲四爱”先进工作者	2017 年	中共革吉县委、县政府
央珍	女	藏族	革吉县文不当桑乡人民政府	“四讲四爱”先进工作者	2017 年	中共革吉县委、县政府
米玛吉巴	女	藏族	革吉县亚热乡人民政府	“四讲四爱”先进工作者	2017 年	中共革吉县委、县政府
普布卓玛	女	藏族	革吉县个私支部	“四讲四爱”先进工作者	2017 年	中共革吉县委、县政府
米玛次仁	男	藏族	革吉县项目管理中心	2017 年脱贫攻坚工作先进个人	2018 年	中共革吉县委、县政府

续表 2

姓名	性别	民族	工作单位	获奖名称	表彰时间	授予单位
刘明	男	汉族	革吉县质监站	2017 年脱贫攻坚工作先进个人	2018 年	中共革吉县委、县政府
索朗曲珍	女	藏族	革吉县扶贫(农发)办	2017 年脱贫攻坚工作先进个人	2018 年	中共革吉县委、县政府
嘎玛曲桑	女	藏族	革吉县扶贫(农发)办	2017 年脱贫攻坚工作先进个人	2018 年	中共革吉县委、县政府
云旦加错	男	藏族	革吉县扶贫(农发)办	2017 年脱贫攻坚工作先进个人	2018 年	中共革吉县委、县政府
多吉欧珠	男	藏族	革吉县革吉镇人民政府	2017 年脱贫攻坚工作先进个人	2018 年	中共革吉县委、县政府
索珍	女	藏族	盐湖乡脱贫攻坚指挥部办公室	2017 年脱贫攻坚工作先进个人	2018 年	中共革吉县委、县政府
马伟	男	藏族	亚热乡脱贫攻坚指挥部办公室	2017 年脱贫攻坚工作先进个人	2018 年	中共革吉县委、县政府
索朗仁青	男	藏族	文不当桑乡脱贫攻坚指挥部办公室	2017 年脱贫攻坚工作先进个人	2018 年	中共革吉县委、县政府
达瓦卓玛	女	藏族	雄巴乡脱贫攻坚指挥部办公室	2017 年脱贫攻坚工作先进个人	2018 年	中共革吉县委、县政府
普片	女	藏族	革吉县雄巴乡人民政府	强基惠民优秀工作者	2017 年	革吉县强基办
吉拉	女	藏族	革吉县宣传部	2017 年度革吉县优秀事业工作者	2017 年	中共革吉县委、县政府
边珍	女	藏族	革吉县宣传部	2017 年度革吉县优秀事业工作者	2017 年	中共革吉县委、县政府
索朗旺堆	男	藏族	革吉县亚热乡人民政府	先进工作人员	2017 年	中共革吉县委、县政府
索朗次仁	男	藏族	革吉县盐湖乡人民政府	优秀先进工作者	2017 年	中共革吉县委、县政府
索珍	女	藏族	革吉县盐湖乡人民政府	2017 年度民主评议党员活动中被评为“优秀先进工作者”	2017 年	中共革吉县委、县政府
次仁顿朱	男	藏族	革吉县盐湖乡人民政府	2017 年度民主评议党员活动中被评为“优秀先进工作者”	2017 年	中共革吉县委、县政府
罗布旦增	男	藏族	革吉县盐湖乡人民政府	2017 年度民主评议党员活动中被评为“优秀先进工作者”	2017 年	中共革吉县委、县政府
旦增顿珠	男	藏族	革吉县盐湖乡人民政府	2017 年度民主评议党员活动中被评为“优秀先进工作者”	2017 年	中共革吉县委、县政府
西绕多吉	男	藏族	革吉县盐湖乡人民政府	2017 年度民主评议党员活动中被评为“优秀先进工作者”	2017 年	中共革吉县委、县政府
平措卓玛	女	藏族	革吉县盐湖乡人民政府	2017 年度民主评议党员活动中被评为“优秀先进工作者”	2017 年	中共革吉县委、县政府
索朗次仁	男	藏族	革吉县盐湖乡人民政府	先进驻村工作人员	2017 年	中共革吉县委、县政府
加雷	女	藏族	革吉县盐湖乡人民政府	上半年民族团结先进个人	2017 年	中共革吉县委、县政府

说明：由于各单位资料提供不全，可能有遗漏

附 录

在革吉县深度贫困地区脱贫攻坚工作会议上的讲话

阿里地区行署副专员、革吉县委书记 索朗次仁

（2018年4月2日）

今天，我们召开革吉县深度贫困地区脱贫攻坚工作会议，主要任务是：高举习近平新时代中国特色社会主义思想伟大旗帜，坚持以习近平总书记扶贫开发重要战略思想为指导，认真学习贯彻落实中共十九大、十九届二中、三中全会精神和全国“两会”精神，学习贯彻落实区党委九届三次全会精神和地委扩大会议精神，学习贯彻中央、自治区、地区农村工作会议、经济工作会议、深度贫困地区脱贫攻坚工作会议精神，总结经验，全面部署我县深度贫困县乡脱贫攻坚重点任务。目的就是动员全县各级党政组织、广大干部群众进一步深化思想认识，强化责任担当，把思想认识统一到全面小康目标上，把工作重心聚集到脱贫攻坚上，把精力集中到帮助群众脱贫致富上，举全县之力、集各方之智向贫困发起总攻，坚决打赢深度贫困县脱贫攻坚硬仗，确保2019年如期完成脱贫任务。

刚才，张树强同志通报了革吉县大干30天工作开展情况，从共性和个性两个方面提出了全县脱贫攻坚工作存在的21个问题，大家要对照问题，分析原因，采取硬棒措施及时整改；县委、县政府与各乡（镇）党委、政府签订了脱贫攻坚工作目标责任书，逐级立下了“军令状”；表彰了2017年度脱贫攻坚工作先进集体和个人，希望受到表彰的先进集体和先进个人珍惜荣誉，再接再厉，再立新功。全县各级党政组织要把脱贫攻坚作为一项政治责任，抓紧抓实。广大干部群众要以先进为榜样，牢记使命、不负重托，以咬住青山不放松的劲头，发扬成绩、坚定信心，再接再厉、乘势而上，攻克脱贫路上的各种绊脚石，坚决打赢脱贫攻坚战。下午，王明杰县长还要就今年脱贫攻坚工作进行具体安排，请大家认真抓好贯彻落实。

下面，我就深入贯彻中央扶贫开发工作会议精神、自治区、地区深度贫困地区脱贫攻坚工作会议精神，扎实做好今年深度贫困县乡脱贫攻坚工作，讲几点意见。

一、肯定成绩，正视问题，补齐短板

2016年以来，在以习近平总书记为核心的党中央关心关怀下，在区党委、政府和地委、行署的坚强领导下，在自治区、地区脱贫攻坚指挥部的有力指导下，县委、县政府始终把脱贫攻坚作为头等大事、

重大政治任务和第一民生工程，坚持以习近平总书记新时代扶贫开发战略思想为指导，坚决落实“六个精准”“五个一批”要求，立足实际、突出重点，明确任务、强化部署，抓住关键、精准发力，抓住难点、集中攻坚，大力实施产业扶贫、易地搬迁、生态补偿、教育扶贫、健康扶贫、社会兜底、内源扶贫、十项提升工程，着力在精准识别、开展宣传教育、完善村规民约、产业发展、户口清理、黑车整顿、高利贷整治等方面下功夫、抓落实、求突破，统筹整合人力、物力、财力助推脱贫攻坚。两年全县减少贫困人口339户1266人，其中，2017年183（176）户、708（688）人精准脱贫和372户、1248人的易地扶贫搬迁任务，实现1个村（居）达到退出标准，贫困发生率从2016年的24.9%下降到16.6%，为进一步打赢打好脱贫攻坚战积累了宝贵经验、奠定了坚实基础。这些成绩的取得，是以习近平总书记和党中央的亲切关怀特别是习近平总书记治边稳藏重要战略思想在西藏的成功实践的结果，是以吴英杰书记为班长的区党委正确领导和关心厚爱的结果，是以朱中奎书记为班长的地委坚领导和大力支持的结果，是以自治区、地区脱贫攻坚指挥部有力指导的结果，是对口援藏及社会各界无私援助、大力支持的结果，是县委、人大、政府、政协班子和全县各族干部群众齐心协力、团结奋斗的结果，特别是县乡两级脱贫攻坚指挥部、各专项工作组、驻村工作队的广大干部职工，充分发扬“5+2”“白＋黑”精神，为全县脱贫攻坚事业付出了艰辛努力。在此，我代表县委、县政府，向奋战在脱贫攻坚一线的同志们表示最诚挚的感谢，并致以崇高的敬意！

在肯定成绩的同时，我们也清醒地看到，我县作为深度贫困县在脱贫攻坚工作中仍然存在不少的困难和问题，主要表现在以下几个方面：一是脱贫难度大。全县建档立卡贫困人口1318户、4067人，经过2017年贫困人口动态调整之后，净增贫困人口56户188人，达到1374户4255人。目前还剩余984户2910人尚未脱贫（其中因缺劳力致贫621人，因缺技术致贫528人，因缺资金致贫210人，因自身发展动力不足致贫364人，因病致贫285人，因残致贫174人，因灾致贫47人，因缺水致贫229人，因交通条件落后致贫181人，因缺土地致贫120人，因学致贫81人，其他70人）。同时，受历史、地理、气候等因素影响，边缘封闭村组多，陈规陋习和宗教消极影响多，地方病多，这些都给脱贫攻坚工作带来很大难度，到2019年实现脱贫摘帽时间紧、任务重、压力大。二是产业发展滞后。区位条件差、基础设施薄弱、资源条件匮乏、生态环境脆弱等制约，扶贫产业发展不理想，既缺乏大产业支撑，又缺少小产业补充，产业支撑脱贫作用不够凸显，导致脱贫攻坚成本高、难度大、见效慢。同时，县级财力薄弱，扶贫产业项目资金贷款难度大，缺乏就业能力强、支撑好、成效明显的产业。三是群众观念落后。部分群众主动意识不强、思想观念落后，存在相互攀比心理，出现“乱买卖”、“乱贷款”、“乱分户”、“非婚生子”、“不孝敬老人”等现象。同时，易地搬迁群众不执行上级扶贫建房政策，群众自筹建房资金不想办法筹措，从农行可贷款的建房扶贫款不贷，讲福利、享清福，福利陷阱隐患很大。四是工作作风不实。虽然我们很多干部是“5+2”“白加黑”的工作模式，但部分领导干部工作用心、用情、用力不够，带头深入村组破解难题、消除矛盾的力度不够。部分乡（镇）干部机械主义倾向严重，不主动思考、不深入研究、不精细落实，存在工作被动应付、粗糙落实的现象。部分驻村工作队员和村（居）干部，走过程的多、主动担责的少，为贫困村（居）跑资金、跑项目少，存在等待观望的现象。部分干部在结对帮扶中，形式主义倾向严重，不研究政策、不拉近群众、不解决难题，工作停留在去了牧户家几次、照了几张照片上，没有把真情用在老百姓身上，没有把政策用在老百姓身上，没有真正帮老百姓脱贫致富想办法。五是工作衔接不够。个别乡（镇）、部门缺乏大局意识，县脱指部、各乡（镇）与12个专项组之间衔接协调落实不够到位，存在汇报工作迟缓、上报信息不一致等现象。如：去年县民政社会兜底与扶贫社会兜底数据不一致，导致部分扶贫低保人口享受惠民政策困难。六是思想教育不到位。个别乡（镇）紧迫感、责任感不强，工作不深入不扎实，对干部群众精准扶贫相关政策学习宣传力度不够，宣传报道工作滞后，导致有些群众争当贫困户，以贫困为荣，想尽千方百计都要挤进贫困户，即使脱贫了也不愿意退出，认为只要是贫困户，就能得到好处；甚至有些群众争享扶贫政策，想不劳而获，都想享受扶贫政策，有的甚至去乡（镇）、村（居）大哭大闹，死皮耐脸要扶贫政策。部分乡（镇）扶贫专干对扶贫政策不了解、业务不熟，存在贫困底数不清楚、无处下手、点子办法不多、工作推动难等问题。同时，牧民就业培训针对性和实效性不强，学用脱节，劳动技能仍然低下，贫困群众就业难、难就业的问题仍然较为突出。针对上述问题，各乡（镇）、各部门、各村组特别是扶贫专干和驻村工作队必须引起高度重视，切实把扶贫工作放在心上、抓到手上、扛在肩上，深入研究、理清思路，找准症结，拿出解决问题的具体办法和务实举措加以解决，切实打好深度贫困地区脱贫攻坚战这场硬仗。

二、深化思想认识，提高政治站位

中共十八大以来，以习近平总书记为核心的党中央高度重视深度贫困地区脱贫攻坚工作，始终关注贫困地区发展，深情牵挂贫困群众生活。中共十九大把精准脱贫作为全面建成小康社会三大攻坚战之一作出重大部署，提出了一系列关于推进脱贫攻坚工作的新理念新思想新战略。在中央经济工作会议上，习近平总书记又把脱贫攻坚作为一项重要工作进行了部署，强调要瞄准特定贫困群众精准帮扶，向深度贫困地区聚焦发力，打好精准脱贫攻坚战。在中央农村工作会议上，习近平总书记再次强调，实施乡村振兴战略要同打赢脱贫攻坚战有机衔接起来，明确指出要制定打好脱贫攻坚战三年行动指导意见。这充分体现了习近平总书记和党中央高度的政治责任感和历史使命感，体现了习近平总书记和党中央打赢脱攻坚战、决胜全面建成小康社会的坚定的意志和决心，为全党树立了标杆、作出了表率。这对于我们进一步认清形势、统一思想、坚定信心，确保如期实现脱贫攻坚目标，夺取脱贫攻坚全面胜利，全面建成小康社会具有重大激励、鞭策和指导作用。

为深入贯彻落实习近平总书记“重点攻克深度贫困地区脱贫任务”的重要指示精神、落实汪洋常委在听取西藏深度贫困地区脱贫攻坚情况汇报时的讲话精神，2017 年 12 月 13 日，自治区召开了全区深度贫困地市和县（区）脱贫攻坚工作汇报会，吴英杰书记结合我区深度贫困地区脱贫攻坚工作发表了重要讲话，深刻分析了当前我区脱贫攻坚工作面临的形势，严肃提出了我区脱贫攻坚工作中的存在问题和困难，并对全区坚决打赢深度贫困地区脱贫攻坚这场硬仗提出了针对性、操作性、指导性的意见。2018 年 2 月 2 日，自治区深度贫困地区脱贫攻坚工作会议在拉萨召开，齐扎拉主席出席并作了重要讲话，对深度贫困地区脱贫攻坚工作进行了全面安排部署，发出了攻克深度贫困堡垒的“总攻令”。齐扎拉主席的重要讲话通篇贯穿了中共十九大、习近平新时代中国特色社会主义思想，体现了中央经济工作会议、中央农村工作会议和全国扶贫开发工作会议精神，把握了西藏区情和脱贫攻坚工作的阶段性特征，抓住了西藏脱贫攻坚工作中根本性、关键性的问题，围绕正确处理好“十三对关系”为根本方法，描绘了我区打好打赢脱贫攻坚战的宏伟蓝图，不仅目标任务具体，而且理论性、针对性、操作性极强，完全符合西藏的实际，是指导我们打赢脱贫攻坚战、全面建成小康社会的纲领性文件。

2 月 7 日，阿里地区召开了深度贫困地区脱贫攻坚工作会议，朱中奎书记以贯彻落实中共十九大精神和中央、自治区深度贫困地区脱贫攻坚工作会议精神为主线，结合阿里实际，分析研判形势，围绕“思想认识要再深化、目标任务要再明确、扶贫措施要再精准、攻坚任务要再突出、脱贫能力要再提升、脱贫质量要再提高、脱贫责任要再压实、作风建设要再加强、组织领导要再强化”九个方面对做好脱贫攻坚工作进行了再安排、再部署、再强调，为全地区决胜全面建成小康社会，全面推进经济社会长足发展和长治久安指明了方向，提供了遵循。各级党政组织要进一步提高思想站位，充分认识打赢脱贫攻坚战的重要意义，切实增强使命感、责任感和紧迫感，深刻认识深度贫困地区脱贫攻坚工作的重要性、艰巨性、紧迫性、严肃性和实效性，牢固树立“四个意识”，深刻掌握和精准把握深度贫困地区脱贫攻坚工作的政策要求和措施方法，坚持把脱贫攻坚与维护祖国统一、加强民族团结这个着眼点和着力点相结合，与做好反分裂工作、维护国家安全这个工作核心相结合，切实把深度贫困地区脱贫攻坚工作放在心上、扛在肩上、落实在行动上，把如期脱贫作为当前和今后一个时期的头等大事和第一民生工程，集中力量、集中投入、集中攻坚，采取超常规的举措，拿出最过硬的办法，破釜沉舟、背水一战，坚决打赢脱贫攻坚战。

三、紧盯目标任务，狠抓工作落实

我县作为国家深度贫困县，到2019年实现全县贫困人口如期脱贫和贫困村（居）、乡（镇）、县脱贫摘帽，这是历史赋予我们的光荣使命，是全县各级党政组织必须履行的责任担当，更是我们落实中共十九大精神，解决好人民对美好生活的向往和不平衡不充分发展之间的矛盾，实现“两个一百年”奋斗目标的一项重要工作。2018年我县脱贫任务是：完成639户1943人脱贫和10个贫困村（居）退出，其中革吉镇120户367人，雄巴乡109户355人，亚热乡218户590人，盐湖乡120户403人，文布当桑乡72户228人。这是县委、县政府向地委、行署立下的责任书、军令状，没有退路，是必须完成的硬任务。各乡（镇）要按照2018年脱贫攻坚责任书和全县打赢脱贫攻坚战实施方案及年度目标任务，以时间倒逼任务，以目标倒排责任，制定本乡（镇）、村（居）脱贫路线图、时间表，任务书，强化工作措施、倒排工期、挂图作战，抓好任务落实。同时，要深刻把握、正确认识吴英杰书记指出的“打赢脱贫攻坚战既是脱贫工作也是民族工作，既是经济问题也是政治问题”的重要指示精神和齐扎拉主席提出的脱贫攻坚领域存在的“六多”“四少”“三重”的特点，对照自治区、地区明确的致贫因素，坚持分门别类、因地制宜、因村、因户、因人施策，对每一个贫困村、贫困户都要制定个性化的帮扶措施，切实做到扶贫对象精准、项目安排精准、资金使用精准、措施到户精准、产业发展精准、因村派人精准、脱贫成效精准，确保脱贫攻坚各项目标如期完成。

四、精准扶贫措施，提升脱贫成效

*一要打好产业扶贫硬仗。*产业是脱贫攻坚的主攻方向，是群众持续稳定增收的主要渠道，更是打赢脱贫攻坚战有效支撑。各级各部门要紧扣“户户有增收项目、人人有脱贫门路”的目标，积极抓住国家、自治区和地区政策机遇，正确处理好发挥优势和补齐短板的关系，处理好城镇就业和就近就便、不离乡不离土、能干会干的关系，坚持“因乡制宜、因村施策、因户施法”的原则，充分依托本乡（镇）区位条件、气候特点、资源禀赋等优势，用好用活牧区资源，加大产业扶持力度，探索符合本地实际的产业发展路子，积极发展一批短平快集体实体产业项目，力争每个深度贫困乡拥有一批特色产品，为贫困群众稳定脱贫、长期脱贫、增收致富、建成小康提供有力支撑。在这里强调：产业就是实体，产业落实落地就是实体经济。每一个产业都要有规划和实实在在的方案，要有具体的效益分析，要提前谋划好经营模式，要制定详细的规范管理措施，特别是要明确后期管理模式，促进产业最大效益的发挥。要充分发挥牧区改革在群众致富中的决定性作用，优化牧业产业体系、生产体系、经营体系，加强牧区能人培养，大力扶持牧民专业合作社、养殖大户等新型经营主体，重点在“推进草场有偿流转、推进联户联组经营、推进培养养畜大户、培养新型牧业主体、推进劳务输出”五项改革上下功夫，力争2018年在每个乡（镇）至少组建1个新型牧业主体产业，延长产业链、提高附加值，促进贫困群众增收致富。要立足优势，做优现代设施牧业，采取“公司＋基地＋牧户”经营模式，提高经营管理水平、拓宽营销路子等方法，做大做优“五个产业基地”，突出抓好牦牛产业基地建设和人工种草，大力发展牛羊育肥，抓好畜产品粗加工业，让贫困群众在参与产业中增收。要认真贯彻落实吴英杰书记关于“在那曲、阿里一些极高海拔的地方可以圈一些地、建一批生态公园”的重要指示要求，大力实施特色旅游建设，培育一批生态游、乡村游、观光游等业态产品，重点要加快规划建设革吉县野生动物观赏园，探索走出一条高海拔地区群众搬迁后丰富生态旅游资源的开发利用机制，吸引游客看雪山草原、看野牦牛藏羚羊藏野驴，深度体验雪域高原的大美风光，让牧民群众走上生态路、吃上旅游饭，既保护生态、又增加收入。今年必须完成城乡居民参与旅游从业人员450人，建档立卡旅游脱贫187人的目

标。要加快推进扶贫项目建设，精心谋划抓前期，提高争项目、抓发展的责任感和主动性，研究新政策、吃透新政策，特别是深度贫困县乡村扶持政策，加快建设2017年第一批产业项目和做好2018年12个产业项目建设前期工作，确保年内70%以上项目开工建设，辐射带动更多群困群众增收致富。积极促进国有公司发展，重点是对城投公司、旅投公司、扶投公司规范管理，不断提升公司运营水平，尽快产生效益。

二要打好易地搬迁扶贫硬仗。全县易地扶贫搬迁任务共510户1761人。目前，还有福康小区二期和亚热乡2个集中安置点未完工，其他搬迁安置点虽已竣工但仍有165户351人未实现搬迁入住。各乡（镇）、各村（居）、各专班特别是党政一把手要务必引起高度重视，亲力亲为抓落实，决不能再找借口，决不能再找任何理由，务必把其作为一项重要的、紧迫的工作扎实推进，抢工期、赶进度、保质量，确保今年7月底前易地扶贫安置点全部建成，8月底前坚决完成未搬迁人员全部搬迁入住。同时，对于困难群众自筹资金要做好思想工作，争取早日落实。要着眼提升易地扶贫搬迁群众的幸福指数，坚持政策随人搬迁、资金随人搬迁，把易地搬迁与乡村振兴战略结合起来，与当地基础设施建设结合起来，同步推进配套扶持政策，大力推进水电路讯网、科教文卫保“十项提升工程”，便于搬迁群众就学、就业、就医，统筹谋划安置区产业发展与群众创业就业，确保搬迁贫困人口“搬得出、稳得住、能致富、有保障”。

三要打好转移就业扶贫硬仗。由县人社局牵头负责，按照“培训一人、就业一人、脱贫一户”和“精心组织实施、找准定位发力、出实招有实效”的工作要求，制定《革吉县2018年农牧民技能培训实施方案》，统筹整合各类培训资源，以市场就业为导向，加大劳务输出培训力度，大力实施职业技能提升计划和贫困户教育培训工程，提高就地发展生产、进城务工就业、自我创业就业能力。2018年必须开展建档立卡贫困群众技能培训800人次以上，实现940名贫困人口转移就业脱贫目标。要拓宽贫困群众就业渠道。各乡（镇）、各村（居）要把就业工作摆在重要位置，用足用活中央、自治区、地区促进就业各项政策，积极研究制定符合本乡（镇）、本村（居）切实有效扩大就业的具体措施，通过发展合作社、“春风行动”带动贫困人员促进就业。发挥好政府投资和重大项目建设作用，在稳定现有就业岗位的基础上，对就业困难群体和零就业家庭实行优先扶持和重点帮助，鼓励更多服务业吸纳就业，增加就业岗位促进就业。加强大学毕业生的就业指导和服务，支持高校毕业生以资金入股、技术参股等方式，加入牧民专业合作社等经济组织或返乡创业，对符合扶持政策和补贴政策条件的，优先给予项目和政策支持。同时，积极与联通公司沟通协调，力争每年提供针对性强的就业岗位。要狠抓劳务输出工作。坚持把劳务输出作为“五项改革”的一个重要内容，作为促进贫困群众增收的一条重要路径，充实完善《农牧民劳务输出创收工作实施方案》，劳务创收专班要统筹安排贫困人口参与项目建设并努力保障贫困人口打工的施工队、建筑队有项目，促进劳务输出由自发型、零散型、短期型、体力型向组织型、规模型、长期型、技能型转变，确保贫困群众转移就业增加收入。

四要打好生态补偿扶贫硬仗。牢固树立“绿水青山就是金山银山”的理念，由县林业局牵头负责，各相关单位抓好协调落实，坚持扶贫开发与生态保护并重，正确处理好保护生态与富民利民的关系，用好中央、自治区和地区各类生态补偿政策，落实好草补、生态补偿等惠民政策，广泛组织贫困人口参与生态保护修复和建设管护，参与退牧还草、人工种草与天然草场改良、防沙治沙和水土流失治理等项目，吸纳有劳动力的贫困人口就地转成护林员、管护员、监督员、野保员、养护员、水管员、保洁员等，实现体面的、有尊严的脱贫，最大限度地增加贫困群众收入。要扎实推进定岗、定责、定人工作，切实发挥生态岗位作用。积极推进岗位补助资金“一卡通”兑现方式，确保生态岗位补助资金及时足额发放。

五要打好教育扶贫硬仗。严格落实《阿里地区教育系统关于西藏自治区建档立卡贫困家庭子女接受高等教育实施免费教育补助政策管理办法（试行）》，把符合条件的320名建档立卡贫困学生全部纳入资助范畴；力争完成120名扶贫专项招生（两后生）工作任务；用好国家投资4559万元，完成革吉盐湖乡小学、亚热乡小学等6个薄弱学校改扩建项目。落实好免费教育、"三包"、教育资助等政策，用好助学金和家庭经济困难学生一次性资助金，必须确保每一名适龄儿童上学。对考上大学、重点高中和其他省市西藏班品学兼优的困难学生进行资助，大力推进义务教育均衡发展。

六要打好社会兜底扶贫硬仗。兜底工作政策性强，相关部门要切实把政策掌握好、把基础工作做细做实，真正把各项政策落实好。由县民政局牵头，认真落实自治区、地区有关社会保障兜底各项优惠政策，加快推进城乡低保、医疗救助、特困人员供养等社会救助体系建设，对丧失劳动能力、无法通过产业扶持和就业帮扶脱贫的低保户、五保户、残疾人等，用足用好各种兜底社会救助政策，保障正常的基本生活。对符合低保条件的贫困户全部纳入最低生活保障范围，进行政策兜底扶持。县扶贫办、民政局、脱攻办要推行农村低保政策与扶贫开发政策有效衔接，建立完善农村低保与建档立卡贫困人口数据互通互联、共享信息平台，将贫困人口中没有劳动力、需要由社会保障进行兜底的家庭，通过低保线与贫困线"两线合一"，将其全部纳入农村低保范围，实现应保尽保。加大低保"边缘人口"和建档立卡"边际人口"的关爱帮扶力度，落实相关政策，防止出现新的贫困人口。

七要打好金融扶持扶贫硬仗。由县脱攻办和产业组牵头，把破解产业融资贷款难问题作为重要课题，进一步加大与金融机构的工作对接、需求对接及任务对接力度，选准扶贫产业项目，做实做细项目前期工作，确保符合信贷程序要求，撬动金融资金扶持发展扶贫产业。继续设立500万元农牧民创业基金，给那些想创业的群众予以支持，积极引导更多信贷资金流向贫困地区，撬动更多信贷资金支持贫困户发展生产和就业创业。

八要打好健康扶贫硬仗。由县卫计委牵头，认真落实健康扶贫各项政策，大力实施健康革吉工程，加强医疗服务体系和全科医生队伍建设，实行"先诊疗、后付费"就医模式，解决贫困群众看病难、看病贵问题。认真落实新型牧区合作医疗和城镇职工基本医疗保险制度，巩固提高包虫病筛查成果。深化开展医疗组团式援藏工作，全力做好县卫生服务中心创"二甲"各项工作，确保顺利通过评估验收。加大配套投入力度，进一步完善县乡村三级医疗服务体系，加强传染病、地方病、慢性病防治工作，解决好今年建档立卡贫困户263人因病致贫、因病返贫问题。

九要打好高海拔生态搬迁扶贫硬仗。按照吴英杰书记"不能盲目扩大搬迁规模，可搬可不搬得尽量不搬"的指示要求，坚持因地制宜、尊重群众意愿、量力而行、尽力而为、宜搬则搬、宜改则改、宜建则建的原则，慎重稳妥推进高海拔生态搬迁，切实做好64户245人的高海拔生态搬迁工作。同时，要加强对高海拔生态搬迁群众的教育引导，让大家明白，不是一搬出去就能立即过上好日子，而是搬出去的这一代人要做好充分的吃苦准备，利用党和政府在搬入地提供的生产生活资料发展生产，依靠自己勤劳的双手过上幸福的新生活。

十要打好"十项提升"工程硬仗。要紧紧围绕深度贫困地区脱贫攻坚，着眼制约发展的瓶颈问题和群众生活生产难题，大力实施基础设施和公共服务建设，加快乡村道路建设，突出解决建制村、自然村通达通畅和易地扶贫搬迁点交通配套问题，今年开工建设6个村通村柏油路项目，加快作业组转场路建设步伐，有效改善牧民群众出行条件和生产运输条件。加快农牧区水利建设，大力实施农村饮水安全巩固提升工程、水生态保护工程、草场、农田水利灌溉等工程，优先解决易地搬迁和贫困村（居）安全饮水工程。今年力争完成60座机电井、加布村饲草料灌区工程、文布当桑乡高效节能灌区工程和文布当桑乡、雄巴乡政府管道饮水工程，让贫困群众获得最直接、最现实的收益。推进住房安全保障，重点解决建档立卡贫困户、低保户、分散供养特困人员和贫困残疾人家庭的危房改造。加快县城供暖、供氧、给排水和综合管廊建设，加快通信网络和能源建设。大力开展"建设美丽革吉"和"美丽乡村"建设，加强县城、乡（镇）周边植树绿化力度，提高乡村绿化覆盖率。切实解决乡村环境“脏、乱、差”问题,稳步改善村(居)人居环境。推进牧区“厕所革命”,促进乡村文明发展。要做好乡村振兴战略与脱贫攻坚的衔接,要按照产业兴旺、生态宜居、乡风文明、治理有效、生活富裕的原则,结合自身条件,根据脱贫攻坚任务,将乡村振兴战略的思想和原则融入具体的脱贫攻坚计划和行动之中,进一步加大在资金、项目、人才、技术等方面的投入力度,奠定乡村振兴的制度和物质基础。

五、强化攻坚能力,提高脱贫质量

中共十九大报告指出,中国经济由高速增长阶段转向高质量发展阶段,脱贫攻坚也同样转入质量提升的新阶段。在这脱贫攻坚的关键时期,必须全面贯彻新发展理念,破解脱贫难题、增强脱贫动力、提升脱贫实效,确保如期高质量打赢脱贫攻坚战。随后,中央经济工作会议提出“打好精准脱贫攻坚战,保证现行标准下的脱贫质量”。2018 年新年伊始国务院扶贫办发布会提出“从注重减贫速度向更加注重脱贫质量转变”。可以说,提升脱贫攻坚质量,是未来脱贫攻坚的核心任务。全县各级部门要认真学习和深刻领会习近平新时代扶贫开发重要战略思想,切实以思想自觉引领行动自觉,强化打赢脱贫攻坚战的信心和决心,增强脱贫攻坚的整体合力和持久动力。要坚定不移、毫不动摇以脱贫攻坚统揽经济社会发展全局,以脱贫攻坚为工作主线、主业和主抓手,把工作重心和要素投向脱贫攻坚聚焦聚力,确保今年脱贫攻坚连战连捷。一要提高扶贫干部能力。坚持把培训工作摆到重要位置,突出抓好县乡村扶贫干部学习培训工作,重点提高思想认识,引导树立正确政绩观,掌握精准脱贫方法,培养研究攻坚问题、解决攻坚难题、为民办实事的能力,要多创造机会让扶贫干部特别是乡村领导到其他省市省市或区内扶贫工作做得好的地方去考察,让干部在培训考察中了解政策、增长见识、汲取好经验好做法,提高脱贫致富水平,增强脱贫致富信心。县委组织部、人社局要大力实施深度贫困地区人才振兴工程,进一步加强乡(镇)、村干部队伍建设,切实加大对脱贫攻坚一线干部的关心关爱力度。要坚持把脱贫攻坚作为培养锻炼干部的主战场,完善政绩考核评价体系,对在脱贫攻坚中表现优秀、实绩突出的干部,及时提拔一批、表扬奖励一批。要坚持从严管理与宽容保护相结合,进一步健全完善容错纠错机制,旗帜鲜明地支持和鼓励脱贫攻坚一线干部担当作为,最大限度地调动脱贫攻坚一线干部工作主动性创造性。各乡(镇)党委、政府要树立早干早支持、多干多支持的导向,充分发挥党员、致富能人带头和示范引领作用,发动贫困群众在“比学赶超”中脱贫奔小康。要深入实施“村(居)干部能力素质提升工程”,做好村(居)“两委”班子的脱贫攻坚教育培训工作,激励村(居)干部在脱贫攻坚一线锤炼意志、攻坚克难、增长才干,在基层建立一支留得住、干得好、带不走的扶贫队伍。各驻村干部、村第一书记、村居“两委”班子要经常深入基层一线,与贫困群众拉家常想办法算细账谋出路,引导他们不等不靠、埋头苦干,用勤劳双手创造美好生活。二要转变群众观念。中共十九大报告提出,坚决打赢脱贫攻坚战,注重扶贫同扶志、扶智相结合。扶志、扶智是管当前、管长远、管思想、管技能的有效手段,缺了“志”和“智”,脱贫成效既不稳固,也不长久;离开扶贫实践谈扶志、扶智,则容易陷入“清谈”,动员不了群众,达不到攻坚效果。结合“四讲四爱”“五讲五看五做”主题教育实践活动、“藏西先锋·红色阿里”党建品牌创建、“党的恩情照边疆·阿里人民心向党”基层宣传思想文化阵地建设、民族团结进步示范乡村创建的实际,举办各种类型的讲习班,引导各族群众树立劳动光荣、勤劳致富意识和主体意识,通过比学赶超,不断提高脱贫的能力;对于群众“等靠要懒”问题要具体研究,制定可行方案措施,要继续深入开展“移风易俗”“树勤去懒”宣传教育,进一步规范建档立卡贫困户日常行为,做到“七严禁、一必须”(七严禁即:一是所有建档立卡贫困户除藏历新年等主要节日外,全年其余时段坚决禁止饮酒;二是所有建档立卡贫困户严禁赌博;三是所有建档立卡贫困户严禁进入酒吧、朗玛厅、KTV 等高消费娱乐场所;四是建档立卡贫困户不得乱经营,所有经营项目必须报村居两委班子和村第一书记进行审核把关同意后方可实施;购买机动车(含摩托车)必须经村居两委班子及村第一书记同意;五是建档立卡贫困户禁止包车转山、向寺庙捐款捐物、供奉酥油灯，严禁出现“放生”行为；六是建档立卡贫困户禁止借款经营，严禁出现高利贷现象（如确需借款经营可按照程序申请县上所设立的创业基金）；七是建档立卡贫困户居住地不在县城或乡（镇）所在地的，除在县城和乡（镇）所在地务工及有特殊情况外，不得在县城和乡（镇）无事逗留一天以上。一必须即：有劳力的建档立卡贫困户必须无条件听从村（居）两委安排进行劳务输出）。要发挥乡规民约、村规民约作用，通过村民自治方式，丰富村规民约内容，引导贫困群众自我教育、自我管理、自我约束，坚决破除不赡养老人、赌博酗酒、高利贷等不良行为，养成健康文明的生活方式，让群众在创业就业的实践中转变思想，实现从“要我脱贫”向“我要脱贫”转变。要把强化感党恩教育作为深度贫困县乡脱贫攻坚的一项重要内容，使贫困群众深刻认识到，今天的幸福生活是党中央亲切关怀的结果，是党的好政策带来的，从而坚定地听党话、跟党走，追求健康文明的生活方式，过好今生幸福生活。同时，要正确处理好中央关心、全国支援和自力更生、艰苦奋斗的关系，加强对贫困群众的教育引导，鼓励群众参与劳务输出、自主创业，调动他们的积极性、主动性、创造性，注重培育贫困群众发展生产和务工经商的基本技能，注重提高贫困群众自我发展能力。三要做实脱贫攻坚基础工作。要完善建档立卡，把符合标准的贫困人口和返贫人口及时全部纳入，对脱贫人口注明脱贫措施，推进数据共享，拓展服务功能。继续做好“两项制度”衔接工作和细化完善建档立卡和非建档立卡贫困户脱贫措施和计划，分析致贫原因，仔细甄别，因户制宜，分类指导，精准施策，做到“一户一本台账、一个脱贫计划、一个帮扶项目、一套帮扶措施、一名帮扶责任人”。要注重工作留痕，强化过程管理，及时收集、整理、规范基础资料，统一归档保存，形成完整的闭环体系，做到可核查、可佐证。要严格退出把关，坚持成熟一个、摘帽一个，既不搞短期突击，也不故意拖延到最后一刻，推进贫困村（居）分期分批、规范有序退出，确保退出质量。

六、加强组织领导、强化责任落实

深度贫困乡村脱贫攻坚是一项重大的政治任务，没有条件可讲、没有退路可走。各乡（镇）、村（居）、驻村工作队和各部门要把深度贫困乡村脱贫攻坚工作摆在突出位置，要严格按照吴英杰书记提出的“各级党委要履行主体责任、政府要履行主抓责任、干部要履行主帮责任、基层要履行主推责任、社会要履行主扶责任，驻村干部要履行具体责任，把担子逐级压下去，切实做到五级书记抓扶贫，确保千斤重担大家挑、人人身有压力”的重要指示精神，各司其职、各负其责，密切配合、通力协作，形成工作合力，真正做到使命在心、责任在肩、工作在手，全力推动深度贫困乡村脱贫攻坚工作任务圆满完成。同时，严格落实县四大班子主要领导和县委副书记阿旺朗杰同志各包一个乡（镇），其他县委常委和县级领导各包一个村（居）扶贫分包责任制（盐湖羌麦、羌堆分别安排两名县级干部包村），负责指导分包乡（镇）、村（居）理清思路、制定规划、落实政策、促进就业、监督落实等相关工作，帮助协调解决重大问题；实行村“两委”班子领导包户制和党员包户制，村党支部书记、村委会主任分别包 4 户，每名党员包 2 户，真正保证每户贫困户有人帮、有人扶，确保如期脱贫摘帽。县脱攻办要统筹谋划好精准脱贫精准扶贫工作，加强与上级部门沟通、协调、衔接工作，认真研读新政策、新规定，努力吃透各项政策，研究制定措施、目标、任务，定期听取汇报各乡（镇）、各专项组工作开展情况，及时掌握了解全县脱贫攻坚工作，总结经验、研究解决问题，定期向县委、县政府报告精准扶贫精准脱贫工作进展情况，为县委、县政府正确科学决策提供依据。各专项组要充分发挥专项工作的牵头抓总作用，严格按照《革吉县“十三五”脱贫攻坚总体规划》，结合各组业务实际，制定工作计划，把脱贫攻坚任务明确到具体责任单位、责任人，做到事事有人管、事事有人做。特别是项目组、产业组要加强责任意识和担当意识，坚持政策实施优先向贫困村倾斜，项目布设优先照顾贫困村需要，力量摆布优先向贫困村考虑，真正在精准施策上出实招、在精准推进上下实功、在精准落实上见实效。各乡（镇）要以群众满意度为标准，加强对乡（镇）干部、驻村工作队、村（居）干部脱贫攻坚日常工作掌握和考核力度，推动形成脱贫攻坚激励与约束相结合的长效机制，全面承接落实好脱贫攻坚各项任务。各乡（镇）党委书记、乡（镇）长作为脱贫攻坚的第一责任人，要带头垂先示范、主动作为，要亲自过问、亲自研究、亲自落实；带头深入基层，督促落实各项重点任务，树立决战决胜脱贫攻坚第一责任人的好形象，让干部群众学有榜样、赶有目标、干有标杆。村（居）干部、第一书记、驻村干部要积极主动融入当地扶贫开发，帮助贫困村落实"六个精准"，协调落实扶贫项目、监督扶贫资金使用、宣传各项惠农政策、完善相关资料，积极承担各项工作任务。一般干部要严格按照县委、县政府和脱指部要求，切实转变扶贫观念，改变帮扶方式，创新"我要帮扶"的思路和举措，加强感情联络，走进群众内心，做到真帮真扶，为打赢脱贫攻坚战、决胜全面建成小康社会作出积极贡献。县纪委、组织部、脱攻办要切实加强对深度贫困乡村脱贫攻坚工作的督促检查力度，制定考核评价办法并抓好考评工作，加强对各乡（镇）深度贫困乡村脱贫攻坚工作的考核问效，发现典型、总结经验、查找差距、弘扬先进、鞭策后进；坚持年度脱贫攻坚报告和督查制度，重点围绕县委、县政府的安排部署，强化督查，做到随时抽查、随时暗访、定期督查、定期通报，对工作不严实、弄虚作假的严肃问责，确保脱贫攻坚整体联动、高效推进。县直各部门要把脱贫攻坚工作作为份内之事、应尽之责，加强部门专项规划与脱贫攻坚规划有效衔接，切实转变作风，充分运用行业资源、部门优势、人员力量做好扶贫脱贫工作，确保完成脱贫攻坚目标任务。县财政局要充分发挥政府投入和主导作用，加大涉农资金统筹整合力度，县财政每年新增收入，除有明确规定的除外全部用于深度贫困地区。

七、加强督查力度，推进作风建设

打好打赢脱贫攻坚战，关键在干部，成败在作风。一段时间以来，中央、区党委巡视组对扶贫领域开展了专项巡视和"机动式"巡视，发现了扶贫领域中还存在"四个意识"不强、责任落实不到位、政策举措不精准、资金管理不规范、帮扶工作不扎实、形式主义、官僚主义等作风问题以及贪污侵占挪用截留扶贫资金等腐败问题，严重影响脱贫攻坚工作落实，严重侵害贫困群众利益，严重损害党和政府形象。为此，国务院扶贫开发领导小组决定将2018年作为脱贫攻坚作风建设年，在全国范围开展扶贫领域作风问题专项治理。各乡（镇）、各部门，特别是纪检部门要引起高度重视，充分认识开展扶贫领域作风问题专项治理的重要意义，在脱贫攻坚中把作风建设摆在突出位置，认真组织开展扶贫领域作风问题专项治理，摸清作风建设薄弱环节，落实专项整改措施，用作风建设的成果促进各项扶贫举措的落实。要强化扶贫领域项目资金安全管理。县监委和财政局要把扶贫资金作为监督检查重点，紧盯扶贫资金分配、使用、监管等关键环节，管好"钱袋子"，确保一分一里、一丝一毫都用于扶贫开发。要建好项目台账，实现项目从申报立项、审批、资金拨付到实施、验收的全过程监管。要严把资金分配关，坚持把资金安排与扶贫成效挂钩，做到权责一致、统一调配、归口管理；要严把资金使用关，强化项目监督管理，严格按照精准扶贫的标准、程序实施项目，绝不擅自更改项目的建设内容和用途，确保资金发挥最大效应。要严把工程质量关和资金安全关，强化责任倒查，建好资金"防护墙"，严防"跑冒滴漏"。要加强专项治理。县纪委、巡察办要严格按照中央纪委、自治区纪委和地区纪委2018年–2020年扶贫领域腐败和作风问题专项治理的方案部署要求，制定《革吉县扶贫领域腐败和作风问题专项治理方案》，加大巡察工作力度，深入开展扶贫领域腐败和作风问题专项治理，加大扶贫领域执纪、问责工作力度，对贪污挪用扶贫资金等腐败行为和发生在群众身边的有损党的形象的微腐败问题，坚决依法依纪从严、从重、从快查处，绝不姑息迁就。

同志们，坚决打赢深度贫困乡村脱贫攻坚战任务艰巨、使命光荣、责任重大。让我们紧密团结在以习近平总书记为核心的党中央周围，高举习近平新时代中国特色社会主义思想伟大旗帜，深入贯彻落实中共十九大、十九届二中、三中全会精神和全国"两会"精神，贯彻落实区党委九届三次全会精神，在区党委、政府，地委、行署的坚强领导下，以不破楼兰终不还的坚强意志，凝心聚力、精准发力、苦干实干、攻坚克难，全力以赴坚决打赢脱贫攻坚战。

在革吉县2018年深度贫困脱贫攻坚工作会议上的讲话

革吉县委副书记、县长 王明杰

（2018年4月2日）

同志们，上午的会议，我们通报了春节藏历年前全县开展的脱贫攻坚大干30天工作情况，表彰了2017年脱贫攻坚战线上涌现出来的先进单位和先进个人，县委、县政府还与各乡镇党委、政府签订了2018年度脱贫攻坚各项目标责任书，索朗次仁书记作了重要讲话。书记的讲话通篇贯彻了中共十九大、区党委九届三次全会，中央、自治区、地区三级扶贫开发工作会议精神和习近平总书记关于精准扶贫精准脱贫重要战略思想，贯彻了齐扎拉主席、罗布顿珠常务副主席在全区深度贫困地区脱贫攻坚工作会议上的讲话精神和朱中奎书记在阿里地区深度贫困地区脱贫攻坚工作会议上的重要讲话精神，为全县打赢打好2018年脱贫攻坚战作了总体部署，书记的讲话契合我县实际，对问题一针见血，为我们做好当前的脱贫攻坚工作指明了方向、提供了遵循。

刚才，获奖的先进单位和先进个人代表作了交流发言。雄巴乡周帧垒书记分享的一系列先进经验做法、县发改委黄超主任代表县（中）直单位就如何参与推动脱贫攻坚工作的发言、作为我县首个退出村（居）的第一书记石宪兵同志提供的典型做法、先进致富带头人仁青同志对布贡村的付出，都值得各乡镇、各单位认真借鉴学习；扶贫（农发）办云旦加措同志的发言显示了脱指部全体成员的辛苦，“5+2”、白加黑的工作常态值得各乡镇、各单位主要领导以此为鉴，力求亲力亲为，抓好各自本职工作，共同推进脱贫攻坚工作。革吉镇党委书记牛群同志和盐湖乡羌麦村驻村工作队队长卢文才同志分别就革吉镇如何打赢脱贫攻坚战、羌麦村如何按计划退出作了表态发言，发言里透露的想法、信心，不仅代表了我们广大基层干部的信心、决心，也为完成脱贫攻坚任务奠定了强有力的基础。

下面，就贯彻落实好索朗次仁书记的讲话和本次会议精神，切实打赢全县脱贫攻坚工作，我再提三点要求。

2018年是全面贯彻落实中共十九大精神开局之年，是中国改革开放40周年，也是我县脱贫攻坚进入决战贫困、决胜小康的关键阶段，任务倍加艰巨、时间尤为紧迫、形势仍然严峻。打赢脱贫攻坚是促进实现西藏长治久安与西藏各民族和谐繁荣发展的重要保障，脱贫不仅是消除贫困、促进群众增收，还是发展县域经济、改善民生问题，更是巨大的政治问题和民族问题。因此，全县上下要从战略全局的高度进一步提高思想认识，必须以高度的政治自觉和强烈的使命担当，准确把握脱贫攻坚的新形势、新任务、新要求，深刻领会推进脱贫攻坚的重大意义。

一、提高认识、转变观念

（一）学好学通政策，提高思想认识。在大干30天的通报中首要的共性问题就是基层干部，甚至脱贫干部、驻村工作队队员不熟悉相应的脱贫政策，尤其是惠民政策，在各类考核验收过程中出现的牧民群众对惠民政策不了解的问题，不仅是各相关部门宣传不到位，更是干部职工本身对政策不够了解导致，由此可知广大干部职工认真学习掌握扶贫相关政策在打赢脱贫攻坚战中的必要性、重要性。一是要学习习近平总书记扶贫开发重要战略思想，自治区九次党代会、九届三次全委会、朱中奎书记

2018年深度贫困地区脱贫攻坚工作会议重要讲话精神，充分发挥好各级组织作用，加强群众的思想教育，努力破除陈规陋俗，全面提高群众的感恩意识，通过脱贫攻坚工作的开展，真正让牧民群众知道“惠在何处、惠从何来”。二是各级各部门要进一步增强“四个意识”，坚决执行中央、自治区、地区和县委政府的决策部署，深刻认识到脱贫攻坚的政治性、民族性和艰巨性，深入剖析工作中存在的问题，以更加务实的工作态度、更精细的工作作风履行好岗位职责、尽职尽责做好岗位工作，把脱贫攻坚抓紧、抓实、抓好。

（二）明确发展思路，善于思考问题。思路决定出路，如何实现精准扶贫，重点在于“精”，思考在于“扶”，各乡镇党委、政府主要领导要理清思路，围绕革吉县深度贫困地区实施方案（2018—2020年），明确脱贫攻坚发展规划，在考虑发展思路时要对发展思路进行长短结合，在充分调研的基础上详细研究整体发展思路，结合县域经济、村集体经济发展，紧贴发展客观规律，从实际角度出发，兼顾两年内全县必须脱贫摘帽的目标，明确自身优势与劣势，制定详细完善的发展思路。问题是工作的障碍，不去研究和思考问题工作只会停步不前，只有加强研究问题、解决攻坚问题的能力，才能更好的做好工作。一是明确问题，从干部职工工作状态、群众思想精神状态、干活意愿、政策落实情况、产业、项目推进情况等多方面着手找问题；二是把握现状，明确工作推进的阶段性目标和当前工作进展落实情况的差别；三是对久经思考不出的问题，多问几次“为什么”，针对问题主动思考，定性、定量分析，找出问题原因，采取针对性对策，解决问题。

（三）加强群众思想教育引导。西藏经过上千年的历史沉淀，使当地的农牧民群众形成了现有的思想观念，想要转变不是一朝一夕，悬挂几天横幅、张贴几张标语就可以简单的转变过来。习近平总书记在乡村战略会议上提出了“四不”——“不孝老人、不管小孩、不守德者、不睦邻居”，指出了群众思想教育的必要性，这需要县、乡、村三级干部和驻村工作队不断深入到群众中，不断进行宣传教育，逐步引导群众转变陈旧落后的思想观念。一是抓好宣传工作，深入开展“志智双扶”。脱贫攻坚千难万难，最难的就是贫困群众内生动力不足。总书记强调，扶贫先扶志，扶贫必扶智。如果扶贫不扶志，扶贫的目的就难以达到，即使脱贫，也可能再度返贫；扶贫不扶智，贫困群众就会知识匮乏、智力不足、身无长物，甚至造成贫困代际传递。要从根本上摆脱贫困，必须走智随志走、志以智强，实施“志智双扶”，才能激发活力，形成合力，从根本上铲除滋生贫穷的土壤。各乡镇、县委宣传部、文广局要加强对群众的宣传教育，充分结合“四讲四爱”、“五讲五看五做”主题教育实践活动、“藏西先锋·红色阿里”党建品牌创建、“党的恩情照边疆·阿里人民心向党”、“神圣国土守护者、美丽家园建设者”等基层宣传思想文化阵地建设，举办多种形式多种类型的宣讲班、讲习班，把贫困群众的脱贫积极性和主动性充分调动起来，引导贫困群众树立主体意识，发扬自力更生的精神，激发改变贫困面貌的干劲和信心，靠自己的努力改变命运。全县各驻村工作队、各村第一书记、村官、帮扶责任人、村“两委”干部要经常深入贫困群众家中，帮助分析致贫原因，宣讲脱贫致富的先进事迹，引导贫困群众牢记“脱贫致富等不来、要不来、靠不来”的道理，不能“干部干、群众看”，要实现“群众干、干部帮”，确保贫困群众提高认识、更新观念、自立自强，勤劳致富，唤起贫困群众自我脱贫的斗志和决心。针对年老多病的贫困群众，要通过村民自治和政府宣传教育的方式，引导年轻力壮的家庭成员弘扬美德，勤俭持家，自觉承担家庭责任，强化赡养、抚养老人责任意识，促进家庭老少和顺。二是善于运用典型。群众无标杆则不知向谁学习、如何学习。我们要运用典型示范、标杆带头作用，在群众中树立脱贫致富典型标杆，采用致富能人、养畜大户现身说法，贫困户、富裕户生产生活对比等多种形式，促进群众转变自身思想观念，鼓励群众自觉参与脱贫致富。三是抓好乡规民约、村规民约落实。各乡镇、村（居）村规民约中必须增加两办下发的“贫困户不能做的8项特殊要求”，积极引导群众自我教育、自我管理、自我约束，坚决破除不赡养老人、残疾人和赌博酗酒等不良行为，养成艰苦奋斗、健康文明的生活方式。四是加强群众精神文明建设。积极开展“五下乡"、非物质文化遗产展演活动，丰富群众精神生活。抓好基层宣传思想文化阵地建设，加强各乡镇综合文化站站长、宣传文化干事、农(牧)家书屋、寺庙书屋等管理人员培训，进一步增强对基层公共文化服务的新形势、新任务、新要求的认识。巩固扩大"村村通"和"户户通"覆盖面，让群众通过电视上生动的脱贫典型受教育；通过开放乡镇文化站、农家书屋、寺庙书屋等文化场所，让群众知道"感党恩、跟党走"，那布艺术团要积极开展"文艺下乡"活动，不断丰富各族群众精神文化生活。

(四)强化工作培训。脱贫干部是脱贫攻坚的关键，对政策的掌握程度直接影响扶贫政策落实是否到位，目前部分干部对县脱贫情况、扶贫政策不了解，政策把握不透彻、不全面，怕担责、怕风险，面对脱贫攻坚工作不肯干、不会干。为此，我们一定要强化培训，让奋斗在脱贫攻坚第一线的脱贫干部在脱贫战斗中学会既能"抬头看路"，又能"埋头拉车"，深入学习领会、吃透政策要求、把握政策标准，确保执行政策不走样、落实要求不打折扣，切实将脱贫攻坚各项工作落实到位；要牢固树立脱贫攻坚的政治意识，各级各部门要狠抓教育培训，充分利用党小组、支部学习、举办夜校及其他集中学习时间不断加强对干部职工思想意识教育，切实增强政治意识抓好脱贫攻坚工作的自觉性和主动性；各专项组要充分发挥专项工作的牵头抓总作用，常谋划、勤研究，制定各自计划，把脱贫攻坚任务明晰到具体责任单位、责任人，做到时时清、事事清、人人清。

(五)改善工作作风。要树立正确的世界观、大局观和人生观，牢固树立无私奉献和艰苦奋斗的精神，大力弘扬"老西藏精神""两路精神"，传承"先遣连精神""孔繁森精神""阿里精神"，把个人的追求融入到党的事业之中，融入到打赢脱贫攻坚战、全面建成小康社会之中。要深入各村、组、户联系群众，定期与群众面对面谈生活，了解群众，摸清情况，想群众之所想，急群众之所急，脚踏实地投入到工作中去，努力提高工作能力和服务水平。

二、聚焦发展、稳步推进 2018 年脱贫攻坚工作

(一)切实抓好革吉县脱贫攻坚大干 30 天存在问题的整改工作。一是在此次脱贫攻坚大干 30 天的督查过程中，发现的各类低级问题较多，基层干部政策把握不准、扶贫政策和资金宣传不到位、户口信息混乱导致与户档严重不相符等等，各乡镇、各单位对通报里的各项共性、个性问题务必要高度重视，认真自查并制定切实可行的整改方案，逐项整改落实。二是要加强管理，强化村"两委"和驻村工作队的作用发挥。部分驻村工作队工作不积极，对驻村具体工作不明确，甚至出现群众举报的睡岗情况，村"两委"及驻村工作队务必严格把握村情及本村的脱贫攻坚各项数据，不定期对驻村工作队到岗情况、履行职责、措施落实等情况进行核查，进一步规范驻村工作队职责发挥，提高帮扶工作有效性。

(二)扎实推动产业项目建设。产业是稳定脱贫人口持续增收的关键点和难点。我们一定要切实把建产业、兴产业、富产业作为确保贫困群众稳定脱贫、长期脱贫和增收致富、建成小康的长久之计和固本之策。一是加快推进扶贫产业项目建设步伐。我们在《革吉县深度贫困地区实施方案(2018—2020年)》里规划了 12 个产业项目，都要以短平快为主，且符合革吉县长远发展布局。年初，我们按照上级的要求调整充实了产业专班的工作力量，县产业专班和县脱攻办要相互配合积极推动 12 个项目的前期手续，务必于 4 月 10 前达到招投标条件，5 月全面开工建设；同时要积极做好项目的推进和贷款落实工作。还要做好去年两个续建产业项目的复工准备工作，确保年内投入使用，超前谋划好经营主体和运营模式，不能让项目建设成之日就是破产之时。二是稳步发展现代畜牧业。全面落实乡村振兴战略，深化牧区改革，巩固提高畜牧业生产能力，统筹推进联产联牧、积极调整农业结构，大力推进蔬菜基地、革吉镇牦牛养殖基地、亚热乡绵羊育肥基地等特色农畜产品基地发展；围绕需求推进牧业供给侧结构性改革，尤其要增加市场紧缺牧产品的生产，提高牧产品品质，提升牧产品市场竞争力。加快牦牛产业基地招投标进度，务必于 4 月底开工建设，稳步推进牧业产业化经营，扶持发展养殖大户、家庭牧场、集体经济合作组织等多种经营主体，培育乡镇致富带头人，扶持本地的集体经济合作组织和小微企业做大做强，为贫困户脱贫致富提供门路。三是加强群

众对产业发展积极性的正面引导。鼓励牧民群众积极参与到产业建设中来,充分发挥乡镇在扶贫攻坚中的引导作用,县、乡、村三级就业创业领导小组要切实为牧民群众和牧民施工队找项目、找工作,多渠道增加牧民收入。

(三)加快实施易地扶贫搬迁进度。一是易地扶贫搬迁组要切实抓好易地扶贫搬迁后续建设工作,要督促施工单位在6月底前完成亚热乡和县城福康小区二期的后续搬迁工程建设,尤其是1户1人的设计和建设工作,务必按照地委、行署的要求在9月底全部搬迁入住。二是全县各职能部门、尤其是项目部门务必高度重视、相互配合,整合一切力量、项目和资金,用好我县被列入深度贫困县的有利优势,为全县易地扶贫搬迁配套基础设施建设做好保障。三是转移就业组要尽快成立革吉县转移就业领导小组,切实做好搬迁群众就业服务工作。对搬迁群众进行详细调研,了解搬迁群众生产生活,引导搬迁群众牧区牛羊进行联组联户集中放牧,加大产业扶持、转移就业、生态扶贫等政策落实力度,使搬迁群众融入当地生活,参与经济社会发展,拥有稳定收入,切实提升搬迁质量和脱贫效果。四是县林业局要加强与地区林业局的业务对接,积极做好高海拔生态搬迁工作,明确各项搬迁政策,宣传动员好符合条件的搬迁对象,做好翔实的数据统计工作,积极衔接做好高海拔生态搬迁方案和搬迁规划。

(四)大力实施基础设施和公共服务建设项目。做好精准脱贫的根本是增强发展后劲,提升经济发展实力。就当前而言,我县是典型的投资拉动型经济,我们要储备、规划并实施一批扶贫项目,增强县域经济发展支撑力。县发改、交通、水利、住建、农牧、林业、旅游、教育、卫计、文化、电力公司等承担扶贫开发重点工作的职能部门,要坚持以基础设施建设为重点,积极争取建设项目资金,加大涉农资金整合力度,突出整合效益,突出抓好“水电路讯网,教科文卫保”为重点的十项提升工程,打通脱贫摘帽“最后一公里”的障碍。大力加强农村安全饮水、电力保障、农村公路通畅化、网络覆盖、文体设施、环境综合整治等公共基础设施建设,逐步解决贫困群众出行难、畜牧产品外销运输难、安全饮水难等问题,着力改善困难群众的生产生活条件和生活环境。特别是今年确定建设的重点项目,相关部门要与上级部门及时沟通,充分对接,确保项目早日落地、早日开工建设,早日产生效益,早日带动群众脱贫致富。

(五)大力开展教育脱贫。我们要充分发挥基础教育的根本作用,从“根子上”脱贫,阻断贫困代际传递。一是县教(体)育局要严格落实《阿里地区教育系统关于西藏自治区建档立卡贫困家庭子女接受高等教育实施免费教育补助政策管理办法(试行)》,将全县建档立卡贫困家庭子女全部纳入资助范畴,全面落实免费义务教育政策、“三包”经费和“营养改善计划”等资金,落实家庭经济困难学生资助政策,切实保障建档立卡贫困户(孤儿、残疾人子女)子女上好学、读好书,实现“家庭不因供孩子上学而贫困”和“孩子不因家庭贫困而辍学”的“双不”目标。二是全面落实义务教育均衡发展的标准和要求,推进薄弱学校标准化建设,进一步加大对乡村教师队伍建设的支持力度,全面落实乡村教师生活补助政策,培育一批乡村学校名师、骨干教师。将全县“两后生”全部纳入职业教育范围,确保他们掌握一门实用技术,夯实就业基础。

(六)大力推进转移就业。一是各乡镇、村组要逐级成立就业创业领导小组,明确具体责任和联络人。按照“群众就近就便、能干会干、不离乡不离土就能增收致富”的原则,抓好在建筑工地群众就业工作。同时,做好宣传,明确对扰乱市场秩序违法分包、层层转包等行为依法进行处理。县发改委和项目管理中心要统筹好各项目建设单位,不折不扣地落实好地委行署关于将200万元以下项目交给当地有资质有能力的农牧民施工队承建的指示。二是切实抓好贫困群众的技能培训工作,提升贫困群众自我发展、自我创业能力。县人社局要坚持把精准培训作为技能培训的支撑点,严格按照分段实施、多轮次进行的原则,紧密结合产业发展、用工需求和县域实际,重点开展就业技能培训、农牧区实用人才培训、民族特色手工艺培训、服务技能教育培训,使贫困群众进一步拓展信息视野,掌握更多的种植、养殖、加工、服务等技术，增强自身脱贫致富的能力。力争全年举办农牧民技能培训班14期以上，培训500人以上。三是用好、用活、用足、用实西藏特殊优惠金融扶持政策和扶贫贴息贷款政策，重点扶持贫困村发展特色产业、贫困人口就业创业。县人社局和教育局要做好“两后生”、大学生、就业、未就业人员统计工作，积极鼓励引导大学生、两后生及其他有经营头脑的群众自主创业、自谋职业，完善创业扶持政策，支持以创业带动就业。县人社局要尽快建立健全我县公共就业服务平台、公共就业服务机构和创业服务体系。

（七）大力推进生态补偿脱贫。两年来，全县通过新增及腾换生态岗位为全县贫困群众增收发挥了十分重要的作用。生态岗位从2016年3807个增加到今年的5384人，已经远远超出了我县建档立卡贫困人员的范围，标准也从每年的3000元／人提高到今年的3500元／人；各乡镇，县林业局、农牧局、水利局、交通局、国土资源局、旅发委和环保局等部门要切实负起责任，认真做好生态岗位的动态调整、培训和数据录入工作，确保符合条件的建档立卡贫困户要应纳尽纳，由县脱贫攻坚指挥部建立生态补偿考核机制，层层签订责任书后要切实履行起岗位职责，全县各级各部门牢固树立“绿水青山就是金山银山”的理念，坚持扶贫开发与生态保护相统一，落实小流域综合治理和草原生态保护补助奖励政策，按照“盘活存量、用好增量、突出重点、雪中送碳”的原则，积极争取和实施退牧还草、自然保护区、湿地保护和恢复、水生态治理等生态保护项目，让有劳动能力、有意愿的贫困人员和低保人员担任生态保护员、自然保护区管护员、环境保护监督员、草原（场）监督员，使更多群众吃上“生态饭”，实现体面的、有尊严的脱贫。

（八）大力推进社会兜底。将扶贫工作与社会保障相结合，确保对象精准，以“比评”为主，严格按照程序推进工作。各乡镇、民政、人社等有关部门首先要把贫困户、低保户和五保户的兜底数据准确核实清楚，特别是因地方病、重特大疾病导致家里无劳动力的数据统计，在此基础上完善农村居民最低生活保障制度，对纳入低保的无劳动能力的贫困人口和五保户实行应保尽保，切实做到“两线合一”。一是针对因学致贫情况要加大贫困学生资助力度，安排专项资金，资助特困户子女义务教育。二是县卫计委、民政局、人社局要针对因病致贫的情况完善医疗救助制度，将贫困群众全部纳入重特大疾病救助范围，逐步提高补助标准，降低其就医费用支出。三是针对因残致贫的情况要落实国家残疾人保障政策，加强残疾人特殊职业技能培训，拓宽残疾人就业创业渠道，引导农村残疾人员通过开展社会服务增加收入，切实发挥好国家救助政策对防贫、脱贫的重要作用。四是对高利贷家庭群体和“等、靠、要”思想严重群体坚决予以剔除在社会兜底之外，决不能出现懒人吃上好政策，真正的贫困群众吃不上政策的现象。

（九）强化驻村帮扶作用。驻村干部既是帮助贫困人口脱贫、帮助贫困地区发展的帮扶员，也是党的政策的宣传员，更是增强党和政府与群众血肉联系的联络员，位置关键、责任重大。各驻村工作队要切实发挥好密切联系群众的作用，及时向县委、县政府反馈政策措施的落实情况、成效作用、存在问题，为不断改进和完善各项工作提供准确依据；要切实发挥好政策宣传作用，让广大贫困群众明白为什么要扶贫、如何才能脱贫、怎样才算脱贫；要切实发挥好教育引导作用，让贫困群众真正理解和支持脱贫工作，自觉配合落实脱贫措施、主动参与脱贫计划；要切实发挥好指导和落实帮扶举措的作用，主动帮助积极争取政策扶持、项目扶持，确保贫困人口应享尽享，早日脱贫致富。

（十）加快推进结对帮扶。各乡镇各部门要根据《革吉县关于“十三五”期间干部结对帮扶工作补充方案》（革脱贫指〔2018〕3号）文件要求，严格落实“县级干部包乡、科级干部包村”责任制度和结对帮扶机制、深入开展“五个一”、“干部职工进村入户、结对认亲交朋友”等活动，全面掌握帮扶对象的家庭人口、生产生活、收入来源等方方面面的情况，帮助他们理清思路，找准原因，制定有效的脱贫措施。教育引导群众主动脱贫。

（十一）全力解决好非法借贷问题。今年打非治乱一定要有成果，针对非法借贷的现象务必毫不留情地打击,2018年是扶贫作风建设年,宣传、文化等部门以及扶贫相关的方方面面上要加强精神文明建设,制定实实在在的措施,形成良好的扶贫作风。

（十二）加强数据管理,规范脱贫档案。县脱攻办要指导各乡镇、村(居)完善好脱贫攻坚的各项痕迹资料,进一步规范户档填写,并随时补充更新相关数据,确保户档整洁规范,有据可查;要加强与上级业务部门沟通衔接,及时进行年度数据的更新和系统清洗,确保我县脱贫数据准确无误。

三、创新机制抓落实,确保脱贫攻坚各项整改落实

（一）明确思路抓落实。“十三五”是全国集中统一脱贫,具有巨大的历史意义的时期,是政策、资金保障充足的脱贫黄金时期,是大有作为的几年。全县各级各部门要站在全国、全区、全县历史的角度,以高度为人民群众负责的态度,将扶贫思路、措施再明确,在工作落实上要确保落实的思路和措施正确,全力以赴保证扶贫各项措施落地见效、开花结果。

（二）明确作风抓落实。脱贫攻坚各项工作要狠抓落实,倘若不落在“实”上,那么脱贫各项工作就会流于形式,成为一句空话,是对人民群众的不负责任。全县各级各部门要以“抓铁有痕、踏石留印”的工作作风,“不达目的不罢休”的工作态度,把真抓实干作为工作常态,恪尽职守、敢于负责,切实履行自身职责,虽然扶贫工作不脱贫不脱钩,但对于不落实、不能干,推诿扯皮、消极懈怠的人坚决剔除。

（三）明确责任抓落实。抓落实是一个艰辛而复杂的过程,工作落实中,有些工作看似落实了,但经过多方面详细的检验、评判会发现这些工作又没有落实或落实不到位。这就需要干部职工懂落实、会落实。抓落实必须盯住目标全程、盯住最终结果,一个问题一个问题的仔细思考研究,一个环节一个环节、一个层次一个层次的抓,要善于结合自身工作实际抓落实,不要只当“传话筒”“留声机”,照搬上级领导指示教条式的抓落实,而是要把上级领导指示变为具体的、量化的、可操作的,转化为自己的实际行动。

（四）加强督导抓落实。一分部署,九分落实。督导工作是全局工作的一个重要环节,在一定意义上说,没有督导就没有落实。做好督导工作对于贯彻落实中央、自治区、地委、行署和县委、县政府的决策部署具有重大的推动意义。一是做好指导工作。县脱攻办要紧紧围绕县委、县政府的决策部署、扶贫工作计划和领导指示批办事项,深入基层抓好工作指导,特别是热点难点问题,实事求是向县委、县政府领导反应督导落实工作中存在的突出问题,并结合实际提出整改意见建议。二是强化检查工作。县纪检、县委办、政府办要把推进脱贫攻坚作为当前督查最重要的任务,扎实开展各种形式的督查工作。要严督实导、明察暗访,要敢于当黑脸“包公”,通过督查传导工作压力,倒逼责任落实。要重点盯住任务进度、标准要求开展全方位大督查,对于贫困村组要一个一个过,扶贫项目要一个一个看,贫困群众要一户一户入,确保脱贫督查无死角、全覆盖。

（五）强化组织抓落实。当前,全县脱贫攻坚工作已进入决战决胜的关键时期,各级各部门一定要加强组织领导、层层压实责任,以更大的决心和力度,以更实的举措和作风,确保脱贫攻坚目标任务落地见效。脱贫攻坚的任务在基层、重点在基层、工作也在基层,各乡镇党政“一把手”要切实担负起第一责任人的责任,既要自己重视也要抓好压力传导,既要指挥部署也要深入一线。要亲自进村入户、亲自调查研究,亲自掌握第一手资料,对各自辖区内每一个贫困村的贫困特点、成因、解决措施和办法都要有深入地了解和研究,做到心中有数。县脱贫攻坚指挥部要充分发挥好组织领导和统筹协调作用,明确各成员单位的目标任务,细化靠实责任,真正形成“上下衔接、左右联动、加大倾斜、合力推进”的工作机制。全县各级各部门要强化大局意识、服务意识,按照各自职能分工,组织实施好本单位的脱贫攻坚项目,确保精准扶贫各项工作落到实处。

同志们!脱贫攻坚、决胜小康,意义重大、使命光荣,让我们以更加有力的措施、更加有效的组织、更加坚韧的毅力、更加扎实的工作,撸起袖子加油干,坚决打赢打好脱贫攻坚战,为革吉县如期实现脱贫摘帽、全面建成小康革吉作出新的更大贡献。

革吉县人民代表大会常务委员会工作报告

——在革吉县十二届人民代表大会第四次会议上

革吉县人大常委会主任 白玛加布

（2018年4月29日）

2017年工作回顾

一年来，在县委的坚强领导下，革吉县十二届人大常委会认真贯彻中共十九大和习总书记系列讲话精神，深入学习贯彻习近平新时代中国特色社会主义思想，贯彻落实区党委九届三次全会精神，坚持“五位一体”总体布局和“四个全面”战略布局，坚持党的领导、人民当家做主、依法治国有机统一，不忘初心、牢记使命。紧紧围绕全县工作大局依法履行职责，充分发挥职能作用，为革吉长足发展和长治久安做出了积极贡献。

一、紧紧围绕县委中心、牢牢把握政治站位，始终坚持正确政治方向

（一）深入学习贯彻落实中共十九大精神，促进依法行使职权。常委会深入学习贯彻中共十九大精神和习近平新时代中国特色社会主义思想，学习贯彻区党委九届三次全会精神，牢固树立“四个意识”，始终不忘初心，坚定理想信念，践行党的宗旨，坚持用习近平新时代中国特色社会主义思想武装头脑、引领方向、指导实践。组织专题学习、支部学习，一年内共召开了党组学习会议12次。通过学习加强政治理论学习，不断提高政治站位，强化政治担当，增强政治能力，把中共十九大精神落实到人大工作中去，使人大工作紧扣新时代新使命新任务，依法行使了监督权、重大事项决定权以及任免权。

（二）牢固树立全县一盘棋思想，与县委保持高度一致。一年来，我委不折不扣地把党中央和区党委、地委、县委决策部署及全区基层人大工作现场会议精神落到实处。深入贯彻落实中央和区党委关于加强和改进人大工作的文件精神，召开座谈会，开展视察调研，加强督促检查，推动工作落实。坚持重要会议、重大事项、重要活动、重点工作向县委请示报告制度，保证党的领导贯穿于人大工作的各方面和全过程，围绕县委中心工作履行人大职能，在推动和促进脱贫攻坚、项目建设、经济发展、民生事业上做出积极贡献。

（三）围绕县委中心工作勇于担当、主动作为。常委会组成人员在三月敏感期及每个敏感节点深入各乡镇包乡包寺，扎实开展督导维稳工作，推动社会大局持续和谐稳定。同时，全程参与村居组织换届指导工作，保证了换届选举工作顺利完成。长期深入基层指导脱贫攻坚工作，推进了全县脱贫攻坚工作。

二、牢牢把握发展第一要务，全力服务革吉经济社会发展大局

一年来，常委会认真行使重大事项决定权，坚持抓大事、议大事定大事，对全县改革、发展、稳定等方面的重大事项依法作出决议决定，促进和保障了全县经济发展和社会进步。先后召开常委会4次，依法作出了《关于中共革吉县委员会在全县公民中开展法治宣传教育的第七个五年规划》的决议。批准了革吉县财政局2016年决算及2017年财政预算、革吉县人民政府关于2016年第二批均衡性转移支付和以往年度财政存量资金安排及2017年县级支教资金使用方案及革吉县国有建设用地基准地价；督促办理了代表提出的意见建议60条，有利促进了“一府一委两院”依法行政、公正司法的能力，推动革吉各项工作法治化。

三、牢牢把握法律赋予的监督职权，着力提升监督实效

（一）及时召开各类会议，积极发挥履职作用。一年来我委先后组织召开了人代会2次，常委会4次，主任办公会议9次，党组会议8次，县乡人大联席会议4次；依法选举了自治区人大代表4名、接受1名代表辞去自治区人大代表职务，任免了国家干部31人次，组织了1名监察委员会主任和4名监察委员会副主任向宪法宣誓。

（二）开展视察调研，促进监督工作。我委围绕我县贯彻实施《中华人民共和国环境保护法》《妇女权益保障法》《西藏自治区实施〈中华人民共和国水法〉办法》《西藏自治区关于〈中华人民共和国水土保持法〉办法》等各项法律法规执法情况开展了执法检查工作，对我县“精准扶（脱）贫－人大代表在行动”工作开展情况、牧区水利基础设施建设情况、开展草原生态保护补助奖励机制情况及群众参与劳务创收情况等各类民生工作、惠民政策落实情况开展了综合调研。一年内共开展执法检查6次，视察调研12次，有利促进了“一府一委两院”依法行使行政权、检察权和审判权，推动革吉各项事业步入法治轨道。

四、牢牢把握主体作用，扎实做好代表工作，保障代表依法履职

（一）加强议案建议督办，让代表对办理结果更满意。县第十二届人大二次会议召开期间，共收到代表意见建议60件。会后，我委对建议进行了归纳整理。为使代表建议办理工作取得实实在在效果，常委会采取召开代表意见建议转交会议、跟踪督办等措施，加大了代表建议督办力度，叙写办理结果。

（二）组织代表参与脱贫攻坚工作，助力全县精准扶贫。我委按照上级要求动员区、县、乡人大代表参与联动扶贫，制定了《革吉县人大常委会结对帮扶工作实施方案》，以扶贫先扶志，引导贫困群众转变思想观念为工作目标，认真开展了结对帮扶工作，发放物资补助折人民币6150元。同时，开展了“精准扶（脱）贫－人大代表在行动”活动，组织填写“革吉县人大常委会精准扶（脱）贫－人大代表在行动活动开展情况登记簿”。在活动开展中全县共培养代表致富典型5人，致富带头2人，带动50余名群众走上致富之路，切实发挥代表作用，为我县坚决打赢脱贫攻坚工做作出了应有的贡献。

（三）切实发挥“家”的阵地作用。我委深入各乡（镇）及村（居）对人大“代表之家”和“代表小组”发挥作用情况进行了季度考核。进一步加强了人大“代表之家”和“代表小组”规范化建设，把人大“代表之家”建成了功能齐全、制度完善、内容丰富、适应新形势下人大代表履行职责开展各类活动的阵地，形成代表认真履职，提升能力的工作格局。

（四）建立代表履职档案，助推代表履职务实。为进一步发挥人大代表职能作用，规范和激励代表履行好职责，增强代表们工作的针对性和实效性，我委以出席人民代表大会情况，提出议案、建议情况，参加视察、调研活动情况以及代表联系走访选民情况等八个方面内容为主建立了代表履职档案，把代表的履职情况填在纸上，记在案上，以此增加代表们的压力和动力。促使代表们切实发挥职能作用。

五、牢牢把握新时代新要求，切实加强自身建设

（一）持之以恒抓思想教育。深入开展“两学一做”学习常态化、“四讲四爱”主题教育实践活动以及“五讲五看五做”学习活动。全年围绕学习活动组织机关干部及代表学习，特别是突出抓好十九大精神和自治区“两会”精神的学习贯彻，让习近平新时代中国特色社会主义思想深入人心。

（二）持之以恒抓规章制度。结合新常态、新要求，健全和完善常委会各类制度，修改完善常委会会议议事规则、党组会议制度及监督“一府一委两院”办法等19项规章制度和办法，进一步规范监督程序，提高监督质量和效率，确保常委会工作依法有效运转。

（三）持之以恒抓党风廉政建设。我委坚持每季度召开人大党组党风廉政建设会议，严格执行中央、区党委、地委和县委关于加强廉政建设方面的有关规定，把反腐倡廉贯彻到人大工作方方面面，树立地方国家权力机关为民、务实、清廉的良好形象。

（四）持之以恒抓机构设置。按照上级的要求我委于2017年年底增设了“三个专门委员会”，并配备工作人员五名，进一步加强了县人大组织建设，明确了各专门委员会的工作职责。

（五）持之以恒抓乡镇人大工作的联系指导。我委与各乡镇人大主席团签订了目标责任，细化了考核指标，明确了硬性考核标准。同时，年底组织各乡镇人大主席团主席及数名基层人大代表深入“四乡一镇”交叉验收《革吉县人大常委会2017年乡镇人大主席团工作目标责任书》，并相互交流了好的经验做法，提高了各乡镇人大工作水平，推动了全县人大工作迈上新台阶。全年组织5个乡镇的人大专干轮流到县人大办跟班学习，组织25名基层人大代表赴西四县进行考察学习，让代表吸纳了西四县在开展各项工作中取得的成效，工作方法、代表履职尽责情况等好的经验和做法，开拓了视野，提高了代表履职意识。适时邀请部分人大代表和乡镇人大主席列席人大常委会会议及有关活动，通过各种方式拓展乡镇人大主席的工作视野，提高业务水平。并在全县科技目标考核工作中取得优秀荣誉，促使全县人大工作迈上了新台阶。

过去的一年，全县人大代表牢记使命、不负重托，心系群众、为民履职，充分发挥了人大代表服务发展、服务人民、服务社会的重要作用，全面展示了人大代表讲奉献、敢担当、有作为的良好形象。

各位代表，县人大常委会过去一年取得的成绩，是县委正确领导、“一府一委两院”密切配合的结果，是全县人大代表共同努力的结果，也是全县人民大力支持的结果。在此，我谨代表县人大常委会，向关心支持人大工作的各级组织、各界人士表示衷心的感谢，向全体代表、全县人民表示衷心的感谢！

在总结成绩的同时，我们也清醒地认识到，常委会工作还存在不少差距，如监督工作的针对性和实效性还需进一步提升，关注民生、发挥代表作用的形式还需进一步创新，常委会及机关自身建设还需进一步强化。对于这些问题和不足，我们将在今后的工作中采取有效措施，认真解决。

2018年主要工作

2018年是全面贯彻落实中共十九大精神的开局之年，是决胜全面建成小康社会，实施“十三五”规划承上启下的关键一年，也是自治区十一届人大及其常委会依法履职的第一年。做好今年的工作意义重大。我们将全面贯彻落实中共十九大精神、十九届二中、三中全会、自治区、全国“两会”和自治区九次党代会精神，不忘初心、牢记使命，高举中国特色社会主义伟大旗帜，以习近平新时代中国特色社会主义思想为指导，紧紧围绕县委中心工作目标，把党委重要决策、政府着力推进、群众普遍关注的问题作为工作重点，依法履职，科学监督，积极作为，注重实效，全面开创人大工作新局面。

一、围绕中心，坚定正确的政治方向

人大常委会把坚持党的领导、人民当家做主和依法治县有机统一起来，在行使各项职权过程中，严格遵守党的政治纪律和政治规矩，增强服从党的领导的主动性和坚定性；坚持在县委领导下开展人大工作，重大事项及时向县委请示，重大活动安排认真听取县委意见，确保在思想上紧贴县委意图，工作上紧扣县委主题，行动上紧跟县委步伐，使人大工作始终保持正确的政治方向，努力把县委的重大决策意图上升为全县人民的共同意志，切实担负起人民的信任、历史的重托。

二、依法履行人大职责，积极服务改革发展

我委要坚持围绕中心服务大局，从人大的工作性质、特点和职责出发，统筹推进人大视察、调研、审议、询问等监督手段，充分发挥人大工作决策促进作用、凝心聚力作用、参谋助手作用，为推动经济社会发展营造良好的法治环境。

一是紧紧围绕决胜全面小康社会，确定人大工作思路。我委要毫不动摇地坚持以人民为中心的发展思路，主动顺应人民对美好生活的向往，紧盯群众关心的急事难事，综合运用各项监督手段，助推补齐民生短板。坚持新发展理念，紧扣革吉脱贫攻坚、改善民生、生态环境保护等重点工作进行监督，推动经济持续健康发展。抓住法治社会建设中的重大问题，加大法律法规贯彻实施情况监督检查力度，推动“一府一委两院”在法治社会建设上不断创新。

二是坚持突出问题导向，加强和改进人大监督工作。我委要综合运用专项审议、执法检查、视察调研等形式，加大监督力度，提高监督实效。要突出改革发展中存在的具体问题，深入开展调查，提出有针对性、操作性的意见建议，促进问题解决，助推经济发展。

三、密切联系基层选民，充分发挥代表作用

人大代表是国家权力机关的主体，是党联系群众的桥梁和纽带，是经济建设和社会事业发展的中坚力量。我委要充分发挥代表的桥梁纽带作用，引领人大代表密切联系选民，及时关注人民群众在生产生活方面遇到的困难和要求，经常倾听群众呼声，真实反映群众愿望，及时感知民意动态，做到了解民情、反映民意、集中民智、关注民生、维护民权，使人大代表成为群众呼声的感应器；要充分尊重人大代表的主体地位，努力为人大代表依法履职搭建平台、搞好服务；要继续认真办理好代表议案、建议，采取召开座谈会、开展集中视察、跟踪调查等多种形式，督促承办部门把代表建议落到实处，赢得群众对政府工作的理解和支持。真正做到为人民服务、对人民负责、受人民监督。

四、不忘初心、牢记使命，不断提高代表综合素质

人大工作作为新时代中国特色社会主义事业的重要组成部分，要牢固树立党的观念、政治观念、大局观念，坚定共产主义理想和中国特色社会主义理想，切实加强自身建设，不断提高履职能力，推动人大整体工作水平。

一要提高常委会成员履职能力。人大常委会成员履职能力直接决定县人大整体作用的发挥，在新的一年里常委会成员要进一步认真学习，提高认识，增强履职的责任感、使命感和荣誉感，不断提高依法履职、议事、决策的能力和水平，努力把人大工作做得更有成效、更符合时代要求。

二要提高全体代表整体素质。要密切联系人大工作的特点，加强法律法规知识学习，重点学习全国“两会”、自治区“两会”精神和与开展人大工作密切相关的基本法律法规，进一步提高对人大性质、地位和作用的认识。开展好人大“学习宣传月活动”通过理论和业务知识学习，提高人大代表的社会活动能力、文字表达能力和调研督查能力，从整体上提高人大代表综合素质，以更高的标准、更严的要求、更实的举措推动人大工作创新发展。

三要推进规范化建设。要以制度化管理、规范化建设为抓手，全面推进我县人大建设，切实加强对代表之家及小组工作指导，密切工作联系，开展工作交流，进一步推进全县人大工作水平整体提升。

五、与时俱进、全面加强自身建设

我委要适应新形势要求，把握新时代特点，大力加强人大机关自身建设。以中共十九大精神和习近平新时代中国特色社会主义思想为指导，牢固树立“四个意识”坚定“四个自信”，始终坚持党对人大工作的领导。深入开展习近平谈治国理政第一卷、第二卷学习活动和“不忘初心、牢记使命”主题教育活动，持之以恒抓好作风建设，认真落实党风廉政建设责任制，严格执行中央“八项规定”精神和县委有关规定，筑牢反腐倡廉的思想防线和制度防线，着力营造风清气正的政治生态。

政协第二届革吉县委员会常务委员会工作报告

——在政协第二届革吉县委员会第三次会议上

政协革吉县委员会主席 洛桑遵珠

（2018年4月28日）

一、2017年工作回顾

2017年是实施“十三五”规划承上启下的关键之年、供给侧机构性改革的深化之年，也是新一届政协班子团结共事、共谋发展的开局之年。一年来，县政协常委会在地区政协的有力指导和革吉县委的正确领导下，认真学习贯彻中共十八大、十八届三中、四中、五中、六中、七中全会精神、坚决贯彻落实县委政府的决策部署，团结带领广大政协委员和社会各界人士，高举爱国主义、社会主义伟大旗帜，坚持团结民主两大主题，紧紧围绕中心、服务大局，为全面推进我县经济社会长足发展和长治久安做出了积极贡献。

（一）强化理论学习，坚定正确政治方向，不断夯实共同思想政治基础

常委会把坚持和发展中国特色社会主义作为巩固共同思想政治基础的主轴，充分运用县政协常委会、主席会、党组会、理论中心组学习会、举办委员培训等各种形式，积极组织政协各参加单位、广大政协委员和机关干部职工，深入学习中共十八大以来中央历次重要会议和中共十九大精神，深入学习贯彻习近平总书记系列重要讲话精神，特别是关于政协工作的新任务新要求，不断增强高举习近平新时代中国特色社会主义伟大旗帜、走中国特色社会主义道路的信心和决心，积极引导广大政协委员和各族各界人士更加自觉地“感党恩、听党话、跟党走”，更加自觉地拥戴、信赖、忠诚、捍卫党的领袖和核心，坚定自觉地树立“四个意识”，不忘初心，在思想上政治上行动上同以习近平总书记为核心的党中央、区党委、阿里地委、革吉县委保持高度一致。认真学习贯彻落实区党委、地委和县委的重要会议精神和重大决策部署，不断增强围绕中心服务大局的责任感和使命感，切实做到思想上同心同德、目标上同心同向、行动上同心同行。

（二）认真履职，担当尽责，在促进经济社会发展和维护和谐稳定中发挥积极作用

1、发挥主体作用，提升参政议政工作实效。坚持围绕我县发展、稳定的战略性和全局性的问题开展协商议政工作。一年来，召开政协常委会6次，主席会11次，党组会议11次。围绕我县经济社会发展的重大问题和人民群众关注的热点、难点问题进行了深入讨论，制定了《革吉县政协协商议题工作方案》，《革吉县政协关于地区政协双月协商议题》，从而推动了政协协商议政迈上新台阶。

2、认真安排部署调研工作，调研质量有所提升。注重在精选题目、深入调研、加强论证、促进转化上下功。按照年初主席会议统筹确定的调研课题，认真制定《2017年政协革吉县委员会调研工作方案》，积极组织政协班子成员和广大政协委员，上下联动、横向协同，深入四乡一镇就精准扶贫、生态环境保护、卫生基础建设等重点领域开展考察调研，共形成了《关于保障四乡一镇“富裕户”“一般户”群众持续增收调研报告》《关于我县文化惠民工程工作开展情况专题调研报告》《我县境内天葬台管理和使用情况调研报告》《关于革吉县乡村垃圾处理及环境整治工作的调研报告》《破除陈规陋习，实践精准扶贫精准脱贫，推动牧区脱贫攻坚工作调研报告》《革吉县基层医疗卫生情况调研报告》《如何更好发挥人民政协作为协商民主重要渠道作用调研报告》等10篇调研报告，为县委政府决策提供了有益参考，成果受到了县委政府领导重视。同时，积极协助自治区、地区政协开展了调研工作，形成了《关于如何推进我县农牧业供给侧结构性改革助推农牧区产业发展》等3篇调研报告，得到了上级业务部门的充分肯定。

3、认真督促提案办理，发挥委员提案作用。坚持“围绕中心、服务大局，提高质量、讲求实效”的提案方针，强化提案办理，发挥委员提案在建言献策、促进发展，民主监督、推动落实中作用。一年来共收到政协委员提案51件，经提案审查委员会审查立案47件，其中确定重点题案3件，截止2018年3月立案提案全部得到答复。向地区政协十届二次会议提交了《关于进一步重视保障一般户持续增收》的提案，得到了重视和采纳。

4、开拓视野、注重成效，积极开展委员考察学习活动。围绕提升政治把握能力、调查研究能力、联系群众能力等能力，组织开展委员履职培训和调研考察。一是全年我们先后安排3名委员和政协工作人员参加了全国政协、自治区党校、地委党校等地培训，1名委员赴西藏山南进行考察学习。去年9月3日至11日，革吉县基层政协考察组一行18人，赴西四县就普兰县西德白糌粑加工厂、济贫暖家合作组织、巴嘎乡牦牛运输服务队、札达县无公害蔬菜种植基地、家庭旅馆、砂石厂、日土县原种场、九年一贯制学校、莲华之宝、职工之家、噶尔县典角村边境小康示范村建设、昆莎乡人工种草基地等进行了学习考察，并及时地形成考察报告上报县委。通过这些学习考察和培训，即让广大委员认识到了我县与其他县的发展差距，又拓宽了委员视野，增强了履职能力。二是举办新任委员培训，引导委员学习和掌握人民政协的基本理论、提案等业务知识，明确政协委员的权利和义务，帮助委员掌握基本履职方式，提升委员履职能力和水平，努力打造“懂政协、会协商、善议政”的委员队伍。

5、注重社会治理，依托优势保稳定。一是全力维护社会稳定。常委会始终把反对分裂、维护稳定作为履行职能的第一政治责任，坚决贯彻执行中央、区党委、阿里地委、革吉县委关于反分裂斗争的一系列方针政策，班子成员根据县委部署，承担县维稳值班、维稳督导、异地搬迁联络管理服务等，发挥优势、协调关系，着力维护全县和谐稳定。在全国“两会”、自治区“两会”“三月”敏感期和十九大维稳期间，常委会班子成员按照县委部署，不讲条件、克服困难，主动承担全县维稳值班带班、驻乡维稳督导等工作任务，同时专门以（藏汉两种文字）向委员致信，提出了《关于做好当前维稳工作的几点要求》，为全县实现“四无”“三不出”“三稳定”工作作出了积极的贡献。二是切实发挥团结统战作用。常委会始终把创建民族团结作为政协工作的一条主线，坚持落实主席班子成员联系各界政协委员、重点寺庙制度，注重发挥委员重要作用，充分发挥委员中高僧大德的影响力，倡导爱国爱教、团结进步，开展法制宣传教育、依法加强寺庙管理、“四讲四爱”主题宣讲教育，陪同自治区中共十九大宣讲团进驻各寺庙大力宣传十九大精神和民族宗教政策，引导各族各界群众更加热爱党、热爱祖国、热爱家乡，不断坚定四个自信，增强五个认同。

6、努力调动委员积极性，切实提高政协参政议政水平。为了切实提高政协委员参与政协各项履职活动，充分发挥政协职能作用。专门制定了《革吉县政协委员奖惩机制》，明确了政协委员履职内容和奖惩办法，有效调动了政协委员的积极性，提高了履职水平，减少了政协委员无故缺席各类会议、活动以及委员作用发挥不明显等现象。

（三）注重自身建设，不断提高政协工作科学化水平

一是按照县委的统一部署，县政协常委会和办公室扎实推进“两学一做”常态化制度化。以“四讲四爱”主题教育实践活动和“藏西先锋·红色阿里”党建品牌创建活动为载体，着力解决影响县政协职能发挥和机关建设中的突出问题，构建县政协工作创新发展的运行机制。坚决把纪律和规矩挺在前面，教育班子成员和办公室人员严格遵守党章党规、中央“八项规定”精神和区党委“约法十章”“九项要求”等党内制度法规及地委、县委的各类规章制度，始终保持风清气正良好政治生态。

二是常委会立足换届后的新情况，坚持继承与创新相结合，务实与高效相统一，提高自身素质，增强履职能力，大力加强自身建设，制定完善《常委会工作规则》《革吉县政协委员履职工作规则》等各类规章制度，形成了按制度办事、按程序办事、按规矩办事、靠制度管人、管事、管钱的工作运行机制，不断提高政协工作的科学化制度化规范化水平。

三是加强委员队伍建设，在政治上信任、能力上培养、制度上规范、生活上关心，委员的政治素质和履职能力不断提升，主体作用有效发挥。

四是加强政协机关建设，以建设“学习型、服务型、效能型、创新型、和谐型”机关为目标、以思想建设为基础、以能力建设为关键、以作风建设为抓手、以基础设施建设为保障，继往开来、创新实践，机关“三服务”能力和水平显著提升，机关服务保障作用有效发挥。

五是积极开展帮扶措施，班子成员和办公室人员均与在四乡一镇贫困户结成帮扶对子，走村入户了解实情，尽量解决实际困难，不断完善帮扶措施。

六是加强同地区政协的工作联系，主动与地区政协汇报衔接工作，自觉接受指导。

各位委员！过去一年县政协取得的成绩，是以习近平总书记为核心的党中央英明领导、亲切关怀的结果，是地区政协有力指导、县委坚强领导的结果，是县人大、政府大力支持的结果，是全县各级各部门和社会各界关心协助的结果，凝结着县政协组织、政协各参加单位和广大政协委员的智慧和汗水。在此，我代表县政协常委会向所有为人民政协事业辛勤劳动和关心支持帮助政协工作的各位领导、同志们、朋友们表示崇高的敬意和衷心的感谢！

回顾过去一年的工作，我们也应该清醒地看到，与新形势新任务的要求和广大政协委员、人民群众的期望相比，我们的工作还存在一些差距和不足：如：政协协商民主制度化建设有待进一步加强；履职方式方法需要进一步改进；民主监督制度不健全、方式单一、力度不够；委员主体作用和界别优势有待进一步发挥；重意见建议，轻督促落实等等，仍需要我们进行深入研究并加以改进，我们真诚希望广大委员们对常委会工作多提宝贵意见和批评，以利于把革吉县政协的各项工作做得更好。

二、2018 年工作建议

2018 年是全面贯彻落实中共十九大精神的开局之年，也是改革开放 40 周年，更是我县决胜全面脱贫攻坚任务和全面建成小康社会的关键之年。总的指导思想是：高举中国特色社会主义伟大旗帜，坚持以邓小平理论、“三个代表”重要思想、科学发展观和习近平新时代中国特色社会主义思想为指导，深入学习贯彻中共十九大和习近平总书记系列重要讲话精神，按照区党委、地委、县委系列决策部署，在县委的坚强领导下，充分发挥协商民主重要渠道和专门协商机构作用，进一步提升履职能力和水平，紧紧围绕大局，认真履行职能，主动开展工作，努力做到协商更有效、监督更有力、建言更精准、团结更广泛，为助推全县经济社会长足发展和长治久安做出新贡献。

（一）爱戴领袖、忠诚核心，坚持党对政协工作的全面领导，在把握正确政治方向上坚定新自觉

坚决贯彻落实习近平总书记关于学懂、弄通、做实的指示要求，把学习贯彻中共十九大精神作为首要政治任务，把着力点聚焦到习近平新时代中国特色社会主义思想是党必须长期坚持的指导思想上，聚焦到贯彻落实中共十九大重大决策部署上，聚焦到习近平总书记是全党拥护、人民爱戴、当之无愧的党的领袖上，牢固树立“四个意识”，坚定“四个自信”，坚定自觉地拥戴、信赖、忠诚、捍卫核心，始终如一地维护党中央权威和集中统一领导，始终在政治立场、政治方向、政治原则、政治道路上同以习近平同志为核心的党中央保持高度一致，在思想上高度认同，政治上坚决维护，组织上自觉服从，行动上紧紧跟随。高举爱国主义、社会主义旗帜，把新时代中国特色社会主义思想作为统揽政协各项工作的总纲，把坚持和发展中国特色社会主义作为巩固共同思想政治基础的主线，同学习贯彻党的理论路线方针政策和决策部署紧密结合，同贯彻落实区党委、地委和县委的部署要求紧密结合，加强理论武装，增强政治自觉，始终做到与党和政府同心同向、同心同行、同心同力。

（二）始终聚焦主责主业，主动履职建言、奋力助推改革发展稳定上展现新作为

*一要发挥社会主义协商民主重要作用。*深入学习贯彻中央、区党委关于加强人民政协协商民主建设的重要部署，坚持改革创新，加强制度建设，提升履职能力。精心组织实施年度协商计划，进一步提高政治协商程序化、界别协商、提案办理协商，不断提升协商成效。进一步坚持和完善协商工作机制，紧扣城镇化建设、改善民生、生态环境保护与治理、精准扶贫精准脱贫等重大项目和课题，选准履职的结合点和切入点，深入调查研究，总结有效做法和成功经验，寻找存在的问题和差距，提出改进和加强工作的意见建议，为营造良好的发展环境，推动富民强县进程提出具有针对性的意见建议，为县委、县政府科学决策提供参考。

*二要充分履行政协民主监督职能。*坚决贯彻落实习近平总书记关于发挥政协在社会主义协商民主建设中重要作用的思想，要认真履行人民政协民主监督职能，深入推进《革吉县政协关于扶贫领域民主监督工作方案》。民主监督工作实施当中发现的突出问题，及时向县委政府反映，确保精准扶贫精准脱贫工作真、实、细，为全面完成脱贫攻坚各项任务贡献政协的力量。

*三要认真履行政协职能作用。*抓住一些党政所需、政协所能、社会关注重要议题和群众关心的热点难点问题，采取专题调研、对口考察等形式，就农牧区改革、产业发展、环境整治、生态建设、卫生医疗、教育文化旅游资源产业、重点项目建设和民生工程等课题，充分发挥政协优势，深入调研考察、广泛协商议政，积极投身参与。加强与政府对口部门的经常性联系，全年将完成4—6次高质量的调研考察工作，积极开展地区政协双月协商议题的收集上报工作。对2017年完成的调研报告，进行再次回头，根据县委政府的要求进一步督促落实相关工作。

*四要进一步提高提案办理实效。*进一步完善提案领导督办、部门负责、沟通互助、跟踪办理等各项工作机制，对重点提案采取领导包案、全年跟踪、阶段通报进度等形式，推动提案工作的办理速度和办理质量。积极推行委员和承办单位互动机制，严格落实提案办理双把关制度，做到办前协商到位、办中跟踪到位、办后回复到位。提高委员对提案办理落实的满意度，推进提案办理的制度化、规范化和程序化。积极收集二届三次全委会议委员提案，通过提案审查委员会审查，将立案的提案，及时移交县委办和政府办，并对提案办理全过程进行监督，全力提高委员对提案办理成果的满意度。

*五要认真落实委员奖惩机制。*为政协委员更

好的发挥作用起到推动作用。按照《政协革吉县委员会委员奖惩机制》，严格落实机制内容的监督和奖励办法，以更好的委员履职新面貌和责任担当，为县委政府决策提供依据，为政协自身工作起到推动和鼓舞作用。

（三）凝心聚力，坚持团结民主两大主题，在促进大团结大联合上突破新局面

坚决贯彻落实习近平总书记关于加强团结联谊的重要思想，认真贯彻落实《中国共产党统一战线工作条例（试行）》和区党委、阿里地委、革吉县委的决策部署，把政协团结统战工作摆在重要位置，坚持大团结大联合，强化统战政协意识，协助县委、县政府做好协调关系、增进团结、凝聚人心工作，巩固和发展全县广泛爱国统一战线。加强各民族交往交流交融，促进各族各界群众像石榴籽一样紧紧抱在一起，共同团结奋斗、共同繁荣发展。加强与信教群众的联系，积极宣传党和国家方针政策，促进宗教和睦。正确处理各民族、阶层、界别、团体和宗教界人士的关系，协助县委做好民族团结工作和统一战线工作。体现广泛代表性和巨大包容性，通过委员密切联系群众，做好教育引导、解疑释惑、化解矛盾、凝心聚力工作。

（四）努力提升能力，在发挥委员主体作用上彰显新气象

坚决贯彻落实习近平总书记关于推进政协履职能力建设的重要思想，抓住委员队伍建设这个关键，加强委员队伍建设，进一步加强政协委员履职能力建设，政协委员应该懂政协、会协商、善议政，更应该守纪律、讲规矩，要切实加强委员学习培训和履职管理，不断提升委员的政治把握能力，调查研究能力，联系群众能力，合作共事能力，切实发挥在本职工作中的带头作用，政协工作中的主体作用，界别群众中的代表作用，不断增强廉洁自律意识，恪守政治纪律和政治规矩，严格落实中央“八项规定”和区党委“约法十章”“九项要求”精神。

（五）坚持强基固本，在加强自身建设上树立新形象

坚决贯彻落实习近平总书记关于坚持党对政协事业领导的重要思想，坚决维护在县委的坚强领导下政协党组把方向、管大局、保落实的核心领导作用。

一是政协委员中的共产党员必须起到带头尊崇党章、遵守党纪党规，发挥好模范带头作用。全体政协委员，不论职业、信仰、民族和界别，都必须带头尊崇宪法法律和政协章程，绝对拥戴、信赖、忠诚、捍卫党的领袖和核心，坚决拥护党的领导，坚决贯彻县委决策部署，坚决贯彻政协决议，坚决与达赖集团划清界限并坚决作斗争，坚决维护祖国统一、民族团结、捍卫国家安全，以实际行动高举旗帜、突出主题，带头践行委员责任和义务。

二是进一步加强政协党组建设和机关干部队伍建设，严格贯彻落实区党委、阿里地委、革吉县委部署要求，扎实推进“两学一做”学习教育常态化制度化和深入开展“不忘初心、牢记使命”主题教育。深入学习贯彻中共十九大精神、认真学习习近平总书记系列重要讲话精神和治国理政新理念新思想新战略、带头遵守政协《章程》，自觉按章程办事，广交深交朋友，努力成为合作共事的模范、发扬民主的模范、廉洁奉公的模范。三是进一步加强常委会建设，健全常委会工作机制，激发常委会组成人员真情履职的热忱，提升常委会议和专题协商会议质量。

不忘初心 牢记使命
推动从严治党向纵深发展

——在中共革吉县纪委九届三次全会上的讲话

县委常委、纪委书记 冯展强

（2018 年 3 月 30 日）

此次的会议县委高度重视，专门召开了县委常委会进行研究部署，在传达学习了十九大、十九届中央纪委报告精神和九届自治区三次全会以及阿里地区 2017 年党风廉政建设责任制会议精神后，专题研究部署了 2018 年革吉县党风廉政建设工作。前面，索朗次仁书记作了重要讲话，索书记的讲话充分肯定了 2017 年我县全面从严治党取得的成效，明确提出了当前和今后一个时期工作的总体要求和主要任务，要求我们要坚持标本兼治、坚持严肃政治纪律和政治规矩、坚持严肃组织纪律、坚持加强作风建设；持之以恒落实中央“八项规定”精神，着力解决群众身边的不正之风和腐败问题，推动了全县党风廉政建设和反腐败工作任务的落实，推动了全面从严治党向纵深发展。我们要认真领会和学习十九大精神，读懂、学会、弄通习近平新时代中国特色社会主义思想的实质，用思想联系和实际工作的方法论，聚焦主业主责，强化监督执纪问责，抓好工作落实。下面，我就 2017 年纪检巡察工作作简要的总结，并就如何开展好 2018 年工作讲几点意见。

一、2017 年的工作回顾

在过去的 2017 年里，我县党风廉政建设工作在上级纪委和县委、县政府的正确领导下，坚持以党中央统筹推进的“五位一体”总体布局和协调推进的“四个全面”战略布局为工作导向，把贯彻落实中共十九大精神和十八大历届全会精神以及习近平总书记系列重要讲话精神作为思想武器和行动指南。深入开展“两学一做”学习教育，牢固树立政治意识、大局意识、核心意识、看齐意识，自觉同以习近平同志为核心的党中央保持高度一致。2017 年我县党风廉政建设工作坚持经常抓、抓经常、持之以恒纠正“四风”，惩前毖后、治病救人，实现监督执纪的“四种形态”，在强化日常监督执纪上下功夫，抓早抓小、动辄则咎，创新工作方法，考察和督查有机衔接，持续保持遏制腐败高压态势，严明换届纪律、聚焦扶贫民生，坚决惩治侵害群众利益的不正之风和腐败问题。加强纪委班子和队伍建设，加大干部交流和管理监督检查力度。

（一）严明政治纪律和政治规矩，实践运用监督执纪“四种形态”

全县纪检监察机关把深入学习贯彻中共十九大精神作为重要内容，进一步增强“四个意识”，自觉做到在思想上政治上行动上同以习近平同志为核心的党中央保持高度一致。一是严肃换届纪律。加强了对全县人大、政府和政协换届纪律执行情况的监督检查，营造了风清气正的换届环境。严把拟提拔、提名人员资格关，有效防止了“带病提拔”和“带病提名”。二是强化监督检查。重点围绕“四个着力”要求，加强对贯彻执行县委、县政府各项决策部署落实情况的监督检查，查处不担当、不作为等违规违纪案件，确保了政令畅通。三是积极运用监督执纪“四种形态”。坚持把“六项纪律”的要求贯穿于监督执纪全过程，把握好“树木”与“森林”的关系，今年以来，共受理问题线索33件，其中给予诫勉谈话8件8人，提醒谈话1件3人，约谈1件1人，移交组织处理2件2人，初核了结11件，立案审查10件，给予党政处分10人。

（二）全面从严治党责任层层压实，失责必究成为常态

县纪委积极协助县委抓好全面从严治党主体责任的落实。年初，将全县党风廉政建设和反腐败斗争任务进行分解，明确组织领导和责任分工，组织乡镇和县直部门党委与县委签订《党风廉政建设责任书》，并认真落实主体责任报告制度，加强考核测评，构建了便于监督执纪问责的责任体系。把检查主体责任落实情况作为监督执纪工作重点，督促各级党组织和领导干部强化责任担当。对主体责任落实不到位的进行约谈，全年共约谈下级党政主要负责人30人次。班子其他成员也能明确掌握自己在党风廉政建设中的责任，切实履行“一岗双责”，自觉把职责的要求融入所分管的业务工作中，形成了党委“不松手”、书记“不甩手”、班子成员“不缩手”的良好工作格局。纪检监察机关也明晰了监督范围，理清问责界限，清楚执纪条款，把履行监督检查职能的切入点从配合职能部门开展业务检查，转变到对职能部门履行职责的监督检查上来，回归到监督主业主责上。全年向地区纪委上报党风廉政建设监督情况2次，组织召开各类监督专题会议4次。同时，加强了对遵守党章党规党纪、贯彻执行党的路线方针政策情况的监督检查，对环保监管不力问题和违规套取新农保问题进行追责问责，传导了责任压力，补齐落实主体责任短板，使全面从严治党逐步从宽松软走向严紧硬。

（三）坚持不懈纠治“四风”，党风政风持续向上向好

全县纪检监察机关把落实中央“八项规定”精神作为一项长期的、严肃的政治任务来抓，严格标准、紧盯不放、寸步不让，坚决从严查处顶风违纪行为。工作中，主要采取了三项措施：一是强化节点提醒。在重要时间、重要节点，重申纪律要求，并通过手机短信、电视台等媒体进行广泛宣传，强化社会监督。二是突出专项整治。紧密结合中央“八项规定”精神和自治区“约法十章”“九项要求”，从治理公款大吃大喝、公款送礼、违规发放补助、会员卡等奢靡之风入手，紧盯各节日节点公款购买月饼、礼品等问题，抓住“关键少数”，全年制定节日节点监督检查方案5个，监督检查县城饭店7家21次，超市3家9次，专项监督检查公车8次。三是构建作风建设常态化机制。联合县公安局开展涉赌活动专项检查10次，县纪委对全县24家大小茶馆、2家娱乐场所进行了20余次突击检查，张贴、下发禁赌公告和远离赌博宣传单共计85份，设立举报箱1个；纪检干部签订禁赌承诺书21份和签订阿里地区纪委监察巡察干部参与赌博问题或带有赌博性质娱乐活动自查自纠承诺书21份，填写自查自纠情况登记表21份，全县干部签订禁赌承诺书1100余份。

（四）加大纪律审查力度，腐败蔓延势头得到坚决遏制

坚持挺纪在前，把纪律审查作为中心环节，坚持力度不减，节奏不变，强化“不敢腐”的震慑作用，反腐败斗争压倒性态势初步形成。工作中，主要采取了三项措施：一是进一步整合工作力量，坚持把工作力量向纪律审查工作倾斜，强化领导包案和交叉办案，有效提高了工作效率和办案质量。二是集中力量查办上级转办件。三是强化问题线索处置，建立健全线索管理台账，规范线索处置程序，年底前有望实现新增问题线索动态处置清零。

（五）严肃查处群众身边腐败问题，群众获得感明显增强

在解决群众身边的不正之风和腐败问题上，结合本人兼任的脱贫攻坚督导检查组组长工作，对我县可能存在的虚报、冒领、克扣、在救济补助上优亲厚友、遇事推诿扯皮等现象，年初制定下发了《中共革吉县纪委关于开展侵害群众利益不正之风和腐败问题的专项督查方案》，根据方案内容和专班监督工作要求，一是2017年4月，成立了基层党员干部“微腐败”专项调研小组，我任调研组组长，于2017年4月开始，对我县四乡一镇19个行政村

"微腐败"问题进行摸底调研,在调研中发现干部个别存在组织纪律观念淡薄,党性淡薄,宗旨意识不强的问题。主要原因是个别村两委综合素质较低,财务监管比较混乱,监督管理存在漏洞。针对这些问题形成了反馈意见,要求各乡镇抓好村务公开制度、财务管理制度、重大事项集体决策制度等多项规章制度。二是为解决基层农牧民群众诉求难、没有反馈渠道等问题,按照县委的安排部署,我本人带队,深入到基层进行巡访接访活动,通过悬挂横幅,支牌立桌,现场接待群众反映的问题,并要求能及时解决的当场解决,不能及时地在7个工作日内解决完成,制定台账,实行消号制。全年共计前往5个乡镇、4个村居接访87人次,当场解决问题22件,回复问题6件。三是在各单位抽调8名有专业知识和业务精通的骨干,成立了两个巡察工作组,在全县开展巡察工作,通过召开动员会、公开巡察公告、开设举报电话、悬挂举报箱等形式开展了为期2个月的巡察工作,有效推进全面从严治党向基层延伸、释放了执纪必严的强烈信号。四是带领工作组进驻到县扶贫攻坚指挥部,查阅文件和资料,对于扶贫资金使用情况进行监督检查,随机从档案库里抽调4个村的扶贫资料,组织专人进行下乡核对,并形成反馈意见书4份。五是带队前往实地查看、随机走访,深入到基层进行走访调研,在今年脱贫攻坚监督检查中抽取了亚热乡赛利普村的牧民群众就精准识别情况进行了实地考察,通过走访28户群众,发现有非贫困户入帮扶对象的情况,县纪委向县脱贫攻坚指挥部下发了监察建议,并要求脱贫办及时整改。为理清责任,助力脱贫攻坚工作,下发了《革吉县精准脱贫工作问责实施意见》,进一步增强广大干部职工对脱贫攻坚重要性的认识,切实发挥纪委在脱贫攻坚任务中监督责任。

(六)加强反腐倡廉教育,党员干部思想道德防线得到巩固

把党风廉政宣传教育融入党委宣传工作总体格局,努力营造全面从严治党的思想舆论氛围。一是强化反腐倡廉舆论宣传和警示教育。大力开展宣传教育和"廉政文化宣传月"活动,牵头举办了"四讲四爱"暨"勤政、廉政"主题演讲比赛,利用整个五月在县电视台滚动播出警示教育片24部。二是加强党纪条规。订购《党风廉政建设》及"两个条例"的资料下发到各乡(镇)、县直机关党员干部手中,共发放资料420余册,推动反腐倡廉教育经常化。三是在全县范围内开展2次党章党规及条例、准则的理论测试,测试覆盖率达70%;四是全县党员干部签订《党员廉政承诺书》1200余份,各支部书记、各乡(镇)党委成员、各机关企事业单位负责人全年讲廉政党课共计40余次。

(七)加强自身建设,纪检监察干部队伍履职能力进一步提升

县纪委坚持高标准严要求,抓好班子和队伍建设。在适应全面从严治党的新形势、新任务、新要求中,对职责定位有了更深的认识,全部退出了非主业和所有议事机构,主业主责意识明显增强。为提高纪检监察的工作能力,积极派出干部参加跟班学习和业务培训,今年派往自治区纪委跟班学习2人次,阿里地区纪委跟班学习3人次,纪委业务培训3人次,其他培训2人次,大大地提高了我县纪委、监察局纪检干部的整体素质。同时以支部学习和"双树双创"活动为载体,学习《党章》、四条例和两准则,以及各项会议精神、通报等共计76次,签订《阿里地区纪检监察干部守纪律讲规矩承诺书》18份。

(八)强化制约机制,健全廉政风险防控机制

一是全面推进党风廉政建设"重点部门"和廉政"督导员"工作机制,县委设立了水利局、财政局等12家单位为"重点单位",县纪委聘请了沈函、洛松扎西等12位同志为廉政"督导员",县委向12家党风廉政建设"重点单位"进行授牌,县纪委向12名廉政"督导员"颁发了聘任书,同时县纪委要求廉政"督导员"要参加每季度的党风廉政建设会议及反腐败协调小组会议,并对每季度履职情况进行汇报,2017年召开反腐败协调小组会议4次,听取廉政"监督员"汇报24次。二是2017年9月县纪委下发了《革吉县廉政风险防控机制排查通知》,再一次清理廉政风险防控点的排查工作,进一步完善《革吉县廉政风险防控制度》《革吉县廉政风险监督管理制度》,根据部门职能、岗位职责和工作流程,结合廉政风险防控规范权力运行机制建设,在室内、室外醒目位置设立廉政风险警示牌等,共排查廉政风险点126个,建立廉政风险防控机制52个,对排查不到位机制建立不全的单位提出建议和意见6条。加强行政权力公开化机制建设,以贯彻落实政府信息公开为契机,继续深化了党务、政务公开工作,县委下发了《关于进一步推进党务公开工作的意见(试行)》,对深入推进党务公开作出了全面部署;按照规定,扎实推进了政府信息公开工作。加强操作行为规范化机制建设,开展了“两集中、两到位”行政审批制度改革,对革吉县四乡一镇和43个行政部门进行了监督检查。

同志们,过去一年的工作中有成绩也有不足,在肯定成绩的同时,也要清醒地看到,全县党风廉政建设和反腐败工作仍然存在一些不容忽视的问题。一是少数党组织履行全面从严治党责任意识不够强,党规党纪执行不到位,管党治党失之于宽、失之于软的现象还不同程度存在;二是违反中央“八项规定”精神和“四风”问题禁而未绝,顶风违纪、隐形变异现象还时有发生;三是对侵害群众利益的不正之风和扶贫领域腐败问题整治的力度和深度还不够,群众对此还有意见。四是在纪律审查工作上,虽然力度越来越大,但查处有影响的典型案件和大案要案还比较少,实践“四种形态”特别是用好第一种形态上还需深化。五是纪检监察干部的业务水平和把握政策能力还有待进一步提升。对于这些问题,我们必须高度重视,认真加以解决。但进步也是有目共睹的,这得益于习近平同志为核心的党中央正确领导,得益于上级纪委部门和县委、县政府的英明决策部署,得益于全县各级党组织的共同努力,得益于广大人民群众的大力支持。对此我们在2018年将高度的重视,采取有力的措施,努力打造一支合乎人民要求的党员干部队伍,为早日步入小康社会保驾护航。

二、2018年工作的初步安排

2018年,全县党风廉政建设和反腐败斗争的总体要求是:以习近平新时代中国特色社会主义思想为指导,以学习贯彻中共十九大精神为主线,认真贯彻落实中央纪委、区纪委全会精神,牢固树立“四个意识”,坚定“四个自信”,不忘初心、牢记使命,按照地区纪委和地委的部署和要求,扎实履行监督执纪问责职责,持之以恒正风肃纪,坚持反腐败无禁区、全覆盖、零容忍,下大力气解决群众身边的不正之风和腐败问题,推动全面从严治党向纵深发展,为加快革吉小康建设提供坚强政治保证。

(一)深入学习贯彻中共十九大精神,坚决服从和维护以习近平同志为核心的党中央集中统一领导

深入贯彻落实十九大精神是当前和今后一个时期的首要政治任务。全县纪检监察机关和广大纪检监察干部要原原本本学习十九大报告和党章,深入学习领会习近平新时代中国特色社会主义思想,准确把握十九大确立的管党治党重大判断、重大战略、重大任务,把思想和行动统一到十九大精神上来,充分发挥纪检监察机关在增强全面从严治党系统性、创造性、实效性方面的作用。要把讲政治的要求贯穿于全面从严治党全过程,坚决服从和维护以习近平同志为核心的党中央集中统一领导。要严明政治纪律和政治规矩,加强对十九大精神和党章党规执行情况的监督检查,加强对党的路线方针政策和县委、县政府重大决策部署落实情况的监督检查,坚决纠正和严肃查处上有政策、下有对策,有令不行、有禁不止行为,确保政令畅通。

(二)强化责任担当,提升管党治党能力

要强化全面从严治党主体责任,巩固和深化各级党组织落实主体责任成果,健全完善责任清单、履职约谈、述职述廉、定期报告、检查考核、问责追究等机制制度,形成一级抓一级、层层抓落实的责任落实体系,把全面从严治党政治责任压紧压实到各基层党组织。要严格问责制度,以问责强化责任担当。坚持有责必问,问责必严,对党的领导弱化、党的建设缺失、从严治党责任落实不到位的,对维护党的政治纪律和政治规矩失责、贯彻中央“八项规定”精神不力、不作为乱作为的,要严肃问责,曝光典型问题。通过严格问责倒逼责任落实,推动全面从严治党不断从宽松软走向严紧硬。要全面加

强纪律建设,强化党组织自上而下的监督,紧盯“关键少数”特别是一把手,严把政治关廉洁关,用严明的纪律和严格的监督使党员领导干部知敬畏、存戒惧、守底线。

(三)持之以恒落实中央“八项规定”精神,坚持不懈改进作风

全县纪检监察机关要保持“永远在路上”的战略定力,锲而不舍,狠抓节点,扩大成果,不断深化。继续把违反中央“八项规定”精神和”四风”问题列入纪律审查工作重点,坚决查处群众反映强烈的违规操办、公款吃喝、公车私用、公款旅游等问题。要密切关注“四风”新动向,对规避组织监督,顶风违纪,不收手、不知止的,一律从严查处,坚决防止“四风”问题反弹回潮。要继续紧盯节假日等重要时间节点,严肃查处节日腐败问题。要构建作风建设长效机制,发挥党员领导干部的示范引领作用,推动社会风气持续好转,激发群众监督正能量,培育向善向上的氛围,把作风建设不断引向深入。

(四)强化纪律审查工作,巩固反腐败斗争压倒性态势

强化不敢腐的震慑,以“零容忍”的态度惩治腐败。坚持力度不减、节奏不变,减少腐败存量,重点遏制增量。严肃查处对党不忠诚、阳奉阴违的问题;重点查处政治问题和腐败问题通过利益输送相互交织,在党内培植个人势力、结成利益集团的行为。围绕打赢脱贫攻坚战,加强基层党风廉政建设,深入开展扶贫领域专项整治,加大对精准扶贫工作的监督检查力度,加大对“小官大贪”,侵吞挪用、克扣强占等侵害群众利益问题的查处力度,坚决查处和纠正发生在群众身边的吃拿卡要、执法不公以及违规收费、收受红包等问题,让广大群众在全面从严治党中增加获得感。强化警示教育,充分发挥典型案例和违纪违法干部忏悔录的反面教材作用,坚持重大案件通报曝光制度,扩大纪律审查效果。正确把握运用监督执纪“四种形态”,特别是第一、第二种形态,用纪律管住全体党员。

(五)强化政治巡察,积极稳妥推进监察体制改革

积极推动我县巡察工作。突出政治巡察,加强对被巡察党组织和领导干部执行党章和其他党内法规、遵守党的纪律、落实全面从严治党责任等情况的监督检查。坚持问题导向,围绕群众反映强烈的热点难点问题和信访举报件比较集中的行业和领域,深化专项巡察,倾听群众呼声、回应社会关切。完善多部门协调联动机制,加强对巡察发现问题的综合分析研判、分类处置,推进共性问题和个性问题整改。要强化巡察结果运用,依规依纪优先处置巡察移交问题线索,督促被巡察党组织抓好整改落实。

按照上级决策部署和统筹谋划,认真开展监察体制改革,推动机构整合、人员融合和工作流程磨合。同时,完善监察委员会运行机制,探索合署办公条件下执纪监督与执纪审查相互制约、执纪与执法相互衔接的实现路径,切实发挥监察委在全县反腐倡廉工作中的作用。

(六)打铁还需自身硬,建设忠诚干净担当的纪检监察干部队伍

全县纪检监察机关和纪检监察干部要始终保持对党忠诚,深入学习中共十九大精神和习近平新时代中国特色社会主义思想,不断提高思想政治水准和把握政策能力,增强“四个意识”。要扎实开展“不忘初心、牢记使命”主题教育,做敢于担当的表率。要加大干部轮岗、交流和培训力度,不断提高干部队伍的能力水平,增强生机活力。要认真执行监督执纪工作规则,强化自我监督,自觉接受党内监督和社会监督。要坚持抓班子、带队伍,以坚定的理想信念和铁的纪律,建设忠诚干净担当的纪检监察干部队伍。

西藏自治区革吉县人民法院 2017 年度工作汇报材料

革吉县人民法院院长　李尕青

（2018 年 1 月 8 日）

2017 年工作回顾

2017 年，在县委的坚强领导、人大有力监督、西藏自治区高级人民法院和阿里地区中级人民法院正确指导和县政府、政协、社会各界的关心支持下，县法院坚持以邓小平理论、“三个代表”重要思想和科学发展观为指导，深入贯彻落实中共十八大、十八届三中、四中、五中、六中、七中全会、中央第六次西藏工作座谈会、中共十九大、十九届一中全会和习近平总书记系列重要讲话精神，深入贯彻落实区党委八届五次、六次、七次、八次全委会和自治区、县委第九次党代会、区党委九届一次、二次、三次全委会等精神，坚持司法为民宗旨，忠实履行宪法法律赋予的职责，依法服务全县大局，充分发挥审判职能，县法院工作取得了一定成绩。现就县法院一年来的工作开展情况及存在的问题和下一步努力整改的方向等情况简要向组织汇报如下，不足之处，请组织予以批评指正

一、忠实履行职责，狠抓办案主业

2017 年，我院共受理各类案件 112 件，与 2016 年同比增加 75 件，其中民事案件 89 件，结案 89 件，结案标的达 716 万余元、刑事案件 9 件（故意伤害案 4 件、强奸案 1 件、盗窃案 1 件、诈骗案 1 件、挪用公款案 1 件、侵占案 1 件），结案 9 件，其中判处有期徒刑 5 年以上 1 起、3 年以上 2 起，执行案件 14 件，结案 14 件，执结标的达 333.78 万元，再审案件 1 件，结案 1 件。年初，县法院获得 2016 年度阿里两级法院基层法院目标责任第一名。

二、以加大司法公开力度为抓手，主动接受监督，增强司法公信力

2017 年，我院在中国裁判文书互联网上共公开裁判文书 20 篇，利用科技法庭庭审直播共 13 次，旁听群众 33 人次。同时，为主动接受监督，建立了向人大、政协时时报告工作动态的微信群。

三、坚持“公正司法、一心为民”指导方针，改进司法作风，保障群众司法利益

一年来，“以案说法”“以案释法”开展法制宣传 6 次，发放资料 350 余份，受教育群众 400 余人。利用流车载动法庭巡回办案 28 件，行程达 6.7 万公里。开辟诉讼绿色渠道为困难群众当事人共减免退缓诉讼费 1.9 万余元，有效保障困难当事人依法实行诉讼权利。高度重视“双拖欠”民事案件，坚持对“双拖欠”案件优先审理、优先审判、优先执行。今年对 41 起追索劳动报酬纠纷案件进行了优先处理，使 41 名民工及时兑现了 183 万余元劳务工资。协助县信访等部门处理了 3 起在革吉县影响较大的信访案件。

四、认真落实党风廉政和反腐败工作

严明政治纪律和政治规矩，落实中央“八项规定”、《中共中央政治局贯彻落实中央“八项规定”的实施细则》、自治区“约法十章”“九项要求”等精神，自觉正确对待权力、地位和自身利益，按照党的廉洁从政的要求，抓好班子，带好队伍，自觉接受监督，制定了《2017 年县法院党风廉政建设和反腐败工作实施方案》《2017 年县法院党风廉政建设和反腐败工作要点》《2017 年县法院党建工作目标》，

与全院班子成员和干警逐级签订了《党风廉政责任书》《家庭助廉承诺书》。一年来,本院所受理的各类案件均无当事人举报干警有不廉不洁的情况。对1名因违纪违规的干警,本院按照组织规定先后对该同志进行教育提醒4次、诫勉谈话3次、给予处分1次。后本院将该同志移送纪检监察部门处理,纪检监察部门最终对该干警以累计旷工达33天为由,给予双开处分;严厉打击职务犯罪案件,审理一起地区中院指定管辖的挪用公款案。

五、加强基层一线基础设施建设

2017年县法院积极通过向上级部门争取,新建盐湖乡中心人民法庭在盐湖乡落地并竣工。年底,县法院通过向上级部门争取在新建法庭内一次性配置了所有办公家具。同时,为新建法庭自筹资金2万余元配备了发电功率5千瓦的太阳能光伏发电设备,此设备不仅能24小时保障法庭办公用电,而且还能保障干警用电取水、烧水等正常生活所需。

2018年工作计划

一、坚持党的领导,抓好执法办案工作

自觉将法院工作置于县委、县政府中心工作和改革发展稳定大局中,主动适应新常态,充分发挥审判职能作用,当好县委、县政府的减压阀,大力开展审判执行工作,切实履行好维护国家政治安全、确保社会大局稳定、促进社会公平正义、保障人民安居乐业的神圣使命,扎实推进法治革吉建设。

二、深入贯彻落实中共十九大、十九届一中、二中、三中全会精神

以习近平新时代中国特色社会主义思想为引领,致力于依法治县,着眼全县扶贫、脱贫攻坚年及十三五规划关键年,重点先期研判并审理好高利贷、农牧区婚姻家庭及工程领域“双拖欠”案件,扑下身子,深入群众和工地,为群众和民工大力讲解宣传法律维权等知识。另外,针对近几年县工程领域出现的各类突出问题,着重深入县重点项目管理中心、劳动局、住建局等部门,为上述部门行政执法人员,以法律讲座等形式,普遍宣传有关工程领域依法行政、依法监管的法律知识,促使有关人员加大对工程领域的监管,规范工程领域行为,有效杜绝工程领域出现违法转包、分包及挂靠行为,依法打击一批拒不支付劳动报酬的“包工头”,避免工程领域出现“双拖欠”等纠纷。同时依法处置一些农牧区有关不赡养老人、虐待遗弃家庭成员、不抚养未成年人、使用家庭暴力危害妇女及儿童、破坏他人家庭婚姻、以高利贷为生存之本搜刮群众利益等不良现象。

三、深入开展扫黑除恶打非治乱专项斗争

坚决贯彻落实全国扫黑除恶专项斗争电视电话会议、全国法院扫黑除恶专项斗争电视电话会议、西藏自治区召开扫黑除恶打非治乱专项斗争电视电话会议精神,与我县公安、检察、司法等部门紧密配合,分工协作,聚焦我县可能存在的黑恶势力犯罪或存非有乱的突出重点区域、行业和领域,重点打击威胁政治安全特别是政权安全、制度安全以及向政治领域渗透的黑恶势力;把持基层政权、操纵破坏基层换届选举、垄断农村资源、侵吞集体资产的黑恶势力;利用家族、宗族势力横行乡里、称霸一方、欺压残害百姓的“村霸等黑恶势力;在征地、租地、拆迁、青藏专项勘探、工程项目建设等过程中煽动闹事的黑恶势力;在建筑工程、交通运输、矿产资源等行业、领域,强揽工程、恶意竞标、非法占地、滥开滥采的黑恶势力;在商贸市场等场所欺行霸市、强买强卖、收保护费的地霸、行霸等黑恶势力;操纵、经营“黄赌毒”等违法犯罪活动的黑恶势力;非法高利放贷、暴力或软暴力讨债的黑恶势力;插手民间纠纷,充当“地下执法队”的黑恶势力;组织或雇佣网络“水军”在网上威胁、恐吓、侮辱、诽谤、滋扰的黑恶势力;境外黑社会入境发展渗透以及跨国跨境的黑恶势力,坚决依法予以打击、同时,坚决深挖黑恶势力“保护伞”。重点打击以非法占有为目的,假借民间借贷之名,通过“虚增债务”“签订虚假借款协议”“虚假诉讼”等手段非法占有他人财产,或者使用暴力、威胁手段强立债权、强行索债的放贷人,届时依法根据案件具体事实,以诈骗、强迫交易、敲诈勒索、抢劫、虚假诉讼等罪名侦查、起拆、审判。对于非法占有的被害人实际所得借款以外的虚高“债务”和以“保证金”“中介费”“服务费”等各种名目扣除或收取的额外费用，计入违法所得，坚决依法予以没收；严厉打击教唆群众猎捕、杀害濒危野生动物，暗箱从事收购、运输濒危野生动物制品罪的黑恶势力。

四、坚持从严管理，加强法院队伍建设

认真学习贯彻中共十九大精神，深入开展“两学一做”学习教育制度化常态化和“不忘初心、牢记使命”主题教育活动，坚定不移树牢“四个意识”、维护爱戴核心，狠抓党风廉政建设和反腐败工作，进一步确保法院队伍政治坚定，风清气正。

五、进一步加强盐湖乡法庭建设

力争于2018年扩充法庭信息化网络及无纸化办公应用，确保盐湖乡法庭物质基础满足正常工作需要。实施法官轮回驻盐湖乡法庭开展审判工作，确保至少2人有续不间断轮回至盐湖乡法庭，调处各类矛盾纠纷。

革吉县人民检察院工作报告

——在革吉县第十二届人民代表大会第四次会议上

革吉县人民检察院检察长　次仁尼玛

（2018年4月18日）

一、2017年工作回顾

一年来，我院在革吉县委和阿里检察分院的坚强领导下，在革吉县人大及其常委会的有力监督下，深入学习贯彻中共十九大精神和习近平总书记系列讲话精神，认真贯彻落实习近平新时代中国特色社会主义思想和治国理政新理念新思想新战略，紧密围绕全县工作大局，积极适应经济发展新常态、回应人民群众新期待，顺应司法改革，全面履行宪法和法律赋予的职责，全力维护司法公正和社会谐稳定，促进社会公平正义，保障人民安居乐业的总任务，为全面建成小康社会提供有力的司法保障和服务。

（一）主动适应经济发展新常态，充分发挥各项检察职能

*依法打击各类刑事犯罪。*我院努力适应新常态下人民群众对检察工作的新要求，充分发挥批捕、公诉职能，大力推进平安革吉建设，坚决打击严重暴力犯罪、多发性侵犯财产等犯罪行为，全年共受理审查批捕案件4件4人，提起公诉案件7件7人，退回补充侦查1件1人，办理民事行政案件1件，控申案件1件，羁押必要性审查案件2件2人。

*加大反腐查处力度。*保持反腐高压态势，加强与阿里检察分院和兄弟县院的合作力度，整合力量，积极参与反腐案件办理。在我院人员极其缺乏的情况下，仍抽调四名干警成立专案组办理地区国资委才某挪用公款一案，经过三个多月的初查、侦查，将该案侦查终结，由本院公诉部门依法移送法院起诉，目前该案已经审理完毕，才某被判有期徒刑6个月，为国家追回损失774483元。

*认真做好社区矫正监督工作。*建立完善的社区矫正人员台账，通过每月思想汇报，及时了解掌握矫正人员思想动态，及时发现不良苗头。通过与公安、司法、法院的联席会议制度，加强社区矫正监督、加强信息交流力度，通过社区矫正联络员制度，及时了解矫正对象情况，防患于未然。加大对司法部门社区矫正工作的监督力度，目前我院监督的社区矫正人员有7人，全部思想稳定，状态良好。

*做好控告申诉工作。*完善控申科室硬件建设和控申接待室规范化建设，完善细化首问责任制等相关制度，继续以检察长接待日为平台，通过接访和下访及时发现和化解群众矛盾，今年成功办理一起控申案件，突破了控申案件零的局面。

*重视预防工作。*加大侦防一体化建设进程，突出预防、普法工作的重要性，全年我院共进行了6次法律宣传，共计发放宣传材料1500余份，大力营造全社会学法守法的良好氛围。

（二）时刻绷紧维稳这根弦

稳定是第一要务，阿里地处反分裂斗争前沿，反分裂斗争形势复杂，维稳任务很重，特别是中共十九大召开期间，我院要求干警严格按照中央、自治区、地区及革吉县军地联合指挥部的要求，做好维稳各项工作，完善各类突发情况处置预案，加强突发情况处置演练，时刻绷紧维稳这根弦，值

班人员每日对院里工作区、生活区进行不少于

三次巡逻，双联户户长加强对自己负责的双联户的检查管理力度，控申部门加强对涉检涉诉矛盾排查。三月份党组书记、检察长次仁尼玛深入维稳联系点文布当桑乡维稳蹲点，近一个月的时间里，召开维稳工作部署3次，法制讲堂1次，督查学校安全工作1次，进村入户了解民情6次，十九大期间，检察长又到文布当桑乡维稳督导一个月，我院也派出警车和干警参与维稳执勤，在老政府广场蹲点11天。严肃值班带班制度，院党组成员坚持带班，认真做好各项表格登记工作，切实做好我院维稳工作，确保全年我院实现三无三不出。

（三）认真开展党建及党风廉政工作

把党建工作与业务工作放在同等重要的地位，坚决落实一岗双责，认真开展三会一课，积极发展党员，完善党组及支部机构，完善党建各项制度，夯实党建基础。坚持和完善党组中心组的理论学习制度，按照革吉县理论中心组学习计划，结合我院实际制定了党组理论学习计划，进行了专题理论学习，把每周五定为理论学习时间；创建党建品牌，以“立检为共、守望正义”为我院党建品牌；按照县委统一部署要求，每位党员干部按时安装“党员小书包”。积极开展多种形式的“支部日”活动，始终保持党员先进性教育成果，我院始终坚持每周星期一晚上8：00—10：00支部活动日。全年我院支部活动开展情况有：重温入党誓词，创建党员示范岗，开展“党员干部进村入户，结对认亲交朋友”活动、开展“慰问困难环卫工人”活动等，党员干警每人捐款200元，其他干警每人捐款150元，共捐款1400元。

认真落实中央“八项规定”、自治区约法十章及九项要求，严格规范干警八小时内和八小时外的行为，严禁公车私用，严禁公款吃喝，严禁干警参与酗酒、赌博，树立检察形象。抓好每月廉政教育学习，学习《廉政准则》和正反两方面典型案例，坚持每月一次廉政党课。严肃办案纪律，严禁利用办案吃拿卡要，严禁办关系案、人情案、金钱案。建立健全财务制度，严格报销环节，杜绝虚假发票报账；制定车辆管理办法，规定各车辆每公里用油标准，对每次出车都做登记，跑了多少公里，用了多少油，一清二楚。加强对车辆管理，凡修车超过1200元，全部要经过院党组同意批准。提倡节俭，对办公室用电、用纸、办公用品购买都制定了相关规定，让干警树立节俭光荣、浪费可耻的理念，自觉做到艰苦朴素、勤俭节约。利用检察开放日活动，11月5日我院向人大代表、政协代表和群众代表汇报我院今年工作开展情况，接受人大及群众的监督，提高执法透明度。

（四）狠抓队伍建设

我院始终将队伍建设摆在工作首位，利用周二集体学习时间组织干警学习十八届三中、四中、五中、六中全会精神及十九大会议精神、自治区第九次党代会精神、各级政法、检察工作会议精神，以及各级领导重要批示精神，让干警拧紧思想总开关，始终做政治上的明白人。同时也注重业务学习，壮大人才队伍，组织干警学习最新司法解释和法律法规，不断提升业务素能。全年我院抽派九名干警参加阿里分院和国家检察官学院林芝分院的侦监、案管、计财、公诉等培训，提升干警的业务水平。派一名干警到河南岗位锻炼六个月，切实增强干警的办案水平。完成首批三名检察官入额工作和检察辅助人员分类，完成检察官及检察辅助人员增资工作，按要求上报内设机构改革方案，将内设机构由原来的一室四科改为一个办案组和一个检务综合保障部门，目前方案已上报上级院，等候批复。

（五）扎实推进“两学一做”学习教育常态化制度化，结合“立检为公、守望正义”，全面推进“四讲四爱”主题教育实践活动

推进“两学一做”学习教育活动常态化制度化，加强党章和习近平总书记系列讲话精神学习，制定学习计划、使学习有记录、有总结、有心得体会，全年共理论学习17次，全体干警撰写学习体会三篇，党支部书记上了两堂党课。我院紧密结合支部党建子品牌创建活动，推进“四讲四爱”主题教育实践活动扎实有效开展，促进我院党建工作创新发展，激发党组织的活力，增强我院广大党员干警的主体意识，按照区党委、地委、县委的统一部署、按照革吉县《关于开展“讲党恩爱核心、讲团结爱祖国、讲贡献爱家园、讲文明爱生活”喜迎中共十九大主题教育实践活动动员部署会议》的要求，2017年4月3日，我院成立了由院党组书记任组长的“四讲四爱”主题教育实践活动领导小组，并制定了《中共革吉县人民检察院喜迎中共十九大主题教育实践活动实施方案》，于2017年4月7日召开动员大会。结合“四讲四爱”主体教育实践活动，我院开展“送法进校”活动，向师生共发放了364册宣传资料(藏汉)，接受法律咨询36人次。

(六)重视保密工作

我院按照分院保密责任书的相关要求，及时制定保密工作年初计划，充实调整保密领导班子，同干警签订保密责任书，层层落实责任。完善涉密计算机管理，强化机房安全，严格机房管理制度，严格涉密文件管理，规范案卷及文件归档工作。对涉密人员进行培训，提高涉密人员保密意识，严格文件登记、借阅、销毁制度，严格对移动硬盘、U盘、光盘的使用管理。对办案人员强化保密教育，严防出现案件侦查期间泄密现象，严肃责任追究，全年经过地县两级保密多次检查，未发现任何泄密事件。

(七)从不放松安全生产工作

安全重于泰山，我院十分重视安全生产工作，每年与干警签订安全生产责任书，让安全生产植根于干警心里。严格车辆管理，定期对车辆进行保养检测，坚决杜绝病车上路，严禁干警无证驾驶车辆。重视办案安全，尤其是自侦案件，都要制定细致的安全措施，防止办案中出现嫌疑人伤亡、逃跑、毁证、串供等事件，对办案干警的自身安全也提出严格要求。对单位的生活区、办案区的用电、用水、生火都有具体的规定，单位每年都会对办公、办案区的线路、消防设施、消防通道进行排查，发现问题及时排除。加强对食堂安全管理，要求厨师必须严把食品质量关，严禁使用过期、质量不过关的食材，要求厨师每年进行身体检查，要求厨师保证食堂卫生，要求厨师确保用火、用气安全。全年我院未发生安全事故。

(八)做好扶贫工作

精准扶贫是今后几年我县的一项重大工作任务，按照地委、县委、县政府的相关文件精神、相关工作的安排部署及要求，我院制定了脱贫攻坚工作的计划。与革吉县公前村、布贡村村民结对认亲交朋友，详细了解了贫困户家庭的详细情况及致贫原因，理出了脱贫攻坚措施，我院全体干警分两次捐款3000余元。

(九)认真学习贯彻十九大会议精神

中共十九大于2017年10月18日胜利召开，这是中国政治生活中的一件大事，认真学习贯彻十九大精神是当前和今后一段时间内我院工作的重点，我们严格按照上级院和革吉县县委的要求，结合我院实际，制定详细的学习计划和方案，组织全体干警认真学习领会十九大会议精神，明确今后工作的方向和目标，以十九大精神武装干警头脑，为革吉县全面建成小康社会发挥应有的作用。

(十)2017年工作中存在的问题

我院2017年有两名工龄5—10年的干警正在办理调动手续，年轻干警能力不足以独当一面。老干警的知识更新跟不上时代变化，新干警的综合水平有待提高。

二、2018年工作安排

(一)全力营造良好的法治环境

认真学习贯彻十九大精神，深刻认识检察机关在全面深化改革中的重要责任，充分发挥打击、预防、监督、教育、保护等职能作用，更好地服务和保障革吉经济社会健康发展。严厉打击干扰改革、破坏改革、钻改革空子的违法犯罪行为，为创新发展营造良好的法治环境。

(二)加强和规范对诉讼活动的监督

继续严格执行修改后的刑诉法、民诉法，完善诉讼监督机制，促进严格执法、公正司法。健全对重大疑难案件的提前介入。加强刑事审判活动监督，严格规范民事、行政诉讼监督内容，加大人权保障力度，健全羁押必要性审查制度。健全错案的防止、纠正和责任追究制度，切实保证律师权益。

(三)深入推进反腐倡廉建设

加大惩治职务犯罪力度和预防宣传力度，深入开展打击损害群众利益职务犯罪专项活动，坚决查处发生在精准扶贫领域群众反映强烈的案件。加大对重大事件的介入调查力度，严肃查处国家工作人员不作为、乱作为等失职渎职、滥用职权犯罪。完善与纪委等部门的协作配合机制，增强反腐工作合力。

推动执法、司法机关信息共享,提高自侦案件侦查水平。加强对扶贫工程的监督力度,全面融入扶贫工作,确保扶贫资金能够百分之百用之于民。

(四)深入推进检察改革

以检务公开和完善检察权运行机制为重点,推动新一轮检察改革。坚持以公开促公正,以透明促廉洁,增强主动公开意识,做到能公开的一律公开。确立检察官执法主体地位,落实检察官办案责任制和责任追究终身制,严防冤假错案发生。

(五)加强检察队伍建设

加强检察人员理想信念、职业道德教育和业务能力建设。坚持从严治检,加强廉政文化建设,提升检察官文化修养和自律精神。内强素质,外树形象,打造专业化、规范化检察队伍。

革吉县2017年国民经济和社会发展计划执行情况与2018年国民经济和社会发展计划草案的报告

——在革吉县第十二届人民代表大会第四次会议上

革吉县发展和改革委员会主任 黄 超

2018年4月29日

一、2017年国民经济和社会发展计划执行情况

2017年是实施“十三五”规划承上启下的关键之年，也是落实各项规划任务、推进经济社会跨越发展、与全国全区一道全面建成小康社会的重要一年。一年来，在县委、县政府的正确领导下，全县上下认真贯彻落实党十八届历次全会、十九大精神，以习近平新时代中国特色社会主义思想为指导，按照自治区第九次党代会和区党委九届三次全会要求，牢固树立以人民为中心的发展思想，坚持稳中求进、进中求好，补齐短板的工作总基调，以供给侧结构性改革为主线，积极应对经济转型压力，聚力脱贫攻坚，加快产业结构调整，着力推进牧区改革，切实保障和改善民生，全县经济社会保持了稳中向好的发展态势。全县国内生产总值40041万元，增长12.7%；地方财政收入完成2020万元、增长46.2%；社会消费品零售总额完成7816.6万元，增长17%；农牧民人均可支配总额10409.88元，增长21.5%；全年固定资产完成5.36亿元，增长23.2%。

（一）聚力民生实事，狠抓发展成果

1、精准扶贫工作成效取得实效

一年来，结合深度贫困县实施制定了“十项脱贫攻坚措施”，坚持抓重点、重点抓、抓住关键、精准发力，注重难点、集中攻坚，全面落实“九个一批”脱贫攻坚工作要求，顺利开展移风易俗教育，完善村规民约等工作，在精准施策上出实招，在精准推进上下功夫，在精准落地上见实效。一是按照“三年任务，两年完成”的目标，我县2017年实施5个搬迁安置点全部开工建设，完成搬迁345户1410人，实现175户683人的脱贫任务；二是紧紧围绕“三不愁”“三保障”“三有”目标，强化组织领导，科学谋划、统筹安排，聚力攻坚，完成实现革吉镇布贡村整村脱贫目标。

2、产业改革推进明显

从传统的自然经济迈向市场经济，形成规模产业是我县补齐产业短板的必经之路。全年，严格执行《革吉县产业负面清单》，落实产业准入，齐心协力，积极配合，完成革吉县商品混凝土搅拌站、盐湖乡盐巴粗加工厂、盐湖乡旅游综合体、县城旅游综合楼等重大产业项目建设，积极推进“五大基地”建设，成功申请那布牦牛养殖基地、革吉县野生动物观赏园项目列入自治区产业扶持项目，符合革吉实际，革吉发展的产业初步雏形。

3、就业创业成效显著

一是以强化劳务组织化，增强劳动技能，增加劳务收入为目标，大力开展技术培训和牧民技能提升工程，组建乡村劳务输出专班，切实提高牧区劳动力转移就业，增加现金收入，2017年转移群众就

业8074人，发放创业基金284.5万元，受益群众120户218人；完成劳务输出3286人次，车辆参与输出280台，实现创收1733.84万元；二是抓好高效毕业生就业创业政策落实工作，积极发挥就业创业政策效应，为想创业、能创业、自主创业农牧民群众营造良好的创业环境，拓宽增收渠道，推动大众创业、万众创新。

（二）重大项目建设成效显著

一年来，革吉县坚持“项目带动”战略不动摇，牢固树立“抓项目就是抓发展”理念，进一步提高谋划项目、引进项目和建设项目水平，积极争取中央、自治区投资，抢抓机遇补齐短板，坚持不懈以提高发展质量效益为导向，把抓投资作为全县工作的重点任务，加强项目审批、抓牢抓实体制机制改革。2017年革吉县重点计划建设项目90个，开工建设县城供暖、供氧等一批重点项目，投资完成5.36亿元，增长23.2%，投资总量和增长速度再创新高。

（三）加快基础设施建设，努力保障和改善民生

一是优先发展教育事业。推进农村义务教育薄弱学校改造，启动盐湖乡小学教学辅助用房建设项目、文布当桑乡小学教学及辅助用房建设项目、完小改扩建项目，涉及资金1596万元。

二是医疗卫生服务能力不断加强。全力推进乡镇卫生院及村卫生室标准规范化建设，推进组团医疗人才援藏工作，确保地方病、传染病防治，全面控制麻疹疫情，包虫病综合防治工作等取得阶段性成效。全年包虫病筛查人数15588人，确诊192人，其中手术治疗66人（19人已完成），药物治疗126人（106人正在治疗）。

三是推进民生事业快速发展。2017年民生支出13869万元，“两个低保、七个救助、一个供养、四个补助”等惠民政策全面落实，各项社会保险征缴达到96%以上；县五保集中供养中心附属、县社会福利院活动场所建设项目等完成主体工程建设。

（四）聚力生态，环境建设成效显著。

一是坚持以绿色发展的理念引领经济社会发展，大力抓好生态建设，严守生态红线底线。2017年大力实施人工种草、防沙治沙、植树造林工程，完成植树造林5.91万株，约270亩，树木成活率达90%以上。

二是环境质量显著提高。严格落实产业准入负面清单，全面落实国家水、大气、土壤污染防止三大行动计划，狠抓水生态保护及水资源管理，有效防范集中式饮用水源地水源污染。

2017年我们有效应对各项困难，经济发展基础不断夯实、结构调整不断优化，紧盯发展和生态两条底线，强长板补短板，狠抓精准扶贫，稳增长和惠民生同步推进。在肯定成绩的同时我们必须清醒也认识到，我县发展不平衡不充分的问题较为突出，一是保持经济持续快速健康发展的基础还不牢固，投资结构性矛盾突出，基础设施建设的瓶颈制约还没有从根本上得到有效缓解；二是经济发展动力单一，新动能支撑经济发展的能力有限，实体经济发展滞后，农牧业现代化生产经营程度低，就业结构性矛盾突出，基本公共服务体系不完善，覆盖面有待扩大、水平有待提高，民生工作还有待于进一步强化。

二、2018年经济社会发展的总体思路及目标

2018年，是深入贯彻落实中共十九大精神的开局之年，是全面建成小康社会的关键一年，全县上下高举新时代中国特色社会主义思想伟大旗帜，以习近平新时代中国特色社会会主义思想为指导，全面贯彻落实中共十九大精神，贯彻落实习近平系列重要讲话精神、贯彻落实自治区九次党代会和区党委九届三次全会精神，贯彻落实自治区和地区经济工作会议和我县经济工作会议精神，牢固树立“四个意识”、统筹推进“五位一体”总体布局和“四个全面”战略布局，坚持“依法治藏、富民兴藏、长期建藏、凝聚人心、夯实基础”的重要原则，坚持创新、绿色、协调、开放、共享的新发展理念，坚持“稳中求进、进中求好、补齐短板”的经济发展总要求，以正确处理好“十三对关系”为根本方法，围绕县委九届三次全会确定的“12345”总体思路和开创6个新局面为总体目标，以创新驱动谋全局、加快脱贫促大局、围绕项目抓布局、建设基地创新局，统筹推进稳增长、促改革、调结构、惠民生、防风险各项工作，打好精准脱贫、防范化解重大风险、污染防治三大攻坚战，不忘

初心、牢记使命，主动作为、实干担当，走出一条具有中国特色、西藏特色高质量发展路子，全力推动革吉经济长足发展和长治久安。

2018 年经济社会发展主要指标目标为：全县生产总值达 46047.15 万元，增长 15%；社会固定资产投资完成 6.43 万元，增长 20%；本级财政收入完成 1658.4 万元，增长 12%；社会消费品总额达到 8832 万元，增长 13 % ；农牧民人均可支配收入达 11866 元，增长 14%；城镇调查失业率和城镇登记失业率分别控制在 5.5% 和 2.4% 以内。

三、2018 年经济社会发展的主要措施及目标

（一）多措并举、深化改革

1、创新供给侧结构性改革

坚持振兴实体经济，抓好降成本、补齐短板的各项工作，着力推进基础建设，处理好国家投资和社会投资的关系，处理好重大项目和民生项目的关系，推广政府和社会资本合作模式，鼓励社会投资特别是民间投资参与基础设施和公共服务领域建设。

2、强化牧区改革力度

牢牢抓住农牧业这个根本，进一步完善思路，积极探索“草场有偿流转、联户联组放牧经营、推进培养养畜大户、培养新型牧业业态和经营主体、推进劳务输出”五项改革模式，重点推进整组放牧改革，加快培育发展专业合作社、种草及养殖大户等新型农牧业经营主体，依托产业发展定位及功能定位，加强推进“五大基地”，进一步做大做强，推动形成产业链条，促进富余劳动力向第三产业转移。

（二）补齐短板，打好脱贫攻坚战

2018 年瞄准 690 户 2053 人，十个贫困村退出为年度目标。一是加快易地扶贫搬迁工程建设。坚持以城镇化集中安置为主，加快推进住房和配套设施建设，确保亚热乡和县城福康小区的后续搬迁工程按时完成搬迁任务；二是加快推进产业扶贫项目建设。用好用活脱贫攻坚产业扶贫，以盐湖乡盐巴粗加工厂建设、县城畜产品加工厂建设、牦牛产业基地建设等产业项目为重点，加快推进扶贫产业项目建设步伐确保发挥最大效益；三是加快推进基础设施项目建设。加快实施“水电路讯网、教科文卫保”为重点的事项提升工程，解决好贫困村饮水安全及提高交通运输保障为重点的民生工程问题，通过完善基础设施，提高群众人居环境；四是统筹抓好教育建设和社会保障兜底扶贫。要大力实施技能培训转移就业。广泛开展以需定培、以培供需、顶岗就业的订单培训。积极申报生态补偿岗位，解决就业难问题；完善农牧民最低生活保障制度，对纳入低保的无劳动能力的贫困人口和五保户实行应保尽保，加强残疾人特殊教育培训，拓宽残疾人就业创业渠道，加大贫困学生资助力度，完善医疗救助力度，对因病致贫，因病返贫加大帮扶力度。

（三）加快推进基础设施建设，切实拓宽投资渠道

始终坚持把项目建设作为投资拉动重中之重，切实抓好项目前期的跑办和沟通协调，加强与上级部门的汇报衔接，做好中期评估调整工作，重点实施县城集中供氧工程、市政基础设施建设、节水灌溉试点及农村转场公路、生态功能区保护工程等重大项目，狠抓重点项目的建设运行情况及监督管理，加强设计、施工、监理等参见单位的信誉管理，强化建设单位落实法人、招投标、合同管理和监理制度，切实抓好民工工资发放情况及施工单位材料费支付情况；进一步理清工作思路，抓项目促投资，抓好 2018 年重点项目开工建设，提高项目监管力度，强化县基本建设领导小组、项目前期工作领导小组发挥职能，抓好项目实施的每个环节，严把项目建设各项关，确保完成年度投资任务。

（四）大力推进乡村振兴战略

中共十九大报告提出，大力实施乡村振兴战略。推动乡村振兴战略，坚持农牧业农牧区优先发展，按照产业兴旺、生态宜居、乡风文明、治理有效、生活富裕的总体要求，建立健全城乡融合发展体制机制和政策体系，加快补齐农牧区基础设施短板，完善产业建设、生态保护、精神文明创建、牧区群众增收措施，切实加强“三农”工作。

（五）强化保障，着力改善民生

1. 坚持抓好“民生十件实事”实施。着力解决教育、医疗、就业、住房等方面下功夫，以社会保险、社会救助为基本，以基本养老、基本医疗、最低生活

保障为重点，完善全民参保工作，加大对特殊群体的兜底服务，建立健全城乡社会保障体系，切实解决群众最关心、最直接、最现实的利益问题，不断提升人民群众的幸福感和获得感。

2. 狠抓义务教育均衡发展。大力实施教育基础巩固提升工程，加大教育投入，全面提升教育教学质量，改善教育基础设施水平，进一步优化教育布局，合理配置教育资源，深化教师管理体制改革，落实乡村教师支持计划，充分调动乡村教师积极性，全面实现“五个100%”，力；完善助学机制，切实解决贫困学生上学难问题，力争全年小学纯入学率达99.84%，初中毛入学率达100.14%，农牧区学前教育入学率90%，城镇学前教育入学率95.5%，三类残疾儿童入学率67%。

3. 加快发展卫生事业发展。按照创建“二甲”卫生服务中心要求，加快推进乡镇卫生院规范化和村卫生室标准化建设，不断改善基础医疗服务条件，继续开展医疗人才“组团式”援藏工作，切实提高医疗服务及医生队伍，不断扩大农牧区合作医疗覆盖面，落实城乡居民和寺庙僧尼健康体检，巩固包虫病筛查成果，力争顺利完成创“二甲”任务。

4. 实施区域协调发展。着力推进固边稳藏工程，抓住中央、自治区加大力度支持贫困地区加快发展、大力实施，处理好城市发展和提高农牧区基本公共服务能力的关系，统筹区域协调发展。推进新型城镇化，完善城镇建设总体布局，加强城镇基础设施统筹规划，建设绿色、改善居住环境，加快推进特色小城镇建设、稳步推进高海拔等特殊区域搬迁工程。

5. 加强提升民生保障水平。一是加强扩大就业创收渠道。大力宣传新形势下就业创业政策，积极搭建供需平台，鼓励农牧民群众自主创业、自主谋业，鼓励非全日制就业、临时就业等多样化就业形式；加强农牧民技术提升工程，切实提高农牧民就业率，提高外出务工人员组织化程度，强化乡村劳输出专班，促进牧区劳动力转移就业，增加群众现金收入。

6. 强化生态环境保护。着力推进《美丽西藏》工程，坚守生态安全底线，牢固树立绿水青山就是金山银山，冰天雪地也是金山银山的理念，加快建设国家生态安全屏障。做好中央环保督察整改工作，牢固树立没有任何特殊性的思想，切实扛起中央环保督察问题整改的政治责任，按照督察组反馈意见的整改要求，严格落实“党政同责、一岗双责”，层层传导压力，全力以赴推动问题整改落实落地。实行最严格的环境影响评价制度，严禁“三高”企业进入革吉，加大垃圾污水处理设施建设沟通协调力度，切实提高污染排放标准，大力实施生态功能区保护工程，提升生态系统的质量和稳定性。

关于革吉县2017年财政预算执行情况和2018年财政预算(草案)的报告

——革吉县十二届人民代表大会第四次会议上

革吉县财政局局长　洛松扎西

(2018年4月29日)

一、2017年财政预算执行情况

2017年是实施"十三五"规划的重要一年。在中共十八大、十九大精神的指导下,在以习近平同志为核心的党中央坚强领导下,在县委、县政府的正确领导和县人大的依法监督下,在各位代表的大力支持下,全县财政工作以年初人大会议确定的任务为目标,积极组织税收收入,严格执行支出预算,加强财政监督管理,增强支出保障能力,确保了全县财政工作平稳有序推进。

(一)2017年一般公共预算收支执行情况

1、预算收入完成情况

2017年全县公共财政预算收入完成2191万元,同比增长58.65%,增收810万元。其中:税收收入完成2034万元,占公共财政预算收入的93%,与去年同期相比,增收1090万元。非税收入完成158万元,占公共财政预算收入的7%(主要来源:县城出租房屋租赁费、矿区三项管理费、罚没收入、利息收入),与去年同期相比,减少280万元(由于2017年6月份开始将政府商品房交由城投公司管理,致使房租收入减少)。

2、预算支出完成情况

2017年全县公共财政预算支出完成55377万元,同比增长3%,增支1817万元。其中:一般公共服务支出18155万元;公共安全支出2345万元;教育支出10986万元;科学技术支出124万元;文化体育与传媒支出436万元;社会保障和就业支出1028万元;医疗卫生与计划生育支出1855万元;节能环保支出7546万元;农林水支出7834万元;交通运输支出538万元;资源勘探信息等支出185万元;商业服务业等支出217万元;国土海洋气象等支出171万元;住房保障支出1682万元;其他支出2275万元;政府性基金支出17万元(其中,用于教育事业的彩票公益金支出15万元,用于残疾人事业的彩票公益金支出2万元)。

3、盘活财政存量资金情况

2017年共收回存量资金2493.51万元,截至12月底,已统筹安排2493.51万元,主要用于年初预算缺口资金和易地扶贫搬迁缺口资金。

4、收支平衡情况

2017年,全县一般公共预算收入完成2191万元,上级补助收入56735万元,上年结转177万元,总计可支配财力为59103万元;补充预算稳定调节基金887万元,年终结转2839万元在下年度继续使用。全县公共财政支出总计55377万元。收支相抵,全年财政收支实现平衡。

(二)2017年财政主要工作情况

在2017年财政预算执行工作中,全县财政收入总量和质量不断提高,支出结构继续优化,保证了全县干部职工工资、行政运转、民生政策落实、重点项目建设等支出需要。做到了“三个坚持”：

1、坚持把理财为民作为财政工作的出发点和落脚点，提供优质社会公共服务。

我县财政工作以提升人民群众的幸福感和满意度为根本目标，贯彻落实“取之于民、用之于民”的理财宗旨，在全县财政刚性支出大幅增加的情况下，多渠道筹措、整合和调度资金，进一步加大了民生领域投入，集中财力解决人民群众热切期盼的实际问题，重点支出得到了进一步保障。一是大力发展教育事业。全年教育支出10986万元，为推动教育教学质量均衡发展提供了坚强保障。二是健全社会保障体系，全年社会保障和就业支出1028万元。三是完善医疗卫生服务体系。全年医疗卫生支出1855万元，有效解决了城乡困难群众的看病就医问题。四是积极实施基层综合体制改革，进一步加大了基层保障力度。

2、坚持把增收节支作为财政工作的基本任务，努力为经济社会发展提供财力保障。

一是加强征管，确保收入稳定。财税部门坚持科学判断财税收入增减趋势，及早研究应对措施，通过加大监控力度、提高征管效率、挖掘增收潜力等措施，切实加强税收收入征管，继续完善和规范非税收入征缴管理。2017年上缴三项管理费、利息收入等158万元。二是合理调度财政资金，有效缓解财政支出压力。按照统筹来源、集中财力、保障重点的原则，多渠道筹措资金，进一步提高资金使用效益，同时严格控制各部门一般性支出，有效缓解了收支矛盾。

3、坚持把改革创新作为财政工作的强大动力，努力提高财政管理水平。

一是财政信息化建设稳步推进。通过规范预算编制程序、细化预算编制内容等方式，加快推进财政科学化和精细化管理，进一步提高了理财水平。二是加强财政支出管理。认真落实党政机关厉行节约的相关要求，加强预算执行管理，从严控制一般性支出，集中财力保重点办大事。2017年全县“三公”经费支出727.41万元，同比下降31.95%，减支341.59万元。其中：公务用车运行维护费支出670.15万元，同比下降31.93%，减支314.35万元；接待费支出57.26万元，同比下降32.23%，减支27.24万元。三是加强财政监督工作。组织开展专项检查，完善内部监督检查制度，确保了财政管理更加规范，节约意识更加增强，资金使用效果更加显著，全县未发生乱收乱支和挪用专项资金的行为。四是加强固定资产管理。为彻底摸清我县行政事业单位的国有资产家底，防止国有资产流失，由财政牵头对全县所有行政事业单位的固定资产进行了彻底清查登记，建立了固定资产卡片，并在资产系统平台内进行了详细分类录入。

各位代表，2017年，我县财政各项工作任务顺利完成，取得了较好成绩，但面对新的形势新的任务，也存在一定的困难和问题：一是经济基础薄弱，收入增长乏力。我县可用财力偏低，经济发展中的结构性矛盾比较突出，缺乏支撑转型发展的特色产业和新增长点，财政收入保持连续增幅难度大。二是财政增支多，收支矛盾突出。财政基础薄弱问题在短期内无法解决，在保工资、保运转的基础上，随着公共财政覆盖面的扩大，各项民生政策陆续出台，民生支出增支较多。教育、农业、社会保障和就业、医疗卫生等方面刚性投入增加，财政要保证的重点支出项目越来越多，公共服务支出需求也大幅增长，财政支出压力有增无减，财政吃饭与建设的矛盾依然十分突出。三是干部队伍执行力有待提高。基层财政队伍人员不足、知识老化，与新形势下的现代财政工作要求差距较大。下一步，我们将高度重视这些困难和问题，积极应对，采取有效措施切实加以解决。

二、2018年财政预算草案

2018年是贯彻落实中共十九大精神的开局之年，是决胜全面建成小康社会、实施“十三五”规划的关键一年，是推进供给侧结构性改革的深化之年，也是西藏深化改革开放，推进创新转型的重要之年。总体看，2018年我县经济基本面总体向好，市场活力不断释放，但同时，经济运行仍有不少突出问题，财政收支矛盾依然突出，亟须着力支持创新驱动和推进供给侧结构性改革，着力支持脱贫攻坚和改善民生，推动我县经济社会发展再上新台阶。根据《中华人民共和国预算法》的规定和要求，结合我县实际，编制完成了2018年革吉县财政预算草案。

（一）预算编制指导思想

坚持以邓小平理论、“三个代表”重要思想、科学发展观、习近平新时代中国特色社会主义思想为指导，深入贯彻中共十九大和中央第六次西藏工作座谈会精神、总书记治边稳藏中央战略思想和隆子县玉麦乡群众的回信精神，以及自治区、地区两级经济工作会议等精神，加强党对经济工作的领导，以建设现代经济体系为目标，以供给侧结构性改革为主线，以处理好“十三对关系”为牵引，统筹推进“五位一体”总体布局和协调推进“四个全面”战略布局，全面落实吴英杰书记“突出三个重点、办好四件大事”重要指示精神，统筹兼顾、突出重点，狠抓增收节支，不断调整和优化支出结构；严格控制和压缩“三公”经费，把有限的财力真正用到“保工资、保运转、保稳定、保发展、惠民生”重点支出上；主动适应经济发展新常态，深入推进财政改革，全力支持稳增长调结构转方式，全面提升财政工作的法制化、科学化和精细化水平，促进我县经济可持续发展、社会可持续稳定、民生可持续改善、生态可持续优化。

（二）2018年预算安排基本原则

1、积极稳妥，收支平衡。收入预算安排既保证一定增幅，又确保与经济社会发展实际相适应。支出预算安排按照轻重缓急，优先考虑重大决策落实及刚性支出需求，确保收支平衡，不编赤字预算。

2、量入为出，统筹兼顾。按照“保运转、保民生、保稳定”的工作要求，优化财政支出结构，严格控制一般性支出，将财力向“三农”、教育、社会保障和就业、医疗卫生、文化、科技、节能环保、维护稳定等重点领域、重大改革和重要环节倾斜。对各类民生政策提标扩面事项，坚持量力而行、尽力而为、有保有压、可持续发展的原则，结合财力可能，既体现一定增量，也保持财政宏观调控的灵活性和可持续性。

3、全面完整，硬化约束。按照《中华人民共和国预算法》的规定，严格控制执行中预算调整变更，规范财政资金审批权限，除据实结算、以收定支的事项外，年度预算执行中的新增支出事项一律通过动支预备费报经政府审批后安排。

4、推进统筹，讲求绩效。统筹中央专款、地方财力和专户结余资金，综合考虑政策要求、预算执行等情况，加大资金整合力度，合理安排支出预算。加强项目支出审核，所有项目要提出具体的绩效目标和实施计划，力争做到“目标明确、内容翔实、依据充足、金额合理”。

5、坚持公开透明，加大监督。坚持以公开为常态、不公开为例外，不断拓展预决算公开的内容和范围，全面提高预决算透明度。积极推进支出政策、预算绩效目标、绩效评价结果向同级人大报送并向社会公开。

（三）2018年预算安排总体情况

根据目前经济发展形势和全年财政工作目标任务，结合我县经济和社会发展实际情况，拟定2018年财政预算草案如下：

1、收入预算草案

2018年全县财政总财力为34507.93万元。其中：1、公共财政预算收入预计达到1880万元；2、转移性收入达到32627.93万元，比上年年初增加3502.6万元，增长12%。其中：返还性收入459.46万元；一般性转移支付收入29935.35万元；专项转移支付收入2233.12万元。

2、支出预算草案

2018年全县公共财政支出安排34507.93万元，按照政府收支分类功能科目划分，2018年预算支出计划安排为：除各部门的人员工资、公用经费等基本运行支出外，今年财政重点安排了以下项目：教育经费为5385.48万元（其中：教育事业费为4381.55万元、均衡教育专项配套500万元、支教资金为503.93万元）；医疗卫生资金为313.64万元（其中：包虫病专项经费21.6万元、基本公共卫生服务经费72.94万元、医疗卫生专项经费219.1万元）；创业扶持基金为100万元；扶贫资金为219.1万元；精准扶贫工作经费为100万元；党建经费为171.5万元；党风廉政专项经费为15万元；信访维稳专项经费为20万元；县维稳经费为250万元（含指挥中心）；农村公路养护补助资金450.348万元；重点生态功能转移支付为767万元；农牧区改革经费为30万元；小型农田水利设施建设补助专项资金为1505万元。

（四）2018年财政收支政策

1、加强税费收入征管，堵塞收入管理漏洞。对税收、非税收入做到依法征收、应收尽收。

2、大力整饬财经秩序，净化依法行政环境。严格执行中央“八项规定”、自治区党委“约法十章”“九项要求”，坚持勤俭节约，强化预算执行动态监控，推动厉行节约反对浪费等制度落地生根。严格控制“三公”经费预算，合理压缩会议费、接待费和车辆运行（维护）费等一般性支出。强化财政监督，加大违反财经纪律问题的查处力度。进一步扩大预决算公开范围，强化部门预算责任主体意识，让政府和部门账单全部“晾出来”“晒一晒”。建立财政内部监控制度，防控财政业务及管理中的各类风险。

3、提高财政统筹效率，优化财政支出结构。以问题为导向，坚持改革创新，大力推进财政资金统筹使用与深化财税体制改革结合，避免资金使用“碎片化”，盘活各领域“沉睡”的财政资金，化零为整，统筹用于发展亟须的重点领域和保障民生支出，增加资金有效供给，提高财政资金使用效益。重点加强基本公共服务和对特定困难人群的帮扶，在此基础上做好教育、社保、医疗卫生等领域的民生工作。

4、积极推进预决算公开。加快建立透明预算制度，扩大公开范围，积极推进财政政策公开，做到“公开为常态，不公开为例外”。细化公开内容，保证公开内容全面、真是、完整。加大预算公开监督检查力度，通过预算公开促进财政改革，促进财税政策落实，促进财政管理规范，促进政府效能提高。

索 引

说 明

一、本索引采用主题分析法编制。索引范围包括篇目、类目、部（门）目、条目等。

二、本索引按主题词首字汉语拼音音序（同音按音调）排列，若首字拼音相同则按第二字音序排列，以此类推。

三、索引款目后的数字表示内容所在的页码，数字后的拉丁字母（a、b、c）表示栏别（从左至右）。

四、篇目、类目、部（门）目用黑体字。

A

B

C

D

E

F

G

H

J

M

N

P

Q

R

S

T

W

X

Y

Z